李嘉诚

成功没有捷径

陈美华 著

南方出版传媒
花城出版社
中国·广州

图书在版编目（ＣＩＰ）数据

李嘉诚：成功没有捷径 / 陈美华著. -- 广州 ：花
城出版社，2016.4
ISBN 978-7-5360-7615-0

Ⅰ. ①李… Ⅱ. ①陈… Ⅲ. ①李嘉诚－传记 Ⅳ.
①K825.38

中国版本图书馆CIP数据核字(2015)第175578号

出 版 人：詹秀敏
责任编辑：陈炅杰 李 谓 王铮锴
技术编辑：薛伟民 凌春梅
封面供图：麦 圈
封面设计：水玉银文化
syyart@163.com

书　　名　李嘉诚：成功没有捷径
　　　　　LI JIA CHENG CHENG GONG MEI YOU JIE JING
出版发行　花城出版社
　　　　　（广州市环市东路水荫路 11 号）
经　　销　全国新华书店
印　　刷　佛山市浩文彩色印刷有限公司
　　　　　（广东省佛山市南海区狮山科技工业园 A 区）
开　　本　787 毫米×1092 毫米　16 开
印　　张　22.75　1 插页
字　　数　452,000 字
版　　次　2016 年 4 月第 1 版　2016 年 4 月第 1 次印刷
定　　价　39.80 元

如发现印装质量问题，请直接与印刷厂联系调换。
购书热线：020－37604658　37602954
花城出版社网站：http://www.fcph.com.cn

目录

Contents

►自序◄

李嘉诚，香港超人。

既是超人，必有超人之处。

1957 年，他最早在香港推出塑胶花，赢得了"塑胶花大王"的美称。

他 1958 年涉足地产，1972 年将长江实业上市，市值约 1.2 亿港元，如今，则已高达 3476 亿港元（按 2015 年 3 月份长实进行资产重组计划时计算），市值在 40 余年间暴增 2000 多倍。经过 43 年的发展，长实已经成为整个长江集团的旗舰，整个集团以香港地区为基础，业务不断扩张，涵盖地产、港口、电讯、酒店、零售、能源等多个行业，成为业务遍及全球 50 多个国家、雇员人数超过 29 万的巨无霸企业集团。

他早年推出的黄埔花园，是当时世界最大的私人屋村，其后又相继推出大型屋村，遂有"屋村大王"的称号。

他力战英资，收购香港大洋行和记黄埔，成为香港洋行首任华人大班。接着他又折下首席洋行怡和一翼——港灯集团。两次特大战役，竟做到兵不血刃，游刃有余。他被人们视为时代英雄。

他在 1986 年首次登上香港首席财阀宝座；1988 年，被美国《财富》杂志评选为世界华人首富；自 1999 年被福布斯评为全球华人首富以来，他连续 15 年蝉联全球华人首富宝座。

是命运之神特别眷恋他，还是得祖辈之荫泽？

他少年命途多舛，为避战乱随家逃港寄人篱下。父亲病故，13 岁的他就辍学肩负起全家生活重担。他白手起家，艰苦创业，遂成巨富，靠的是超人的毅力、超人的勤奋、超人的眼光、超人的智慧。

逆境中成大器，愈显超人不凡！

成大器的李嘉诚，富贵不忘家国，独资捐建汕头大学，他的善举和盛誉，不仅在香港家喻户晓，亦蜚声中国内地及海外有华人的地区。

超人又有普通人的情感情愫情操。当他还是贫寒之士时，一位出身名门、留学东洋的闺秀，深深爱上他。其间颇多波折，但有情人终成眷属。

超人是年轻一代崇拜的偶像，亦有一神奇才女，为超人魅力所倾倒，竟一掷万金在报纸上刊登"求爱"广告，堪称全世界最贵的情书。

超人一生彪炳，经历丰富多彩，是传媒之焦点。他的一举一动，无论是投资大事还是生活小事，无不通过传媒的报道吸引着世人的目光。近年来他在中国内地和香港特区"撤资"、转战欧洲大陆的举措更是掀起轩然大波，将他推到了舆论的风口浪尖之上。对这样一位传奇性的、具有标杆性的人物，世人总是对他的经历、为人、投资方法等方方面面充满了好奇，总是想了解他成功的秘诀。本书作者欲以一己绵薄之力，对其作一深入的破解，力图为大众还原一个真实的李嘉诚。

感谢花城出版社看重此书，并为此付出大量的努力。

是为序。

陈美华

时局动乱　辗转香港弃家园

如果不是李嘉诚，李氏家族史很可能被湮没在浩瀚的历史尘埃中。

20 世纪后叶，经济热成为全球性的时代大潮。一代超人李嘉诚，人称香港首富，同时又是世界华人首富，在华夏经济史上耸起一座丰碑，举世瞩目。

山不在高，有仙则名；水不在深，有龙则灵。在广东省潮州市北门街面线巷，有一座极为寻常的古宅。小巷毗邻喧哗的北门市场，如面线一般狭长。它长门不大，亦无雕龙画凤。"古色古香，静谧幽雅"，似与这幢古宅无缘。然而，就这幢普普通通的古宅，吸引了众多的当地居民及外来游客前来瞻仰参观。

这里是李氏家族的祖屋。

1928 年 7 月 29 日（农历六月十三日），李嘉诚出生于宅里的书香世家。

据李氏族谱，明末清初，一世祖李明山，为避战乱，举家由福建莆田迁至潮州府海阳县（今潮州市）。家史再往前溯，李氏家族的祖先在中原。从一世祖李明山定居潮州，传至李嘉诚这一辈，正好 10 世。

李氏家风，治学严谨，学识渊博。李嘉诚的曾祖父李鹏万，是清朝甄选的文官八贡之一。李氏家族是当地的望族，家门之前有一座 3 米高的碑台，上插贡旗，深得四乡村人崇敬。

祖父李晓帆是清末秀才，未仕进，闲居村野。20 世纪初，正值中国饱受列强欺辱，西学渐进的时代。饱读四书五经的李晓帆，毅然送儿子李云间、李云梯东渡日本留学，一个学商科，一个念师范，学成回国后，在潮州、汕头从事教育工作。

李嘉诚的父亲李云经，走的也是治学执教之路。李云经从小聪颖好学，孜孜不倦，每次考试，总是名列前茅。1913 年（15 岁）以优异的成绩考入省立金山中学，1917 年毕业时成绩名列全校第一。时值家境式微，无资供他升读大学，李云经受莲阳懋德学校之诚聘，开始了执教生涯。

数年之后，李云经弃教从商，远渡重洋，在爪哇国三宝垄一家潮商开办的裕合公司做店员。不久因时局动荡，李云经打道回府，在潮安城恒安银庄任司库与出纳。不久，又因时局动荡，银庄倒闭。

李云经重返教坛，在隆都后沟学校做教书匠。他教学有方，声誉日隆，1935 年春，被聘为庵埠宏安小学校长。1937 年，李云经被转聘为庵埠郭垄小学校长，直至潮州沦陷，举家辗转香港。

时逾半个多世纪，人们很难考证李云经弃教从商的真实动机。不少著作认为，李云经是因家境贫寒，时局所迫。

潮汕地区是中国著名侨乡，现时拥有人口 1000 万左右，而定居海外各国的潮人有六七百万，如加上移居港澳台的潮人，人数在 1000 万以上。

潮汕是粤东政治经济文化中心，潮人大批移居海外，始于明清。潮汕海外贸易发达，"商人重利轻别离"，"安土重迁"意识淡薄。潮人的迁徙，不可仅仅归结为贫穷。积极开拓，是潮汕文化的独特景观。潮人的迁徙，还不同于山东人闯关东，宁波人闯上海，人们的足迹仍在国内，而潮人放眼海外。

潮人移居海外的高潮，始于 19 世纪中叶。1861 年汕头开埠，每年输出的契约华工达数万人。据广东海关史统计，1876—1898 年，从汕头经香港或直达东南亚的华人有 150 万，其中绝大部分为潮人。国内有不少反映华工血泪史的影视文学作品，契约华工远离家园，常常"受欺骗、被胁迫甚至遭绑架"。这是真实的历史，但不是历史的全部。大部分劳工是出于自愿的，他们心怀憧憬，前赴后继，蔚然成风。

潮人极富冒险精神和开拓意识。潮人移居海外，劳工逐年递减，商人与"年"俱增。这股海外移民潮，到 1949 年共产党在内地建立新政权，才渐渐停息。

李云经生活在这个大的文化氛围中，尽管接受的是传统家教，但他不可能不受影响。在潮汕，处处流传着海外游子建业致富的传奇故事，即使失望多于希望，仍构成潮人涉海闯荡的原动力。

不管李云经动机如何，他是他们中的失败者；亦不管时局如何动荡，商场如何险恶，他还是回到原点——重执教鞭。李云经或许接受了太多的传统道德，重义轻利，安贫乐道；或许更热衷于教育事业，视教育为强国利民之本。

我们从李氏家教中，找不出丝毫经商敛财之基因。李嘉诚成为一代商界天骄，当属异数。

韩江碧青浩荡，千秋万载越潮汕平原，南流入海。潮州古城，北有金山，东有笔架山，西有葫芦山，三山一水，秀色如画，恍若世外桃源。

李嘉诚来到人世，世界已不太平。北伐取得辉煌的胜利，而中国依旧处于半封建半殖民地社会。世界经济经历长久繁荣后，接踵而来的是世界性的经济大萧条。

潮州偏安一隅，受时局的影响微乎其微。李云经携长子嘉诚，流连于青山绿水间，人世的一切烦恼，都会随着江水漂流远逝。李云经对儿子的最大期望，就是学有所成，报效国家和家乡——这是他涉足商场，又淡出商场，感悟到的人生经验。

李嘉诚不负父望，聪颖好学，3岁就能咏《三字经》《千家诗》。"鹅，鹅，鹅，曲项向天歌，白毛浮绿水，红掌拨青波。"咏诗诵文，是李嘉诚童稚时代的最佳娱乐。"人之初，性本善；性相近，习相远。"李嘉诚正是在这些童蒙读物中，最早接受传统文化的熏陶。

5岁那年，李嘉诚在父亲的引导下，祭拜孔圣人，进了潮北门观海寺小学念书。学堂是观海寺的庙产，诵经声与读书声此起彼伏。

新文化运动已经历10多年的风风雨雨，上海、广州等大城市，正在享受工业革命的文明。学堂的读书声与寺庙的诵经声一样亘古不变，"之乎者也"构成授课的主要内容，时光恍然凝固。

课堂的墙壁，贴着一副醒目的对联：

风声雨声读书声，声声入耳
家事国事天下事，事事关心

先生教授的诗文，李嘉诚在家早已烂熟于胸，他对陌生的诗文抱有浓厚的兴趣。李嘉诚回家讲与父亲听，父亲向他讲述日本侵占东北三省，攻打上海的暴行。父亲忧郁的神色，深深铭刻于李嘉诚幼小的心灵。

李氏家族的古宅，有一间小小的藏书阁，线装古籍层层叠叠排放在书架上。"书山有路勤为径，学海无涯苦作舟"，每日放学回家，李嘉诚便泡在藏书阁，孜孜不倦地阅读诗文。他涉猎甚广，《诗经》《论语》《离骚》，唐诗、宋词、元曲……

李嘉诚的堂兄李嘉智回忆道："嘉诚那时就像书虫，见书就会入迷，天生是读书的料子。他去香港，办实业成为巨富，我们都感到吃惊。"

他一位堂兄，终生从事教育事业的李嘉来感叹道："嘉诚要小我10多岁，却异常懂事。他读书非常刻苦自觉，我看过好多次，他在书房里点煤油灯读书，很晚很晚都不睡觉。"

李嘉诚读书的悟性与勤勉，深得父亲的心喜。李云经任宏安小学校长，不久，李嘉诚转入宏安小学读书，父子俩有机会天天相聚。

他们相聚的话题，莫不围绕着书。书籍向李嘉诚展示出另一个世界，随着父亲娓娓的话音，李嘉诚仿佛看到忧国忧民的屈原，仰天吟唱"路漫漫其修远兮，吾将上下而求索"；李白屹立船头，"朝辞白帝彩云间，千里江陵一日还。两岸猿声啼不住，轻舟已过万重山"；杜甫在寒冷的秋夜，悲愤高歌"安得广厦千万间，大庇天下寒士俱欢颜"！

李嘉诚似懂非懂，但有一个理念却分外清晰：勤勉苦读，出人头地，报国为民。

时局动荡，生活清贫，未能建功立业的李云经，把厚望寄于儿子身上。李嘉诚优异的学业，是郁郁不得志的父亲最大的慰藉。

如果不是风云激变，李嘉诚会沿着求治学之路一直走下去。同时，他极有可能继承父业，在家乡做一名教师。

人生的幸与不幸，只能让历史做结论。

1937 年 7 月 7 日，抗日战争全面爆发。日军凭借器张的气焰及先进的武器，逐步侵占了中国的半壁山河。

处于天涯一隅的潮汕已不太平，报章不时以醒目的标题，刊登山河破碎、日寇暴虐的消息。父亲转入郭垄小学任校长，整日忧心忡忡。母亲庄碧琴笃信佛教，敬香拜佛，祈祷佛祖保佑家人乡人平安。

1939 年 6 月，涂有猩红太阳标志的日机出现在潮汕上空，对城区狂轰滥炸。县教育科宣布所有的学校停课。李嘉诚对在家园学子生涯的最后一课记忆犹新，处在乡间的庵埠未遭敌机轰炸，大部分学生仍按时来到学堂。

国文老师慷慨激昂讲解岳飞的《满江红》。最后，师生含着悲愤的热泪，高唱《义勇军进行曲》：

"起来，不愿做奴隶的人们，把我们的血肉，筑成我们新的长城……"

不久，潮州沦陷于日军的铁蹄之下。日军一面大肆烧杀掠抢，一面四处张贴安民告示。城区的居民惶惶不可终日，被笼罩在白色恐怖之中。人们纷纷逃出城外，去山乡农村投亲靠友，躲避战乱。

6 月 22 日，日寇占领庵埠，执教多年的李云经彻底失业。他携李嘉诚回到潮州城家中。李嘉诚小学尚未毕业，升学无望，又不敢随意走出家门，便躲进藏书阁读古书。时事纷乱，李嘉诚明白了许多人生道理，他尤喜欢文天祥、陆游、岳飞、辛弃疾等人的诗词，深深领悟到其间的真谛与忧愤。

太阳旗在潮州城头猎猎飘扬，逃避战祸的人流仍络绎不绝。李云经常与城里的知识分子相聚一起，秘密商议抗日大计。不少知识青年投奔抗战前线或敌后游击队。李云经上有老母，下有妻子儿女，未能迈出这一步。他每每想到这一点，心中万分愧疚。

1940 年初，李云经携妻带子逃到澄海县隆都松坑乡寄住在姨亲家。不久，又辗转逃到后沟，投靠在后沟小沟小学任教的胞弟李奕。

兄弟见面，李云经沉痛地说："我逃荒失业，生活无着。一家人打疟，没医没药，祸不单行，苦不堪言。"

这一年，祖母因惊吓贫困而逝世。李嘉诚的伯父李云章、李云梯在他乡执教，潮汕沦陷，日寇横行，他们皆未能赶来后沟奔丧。李云经、李奕两兄弟，倾资为老母操办了简单的葬礼，草草掩埋在后沟的山冈。

李云经失业一载，仍未找到教职。他不会体力劳动，亦不会做小生意，唯有感叹"百无一用是书生"。胞弟李奕薪水微薄，李云经不忍接受其接济。执教多年攒下的积蓄渐罄，李云经心急如焚。

妻弟庄静庵是香港的殷商，内地烽火连天，兵荒马乱，香港却是太平盛世，一派祥和繁荣，成为战时内地人的避难所。李云经与妻庄碧琴商议多日，决定前往香港投靠庄静庵。

树挪死，人挪活。李奕赞同胞兄的计划。临行的前日，兄弟俩带家小到山冈祭奠老母。是夜，兄弟俩伴着昏昏的油灯小酌。李云经谈他的人生经历，教育救国的理想，付诸东流，彻底破灭。

兄弟俩长吁短叹，怆然涕下。

1940年冬，李嘉诚和弟弟李嘉昭、妹妹李素娟，随父母踏上艰难的旅程。

重镇和大道大都被日军占领封锁，海路不通，日本军舰在粤东沿海水域横冲直撞。李云经一家只敢走崎岖的山间小路，穿越平原地带则在夜间行动。

寒冬腊月，阴冷潮湿，淫雨霏霏。他们不敢也无钱住客栈，或露宿荒山野地，或在山村好心人家的茅屋借宿。他们穿越一道道日军封锁线，所幸的是，没有一次遭遇日本兵。

山路上，不时遇到背井离乡的难民，他们或来或去，何处是可以安生的乐土？他们皆感到茫然和绝望。

李云经一家历尽千辛万苦，跋山涉水十多日，终于来到目的地香港。

香港改写了李嘉诚的人生之路，香港造就出一代商界俊杰李嘉诚。数十年后李嘉诚重返家园，昔日跟随父母逃难的单薄少年，已成为蜚声世界的巨富。

正如商业社会流传甚广的一句话："世上没有免费的午餐。"香港等待少年李嘉诚的，将是更大的磨难。

第二章

雪上加霜　天灾人祸接踵至

李嘉诚的舅父庄静庵，是香港钟表业的老行尊。今日有关香港钟表业的著作，莫不提及庄氏家族的中南钟表有限公司。

庄静庵幼年在潮州乡间读私塾，小学毕业后，像众多的潮人一样离家外出闯荡。他先在广州的银号当学徒，渐渐晋升为经理。后独立开业经营批发生意。

1935 年，27 岁的庄静庵来香港闯天下。那时香港还没有钟表工业，钟表皆是瑞士等国的西洋产品，经销商大都是洋商。庄静庵涉足钟表业，从最简单的产品做起。他在上环开办了一间山寨式工厂，生产布质、皮质表带，交给港九的钟表商代销。庄记表带质优价廉，深受代理商和消费者欢迎，生产规模日益扩大，产品还销往内地。

20 世纪 40 年代初，庄静庵兼营钟表贸易，购入瑞士钟表，销往东南亚各国。50 年代，庄静庵正式介入钟表工业，逐渐成为香港最大的钟表制售商。

姐姐庄碧琴，带领全家投靠庄静庵，一家人风尘仆仆，面黄肌瘦，衣衫脏旧。庄碧琴要李嘉诚和弟弟妹妹叫舅父。舅父做梦也不曾料到，眼前这个额头高高、瘦骨伶仃的少年，日后会做出比他更惊天动地的业绩。

李嘉诚一家寄住在舅父家。

庄静庵已被香港的潮人视为成功人士。潮人在香港，大多经营米铺、酱园、餐馆、土杂山货铺，庄静庵并不满足眼下的业绩，他要不断地扩大规模，资金分外紧张，家庭生活仍是小康。姐姐一家的到来，无疑会成为庄家的负担。庄静庵未表露出丝毫不快，腾出房间让李家住下，设家宴为姐夫姐姐接风洗尘。

庄静庵问了老家的近况，然后介绍香港的现状。他劝姐夫不要着急，安心休息，逛逛香港的街市，再慢慢找工作。

　　"香港时时处处有发财机会，就怕人懒眼花，错过机会。潮州人最吃得了苦，做生意个个是叻仔（有本事的青年）。我认识好些目不识丁、从潮州乡下来的种田佬，几年后，都发达了起来。"

　　庄静庵未提起让姐夫李云经上他的公司做职员，这是李云经夫妇不曾料及的。也许，庄静庵认为李云经辈分比他高，不便指使管理。庄静庵在商言商，绝不把公司人事与亲戚关系搅和在一起。

　　李云经长期生活在传统伦理氛围中，他明白这是商家通常的做法，但在感情上却不那么容易接受。庄碧琴欲去质问弟弟，被李云经制止。他不想给内弟添太多的麻烦，来香港投靠内弟，已是万不得已。

　　李云经第二天就出去找工作，四处碰壁。他心中泛出一股失落感，在家乡，他是受人尊敬的小学校长。他的渊博学识，使众多的财主富商黯然失色。

　　在香港这个商业社会，一切都颠倒过来，拜金主义盛行，钱财成为衡量人的价值的唯一标准。没有人向李云经请教古书上的问题，更没有人夸奖儿子嘉诚吟诵诗文的出众禀赋。

　　不惑之年的李云经，陷入深深的困惑。

　　庄静庵异常忙碌，没日没夜，每天都要工作十多个小时。初时，他经常来看望姐夫一家人，嘘寒问暖。渐渐，他来的次数愈来愈少，有时，几天不见他的人影。庄静庵对自己家人亦是如此，他无暇也无闲情逸致，与家人安安静静相聚一堂，或外出看戏郊游。

　　生意冲淡了家族气氛及人际关系。李嘉诚稍大时，庄静庵深有感触道："香港商场，竞争激烈，不敢松懈懒怠半分，若不如此，即便是万贯家财，也会输个一贫如洗。"

　　除舅父这门至亲，父母在香港还有不少亲友同乡。他们来看望李家一两次，便杳无音信。潮人在异国他乡，以团结互助而著称，故能发达。其实，"帮衬"是有限的，潮籍富翁，无一不是靠自己的勤俭毅力，搏命搏出来的。

　　李嘉诚回首往事，如此描绘他少年时的心态：

　　"小时候，我的家境虽不富裕，但生活基本上是安定的。我的先父、伯父、叔叔的教育程度很高，都是受人尊敬的读书人。抗日战争爆发后，我随先父来到香港，举目看到的都是世态炎凉、人情冷暖，就感到这个世界原来是这样的。因此在我的心里产生很多感想，就这样，童年时五彩缤纷的梦想和天真都完全消失了。"

　　李嘉诚指的是一种社会现象，而非针对具体的人和事。少年李嘉诚，尊敬并崇拜舅父庄静庵。舅父不像他先父叔伯，总是引经据典大谈伦理道德，舅父是个实用主义者，是个不事高谈的搏命猛人。

　　父亲李云经虽对香港的商业文化格格不入，但他明白，要想在香港生存，非得融入这个社会不可。他不再向儿子谈古数典。

李云经找到工作，在一家潮商开的公司做小职员。其时，抗日战争进入最艰苦阶段，香港商会号召商人市民募捐，用以购置飞机武器支援国家军队。李云经捐出宝贵的数仙（1仙＝0.01港元）港币，那些富商，动辄数千上万港元。

喊了半辈子教育救国的李云经，对友人感叹道："实业亦可救国。"

同是接受传统文化，潮汕沦陷，李氏家族的同辈人，唯李云经举家逃往香港。这是不是意味着，在人生之路彷徨的李云经，无时不向往外面的纷纭世界？可以这样说，没有李云经的举家迁徙，就没有今日的李嘉诚。

来港之后，李云经对儿子的教育大有改观。

他不再以古代圣贤的言行风范训子，而是要求嘉诚"学做香港人"。我们从李云经身上，可以看出潮汕人适应外界环境的能力，他们不论漂泊在世界任何地方，都能与当地文化很好地融合一起。更可贵的是，他们及他们的后代，把根留在祖国及家园，不忘自己是潮汕人。

李嘉诚对父亲的教诲心领神会。香港的华人流行广州话，广州话与潮汕话属不同的语系，在香港，不懂广州话寸步难行。

李嘉诚把学广州话当一门大事对待，他拜表妹表弟为师，勤学不辍。他年纪轻，很快就学会一口流利的广州话。

困难的是英语关。李嘉诚进了香港的中学念初中。香港的中学，大部分是英文中学，即使是中文中学，英文教材也占半数以上。

李嘉诚不再是学校的骄子，他坐在课堂听课，如听天书，不知所云。其他同学，从小学起就开始学英语，李嘉诚深知自己的不足，心底泛出难言的自卑。

李云经询问儿子上学的情况，他说："在香港，想做大事，非得学会英语不可。"

李嘉诚点点头，领会父亲的苦心。且不论个人的前途，就凭学费来之不易这一点，他也会以苦读上进来报答父恩母爱。数十年后，李嘉诚回忆起父亲生病不求医，省下药钱供他读书；母亲缝补浆洗，含辛茹苦维持一家生计……不禁神色黯然。

李嘉诚学英语，几乎到走火入魔的地步。上学放学路上，他边走边背单词。夜深人静，李嘉诚怕影响家人的睡眠，独自跑到户外的路灯下读英语。天蒙蒙亮，他一骨碌爬起来，口中念念有词，还是英语。

李嘉诚天赋高，记性好，经过一年多的刻苦努力，终于逾越了英语关，能够较熟练地运用英语答题解题。

李嘉诚辍学后，却长年不辍自学英语。在日后的商战风云中，这让李嘉诚受益匪浅。

李云经一家逃避战乱来港，既然来之，也就做好了长期在香港生存的打算。他们万万没料到，仅一年时间，战火燃及香港。

1941 年 12 月 8 日凌晨 4 时，日本海军航空兵偷袭美国海军基地珍珠港，太平洋战争爆发。

同日 8 时 30 分，数十架涂有太阳旗标志的日本飞机，突然出现在九龙启德机场上空。仅 5 分钟，英国皇家空军的数架战机被炸成一片残骸。

继而，日本轰炸机对港九的军事设施，甚至居民区狂轰滥炸。李云经一家住在上环，附近的兵营火光冲天，炸弹的巨响震得窗户咯咯响。李家陷入惶恐之中，母亲烧香拜佛，父亲咒骂日军的暴行。

英军与日军展开了浴血战。英军准备不足，寡不敌众，12 月 25 日圣诞节前夕，英军投降，港督杨慕琦及部分港英军政官员被日军俘虏，分别被投入东北及港岛赤柱的集中营。

在香港上空飘扬了 100 年的英军米字旗颓然落下，太阳旗耀武扬威高高升起，日本驻港总督府，设在汇丰银行大厦。

日据时期，是香港最黑暗的年代。

日本推行军票制，通过不等值兑换，逐步把港民手中的港币变成一把废纸。

日本把大批物资作为敌产，装船运往日本，造成香港市场物资奇缺。食米严重不足，日军实行配给制，每人每天限定 6 两 4 钱，匮乏时只能供应 3 两。黑市米价飞涨，最贵时每斤卖 200 多港元。

燃料不足，电厂不能正常供电，停电成了家常便饭，1944 年夏，停电竟长达 4 个月。

李嘉诚一家生活原本困难，现在愈加困难。幸得舅父庄静庵的资助，一家人才免于饿死。

祸不单行，父亲李云经因长年劳累、贫困、忧愤，染上肺病，终于在家庭最困难时病倒了。

为了维持儿子的学费，李云经坚持不住院，医生开了药方，他却不去药店买药，偷偷省下药钱，供日后儿子继续学业。

庄静庵知道这情况，"强行"送姐夫住院。李云经住入医院，仍偷偷把药钱省下来，他预感自己活不了太久，把希望全部寄托在儿子身上。李嘉诚每每回忆起这段往事，泪水潸然。

每天放学后，李嘉诚都要去医院看望父亲，向父亲汇报自己的学业，父亲总是流露出宽慰的微笑。

1943 年冬，李云经走完坎坷的一生，离开这动荡纷乱的世界。他知道未成年的儿子，未来更须依靠亲友的帮助，同时又不希望儿子抱有太重的依赖心理，临终留下"贫穷志不移""做人须有骨气""求人不如求己""吃得苦中苦，方为人上人""不义而富且贵，于我如浮云""失意不灰心，得意莫忘形"的遗言。

李嘉诚对此永生不忘。

有人说，传统文化与商业文化大相径庭，冰炭不容。成为商界巨子的李嘉诚，却能将这两者很好地结合一体。在物欲横流的商业社会，他体现出一个中国人应有的传统美德。

李云经在贫穷中辞世，却给儿子留下珍贵的精神遗产——如何做人。

这一年，李嘉诚15岁。

15岁的孩子，正是备受父母呵护疼爱，充满梦幻的时代。父亲辞世，弟妹尚幼，母亲是懦善的家庭妇女，加上经历时局动荡，世态炎凉，促使李嘉诚早熟。

他明白，从今后必须靠自己瘦弱的双肩，挑起全家的生活重担。

尽管舅父表示资助李嘉诚完成中学学业，接济李嘉诚一家，李嘉诚仍打算终止学业，谋生赚钱，养活全家人。

舅父未表示异议，他说，他也是读完私塾，10岁出头就远离父母家乡，去广州闯荡打天下。原本，外甥嘉诚，进舅父的公司顺理成章。庄静庵未开这个口，舅父的意思嘉诚心知肚明，他今后必须靠自己，独立谋生。

庄静庵似乎显得太无情。

李嘉诚被逼上独立谋生之路，由打工族而逐渐成为超级富豪。

从这点看，舅父的"无情"，又胜过"有情"。

第三章

少年涉世　自古雄才多磨难

"天将降大任于是人也，必先苦其心志，劳其筋骨，饿其体肤，空乏其身，行拂乱其所为，所以动心忍性，增益其所不能。"

古代圣贤孟子的箴言，既是李嘉诚一生的写照，又是他历尽艰辛不败不馁的精神支柱。李嘉诚幼时就随父诵读，熟记于心。他少年丧父，独立谋生，时时以此言鞭策自己。

"香港少寒冬，一有冷死麻雀冻死翁。"

1943 年冬，正是香港少有的寒冬。北国的风，翻越南岭，掠过珠江平原，直扑香港。日据时期，市景本就萧条，寒冷降至，街上行人愈加稀落。

在这缺衣少食、人人自危的日子，谁也不会关注一对行街的妇女和少年——他们就是李嘉诚和母亲庄氏。母亲带嘉诚沿街挨家挨铺寻找工作，他们足足行走了一整天，从母子俩沮丧的表情，可知未能如愿。

天黑许久，路灯才亮起来。燃料短缺，日军实行灯火管制。酒楼饭铺，飘出阵阵香气，李嘉诚空乏的腹部一阵阵痉挛，早晨喝的是菜叶煮稀粥，早就饿得肚贴背。

"阿诚，饿了吗？阿妈给你买糯米鸡。"母亲心疼地问道，她身上带了几仙零钱。

"我不饿。"李嘉诚用坚定的语气答道，他深知现实的冷酷，不找到工作，一家人连一日两顿稀粥都喝不上。

母亲微微侧过脸，泪水扑簌簌往下淌。

母子俩步履蹒跚回到家，双脚满是血疱。李嘉诚躺在床上不愿动，母亲把在路上捡的菜叶洗净，生火煮粥。

舅父带来一小袋食米，他问了问一家人的起居饮食，板凳没坐热就告辞。他应该知道姐姐外甥外出找工作，就是一句不提。

翌晨，李嘉诚坚持一个人出门，他不忍母亲跟着他一拐一拐，艰难地行街。

母亲说："你去找潮州的亲戚和同乡，潮州人总是帮衬潮州人的。"母亲说了一串人名地址，他们都与李嘉诚的先父有交往。

李嘉诚先赶往上环的黄记杂货店，店主黄叔原先住在潮州北门，与李家祖屋仅隔两条巷，他还是嘉诚伯父李云章的学生。

李嘉诚在街边愣怔，店铺关门，"黄记"布幌荡然无存。他透过门缝看，里面空无一物，只剩满地的垃圾。李嘉诚不知黄叔出了什么事，破产？外迁？或被日本人抓去？他曾听舅父与先父谈商界的事情：日军当道，市景肃杀，生意难续，生意人，执笠（倒闭）的多于开张的。

父亲认识的潮籍人都是小商小富，李嘉诚冒出个幼稚的想法，去银行找工作，扫地、抹灰、煲茶、跑腿，干什么都行。银行是做钱生意的，银行不会没钱，当然不会倒闭。

等待他的，只有闭门羹。

夜幕降临，李嘉诚拖着疲惫的双腿回到家，找工作的结果一览无余写在他失意的脸上。母亲却露出难得的笑颜，告诉他：

"舅舅叫你上他的公司做工。"

李嘉诚愣住，泪水在眼眶打转转。这两天，他遭受了太多的辛苦和委屈，双脚跑得又肿又疼，白眼冷语，深深挫伤他的自尊心。尽管如此，他仍觉得好事来得太快了。

母亲给嘉诚擦干泪水，自己的泪水却夺眶而出。"进了舅舅的公司，天天跟钟表打交道，这是一门好技术，日后准能发达。阿诚，你可要好好做，听舅舅的话。"

母亲谆谆教诲道，她瞒住了一个事实。庄静庵并不忍心让外甥小小年纪，就独自闯荡谋生，他原本就有意让嘉诚进他的公司。但他担心嘉诚找工太容易，不思自强自力，故而先让嘉诚尝尝找工的苦头，这样才会珍惜来之不易的职业。

"我不进舅舅的公司，我要自己找工。"李嘉诚想起先父的遗言及行为，促使他迅速做出这样的决定。他不想受他人太多的荫庇和恩惠，哪怕是亲戚。

母亲直愣愣望着嘉诚，以为听错了。嘉诚果断地重复一遍。母亲不再吱声，她发现儿子在清高这点上，太像他父亲，并且比他父亲还要倔强。

李嘉诚确实有几分倔强，两天遭受的种种挫折，使他产生了一个顽强的信念：我一定要找到工作！

母亲同意嘉诚再去找一天工作，"事不过三，第三天还找不到，就一心一意进舅父的公司做工"。

皇天不负苦心人，次日正午，李嘉诚在西营盘的"春茗"茶楼找到一份工作——但他却不能上班，老板要李嘉诚找一位有相当资产和信誉的人担保。

李嘉诚兴冲冲跑回家，跟母亲说起这事。最好的保人，就是做中南钟表公司董事长的舅父，舅父不在家，嘉诚又等不及，母亲就随嘉诚先去茶楼看看。

母亲见了老板，向他诉说家庭的不幸。老板动了恻隐之心，竟同意母亲为儿子担保。

李嘉诚进了茶楼做煲茶的堂仔。

广东人习惯喝早晚茶，天蒙蒙亮，就有茶客上门。店伙计，按照季节的不同，必须在 5 时左右赶到茶楼，为客人准备茶水茶点。

舅父送了一只小闹钟给嘉诚，好让他掌握早起的时间。通过求职这件事，舅父不再怀疑外甥独立谋生的能力，不过，还不敢预料嘉诚今后会干出惊天动地的业绩。而当时的李嘉诚，也不敢有宏愿大志，眼下最现实的，是好好做这份工，养活母亲和弟弟妹妹。

李嘉诚每天都把闹钟调快 10 分钟响铃，最早一个赶到茶楼。调快时间的习惯一直保留到今日，他做任何事，都走在时间的前面。

茶楼的工时，每天都在 15 小时以上。茶楼打烊，已是半夜人寂时。李嘉诚回忆起这段日子，说自己是"披星戴月上班去，万家灯火回家来"。这对一个才十四五岁的少年来说，实在是太累太乏了。白天时，茶客较少，但总会有几个老翁坐茶桌泡时光。李嘉诚是地位最卑下的堂仔，大伙计休息，他却要待在茶楼侍候。

李嘉诚对儿子谈他少年的经历："我那时，最大的希望，就是美美地睡三天三夜。"

茶楼是个小社会，三教九流，什么样的人都有。他们与先父所说的古代圣贤相去甚远，但一个个都是这么实在，富有鲜明的个性。他们或贫，或富；或豪放，或沉稳。也许是泡在书堆里太久的缘故，李嘉诚对茶楼的人和事，有一股特别的新鲜感。他会揣测某一茶客的籍贯、职业、财富、性格。他由此而养成观察人的习惯，这对他日后从事推销工作大有裨益。

李嘉诚尤喜欢听茶客谈古论今，散布小道消息。他从中了解了社会和世界的许多事情，不少事，在家庭，在课堂，闻所未闻；不少说法，与先父和老师灌输的一套，大逆相忤。李嘉诚发现，世界原来是这么错综复杂，异彩纷呈。李嘉诚的思维不再单纯得如一张白纸，又因为先父的训言刻骨铭心，他在纷纭变幻的世界没有迷失自我。

听茶客谈天，是排困解乏的最佳疗法。有一次，李嘉诚听得入迷，竟忘了侍候客人茶水。他听到大伙计叫唤，慌慌张张拎茶壶为客人冲开水，不小心洒到茶客的裤脚上。

李嘉诚吓坏了，木桩似的站在那里，一脸煞白，不知向这位茶客赔礼谢罪。茶客是茶楼的衣食父母，是堂倌侍候的太爷。若是挑剔点的茶客，必会甩堂倌的耳光。

李嘉诚诚惶诚恐，等待茶客怒骂惩罚和老板炒鱿鱼。在李嘉诚进来之前，一个堂倌犯了李嘉诚同样的过失，那茶客是"三合会白纸扇"（黑社会师爷）。老板不敢得罪这位"大煞"，逼堂倌下跪请罪，然后当即责令他滚蛋。

　　这时老板跑了过来，正要对李嘉诚责骂。一件意想不到的事发生了，这茶客说："是我不小心碰了他，不能怪这位小师傅。"茶客一味为李嘉诚开脱，老板没有批评李嘉诚，仍向茶客道歉。

　　茶客坐一会儿就走了，李嘉诚回想刚刚发生的事，双眼湿漉漉的。事后老板对李嘉诚道："我晓得是你把水淋了客人的裤脚。以后做事千万得小心。万一有什么错失，要赶快向客人赔礼，说不准就能大事化了。这客人心善，若是恶点的，不知会闹成什么样子。开茶楼，老板伙计都难做。"

　　回到家，李嘉诚把事情说与母亲听，母亲道："菩萨保佑，客人和老板都是好人。"她又告诫儿子，"种瓜得瓜，种豆得豆""积善必有善报，作恶必有恶报"。

　　李嘉诚再也没见过那位好心的茶客，他成为巨富后对友人说："这虽然是一件小事，在我看来却是大事，如果我还能找到那位客人，一定要让他安度晚年，以报他的大恩大德。"

　　这是李嘉诚一生中唯一一次"饭碗危机"。一年后，李嘉诚辞去茶楼的工作，去了舅父的中南钟表公司。

　　他已经熬过最艰辛的一年，老板给他加了工钱，他能够像其他堂倌一样，轮流午休或早归。茶楼工作出息不大，但他感谢茶楼老板，老板成全了李嘉诚养家糊口的基本愿望，给予他极好的人生锻炼。

　　为去舅父的公司，李嘉诚犹豫了好些天。他渴望从事新的职业，尤其是跟复杂钟表打交道的行当。李嘉诚迈向社会，曾拂逆了舅父的一番好意。现在李嘉诚又觉得，他似乎不应再有太多的顾虑。自己是在社会闯荡和磨炼过的人，进舅父的公司，不是接受恩赐，而是为舅父做事。

　　庄静庵回忆少年的李嘉诚时说："阿诚的阿爷谢世太早，故阿诚少年老成，他的许多想法做法，就像大人。"

　　李嘉诚进了舅父的公司，舅父不因为嘉诚是外甥，而特别照顾。李嘉诚从小学徒干起，初时还不能接触钟表活，做扫地、煲茶、倒水、跑腿的杂事。李嘉诚在茶楼受过极严格的训练，轻车熟路，做得又快又好。开始，许多职员不知李嘉诚是老板的外甥，他们在庄静庵面前夸李嘉诚，说他"伶俐勤快"，"甚至看别人的脸色，就知道别人想做什么，他就会主动帮忙"。

　　李嘉诚进中南公司的目的，是学会装配修理钟表。他利用打杂的空隙，跟师傅学艺。他心灵手巧，仅半年时间，就学会装配修理钟表。

　　舅父对嘉诚的长进心喜不已，但他从不当面夸奖嘉诚。

　　1945 年 8 月，日本投降，黑暗的日据时代结束，但香港的殖民地地位依然不变，只是太阳旗重新换成米字旗。战前，香港人口163万，日据时期锐减为60万。大批的房屋遭破坏，英国接管香港，有17万人无家可归。战时逃出香港避灾的人，以每月10万人的数量回流香港。食品短缺，燃料不足，住房匮乏，港英政府采取一系列措施，保障市民供给，复兴香港经济。

庄静庵预见香港经济将有超常的发展，便扩大公司规模，调整人事。李嘉诚被调往高升街钟表店当店员。

李嘉诚在茶楼，已学会与人打交道；进中南公司，经过装配修理的学艺，对各类钟表了如指掌。他很快就掌握了钟表销售，做得十分出色。与李嘉诚同在高升钟表店共事的老店员，接受记者采访时介绍道：

"嘉诚来高升店，是年纪最小的店员。开始谁都不把他当一回事，但不久都对他刮目相看。他对钟表很熟悉，知识很全，像吃钟表饭多年的人，谁都不敢相信，他学师才几个月。当时我们都认为他会成为一个能工巧匠，也能做个标青（出色）的钟表商，还没想到他今后会那么威水（显赫）。"

少年时的李嘉诚，就显示出与众不同。只是他的社会地位低下，不引人注意。他在茶楼打工，常常利用短暂的空闲默读英语单词。他怕遭茶客耻笑和老板训斥，总是靠墙角，迅速掏出卡片浏一眼。他深知眼下吃饭比求知更重要，只能给自己定下最低目标——不遗忘学过的单词。

但凡成大器者，聪明是其一，重要的还是勤奋。

进了中南公司，晚上的时间全是自己的，白天做工不那么劳累。李嘉诚给自己定下新目标——利用工余时间自学完中学课程。他年少位卑，骨子里却有股不屈的傲气，渴望出人头地，像舅父，像茶楼遇到的大粒佬（大人物），干一番大事业。虽是在战时，科技的力量无所不在，中国遭受日本侵略，日本在太平洋战场最终败在美国手里，无不与科技有一定的联系。进入和平年代，科技的作用将越来越重要，日新月异。

没有知识，很难做成大事业，这是极浅显的道理。

李嘉诚尽管有十分强烈的求知欲望，却为买教材而发愁。他的工薪微薄，要维持全家的生活，还要保证弟弟妹妹读书的学费，他希望弟弟妹妹能一帆风顺读完应读的学业，而不是像他这样。李嘉诚想到一个绝妙的办法，购买旧教材。许多中学生，将用过的教材当废纸卖掉，或当垃圾扔掉，就有书店专门做旧书生意。

李嘉诚谈起节省几港币买新书的钱，言谈表情，比现在赚几亿港元还兴奋：

"先父去世时，我不到15岁，面对严酷的现实，我不得不去工作，忍痛终止学业。那时我太想读书了，可家里是那样穷，我只能买旧书自学。我的小智慧是环境逼出来的，我花一点点钱，就可买来半新的旧教材，学完了又卖给旧书店，再买新的旧教材。就这样，我既学到知识，又省到了钱，一举两得。"

从这件小事，可见少年李嘉诚，已开始具备商业头脑。

1946 年初，17 岁的李嘉诚突然离开势头极佳的中南公司，去了一家小小的、名不见经传的五金厂，做行街仔（推销员）。

同事大惑不解，阿诚是老板的外甥，是一个不可小觑的叻仔，在公司前程无量。人往高处走，水往低处流——他为的是哪般？莫非他神经出了毛病？

第四章

不安现状　频频跳槽步步高

1946 年上半年，香港经济迅速恢复到战前最好年景。战时遭破坏的工厂商行都已恢复生产营业，香港人口激增到 100 多万。市景日益繁荣，入夜之后，港岛九龙的霓虹灯交相辉映，满载货物的巨轮，昼夜不停地出入维多利亚港。

中南钟表公司的业务有长足的发展，东南亚的销售网络重新建立，营业额呈几何级数递增，庄静庵筹划办一家钟表装配工厂，再扩展为自产钟表。

李嘉诚看好中南的前景，他更为香港经济巨变而兴奋不已。李嘉诚站在维多利亚港湾边，眺望尖沙咀五彩缤纷的灯光，陷入沉思——今后的路该怎样走？

一条路，在舅父荫庇下谋求发展，中南公司，已成为香港钟表业的巨擘，收入稳定，生活安逸；另一条路要艰辛得多，充满风险，须再一次到社会上闯荡。

李嘉诚选择了后者，他喜欢做充满挑战的事。待在舅父的羽翼下，更容易束缚自己，贪图安逸，要趁现在年轻，多学一些生存的本领，拓宽视野，增长见识，为的是今后做大事业！

17 岁的李嘉诚，已学会独立思考。他心念已定，却不知如何向舅父开口。舅父待他不薄，是李家的恩人。

五金厂的老板，跟庄静庵曾有业务交往，他出面与庄静庵交涉，请求庄静庵"放人"。庄静庵与李嘉诚恳谈过一次，设身处地站在嘉诚的角度看问题。当年庄静庵，也是一步步由打工仔变成老板的。嘉诚眼下还不会独立开业，但他迟早会踏上这一步的。

舅父更深一层了解了嘉诚与众不同的禀赋。

李嘉诚开始了行街仔生涯，他说，他一生最好的经商锻炼，是做推销员。

行街推销，与茶楼侍候客人和坐店销售钟表皆不同。后者顾客已有购买的意向，而行街推销，最初只有一方的意向。

对方有没有买的意图？需不需要你的产品？你如何寻找客户，联系客户？你与客户初次会面该说什么话，穿什么衣服？客户没有合作意向，你如何激发他的意向？建立了购销关系的客户，你如何巩固这种关系？

真正的推销艺术，大学课堂里学不到，任何书本也找不到。推销的艺术，在推销的本身，只能在推销之中去把握和领悟。

李嘉诚生性腼腆，内向而不喜主动交谈。数十年后的今天，李嘉诚出席高贵场合，不知凡几，他仍不是个滔滔不绝、谈锋犀利的人。

可他腼腆的另一面，显示出一个可贵的优点来，就是诚实。诚实不仅写在他那张稚气未脱的脸上，更表现在他的行为之中。

五金厂出品的是日用五金，比如镀锌铁桶这一项，最理想的客户，是卖日杂货的店铺。大家都看好的销售对象，竞争自然激烈。李嘉诚暂时绕开代销的路线，向用户直销。

酒楼旅店是"吃货"大户，李嘉诚攻入一家旅店，一次就销了100多只。家庭用户都是散户，一户家庭，通常只是一两只。高级住宅区的家庭，早就使用上铝桶。李嘉诚来到中下层居民区，专找老太太卖桶。他很清楚这点，只要卖动了一只，就等于卖出了一批——因为老太太不上班闲居在家，喜欢串门唠叨，自然而然成了李嘉诚的义务推销员。

自从李嘉诚加盟五金厂，五金厂的业务蒸蒸日上，以销促产，产销均步入佳境。老板喜不自禁，在员工面前称阿诚是第一功臣。然而，备受老板器重的李嘉诚，刚刚打开局面，就要跳槽弃他而去。老板心急火燎，提出给李嘉诚晋升加薪，他仍未回心转意。

李嘉诚去了塑胶裤带制造公司。在现代人的眼里，这是一家小小的山寨式工厂，位于偏离闹市区的西环坚尼地城爹核士街，临靠香港外港海域。

这家山寨工厂的魅力安在？

李嘉诚此举，一是受新兴产业的诱惑，二是塑胶公司老板的"怂恿"。

20世纪40年代中期，塑胶工业在欧美发达国家兴起。香港作为全方位开放的世界自由贸易港，市面上很快就出现欧美输入的塑胶料制品。塑胶制品易成型，质量轻，色彩丰富，美观实用，能够替代众多的木质或金属制品。塑胶有易老化、含毒性等缺点，但这些缺点，被人们趋赶时髦的风气所湮没，时至90年代，塑胶制品仍大行其道。

李嘉诚在推销五金制品之时，就感到塑胶制品的巨大威胁。最初，塑胶制品是奢侈品，价格昂贵，消费者皆是富人阶层。塑胶制品的价格一直呈下降趋势，舶来品愈来愈多，尤其是港产塑胶制品面市，造成价格大跌。李嘉诚清晰地意识到，用不了多久，塑胶制品将会成为价廉的大众消费品。

香港是接受新事物最快的地方，香港没有传统工业，它与世界建有广泛的联系，能够极速地引进适宜在本港发展的产业。最初的塑胶厂屈指可数，但很快呈现出雨后春笋般的发展趋势。

美国汽车业骄子，曾任福特公司总经理、克莱斯勒公司董事长的艾柯卡指出，20世纪前叶，产业是制造家的天下，社会商品相对匮乏，生产出来就会变成钱。到20世纪后叶，社会商品日趋饱和，厂家竞争激烈，生产出的产品，得竭力推销出来才能产生效益，因此，执产业牛耳者，由制造大师转为推销大师。

艾柯卡本人、松下电器的松下幸之助、索尼公司的盛田昭夫等，莫不是以推销见长，把推销与制造摆在同等重要的位置。而美国早期的产业巨子，汽车大王福特、钢铁大王卡内基、波音飞机之父波音等，皆是制造家或发明家。

塑胶裤带制造公司的老板，是个具有现代意识的经营者。他靠塑胶裤带起家，短短的一年，开发出10多个产品。香港的塑胶厂愈来愈多，竞争也将愈来愈激烈。老板四处招聘推销员，前后有20多人做过推销，真正能胜任的寥寥无几。

老板自己也常常出马推销，他到酒店推销塑胶桶时，与推销白铁桶的李嘉诚不期而遇。李嘉诚成了老板手下的败将，酒店更青睐塑胶桶，而不惜废掉进白铁桶的口头协议。

不打不相识。李嘉诚虽败在塑胶公司老板手下，他的推销才能却深得老板赏识。老板认为，李嘉诚未推销出白铁桶，问题在白铁桶本身，而不是他的推销术火候欠佳。老板有意与李嘉诚交朋友，约他去喝晚茶，诚心竭意拉李嘉诚加盟。

言谈中，李嘉诚表现出对新行业的浓厚兴趣。但他说："老大（老板）还算蛮器重我，我去他厂做事没多久就走恐不太好。"

"晚走不如早走，你总不会一辈子埋在小小的五金厂吧？看这形势，五金难有大前途。"

这正是李嘉诚所不愿的，他离开舅父的公司出来找工，只是作为人生的磨炼，而不是作为终生的追求。

李嘉诚终于跳出了五金厂。

辞工时，李嘉诚向老板进言：审时度势，要么转行做前景看好的行业；要么就调整产品门类，尽可能避免与塑胶制品冲突，塑胶虽用途广泛，仍不可替代一切金属制品。

一年后，这家五金厂转为生产系列锁，一度奄奄一息的五金厂，焕发出勃勃生机。这既是形势所然，又是李嘉诚的开导。老板遇到李嘉诚，欣喜地说道："阿诚，你在我厂时，我就看出你是个不寻常的年轻仔，你将来准会干出大事业！"

塑胶裤带制造公司有7名推销员，数李嘉诚最年轻，资历最浅。另几位是历次招聘中的佼佼者，经验丰富，已有固定的客户。

李嘉诚年轻心傲，他不想输于他人，他给自己定下目标：3个月内，干得和别的推销员一样出色；半年后，超过他们。李嘉诚自己给自己施加压力，有了压力，才会奋发搏命。

坚尼地城在港岛的西北角，而客户，多在港岛中区和隔海的九龙半岛。李嘉诚每天都要背一个装有样品的大包出发，乘巴士或坐渡轮，然后马不停蹄行街串巷。李嘉诚说："别人做 8 个小时，我就做 16 个小时，开初别无他法，只能以勤补拙。"

李嘉诚做任何事，都会感谢过去生活对他的磨砺。他不属那种身强体壮的后生仔，而像文弱书生，背着大包四处奔波，实在勉为其难。幸得他做过一年茶楼跑堂，拎着大茶壶，一天 10 多个小时来回跑，练就了腿功和毅力。他在茶楼养成了观察人的嗜好，现在做推销正好派上用场，他在与客户交往之时，不忘察言观色，判断成交的可能性有多大，有没有必要再纠缠下去，自己还该做什么努力。

要做好一名推销员，一要勤勉，二要动脑——李嘉诚对此有深切的体会。

李嘉诚推销新型产品——塑胶洒水器，走了几家都无人问津。这一天上班前，李嘉诚来到一家批发行，等职员上班联系洽谈。清洁工正在打扫卫生，李嘉诚灵机一动，自告奋勇拿洒水器帮清洁工洒水。李嘉诚期望遇到提前上班的职员，眼见为实，这样洽谈起来更有说服力。果真就有职员早到，还是负责日用器具的部门经理。李嘉诚很顺利地达到目的，该经理很爽快地答应经销塑胶洒水器。

李嘉诚的机灵，可见一斑，同时这又透露出李嘉诚的诚实。他让产品自己说话，这比一个推销员夸夸其谈产品的用途优点，要可信得多。

李嘉诚做推销，愈做愈老练，他深谙一个推销员在推销产品之时，也在推销自己，并且更应注重推销自己。

李嘉诚有意识去结交朋友，先不谈生意，而是建立友谊，友谊长在，生意自然不成问题。他结交朋友，不全是以客户为选择标准。如俗话所说："人有人路，神有神道。"今天成不了客户，或许将来会是客户；他自己做不了客户，他会引荐其他的客户。即使促成不了生意，帮出出点子，叙叙友情，也是一件好事。

李嘉诚的收入不高，家庭负担很重，他还要攒钱办大事，因此，他交友不允许花太多的钱。这样倒好，大家以诚相见，以诚共处。李嘉诚不是健谈之人，说话也不风趣幽默。他总是推心置腹谈他的过去和现在，谈人生与社会。

李嘉诚学识的广博、待人的诚恳，形成一种独特的魅力，使人们乐意与他交友。有朋友的帮衬，李嘉诚在推销这一行，如鱼得水。

李嘉诚把推销当事业对待，而不是仅仅为了钱。他很关注塑胶制品的国际市场变化，他的信息来自报刊资料和四面八方的朋友，他建议老板该上什么产品，该压缩什么产品的批量。他把香港划分成许多区域，每个区域的消费水平和市场行情，都详细记在本子上，他知道哪种产品该到哪个区域销，销量应该是多少。

加盟塑胶公司，仅一年工夫，李嘉诚实现了他的预定目标。他超越了另外 6 个推销员，这些经验丰富的老手难以望其项背。老板拿出财务的统计结果，连李嘉诚都大吃一惊——他的销售额是第二名的 7 倍！

全公司的人都在谈论推销奇才李嘉诚，说他"后生可畏"。

18 岁的李嘉诚被提拔为部门经理，统管产品销售。两年后，他又晋升为总经理，全盘负责日常事务。

他已熟稔推销工作，生产及管理是他的薄弱处。李嘉诚身为总经理，但内心却把自己当小学生。他总是蹲在工作现场，极少坐在总经理办公室，身着工装，同工人一道干，每道工序他都要亲自尝试，兴趣盎然，一点也不觉苦和累。

有一次，李嘉诚站在操作台上割塑胶裤带，不慎把手指割破，鲜血直流，他没有吭声，迅速缠上胶布，又继续操作。事后伤口发炎，他才到诊所去看医生。许多年后，一位记者向李嘉诚提及这事，说："你的经验，是以血的代价换得的。"李嘉诚微笑道："大概不好这么说，那都是我愿做的事，只要你愿做某件事情，就不会在乎其他的。"

李嘉诚以勤奋和聪颖，很快掌握生产的各个环节。生产势头良好，销售网络日臻完善，许多大额生意，他都是通过电话完成的，具体的事，再由手下的推销员跑腿。

李嘉诚是塑胶公司的台柱，成为高收入的打工仔，是同龄人中的杰出者。他才二十出头，就爬到打工族的最高位置，做出令人羡慕的业绩。

李嘉诚应该心满意足，然而，在他的人生字典中没有"满足"二字。功成名就，地位显赫的他，再一次跳槽，重新投入社会，以自己的聪明才智，开始新的人生搏击。

老板自然舍不得李嘉诚离去，再三挽留。曾有个相士，拉住李嘉诚看相，说他"天庭饱满，日后非贵即富，必会耀祖光宗，名震香江"。此事在公司传为佳话，老板不信相术，但笃信李嘉诚具备与众不同的良好素质，他不论做什么事，都会是最出色的。因此，李嘉诚绝非池中之物，他谦虚沉稳的外表，实则蕴含着勃勃雄心，他未来的前程，非吾辈所能比拟。

这是老板与李嘉诚相处几年，得出的判断。

老板挽留不住李嘉诚，并未指责李嘉诚"羽毛丰满，不记栽培器重之恩，弃我远走高飞"。老板约李嘉诚到酒楼，设宴为他辞工饯行，令李嘉诚十分感动。

席间，李嘉诚说了一句老实话："我离开你的塑胶公司，是打算自己也办一家塑胶厂，我难免会使用在你手下学到的技术，也大概会开发一些同样的产品，现在塑胶厂遍地开花，我不这样做，别人也会这样做。不过我绝不会把客户带走，用你的销售网推销我的产品，我会另外开辟销售线路。"

李嘉诚怀着愧疚之情离开塑胶裤带公司——他不得不走这一步。这是他人生中的一次重大转折，他从此迈上充满艰辛与希望的创业之路。

第五章

创业伊始　万里长江立大志

李嘉诚离开塑胶裤带公司，正值中华人民共和国成立不久。

从解放战争后期开始，大批逃避战争的人从陆路水路，拥向香港，香港人口激增，到1951年突破200万。这批被称为"战争难民"的内地人，给香港带来大量的资金、技术、劳力，也使香港本地市场的容量扩大了许多。

帝国主义在华的利益受到毁灭性打击，设在上海、天津、广州等大城市的外国洋行及工厂，纷纷撤到香港。这些沿海城市的对外贸易大门戛然关闭，香港的转口贸易和自由港地位显得愈加重要。

尽管"共产党要解放香港"的谣言四起，人心惶惶，李嘉诚仍看好香港的经济前景。整个世界经济，自二战后迅速恢复，开始持续增长。

李嘉诚正是在这种大背景下，毅然辞工，独立创业。他拥有全盘经营塑胶厂的经验，他回忆塑胶公司的经历时感慨道："这段生活，是我人生的最好锻炼，尤其是做推销员，使我学会了不少东西，明白了不少事理。所有这些，是我今天10亿、100亿也买不到的。"

李嘉诚的创业资本仅5万港元。他打工的薪水并不高，较大的一笔，是他几年推销产品的提成。据他的同事朋友回忆，李嘉诚从未奢侈过一回，他外出从来都是吃大众餐，他的衣着，没有一样称得上高档。

李嘉诚从不认为他的积蓄，是他赚来省出的，他总是对他人说："我之所以能拿出一笔钱创业，是母亲勤俭节省的结果。我每赚一笔钱，除日常必用的那部分，全部交给母亲，是母亲精打细算维持全家的生活。我能够顺利创业，首先得感谢母亲，其次要感谢那些帮助过我的人。"

5万港元创业资金，有一部分是向亲友借来的。李嘉诚诚实可信，故无人担保亦可借到钱。

李嘉诚感到棘手的，却是给塑胶厂取名。他从辞工日起，一直在思考厂名，他先后取了几十个厂名，最后确定为"长江"。其寓意是：

"长江不择细流，故能浩荡万里。长江之源头，仅涓涓细流，东流而去，容纳无数支流，形成汪洋之势，日后的长江塑胶厂，发展势头也会像长江一样，由小到大。长江是中国的母亲河，是中华民族的骄傲，未来的长江集团，也应该为中国人引以自豪。长江浩荡万里，具有宽阔的胸怀，一个有志于实业的人，理当扬帆万里，破浪前进，去创建宏图伟业。"

李嘉诚是个实干家，他要以行动来实现他的宏愿大志，而不挂在嘴上。很长一段年月，别人问他取"长江"的厂名是何意，他总是说："长江的厂名响亮，我便借了过来。"

1950 年夏，李嘉诚的长江塑胶厂在筲箕湾创立。

厂房是租借的，由于数十万"内地难民"拥来香港，香港闹房荒。李嘉诚资金紧张，只允许他租廉价的厂房。从港岛到九龙，李嘉诚跑了一个多月，最后才在港岛东北角的筲箕湾找到勉强合意的厂房。筲箕湾是港岛的偏僻地，厂址就更偏僻，临靠山谷的小溪。这里山清水秀，是读书的理想地方，办工厂，还是在交通便利的市区边好。正因为偏僻，所以租金较低，几经讲数（讨价还价），加上实在找不到更合适的厂房，李嘉诚按房主要的价，租下厂房。

厂房破旧得不能再破旧了，窗户难得找到一扇完好无缺的，不是玻璃破碎，就是风钩脱落，房顶透下束束天光，香港春夏多雨，雨水哗哗漏泄，李嘉诚不得不花一笔钱修缮。

厂房里的压塑机亦是破旧不堪，是欧美淘汰的第一代塑胶设备。香港增加许多塑胶厂，业主多是小本经营，就有人专做旧机器买卖。当时谁都不曾料到，扯欧美塑胶商衫尾的香港人，会成为世界塑胶业的大粒佬，出口量居世界第一。

如果说长江塑胶厂能透出一线新迹象的话，就是挂在门口那块"长江塑胶厂"的厂牌是崭新的；业主李嘉诚正踌躇满志，开创他崭新的事业。

谁敢相信，这位默默无闻的年轻人，日后会成为香港塑胶业的泰斗？正如仅仅看到长江源头的人，无法想象长江的万里奔腾之势。李嘉诚为他的山寨厂取"长江"之名，已经显示出万里长江的远大抱负。

千里之行，始于足下。李嘉诚脚踏实地，不动声色去实现他的抱负。"勤能补拙"，他仍是初做行街仔的老作风，每天工作 16 个小时。他不认为自己有超群的智慧，先父曾多次讲述古代神童不思勤勉，江郎才尽的故事。

他最初的时间是这样安排的：每天大清晨就外出推销或采购，赶到办事的地方，别人正好上班。他从不打的，距离远就乘公共巴士，路途近就双脚行走。他是那种温和持稳、不急不躁之人，他行走起来却快步如风。他的时间太紧了，又要省的士费，又要讲究效率，是环境造就的。李嘉诚 80 多岁，仍保持疾步的习惯。据汕头大学的教师称，李嘉诚在他捐赠兴建的汕大视察，上楼穿堂，步履矫健快速，陪同他的中年教师都气喘吁吁，颇感吃力。

中午时，李嘉诚急如星火赶回筲箕湾，先检查工人上午的工作，然后跟工人一道吃简单的工作餐。没有餐桌，大家蹲地上，或七零八落找地方坐。当然，这样的日子不会太久，长江厂甫有盈利，李嘉诚就抽钱出来，尽量改善伙食质量和就餐条件——以稳定员工队伍。"你必须以诚待人，别人才会以诚相报。"——李嘉诚与塑胶同业如是说。草创时期的长江厂条件异常艰苦，却鲜有工人跳槽，其凝聚力建立在"诚"字上。

第一批招聘的工人，全是门外汉，过半还是洗脚上田的农民。唯一的塑胶师傅是老板李嘉诚，机器安装、调试，直到出产品，都是李嘉诚带领工人一起完成的。第一次看到产品从压塑机模型中取出来，李嘉诚如中年得子一样兴奋。勤俭节约的李嘉诚破例奢侈一番，带工人一道到小酒家聚餐庆贺。李嘉诚常说自己是个悭吝之人，他的部下说他"悭己不悭人"。

晚上，李嘉诚仍有做不完的事：他须做账；要记录推销的情况，规划产品市场区域；还要设计新产品的模型图，安排明天的生产。业余自学，是不可间断的，塑胶业发展急速，日新月异，新原料、新设备、新制品、新款式源源不断被开发出来，他总觉得时间不够用。

李嘉诚住在厂里，一星期回家一次，看望母亲和弟妹。规模稍扩大后，他在新蒲岗租了一幢破旧的小阁楼，既是长江厂的写字间，又是成品仓库，还是他的栖身处。那时的李嘉诚，把自己"埋"进了长江厂。

李嘉诚身为老板，同时又是操作工、技师、设计师、推销员、采购员、会计师、出纳员，初创阶段，什么事都是他一脚踢。李嘉诚曾做过塑胶裤带制造公司总经理，两者毕竟不同。塑胶裤带制造公司产销已步入正轨，而这里是白手起家。李嘉诚是以小学生的态度，来做他所做的一切。

人们很难想象，李嘉诚哪来的这么旺盛的精力？他靠远大的抱负和顽强的意志支撑着，正如香港《星岛经济纵横》（1988 年第 4 期）所说：

"李嘉诚发迹的经过，其实是一个典型青年奋斗成功的励志式故事，一个年轻小伙子，赤手空拳，凭着一股干劲勤俭好学，刻苦而劳，创立出自己的事业王国，他常言：追求理想是驱使人不断努力的最重要因素。"

李嘉诚是个善于把握机遇的人。

他创办长江塑胶厂，正值朝鲜战争爆发。以美国为首的西方国家对华实行经济封锁，港英政府不得不关闭对华贸易进出口通道，香港转口贸易地位一落千丈。转口贸易是香港的经济支柱，对华禁运之前，香港的转口出口占全部出口的89%（据英国戴维·莱恩布里奇《香港的营业环境》一书），这就是说，香港本地产品出口只占全部出口的

11%。

这是二战后香港经济的最大灾难。悲观情绪在香港经济界徘徊，但很快被蓬勃兴起的加工工业一扫而光。港府制定出新的产业政策，香港经济，从此由转口贸易型转向加工贸易型。

香港资源匮乏，市场有限。香港加工工业的显著特点是"两头在外，大进大出"。原料和市场在海外，利用本地劳力资源赚取附加值。香港的工业化以纺织成衣业为龙头，塑胶、玩具、矿烛、日用五金、手表装嵌等众多行业相继崛起，形成百花齐放、万马奔腾的活跃局面。金融、地产、航运、交通、通信、仓储、贸易等，皆向加工业倾斜或靠拢，加工业逐渐成为香港新的经济支柱。

李嘉诚投身塑胶行业，正是顺应了香港经济的转轨。塑胶业在世界也是新兴产业，发展前景广阔。塑胶制品加工，投资少，见效快，适宜小业主经营。原料从欧美日进口，市场由以本地为主迅速扩展到海外。

李嘉诚对推销轻车熟路，第一批产品很顺利就卖出去。接下第二批、第三批、第四批……他手里捏着一把订单，招聘工人，经过短暂的培训就单独上岗。他实行三班倒工作制，开足马力，昼夜不停出货。

他不再是唯一的管理人员，他招聘了会计、出纳、推销员、采购员、保管员，他没想到投产后会这么顺利，简直就是一帆风顺。

正当李嘉诚春风得意之时，他遇到意想不到的风浪。一家客户宣布他的塑胶制品质量粗劣，要求退货。李嘉诚不得不冷静下来，承认质量有问题。他知道他太急躁了，一味追求数量，而忽视质量。

李嘉诚手中仍攥着一把订单，客户打电话催货。李嘉诚骑虎难下，延误交货就要罚款，连老本都要贴进去。他亲自蹲在机器旁监督质量，然而，靠这些老掉牙的淘汰机器，要确保质量谈何容易？又加上大部分工人，只经过短暂培训就当熟练工使用，他们能够操作机器将制品成型，已是很不错了。

推销员带回的客户的反馈，令李嘉诚不寒而栗——客户拒收产品，还要长江厂赔偿损失！

客户都是中间商，他们或将产品批发给零售商，或出口给海外的经销商。塑胶制品早已过了"皇帝女儿不愁嫁"的好年景，用户对制品的款式质量变得挑剔起来。塑胶工厂日益增多，竞争自然日益激烈。竞争的法则是优胜劣汰，粗劣的产品必然会被逐出市场。

事态严峻，质量就是信誉，信誉是企业的生命线。事业的航船，甫扬风帆，就遇到惊涛骇浪。

危机之中的李嘉诚，真正体会到做老板的难处。他曾做过塑胶裤带制造公司总经理，全盘掌控日常事务，可重大决策仍是老板拍板。现在身为一业之主，就要承担一切风险的责任。"如履薄冰，小心翼翼"——许多处于景气中的业主，仍是这种心态。李嘉诚太年轻，余勇可贾，而把困难设想得太少。

企业的主人，就像一船之长，决策即是航向，任何失误，都可能把航船引向灭顶之灾。李嘉诚承认，他创业之初不是个出色的船长，他说："人们过誉称我是超人，其实我并非天生就是优秀的经营者，到现在我只敢说经营得还可以，我是经历过很多挫折和磨难，才悟出一些经营的要诀的。"

李嘉诚又一次陷于人生的大磨难中。这之前，他经历的磨难是不可抗拒的天灾人祸；这一次，却是他自己的失误造成的。对熬出头的人来说，磨难大有裨益，可磨难，又可能将一个人彻底摧毁。

仓库里堆满因质量欠佳和延误交货退回的玩具成品，这些客户纷纷上门要求索赔，还有一些新客户上门考察生产规模和产品质量，见这情形扭头就走。客户是企业的衣食父母，李嘉诚急如热锅上的蚂蚁，业中人常说："不怕没生意做，就怕做断生意。"长江厂正处于后一种情景。

产品积压，没有进账，原料商仍按契约上门催交原料货款。李嘉诚上哪儿去弄这笔钱，他急了，就说："我实在拿不出钱，你们把我人带走。"原料商笑道："你想得美！我们要你干什么？我们要的是钱！"原料商扬言要停止供应原料，并要到同业中张扬李嘉诚"赖货款的丑闻"。这又是一道撒手锏。

墙倒众人推。银行得知长江厂陷入危机，派职员来催贷款。给弄得焦头烂额、痛苦不堪的李嘉诚不得不赔笑接待，他恳求银行放宽期限。银行掌握企业的生杀大权，长江厂面临遭清盘的边缘。

长江厂只剩下半数产品品种尚未出现质量问题，开工不足，不得不裁减员工。部分被裁员工的家属上门哭闹，有的赖在办公室不走，车间和厂部没有片刻安宁。留下的员工人心惶惶，为长江厂的前途，更为自己的生计忧心忡忡。那些日子，李嘉诚的脾气不免暴躁，动辄训斥手下的员工。全厂士气低落，人心浮动。

李嘉诚回到家里，强打欢颜，担心母亲为他的事寝食不安。知儿者，莫过其母。母亲从嘉诚憔悴的脸色、布满血丝的双眼，洞察出长江厂遇到麻烦。母亲不懂经营，但懂得为人处世的常理。母亲是个虔诚的佛教徒，嘉诚走向社会，母亲总是牵肠挂肚，早晚到佛堂敬香祭拜，祈祷儿子平安。她还经常用佛家掌故，来喻示儿子。

母亲平静地说道："很早很早之前，潮州府城外的桑埔山有一座古寺。云寂和尚已是垂垂之年，他知道自己在世的日子不多了，就把他的两个弟子——一寂、二寂召到方丈室，交两袋谷种给他们，要他们去播种插秧，到谷熟的季节再来见他，看谁收的谷子多，多者就可继承衣钵，做庙里住持。云寂和尚整日关在方丈室念经，到谷熟时，一寂挑了一担沉沉的谷子来见师父，而二寂却两手空空。云寂问二寂，二寂惭愧道，他没有管好田，种谷没发芽。云寂便把袈裟和衣钵交给二寂，指定他为未来的住持。一寂不服，师父道：'我给你俩的谷种都是煮过的。'"

李嘉诚悟出母亲话中的玄机——诚实是做人处世之本，是战胜一切的不二法门。李嘉诚为自己所做的事，流下悔恨的眼泪。

翌日，李嘉诚回到厂里，工厂仍笼罩在愁云惨雾之中。李嘉诚召集员工开会，他坦诚地承认自己经营错误，不仅拖累了工厂，损害了工厂的信誉，还连累了员工。他向这些天被他无端训斥的员工赔礼道歉，并表示，经营一有转机，辞退的员工都可回来上班，如果找到更好的去处，也不勉强。从今后，保证与员工同舟共济，绝不损及员工的利益，而保全自己。

李嘉诚说了一番渡过难关、谋求发展的话，员工的不安情绪基本稳定，士气不再那么低落。

紧接着，李嘉诚一一拜访银行、原料商、客户，向他们认错道歉，祈求原谅，并保证在放宽的限期内一定偿还欠账，对该赔偿的罚款，一定如数付账。李嘉诚丝毫不隐瞒工厂面临的空前危机——随时都有倒闭的可能，恳切地向对方请教拯救危机的对策。

李嘉诚的诚实，得到他们中的大多数人的谅解，他们都是业务伙伴，长江塑胶厂倒闭，对他们同样不利。

银行放宽偿还贷款的期限，但在未偿还贷款前，不再发放新贷款。

原料商同样放宽付货款的期限，对方提出，长江厂需要再进原料，必须先付70%的货款。

客户涉及好些家，态度不一，但大部分还是做了不同程度的让步。有一家客户，曾把长江厂的次品批发给零售商，使其信誉受损，经理怒气冲冲来长江厂交涉，恶语咒骂李嘉诚。

李嘉诚亲自上门道歉，该经理很不好意思，承认他的过失莽撞。该经理说李嘉诚是可交往的生意朋友，希望能继续合作。他还为长江厂摆脱困境，出谋划策。

李嘉诚的"负荆拜访"，达到初步目的。他却不敢松一口气，银行、原料商和客户，只给了他十分有限的回旋余地，事态仍很严峻。

积压产品，库满为患。这之中，一部分是质量不合格；另一部分是延误交货期的退货，产品质量并无问题。李嘉诚抽调员工，对积压产品普查一次，将其归为两类：一类是有机会做正品推销出的；一类是款式过时，或质量粗劣的。

李嘉诚如初做行街仔那样，马不停蹄到市区推销，卖出一部分正品。他不想被积压产品拖累太久，全部以极低廉的价格，卖给专营旧货次品的批发商，在制品的质检卡片上，一律盖上"次品"的标记。

李嘉诚陆续收到货款，分头偿还了一部分债务。

在危机之中，原来的一些亲戚朋友，有的对李嘉诚敬而远之，生怕他开口借钱或带来麻烦；有的来电话，或主动上门，为李嘉诚分担忧愁，安慰激励，献计献策，提供力所能及的帮助。

李嘉诚又一次体验世态炎凉，人情冷暖。

每个人都难免会有这样或那样的弱点，李嘉诚求发达，丝毫不含报复的成分，他后来发达，成巨富，不计前嫌，仍与这些曾在危难中疏远他的亲友保持来往。

危难见人心，路遥知马力。李嘉诚正是靠那些真诚亲友，获得新订单，筹到购买原料、添置新机器的资金。

被裁减的员工，又回来上班，李嘉诚还补发了离厂阶段的工薪。

李嘉诚又一次拜访银行、原料商和客户，寻求进一步谅解，商议共渡难关的对策。

长江塑胶厂出现转机，产销渐入佳境。

1955年的一天，李嘉诚召集员工聚会。他首先向员工鞠了三躬，感谢大家的精诚合作。然后，用难以抑制的喜悦之情宣布：

"我们厂已基本还清各家的债款，昨天得到银行的通知，同意为我们提供贷款。这表明，长江塑胶厂已走出危机，将进入柳暗花明的佳境！"

话音刚落，员工顿时沸腾起来。散会前，每个员工都得到一个红包，由李嘉诚亲自分发。

夜深沉，海风裹挟着丝丝凉意。忙碌了一整天的李嘉诚，爬上附近的一座小山冈，眺望着中区的万家灯火和海域中行走的巨轮，陷入沉思之中。

"长江"号航船，只能说暂时避免了倾覆之危，只能说取得一次小小的胜利。今后的航程，还会遇到急流险滩、暗礁风暴，作为船长，切不可陶醉在小小的胜利之中，须胸怀大志，头脑冷静，行为稳重。

经历过这次挫折和磨难，李嘉诚又成熟了许多，他给自己立下座右铭：

"稳健中寻求发展，发展中不忘稳健。"

第六章

塑胶之花　开遍香江满世界

20世纪50年代中期，香港工业化形成热潮，港产工业品源源不断打入国际市场，越来越引起国际商界的重视。在港九市区边沿及新界，山寨式工厂如葡萄串布满新工业区。

长江塑胶厂经历过濒临倒闭的危机后，生机焕发，订单如雪片飞来，工厂通宵达旦生产，营业额呈几何级数增长。李嘉诚的信誉有口皆碑，银行不断放宽对他的贷款限额；原料商许可他赊购原料；客户乐意接受他的产品，派送大笔订单给他。

居安思危，上一次危机，正是在春风得意时发生的。李嘉诚的头脑异常冷静，思考长江研制的现状及未来。

香港的塑胶及玩具厂已有300多家，长江厂只是其中一家经营状况良好，但缺乏特色的一家。长江厂出口的塑胶玩具，跟同业并无多大区别，只是款式有细微变化而已。除了同业，谁还会关注有一个"长江塑胶厂"呢？李嘉诚不满且忧虑。

的确，香港的塑胶制品在国际市场卖得很"火"。细究之，香港产品的优势却是廉价，这实在是可悲的事情。内地政权更替，"难民"逃港，香港储备了大量的劳力资源。20世纪50年代，港府对来港人员，来者不拒，作为后备劳力资源。香港的工资低廉，故而产品廉价。难道港产货就不能以质优款新而称雄国际市场吗？

长江厂从创办起，所生产的两大门类——塑胶玩具和塑胶日用品，先后变化了几十款。这大部分是按照代理经销商的订单，设计改型的。厂家为商家所左右，李嘉诚曾想站在消费者立场上，推出新产品左右商家，因为太忙，风险又大，只能作罢。

执业塑胶业已是第七个年头，李嘉诚自觉仍属这一行业的平庸之辈，他从来就不是个甘于平庸之人。他渴望有个新突破，使长江厂从同行中脱颖而出，崭露头角。

寻找突破的视野，不能局限于弹丸之地香港，而是国际市场。

李嘉诚不是一个寻常意义的企业主。我们且不探究他的内心世界，单看他的外在表现。在工业区和闹市区，人们常能见到不少这样的中小企业老板：他们聚在酒楼菜馆，觥筹交错，豪饮暴食；他们或去麻雀馆（赌坊）小赌，去跑马场大赌，去澳门豪赌；他们中，更有人是妓寨凤楼的常客，枕香抱玉，共度春宵。香港既是投资家的乐土，又是逍遥客的销金窝。他们中，不乏精明的赚钱高手，就这一点，注定他们不太可能发达。

李嘉诚与这一切无缘，这必须归结于他的良好的家庭教育。李嘉诚每天都要工作 10 多个小时，工作完毕，还要自修功课。临睡前，舒展疲惫的四肢，斜靠在床头翻杂志。他购买和订阅的杂志都是经济类的，他从中汲取了大量的知识和信息。

一日深夜，李嘉诚翻阅英文版《塑胶》杂志，目光被一则简短的消息吸引住：意大利一家公司，已开发出利用塑胶原料制成的塑胶花，即将投入成批生产推向欧美市场。

一直苦苦寻找突破口的李嘉诚，如迷途的夜行人看到亮光，兴奋不已。

欧美的家庭，室内户外都要装饰花卉。这些植物花卉，经常要浇水、施肥、剪修、除草。现代人的生活节奏日益加快，许多家庭主妇变成职业妇女，对这些家庭来说，不再有闲情逸致花费时间去侍弄花卉。并且，植物花卉花期有限，每季都要更换花卉品种，实在麻烦得很。

塑胶花正好弥补这些缺陷。现代人以趋赶时髦为荣，塑胶花的面世，将会引发塑胶市场的一次革命，前景极为乐观。

1957 年春，李嘉诚揣着希冀和强烈的求知欲，登上飞往意大利的班机去考察。

春天的意大利，正是旅游的黄金季节。明媚的阳光、旖旎的山色、千姿百态的雕塑、古色古香的建筑，莫不吸引了大批的世界游客。李嘉诚无心观光游览，他心里唯有争奇斗艳的塑胶花。

他在一间小旅社安下身，急不可待去寻访该公司，经过两天的奔波，李嘉诚风尘仆仆来到厂门口，却戛然止步。

他素知厂家对新产品技术的保守与戒备，也许应该名正言顺购买技术专利，一来，长江厂小本经营，绝对付不起昂贵的专利费；二来，厂家绝不会轻易出卖专利，它往往要在充分占领市场，赚得盆满钵满，直到准备淘汰这项技术时方肯出让。

如果长江厂只能跟在别人后面亦步亦趋，谈何突破？聪明的香港人善于模仿，对急打冷门、填空白的李嘉诚来说，等塑胶花在香港大量面市后模仿，将会遇到众多的竞争对手。

市场的竞争，又是时间的竞争；赢得时间，就赢得市场。

李嘉诚以香港经销商的身份，进入这家公司，言称准备在香港推销贵公司的塑胶花。公司职员彬彬有礼地带李嘉诚进产品陈列室，琳琅满目的塑胶花使李嘉诚恨不得长 10 双眼睛。李嘉诚一面拿花束在手中端详，一面询问有关塑胶花的知识。

这位挑剔的"港商"差不多在公司待了一整天，才购买各种款式和颜色的塑胶花，准备先带回香港试销。

样品有了，脑子里也装满了塑胶花的常识。然而，仅仅是常识，具体的生产工艺及配方调色呢？

李嘉诚去当地图书馆查找这方面的资料，所见的专业资料，他在香港也看过。李嘉诚心急如焚，他放下厂里的事务远来欧洲，在这里又没达到最终目的，难道就这么买回大批塑胶花去做摆设？

情急之中，李嘉诚想到一个绝妙的办法。这家公司的塑胶厂招聘工人，他去报了名，被派往车间做打杂的工人。李嘉诚只有旅游签证，按规定，持有这种签证的人是不能够打工的。老板给李嘉诚的工薪不及同类工人的一半，他知道这位"亚裔劳工"非法打工，绝不敢控告他。当时欧美发达国家的企业主，常常采用压低工薪的做法，盘剥落后国家来的非法移民。

李嘉诚哪里会计较什么工薪？幸亏这个老板心贪，李嘉诚才能靠一张旅游签证，进入这家工厂做工。这家工厂原先和总公司在一起，由于环境保护组织的抗议，才从市区迁到郊外。这样，李嘉诚就不必担心被总公司的人发现。

李嘉诚负责清除废品废料，他能够推着小车在厂区各个工段来回走动，双眼却恨不得把生产流程吞下去。李嘉诚十分勤快，工头夸他"好样的"，他们万万想不到这个"下等劳工"，竟会是"国际间谍"。李嘉诚收工后，急忙赶回旅店，把观察到的一切记录在笔记本上。

假日，李嘉诚邀请数位新结识的朋友，到城里的中国餐馆吃饭，这些朋友都是某一工序的技术工人。李嘉诚用英语向他们请教有关技术，佯称他打算到其他的厂应聘技术工人。

李嘉诚通过眼观耳听，大致悟出塑胶花制作配色的技术要领。

平心而论，站在今日的角度，李嘉诚的行为有悖商业道德。但在专利法还不太健全的 20 世纪 50 年代，李嘉诚迫于无奈的举动，又是可以理解的。

李嘉诚满载而归，随之到达的还有几大箱塑胶花样品和资料。临行前，塑胶花已推向市场，李嘉诚跑了好些家花店，了解销售情况。他发现绣球最畅销，立即买下好些绣球花做样品。

李嘉诚回到长江塑胶厂，他不动声色，只是把几个部门负责人和技术骨干召集到他的办公室，把带回来的样品展示给大家看。众人为这样千姿百态、栩栩如生的塑胶花拍案叫绝。

李嘉诚宣布，长江厂将以塑胶花为主攻方向，一定要使其成为本厂的拳头产品，使长江更上一层楼。

产品的竞争，实则又是人才的竞争。李嘉诚四处寻访，重酬聘请塑胶人才。李嘉诚把样品交给他们研究，要求他们着眼于三处：一是配方调色，二是成型组合，三是款式品种。

塑胶花实际上是植物花的翻版，每一个国家和地区所种植并喜爱的花卉不尽相同，李嘉诚觉得他带来的样品，太意大利化了。他要求顺应本港和国际大众消费者的喜好，设计出全新的款式，并且不必拘泥于植物花卉的原有模式。

设计师做出不同色泽款式的"蜡样"，李嘉诚带着蜡花走访不同消费层次的家庭。最后确定一批蜡花作为开发产品。此时，技术人员经过反复试验，已把配方调色研定到最佳水准。又经过连续一个多月的不眠之夜，终于研制成第一批样品。

填补空白的产品，很容易卖高价。李嘉诚不这样想，价格昂贵，必少有人问津。他经过成本预算，批量生产的塑胶花，成本并不高。只有把价格定在大众消费者可接受的适中水平，才会掀起消费热潮。卖得快，必产得多，"以销促产"，比"居奇为贵"更符合商界的游戏规则。

其时，意大利塑胶花已进入香港市场，由连卡佛百货集团公司经销。连卡佛是老牌英资洋行。走的是高档路线，卖的是名牌及奢侈品。意产塑胶花价格不菲，只有少数洋人和华人富有家庭购买。

李嘉诚携带自产的塑胶花样品，一一走访经销商。他们被这些小巧玲珑、惟妙惟肖的塑胶花，惊艳得瞠目结舌、眼花缭乱。其中有的经销商是老客户，他们简直不敢相信，就凭长江破旧不堪的厂房、老掉牙的设备，能生产出这么美丽的塑胶花？

"这是你们出品的吗？"一位客户狐疑地问道，论质量，可以说与意产的不分上下。

"你们大概是怀疑我从意大利弄来的吧？"李嘉诚心平气和微笑道，"有机会，你们可以将两者比较，看看是港产的，还是意产的。"

办公室的人围着塑胶花仔细察看，发现李嘉诚带来的塑胶花，的确与印象中的有所不同。众多的样品中，有数样中国人喜爱的特色品种。

李嘉诚说："欢迎各位去长江睇（看）厂，长江虽然还是老厂房，可生产塑胶花的设备却是新的，研制塑胶花的都是新人，当然，现在的事业更是新的。"

李嘉诚的报价，又一次使他们目瞪口呆，物美价廉，没有理由不畅销。大部分经销商，都非常爽快地按李嘉诚的报价签订供销合约。有的为了买断权益，主动提出预付50%的定金。

每家经销商的销售网络皆不尽相同，李嘉诚尽可能避免重叠。很快塑胶花风行香港和东南亚。老一辈港人记忆犹新，几乎是在数周之间，香港大街小巷的花卉店，摆满了长江出品的塑胶花。寻常百姓家、大小公司的写字楼，甚至汽车驾驶室，都能看到塑胶花的倩影。

李嘉诚掀起了香港消费新潮，长江塑胶厂蜚声香港业界。

塑胶花从塑胶制品家族脱颖而出，一枝独秀。追风跟潮，是香港产业界看家本领。很快，本港冒出数家塑胶花专业厂。正像人们不知李嘉诚如何获取塑胶花的生产技术一样，李嘉诚也不清楚同业是如何掌握塑胶花"秘诀"的。

长江厂只是先行一步，等待它的，将是与同业的公平而无情的竞争。

甫饮头啖汤（第一波出锅的汤，比喻首先尝试）的李嘉诚，没有陶醉在初战告捷的喜悦中。大家都在抢占市场，而长江厂的现在规模，无法保证"长江"号在同业的龙头地位。

李嘉诚到亲友中集资招股，筹集的资金用于租赁厂房，添置设备。他赴意大利考察塑胶花，同时对欧洲的企业结构和管理方式抱有浓厚的兴趣。他深知私家企业财力单薄，发展缓慢。他看好股份制企业，他决定分两步走。第一步，组建合伙性的有限公司；第二步，发展到相当规模时，申请上市，成为公众性的有限公司。

"稳健中寻求发展，发展中不忘稳健。"李嘉诚将此话牢牢铭记于心。

1957年岁尾，长江塑胶厂改名为长江工业有限公司。公司总部由新莆岗搬到北角，李嘉诚任董事长兼总经理。厂房分为两处，一处仍生产塑胶玩具，另一处生产塑胶花。李嘉诚把塑胶花作为重点产品。

李嘉诚的事业又上了一个台阶，他并不因此而满足。

香港的对外贸易基本上为洋行垄断，而华人商行的优势，在于中国内地与东南亚的华人社会。20世纪50年代，西方国家对华实行禁运后，香港华人商行的出口途径，基本限于东南亚。

世界最大的消费市场在欧美，欧洲北美占世界消费量的一半以上。李嘉诚无时不渴望将产品打入欧美市场，他通过《塑胶》杂志，得知香港塑胶花正风靡欧美市场。

当时要进入欧美市场，只有通过本港的洋行，他们在欧美设有分支机构，拥有固定的客户，双方建有多年的信用。香港的塑胶花正是这样进入欧美市场的，李嘉诚也接受过不少本地洋行的订单。他不甚满意这种交易方式，一切都缺乏透明度——塑胶花具体销往何国何地？代理商是谁？到岸价、批发价、零售价是多少？销路如何？消费者有何反馈？

一家洋行提出包销长江公司的塑胶花。若是别的厂家，或许会认为这是福音，从此产品不愁销路。李嘉诚却谢绝了对方的"好意"，他清楚地意识到，如果接受了对方的包销条件，就得被对方牵着鼻子走，价格、产量，得由对方说了算。

境外的批发商，也希望绕过香港洋行这个中间环节，直接与香港的工厂做生意，这对双方都大有好处。

李嘉诚一旦得悉这个消息，马上驱车去跟外商直接洽谈，给他们看样品，签订合同。绕过了中间环节，双方都得到价格上的实惠。李嘉诚手中捏着一把订单，还有订单从四面八方飞来。

李嘉诚不惜重金网罗全港最优秀的塑胶人才，不断地推出新样品。可是，因为资金有限，设备不足，严重地阻碍生产规模的扩大。李嘉诚担心陷于前几年的被动局面，不敢放手接受订单。

该如何突破"瓶颈"呢？李嘉诚陷于苦恼之中。银行许可的贷款额只能应付流动资金。地产、航运、贸易、工业，都在千方百计努力获得银行的支持，像长江这样的小公司，不敢奢望获得银行的大笔贷款。

在李嘉诚伤透脑筋之时，一个意想不到的机遇来到他面前。有位欧洲的批发商，来北角的长江公司看样品，他对长江公司的塑胶花赞不绝口："比意大利产的还好。我在香港跑了几家，就数你们的款式齐全，质优美观！"

他要求参观长江公司的工厂，他对能在这样简陋的工厂生产出这么漂亮的塑胶花，甚感惊奇。这位批发商快人快语：

"我们早就看好香港的塑胶花，品质品种，处于世界先进水平，而价格不到欧洲产品的一半。我是打定主意订购香港的塑胶花，并且是大量订购。你们现在的规模，满足不了我的数量。李先生，我知道你的资金发生问题，我可以先行做生意，条件是你必须有实力雄厚的公司或个人担保。"

找谁担保呢？担保人不必借钱给被担保人，但必须承担一切风险。被担保人一旦无法履行合同，或者丧失偿还债务能力，风险就落到了担保人头上。不过，根据塑胶花的市场前景，以及李嘉诚的信用和能力，风险微乎其微。

某篇文章，曾这样记述李嘉诚寻找担保人的经历：

> 在香港这个认钱不认人的社会，金钱关系更胜于至亲挚友关系。"求人如吞三尺剑"，位卑财薄的李嘉诚，只有硬着头皮，去恳求一位身居某大公司董事长的亲戚，这位大亨亲戚岔开话题而言他，令李嘉诚碰了一鼻子灰，陷入山穷水尽的境地。

这篇文章所说的"身居某大公司董事长的亲戚"，自然指的是李嘉诚的舅父和未来的岳丈庄静庵先生。从1950年起，中南公司设厂从事手表装嵌，机芯来自瑞士，装嵌成成品后供本港的分店零售及运往东南亚。中南公司后又在德辅道设立总装大楼，并在湾仔拥有中南大厦。1955 年，中南取得瑞士乐都表的经销权，经销网遍及本港和东南亚、韩国等地，营业额在本港首屈一指。

当然，大有大的难处，业务增长快，资金也投入大，即使是超级巨富，也会遇到许多意想不到的困难。有人这样说："为李嘉诚担保，其实并无风险，作为亲舅，本该鼎力相助与提携，但他没这样做。"

李嘉诚一贯抱善意待人待事，在往后的岁月里，他总是回避求殷富担保之事。也许，他觉得事情已过去，不必再"纠缠不清"；也许，他认为经受磨难，对一个人成大事业有好处。

李嘉诚对这位欧洲的批发商，心存感激，难以忘怀。

翌日，李嘉诚到批发商下榻的酒店。两人坐在酒店的咖啡室，咖啡室十分幽静。李嘉诚拿出 9 款样品，默默放在批发商面前。李嘉诚没说什么，认真观察批发商的表情。

李嘉诚的内心太想做成这笔交易了，该批发商的销售网遍及西欧、北欧，那是欧洲最重要的市场。李嘉诚未能找到担保人，还能说什么呢？他和设计师通宵达旦，连夜赶出 9 款样品，期望能以样品打动批发商。若他产生浓厚的兴趣，看看能否宽容一点，双方寻找变通；若不成，就送给他做留念，争取下一次合作。

机遇既然出现，他是无论如何不会轻易放弃的。

9 款样品，每 3 款一组：一组花朵，一组水果，一组草木。批发商全神贯注，足足看了 10 多分钟，尤对那串紫红色葡萄爱不释手。李嘉诚绷紧的神经，稍稍放松，这证明他对样品颇为看好。

批发商的目光落在李嘉诚熬得通红的双眼上，猜想这个年轻人大概通宵未眠。他太满意这些样品了，同时更欣赏这年轻人的办事作风及效率，不到一天时间，就拿出 9 款别具一格的极佳样品。他记得，他当时只表露出想订购 3 种产品的意向，结果李先生，每一种产品都设计了 3 款样品。

"李先生，这 9 款样品，是我所见到过的最好的一组，我简直挑不出任何毛病。李先生，我们可以谈生意了。"

谈生意，就必须拿出担保人亲笔签字的信誉背书。李嘉诚只能直率地告诉批发商：

"承蒙您对本公司样品的厚爱，我和我的设计师，花费的精力和时间总算没有白费。我想你一定知道我的内心想法，我是非常非常希望能与先生做生意。可我又不得不坦诚地告诉您，我实在找不到殷实的厂商为我担保，十分抱歉。"

批发商目光炯炯地看着李嘉诚，未表示出吃惊和失望。于是李嘉诚用自信而执着的口气说：

"请相信我的信誉和能力，我是一个白手起家的小业主，在同行和关系企业中有着较好的信誉，我是靠自己的拼搏精神和同人朋友的帮助，才发展到现在这规模的。先生您已考察过我的公司和工厂，大概不会怀疑本公司的生产管理及产品质量。因此，我真诚地希望我们能够建立合作关系，并且是长期合作。尽管目前本公司的生产规模还满足不了您的要求，但我会尽最大的努力扩大生产规模。至于价格，我保证会是香港最优惠的，我的原则是做长生意，做大生意，薄利多销，互利互惠。"

李嘉诚的诚恳执着，深深打动了批发商，他说道：

"李先生，你奉行的原则，也就是我奉行的原则。我这次来香港，就是要寻找诚实可靠的长期合作伙伴。互利互惠，只要生意做成，我绝不会利己损人，否则就是一锤子买卖。李先生，我知道你最担心的是担保人。我坦诚地告诉你，你不必为此事担心，我已经为你找好了一个担保人。"

李嘉诚愣住了，哪里有由对方找担保人的道理？批发商微笑道：

"这个担保人就是你。你的真诚和信用，就是最好的担保。"

两人都为这则幽默笑出声来。谈判在轻松的气氛中进行，很快签了第一单购销合同。按协议，批发商提前交付货款，基本解决了李嘉诚扩大再生产的资金问题。是这位批发商主动提出一次付清，可见他对李嘉诚的信誉及产品质量的充分信任。

批发商叫侍者拿来两杯香槟酒，举杯说道："我们的合作，一定会很愉快。"

信誉是不可以用金钱估量的，是生存和发展的法宝。经过这次本无希望，但最终如愿以偿的合作，李嘉诚对此笃信不移。

长江公司的塑胶花牢牢占领了欧洲市场，营业额及利润成倍增长。1958 年，长江公司的营业额达 1000 多万港元，纯利 100 多万港元。塑胶花为李嘉诚赢得平生的第一桶金，也赢得了"塑胶花大王"的称号。

三十而立——李嘉诚是年 30 周岁。

李嘉诚正是这一年涉足房地产。长江工业有限公司下设地产部和塑胶部，他非常看好香港地产业的前景，但未因此而放弃塑胶业。

他的下一个目标，是进军北美。

美国和加拿大，是发达的资本主义国家。尤其是美国，人口众多，幅员辽阔，消费水平极高，占世界消费总额的 1/4。李嘉诚陆续承接过本港洋行销往北美的塑胶花订单，这纯属小打小闹，远不是他所期望的。

"守株待兔"，是纯粹的机会主义者；"酒香不怕巷子深"，是陈旧过时的经营理念。李嘉诚主动出击，设计印制精美的产品广告画册，通过港府有关机构和民间商会了解北美各贸易公司地址，然后分寄出去。

没多久，果然有了反馈。北美一家大贸易商S公司，收到李嘉诚寄去的画册后，对长江公司的塑胶花彩照样品及报价颇为满意，决定派购货部经理前往香港，以便"选择样品，考察工厂，洽谈入货"。

李嘉诚收到来函，立即通过人工接线的越洋电话，与美方取得联系，表示"欢迎贵公司派员来港"。交谈中，对方简单询问香港塑胶业的大厂家，并提出，若有时间，希望李先生陪同他们的人走访其他厂家。

这家公司是北美最大的生活用品贸易公司，销售网遍布美国、加拿大。机会千载难逢，但还不敢说机会非长江一家莫属。对方的意思已很明显，他们将会考察香港整个塑胶行业，或从中选一家作为合作伙伴，或同时与几家合作。

这将又是一次竞争，比信誉，比质量，比规模，斗智斗力，方能确定鹿死谁手。李嘉诚的目标，是使长江成为北美S公司在港的独家供应商。他自信产品质量是全港一流的，但论资金实力、生产规模，却不敢在本港同业称老大。

本港有数家实力雄厚的大型塑胶公司，单看工厂的外貌，就令人肃然起敬。长江公司的工厂格局，还未摆脱山寨式的窠臼，且不论生产规模，给来自先进工业国家的外商，第一印象就不好。

与欧洲批发商做交易，既是李嘉诚的胜利，也为他带来教训，有限的生产规模，险些使李嘉诚的希望落空。

李嘉诚可用的时间只有短暂的一周，李嘉诚召开公司高层会议，宣布了令人惊愕而振奋的计划：必须在一周之内，将塑胶花生产规模扩大到令外商满意的程度。

这一年，李嘉诚正在北角筹建一座工业大厦，原计划建成后，留两套标准厂房自用。现在，他必须另租别人的厂房应急。为了抢时间，他委托房产经纪商代租厂房，位于北角最繁盛的工业大厦，李嘉诚睇过楼后，当即拍板租下一套标准厂房，占地约1万平方英尺（1平方英尺等于0.0929平方米）。迁厂所涉资金，除自筹的部分，大部分是银行的大额贷款——他以筹建工业大厦的地产做抵押。

这是李嘉诚一生中，最大最仓促的冒险，他孤注一掷，几乎是拿多年营建的事业来赌博。李嘉诚一生作风稳健，可这一次，他别无选择，要么彻底放弃，要么全力搏命。

无法想象一周之内形成新规模难度有多大。旧厂房的退租，可用设备的搬迁，购置新设备，新厂房的承租改建，设备安装调试，新聘工人的培训及上岗，工厂进入正常运行……都得在一周内完成，一道环节出问题，都有可能使整个计划前功尽弃。

李嘉诚和全体员工一起，奋斗了七昼夜，每天只有三四个小时的睡眠。李嘉诚紧张而不慌乱，哪组人该干什么、哪些工作由安装公司做，以及每一天的工作进度，全在日程安排表中标得清清楚楚。就这一点可见李嘉诚的冒险，并非草率行事。

S公司购货部经理到达那天，设备刚刚调试完毕，李嘉诚把全员上岗生产的事交与副手负责，亲自驾车去启德机场接客人。

港岛九龙，隔着一道被称为维多利亚港的海峡。那时还没有海底隧道，港岛九龙的汽车一般不流通。李嘉诚为了表示诚意，驱车乘汽车轮渡过海去启德机场。

李嘉诚已为外商在港岛希尔顿酒店，预订了房间。在回程的路上，李嘉诚问外商："是先到酒店休息，还是先去参观工厂？"外商不假思索答道："当然是先参观工厂。"

李嘉诚不得不掉转车头，朝北角方向驶去。他心中忐忑不安，全员上岗生产，会不会出问题？汽车驶近工业大厦，李嘉诚停下车为美商开门，听到熟悉的机器声响以及塑胶气味，心里才踏实下来。

外商在李嘉诚的带领下，参观了全部生产过程和样品陈列室，由衷称赞道：

"李先生，我在动身前认真看了你的宣传画册，知道你有一家不小的厂和较先进的设备，没想到规模这么大，这么现代化，生产管理是这么井井有条。我并不想恭维你，你的厂，完全可以与欧美的同类厂媲美！"

李嘉诚说道："感谢你对本工厂的赞誉。我可以向你保证我们的产品质量，交货期限。你已经看过我们的报价单，如购货批量大，还可以低廉。总之，信誉问题，请你们绝对放心。"

"好，我们现在就可以签合同。"美国人的性格，性急而爽快。

外商办完事，李嘉诚驾车送他去酒店。告辞时，李嘉诚说："明天我来接你，去参观另几家塑胶公司。"

外商道："不必去了，我倒想请你做我的向导，去参观中国寺庙。我知道你的内心，其实并不希望我参观其他厂，你好做我们的独家供应商。"

"不，不。"李嘉诚说道，"我有这个自信。"

这家美国公司成了长江工业公司的大客户，每年来的订单都以数百万美元计。并且，通过这家公司，李嘉诚获得加拿大帝国商业银行的信任，日后发展为合作伙伴关系，进而为李嘉诚进军海外架起一道桥梁。

其后的七八年间，长江的塑胶业继续产销两旺的良好势头。当时全港的塑胶业亦一派兴旺。据当时的港刊报道：

"本港塑胶花工业，喜气洋溢，美国在圣诞节期间，塑胶花的畅销情形，创有史以来最高纪录。美国塑胶花进口商的所有已运到之塑胶花全数销清，尚供不应求……"

"目前世界塑胶花贸易，香港占80%。香港成为最大的供应来源，且已获得价廉物美之好感，除美国之外，近时日本、联邦德国、澳大利亚去货均已增多。"

塑胶花为李嘉诚带来数千万港元的盈利，长江成为世界上最大的塑胶花生产厂家，李嘉诚"塑胶花大王"的美名，不仅蜚声全港，还为世界的塑胶同行所瞩目。

由于李嘉诚在塑胶业的实力及声誉，他被推选为香港潮联塑胶制造业商会主席。

潮籍塑胶商在香港具有举足轻重的地位。陈荆淮先生在《香港潮商经济发展述略》中谈道：

> 20世纪50年代初塑胶热潮来到的时候，潮商在这个行业中处于明显的落后地位。50年代后期这种状况开始改变，从事塑胶业的潮商越来越多，据估计，潮商塑胶厂已占该行业总厂数的40%左右……1959年正是香港经济完成历史转变，全面起飞的时候。1969年，全港塑胶出口金额14.4257亿元，是1959年1.6214亿元的9倍多，而这个出口潮商约占55%。

在潮商的塑胶热中，李嘉诚起了很好的榜样作用，激励潮商加入这一行业。李嘉诚在倾心发展自己事业的同时，也给予了潮商同业一定的帮助。

李嘉诚一直认为，他比较热衷，也比较擅长经商，而对担任政府和社团公职不感兴趣。这应该是事实，不过，他在任潮联塑胶业商会主席期间，仍不虚此任，不负众望，做了一件至今功德无量的事。

1973年，因中东战争引发的石油危机席卷全球，全球经济都受到不同程度的影响，香港的塑胶原料全部依赖进口，价格由年初的每磅6角5仙到秋后竟暴涨到每磅4~5港元。塑胶制造业一片恐慌，如临末日。不少厂家因未储备原料，被迫停产，濒临倒闭。

本港的塑胶原料，全部为进口商垄断。其实，价格暴涨的根本原因，还不是石油危机，国外塑胶原料的出口离岸价只是略有上涨。主要是本港的入口商利用业界因石油危机产生的恐慌心理，垄断价格，一致提价。又因于炒家的介入，把价格炒到厂家难于接受的高位。

在这场关系到香港塑胶业生死存亡的危机中，身为潮联塑胶业商会主席的李嘉诚，挺身而出，挂帅救业。此时，李嘉诚的经营重点已转移到地产，收益颇丰，塑胶原料危机，对长江整个事业，影响并不大。李嘉诚这样做，主要是出于公心和义务。

在李嘉诚的倡导和牵头下，数百家塑胶厂家，入股组建了联合塑胶原料公司，其中还有非潮籍塑胶商。原先单个塑胶厂家无法直接由国外进口塑胶原料，是因为购货量太小，对方不予理睬。现在由联合塑胶原料公司出面，很快达成交易，所购进的原料，按实价分配给股东厂家。在这种形势下，其他原料入口商不得不降价。

笼罩全港塑胶业两年之久的原料危机，从此烟消云散。

李嘉诚在救业大行动中，还有惊人之举。他从长江公司的库存原料中，匀出12.43万磅，以低于市价一半的价格救援停工待料的会员厂家。直接购入国外出口商的原料后，他又把长江本身的配额——20万磅硬胶原胶，以原价转让给需量大的厂家。

在危难之中，受李嘉诚帮助的厂家达几百家之多。

"盛极必衰，月盈必亏。"先父在世时，曾与李嘉诚谈论过道家的朴素辩证法。

执本港塑胶花牛耳的李嘉诚，常会思考这样的问题：塑胶花的大好年景还会持续多久？

一个显而易见的现象：塑胶厂遍地开花，塑胶花泛滥成灾。据港府劳工处注册登记的数据，塑胶及玩具业厂家，1960年为557家，1968年增加到1900家，1972年则猛增到3359家。该行业的就业人员，由1960年占全港制造业劳工总数的8.4%，增加到1972年的13.2%。据估计，该行业的厂家，有半数以上是塑胶花专业厂和兼营塑胶花的。

长江拥有稳固的大客户，销路不成问题。可有不少塑胶花厂家销路不畅。竞争变得日益残酷，终将对长江产生不利影响。

塑胶花业的兴旺，除它自身的优点外，迎合了人们赶时髦的心理，不能不是其中的主要因素。曾几何时，富人穷人，皆以系塑胶裤带为荣，到后来，渐渐鲜有人问津，人们还是觉得真皮裤带好。

塑胶花何尝不是如此，塑胶花就是塑胶花，不可能完全替代有生命的植物花。李嘉诚从海外杂志上了解到，有的家庭已把塑胶花扫地出门，种植真花。国际塑胶花市场，渐渐向南美等中等发达国家转移，而这些国家，也在利用当地的廉价劳力生产塑胶花。香港的劳务工资与年递增，劳动密集型产业，非长远之计。

香港已出现过几次塑胶花积压，原因一是生产过滥，二是欧美市场萎缩。虽未造成大灾难，更未直接影响长江，却引起李嘉诚的高度重视。

李嘉诚决定未雨绸缪。

他的未雨绸缪，不是不断投资，强化塑胶业的竞争能力，而是顺其自然，让其自兴自衰。

除了那次石油危机，出面解除塑胶原料价格暴涨危机外，李嘉诚已基本不插手塑胶花事务。他的主要精力，放在缔造以地产为龙头的商业帝国上，这是他蕴藏于心多年的抱负。与塑胶花相比，后者显得更重要，他实现了他的抱负，舆论给他戴上"超人"的桂冠。

识时务者为俊杰——李嘉诚正是这样一位商界俊杰。

无论李嘉诚的事业发展到如何庞大，获得的盛誉有几多，他永远不会忘记从事塑胶花生产的岁月。是塑胶花把他引入辉煌事业的大门，坚定了他实现远大抱负的信心，为他赢得创建伟业的第一桶金，更使他获得磨炼积累经验。

李嘉诚回首这段岁月时说：

"虽历经坎坷，但从未彷徨。"

"我深刻感受到：资金，它是企业的血液，是企业生命的源泉；信誉、诚实，也是生命，有时比自己的生命还重要！"

◆ 第七章 ◆

心心相印　亲上结亲喜叠喜

1963 年，34 岁的李嘉诚，与年近 30 岁的庄月明小姐结为连理。夫妻恩爱，白头偕老，成为香港华人社会的美谈。

李嘉诚与庄月明是表亲，庄月明的父亲庄静庵，是李嘉诚的亲舅。不过，这门亲事，并非庄静庵与他的胞姐庄碧琴的主张，表哥表妹是自由恋爱，结下这段良缘。

香港《明报周刊》，曾刊登过一篇《李嘉诚与庄月明的爱情故事》的文章，开篇道：

> 在香港的潮州人圈子里，流传着这样一段佳话：系出名门的表妹，不顾父亲的极力反对，与穷表哥恋爱、结婚。在表妹的鼎力支持（精神上和实际上）与鼓励下，表哥奋发图强，终于出人头地。之后，他的事业更蒸蒸日上，成为本埠富豪。
>
> 佳话中的表哥，正是当今香港富豪李嘉诚，而表妹者，就是李先生的结发妻子庄月明女士。

李嘉诚素来不提私事。常有记者和好事人，问及李庄两人的恋爱经过和岳丈庄先生的态度，李嘉诚总是回避。从不谈私事的李嘉诚，当舆论有关他的报道和传闻，严重偏离事实、有损本人或他人名誉时，他也会站出来评价、澄清。

李嘉诚对有关他恋爱婚姻的私事，一直持缄默态度。

站在今天优生学的角度，表亲结婚，实在不可取。不过，在 20 世纪五六十年代，无论是李嘉诚、庄月明，还是他们的父母，都不把此当一回事。在粤东的某些地区，甚至还保留表亲联姻的古老习俗。

下面的故事，是依据有限的史料、传媒的报道，以及港埠民间传说综合而成的，但愿不会太偏离事实。

1940 年冬，为避战乱，李嘉诚的父母带领全家投靠舅父庄静庵。庄家算得上香港华人社会的富裕人家，庄家的一切，都使来自贫穷老家的李嘉诚感到新奇和拘束。

11 岁的李嘉诚，认识了小他 4 岁的表妹庄月明。月明是庄家的长女，父母视她为掌上明珠，对她呵护备至。月明从小娇生惯养，伶俐可爱，她已是教会办的英文书院的学生，身穿一套崭新的校服。

出身富家名门的月明，一点也不嫌弃穷表哥嘉诚。李嘉诚随家经过 10 多天的长途跋涉，加之原来就营养不良，来舅父家时瘦得像柴棍，在舅父家吃饭，难免现出"食鬼相"。李嘉诚母亲曾与潮州老乡谈到过，月明那时，天天都要送吃的给阿诚，弄得阿诚很不好意思。李嘉诚的父亲给儿子讲"不受嗟来之食"的故事，李嘉诚才坚决不受表妹的馈赠。

"青梅竹马，两小无猜"——是嘉诚和月明童年时代的真实写照。

李嘉诚初来香港，先父明智地要阿诚学做香港人，年幼的表妹于是成了诚哥学广州话的老师。香港的殖民教育，无视内地的传统文化，眷恋内地文化而又忙于商务的庄静庵，敦促女儿向阿诚学念古典诗词。李嘉诚转入香港的中学念初中，深为英语而苦恼。表妹已进英文书院读了半年书，上学前还跟家庭教师学了一年英语。表妹当仁不让地做了表哥的家庭教师，帮表哥补习英语。

1943 年，李嘉诚的父亲去世。从此，表哥表妹走的是两条截然不同的人生之路。

庄月明一直家境宽裕，深得父亲宠爱。庄静庵是个具有新思想的商人，重视子女教育。更加之庄月明聪明好学，以优异的成绩毕业于英华女校，随即考入香港大学，获得学士学位，又北渡东瀛，留学于日本明治大学。

青少年时代的庄月明，一帆风顺。人生的道路上，开满鲜花，阳光明媚。

而表哥的人生之路，却是那么坎坷，充满磨难。丧父不久，他不得不辍学，以嫩弱的双肩挑起家庭生活的重担。他做过茶楼堂倌，做过钟表公司的学徒，做过走街串巷的行街仔。他终于独立创业，但白手起家、无富亲资助的他，很长一段时期，还是位卑财薄的小业主。

不少人认为，李嘉诚与舅父兼岳父的关系，比较疏淡。倘若是事实，是什么原因造成的呢？

有人认为，当年李嘉诚毅然脱离中南钟表公司，拂逆了庄静庵的一番好意。因此，李嘉诚后来艰苦创业，庄静庵未鼎力帮衬。李嘉诚外销塑胶花，欧洲批发商要李找殷商担保。李嘉诚在舅父那里碰了壁。也许李嘉诚真的未去求舅父——这不外乎有两个原因，要么李嘉诚不愿给舅父添麻烦，要么估计舅父不会伸出援手。

更多的人，在分析李嘉诚与舅父"不咬弦"时，认为主要原因是嘉诚与月明互相爱慕，将会结为秦晋之好。

一直与庄李两家保持交往，不肯公开姓名的 Z 先生，在接受《明报周刊》记者采访时透露：

> 庄静庵先生初时不大喜欢李嘉诚，但表妹庄月明却对表哥一心一意，无论如何也要跟着他……
>
> 当年，表妹为了表哥，不顾父亲反对而委身下嫁。婚后，她并不时常回娘家，尤其是近年，我多次找他俩（李嘉诚和太太），都要传话（指见面少）……

香港珠宝大王郑裕彤，少年时在周大福珠宝行学徒，深得老板常识，老板把自己的女儿许配他为妻。世人称郑裕彤为乘龙快婿，由于这门亲缘，郑裕彤成为周大福珠宝行的掌门人，奠定了他成为本港超级富豪的基础。

却从没有人，称李嘉诚为庄家的乘龙快婿。

这大概可以说明，岳丈不认外甥为未来的女婿；另外，婚前婚后，李嘉诚至少在事业和钱财上，未沾岳丈的"光"。

暂且不论岳丈的态度，按照世俗的眼光，出身贫寒、只有初中学历的小业主李嘉诚，是不可高攀出身名门名校、才貌双全的大家闺秀庄月明的。结果却不可以世俗论断。

人们自然会探究，人生道路截然迥异的一对，是如何结合到一起的？

毋庸置疑，他们是由友情发展为爱情的。境况优越的表妹，无时不在关注表哥的命运和事业，在精神上给予表哥莫大的慰藉和支持。表哥在事业上的每一次超越，表妹都感到无比欣慰。

表哥在内心深处领受表妹的爱，亦深深爱着表妹。他明智地估衡自己的地位，他谙知唯有干出同辈人中出类拔萃的业绩，才能配上名门才女表妹。这无形中，成为李嘉诚卧薪尝胆、奋发进取的动力。正是爱情的力量，将李嘉诚锻造成不屈的男子汉，促使庄月明不顾外界的压力和世俗的眼光，执着追求。

没有花前月下，只有心心相印。

庄静庵没少为女儿的婚事操心，他曾多次介绍女儿相睇（相亲）。他们中，有含着金钥匙出生的世家弟子，更有留学欧美的才子。结果都遭到女儿的拒绝。庄静庵最终同意女儿"私订终身"——一则，女儿成了大龄姑娘；二则，外甥的业绩，越来越让舅父感到惊奇。

舆论谈论起李庄的婚姻，丝毫没有责备庄老先生之意。世上哪有不疼子女的父母？庄静庵即使极力反对女儿的婚姻，也是担忧女儿嫁给阿诚吃太多的苦。

当然，庄静庵确有"嫌贫爱富"之嫌。在香港，"嫌贫爱富"并非贬义词，是人的正常心理。反之，安贫乐道、鄙薄金钱，会被人们视为荒谬可笑。

李嘉诚是个非常注重实际的人，他为了使婚后的日子温馨美满，为了不使表妹像他过去那样吃苦，于结婚的前半年，斥资 63 万港元买下一幢花园洋房。

这就是李嘉诚至今仍居住的，深水湾道 79 号 3 层宅邸。1995 年第 10 期《资本》杂志这样介绍这幢宅邸：

> 李宅外墙只漆上白油，外形既不起眼，亦并无海景，但胜在交通方便，两三分钟车程便可达高尔夫球场。李家大宅不算很大，约 1.1 万平方英尺，市值约 1 亿港元。

《资本》杂志，以香港首富的标准来评价这幢大宅。在当时，拥有独立花园洋房的华人富翁，寥寥无几（就是今日也不多）。李嘉诚跻身豪宅寓公阶层，令人刮目相看。

其实，就李嘉诚自身的生活需求来说，他并不想"未富先闻"——居住这般豪华奢侈的洋房。他的事业蒸蒸日上，却算不上富豪，拿出 63 万余钱来，亦非一件容易的事。他既要扩大塑胶生产规模，又要投资地产。也正因为他只是一位地产商，把购置新婚屋居，当作物业投资。

从 20 世纪 50 年代起就与李嘉诚交往的朋友说："这幢花园洋房，是诚哥送给表妹的最好的结婚礼物。"

1963 年，李嘉诚与庄月明这对青梅竹马的有情人，终于结成眷属。

新婚后，庄月明立即参与李嘉诚的事业，进长江工业公司上班。她流利的外语、谦和勤勉的作风，获得同事的尊敬。

庄月明为嘉诚生了两个公子——李泽钜、李泽楷。庄月明渐退到幕后，仍倾心倾力辅佐丈夫的事业。相夫教子，有口皆碑，在庄月明的栽培下，李泽钜、李泽楷勤奋好学，先后赴美完成大学学业。

长江实业上市，是李嘉诚事业的重大转折。庄月明任长江实业执行董事，是公司决策的核心人物之一。李嘉诚不少石破天惊的大事，蕴含了庄月明的智慧和心血。

庄月明在公众面前始终保持低调，她很少在公众场合露面，也不接受记者采访。

一位熟悉李氏家庭的人士说："人们总是说地产巨头李嘉诚，如何以超人之术创立宏基伟业，而鲜有人言及他的贤内助及事业的鼎助人庄月明女士。我们很难想象，李嘉诚一生中若没遇到庄月明，他的事业将又会是怎样的情景？"

第八章

涉足地产　人弃我取显卓识

　　1958 年，李嘉诚的长江工业公司在塑胶业异军突起，取得令人瞩目的业绩。李嘉诚也由此获得"塑胶花大王"的美称。

　　也许，他应该在这个行业一心一意闯下去，将这个美称继续发扬光大，争做世界塑胶业的泰斗。

　　李嘉诚却不是这样想的，他心中的蓝图，岂是塑胶花所能包容的？生产塑胶花，只是他赚钱的手段，是他基业的原始积累。他的最终目的，是充分展示人生的价值，看看一个人的能量究竟有多大？跑得有多远？

　　塑胶花的成功，滋长并坚定了他建立伟业的雄心。当然，他也不是草率摒弃塑胶业。在其后 10 余年间，他在塑胶领域继续处于领先地位，为开创新事业积累了数以千万港元的资金。

　　李嘉诚不是好高骛远之人，他总是脚踏实地，向既定的目标迈进。他亦不会鲁莽行事，每一个重大举措，都要经过长时期的深思熟虑，周密调查——除非机不待人的非常时期。

　　涉足地产，孕育心中有数月之久，塑胶花为他赚得平生第一桶金，他才将构想付诸现实。

　　在今天，百亿身家的超级巨富，90% 是地产商或兼营地产的商人。可当时并非如此，大富翁分散在金融、航运、地产、贸易、零售、能源、工业等诸多行业，地产商在富豪家族中并不突出——这同时意味着，房地产不是人人看好的行业。

　　李嘉诚以独到的慧眼，洞察到地产的巨大潜力和广阔前景。

　　最明显的现象，是人口的增多和经济的发展。1951 年，香港人口才过 200 万，20 世纪 50 年代末，逼近 300 万。人口增多，不仅是住宅需求量的增多，因本埠经济的持续发展，更急需大量的办公写字楼、商业铺位、工业厂房。香港长时间房荒，房屋的增加量总是跟不上需求量。

香港是弹丸之地，不仅狭小，而且多山。有限的土地，无限的需求，加之港府采取高地价政策，寸土寸金，房贵楼昂。

身为一业之主，李嘉诚多次为厂房伤透脑筋。寻找交通便利、租金适宜的厂房有多难？数次扩大生产规模，都是在现有的厂房重新布局。车间里，设备、人员、制品，挤得水泄不通。

本港工业化进程出人意料地急速发展，物业商喜笑颜开，趁势提租。许多物业商只肯签短期租约，用房续租时，业主又大幅加租。用户苦不堪言，李嘉诚亦然。

李嘉诚曾多次构想：我要有自己的厂房该多好，就用不着受物业商任意摆布。

他的构想，经过长时间的酝酿胎动，进一步明朗：我为什么不可做地产商？

1958 年，李嘉诚在繁盛的工业区——北角购地兴建一座 12 层的工业大厦。

1960 年，他又在新兴工业区——港岛东北角的柴湾兴建工业大厦。两座大厦的面积，共计 12 万平方英尺。

李嘉诚虽吃准了房地产的乐观前景，仍采取谨慎入市、稳健发展的方针，他没有走捷径——预售楼花，而是将此作为出租物业。

不可否认，卖楼花能加速楼宇销售，加快资金回收，弥补地产商资金不足。卖楼花是霍英东于 1954 年首创的，他一反地产商整幢售房或据已出租的做法，在楼宇尚未兴建之前，就将其分层分单位（单元）预售，得到预付款，即可动工兴建。卖家用买家的钱建，地产商还可用地皮和未成的物业拿到银行按揭（抵押贷款），真可谓一石二鸟。

继霍英东后，许多地产商纷纷效尤，大售楼花。银行的按揭制进一步完善，蔚然成风。用户只要付得起楼价的 10% 或 20% 的首期，就可把所买的楼宇向银行按揭。银行接受该楼宇做抵押，将楼价余下的未付部分付给地产商，然后，收取买楼宇者在未来若干年内按月向该银行付还贷款的本息。

无疑，银行承担了主要风险。

李嘉诚认真研究了楼花和按揭。地产商的利益与银行休戚相关，地产业的盛衰又直接波及银行。唇亡齿寒，一损俱损，过多地依赖银行，未必就是好事。

李嘉诚最欣赏本港最大的地产商——英资置地公司的保守做法，重点放在收租物业。置地经过半个多世纪的发展，一直雄踞中区"地王"宝座，拥有大量大厦物业。只要物业在，就是永久受益的聚宝盆。

资金再紧，李嘉诚宁可少建或不建，也不卖楼花加速建房进度；他尽量不向银行抵押贷款，或会同银行，向用户提供按揭。

他兴建收租物业，资金回笼缓慢。但他看好地价楼价及租金飙升的总趋势。收租物业，虽不能像发展物业（建楼卖楼）那样牟取暴利，却有稳定的租金收入，物业增值，时间愈往后移，愈能显现出来。

李嘉诚预测无误。据港府公布的统计数据，1959 年港府拍卖市区土地平均价：工业用地每平方米 104.85 港元；商厦、写字楼、娱乐场等非工业用地 1668.44 港元；住宅用地 164.75 港元。而到 1980 年，这三类拍卖地价分别为 29549.03 港元、124379.06 港元、13728.30 港元。升幅分别为 280.8 倍、73.5 倍、82.2 倍。

地升楼贵，李嘉诚"坐享其利"。他拥有大批物业，储备了大量土地，逐渐成为香港最大的"地主"。

诚然，当时地产界的许多人士，认为李嘉诚的作风过于保守。

1961 年 6 月，潮籍银行家廖宝珊的廖创兴银行发生挤提风潮。廖宝珊是"西环地产之王"，他在西环大量购买地盘兴建楼宇，并在中环德辅道西兴建廖创兴银行大厦。廖宝珊发展地产的资金，几乎全部是存户存款，他将其掏空殆尽，而引发存户挤提。

这次挤提风潮，令廖宝珊脑溢血猝亡。廖氏是潮商中的成功人士，深得商界新秀李嘉诚的尊敬。从廖宝珊身上，李嘉诚进一步意识到地产与银行业的风险。

廖创兴银行挤提事件，并未引起地产银行界人士的足够重视。

1962 年，香港政府修改建筑条例并公布 1966 年实施。地皮拥有者，为了避免新条例实施后吃亏，都赶在 1966 年之前建房。这股建房热潮是在银行的积极资助下掀起的，银行不仅提供按揭，自己也直接投资房地产。

炒风空前炽热，职业炒家应运而生。他们看准地价楼价日涨夜升的畸形旺市，以小搏大，只要付得起首期地价楼价，就可大炒特炒，趁高脱手。大客炒地，小客炒楼。大客大都是地产商，甚至还有银行家；小客多是炒金炒股的黄牛党。

在这股风起云涌的炒风中，李嘉诚始终保持清醒的头脑。买空卖空是做生意的大忌，投机地产犹如投机股市，"一夜暴富"的后面，往往就是"一朝破产"。

李嘉诚坚定地以长期投资者的面目出现在地产界，同时，他又是长期投资者中的保守派。他一如既往地在港岛新界的新老工业区，寻购地皮，营建厂房。他尽可能少地依赖银行贷款，有的工业大厦，完全是靠自筹自有资金建造。公司下属的塑胶部经营状况良好，盈利可观；地产部已由开始的纯投资转为投资效益期，随着新厂不断竣工出租，租金源源不断呈几何级数涌来。

1965 年 1 月，本港小银行——明德银号发生挤提宣告破产，究其原因，是"参与房地产投机，使其没有流动资金，丧失偿债能力"。明德银号的破产，加剧了存户恐慌心理，挤提风潮由此爆发，迅速蔓延到一系列银行，广东信托商业银行轰然倒闭，连实力雄厚的恒生银行也陷于危机之中，不得不出卖股权于汇丰银行而免遭破产。

港府采取紧急措施，才遏制住挤提潮，但银行危机却持续了一年有余，不少银行虽未倒闭，却只能"苟延残喘"。在银行危机的剧烈振荡下，兴旺炽盛的房地产业一落千丈，一派肃杀。地价楼价暴跌，脱身迟缓的炒家，全部断臂折翼，血本无回。靠银行输血支撑的地产商、建筑商纷纷破产。

在这次危机中，长江的损失，与同业相比微乎其微。它只是部分厂房碰到租期届满，续租时降低租金，而未动摇其整个根基。

那些激进冒险的地产商，或执笠（破产），或观望。"保守"的李嘉诚却仍在地产低潮中稳步拓展。

1966 年底，低迷的香港房地产开始出现一线曙光，地价楼价开始回升。银行经过一年多"休养生息"，元气渐渐恢复，有能力重新资助地产业。地产商跃跃欲试，准备大干一场。

就在此时，内地波澜壮阔的"文化大革命"开始波及香港。1967 年，北京发生"火烧英国代办处"事件。内地红卫兵的过激行动，给英殖民统治下的香港左派注了一剂强心针，左派到市民中煽动反英情绪，并把大字报贴到港督府的大门墙上。英方暴力镇压，触发左派掀起"五月风暴"。

"中国共产党即将武力收复香港"的谣言四起，香港人心惶惶，触发了自二战后第一次大移民潮。移民以有钱人居多，他们纷纷贱价抛售物业，司徒拔道的一幢独立花园洋房竟只卖得 60 万港元。新落成的楼宇无人问津，整个房地产市场卖多买少，有价无市。地产、建筑商们焦头烂额，一筹莫展。

拥有数个地盘、物业的李嘉诚忧心忡忡。他不时听广播，看报纸，密切关注事态发展。左派的行动在升级，《明报》的社评综述当时的情况：

> （他们）烧巴士、烧电车、杀警察、打巴士电车司机、烧贝夫人健康院、炸邮局、用定时炸弹炸大埔乡事局、攻打茶楼、用大石投掷行人和汽车、向警察投掷鱼炮、爆炸水管、烧报馆车辆……

香港传媒透露的全是"不祥"消息。李嘉诚知道，香港的"五月风暴"与内地的"文革"有直接关系。那时，不少内地群众组织的小报通过各种渠道流入香港，李嘉诚从中获悉，内地春夏两季的武斗高潮，自 8 月起，渐渐得到控制，趋于平息。那么，香港的"五月风暴"也不会持续太久。

作为资产者，最关注的莫过于"中国共产党会不会以武力收复香港，在香港推行内地的共产主义制度"。

"不可能，中国共产党若想武力收复香港，早在 1949 年就可趁解放广州之机一举收复，何必等到现在？香港是内地对外贸易唯一通道，保留香港现状，实际上对中国共产党大有好处。中国共产党并不希望香港局势动乱。"

经过深思熟虑的李嘉诚，毅然采取惊人之举：人弃我取，趁低吸纳。

李嘉诚又一次判断正确。内地"文革"结束后，邓小平主持工作，中共中央做出决议彻底否定"文化大革命"。中国共产党的决议，虽未涉及"香港式文革"，但香港经济界和知识界，都把那场"五月风暴"视为空前灾难——此乃后话。

这次战后最大的地产危机，一直延续到 1969 年。

李嘉诚逆同业之行而行，坚信乱极则治，否极泰来。大规模移民潮虽渐息，而移居海外的业主，仍急于把未脱手的住宅、商店、酒店、厂房贱价卖出去。李嘉诚认为这是拓展的最好时机，他把塑胶盈利和物业收入积攒下来。他将买下的旧房翻新出租；又利用地产低潮，建筑费低廉的良机，在地盘上兴建物业。

不少朋友为李嘉诚的"冒险行动"捏一把汗；同业的有些地产商，正等着看李嘉诚的笑话。

1970 年，香港百业复兴，地产市道转旺。有人说李嘉诚是赌场豪客，孤注一掷，侥幸取胜。只有李嘉诚自己清楚他的惊人之举，是否含有赌博成分。他是这场地产大灾难中的大赢家，但绝非投机家。

20 世纪 70 年代初，李嘉诚已拥有的收租物业，从最初的 12 万平方英尺，发展到 35 万平方英尺，每年租金收入为 390 万港元。

附：新世界发展郑裕彤简介

郑裕彤，广东顺德人，生于 1925 年。

1940 年，郑氏到父亲朋友周至元开的"周大福金铺"当小学徒，3 年后，被提升为金铺掌管。18 岁时，周至元将女儿许给郑氏，人称郑氏为乘龙快婿。

1946 年，郑氏奉岳父之命，从澳门来香港开设周大福分行。1960 年，周大福金铺改为有限公司，郑氏出任总经理。在郑氏打理下，周大福成为香港金饰珠宝业的龙头。郑氏也由此赢得"东南亚珠宝大王"的称号。

1970 年，郑裕彤成立新世界发展公司，1972 年趁股市牛市上市，倚靠雄厚的资本，1974 年已拥有地盘 38 个，为本港最大的华资地产公司之一。其实，郑氏涉足地产始于 1952 年，在跑马地建有蓝塘别墅。其后在铜锣湾建香港大厦。

另外，郑氏还投资酒店，兴建并拥有新世界酒店、丽晶酒店等。郑氏的招牌物业是香港国际会议展览中心，建成于1989年，整个建筑群，由多幢高层建筑组成，是20世纪80年代香港五大建筑杰作之一。

郑氏经营作风大胆泼辣，认准的事，一干到底，故有"沙胆彤"的绰号。郑氏好大喜功，不像郭得胜、李兆基、李嘉诚大小不择，他专投资大项目，工程皆是以亿计算的。

据1996年初的香港《资本》杂志，郑氏持39%新世界发展权益，并通过新世界持有27.5%亚洲电视、68%新世界基建等。个人持10%澳门娱乐等。1993年，斥资50亿港元购入美国30~40家酒店及管理权，全系市值684亿港元，家族资产290亿港元，在本港华人巨富中排第4位。

第九章

骑牛上市　地产股市任驰骋

1969 年 10 月，美国总统尼克松在联合国大会上公开表示，愿与中国共产党谈判。随后私下传话中国，可放松长达 20 年之久的禁运政策。对此，中国做出相应的反应，于这年 12 月释放 12 名在押的美国人。1971 年 1 月，邀请美国乒乓球队访华。同年 7 月，尼克松派基辛格博士访华，与毛泽东、周恩来会面。据传，美国将与中国建立外交关系。

这表明，中国将会与美国消除敌对状态，将会有限度地打开国门，香港的转口贸易地位将会进一步加强。香港经济界恢复了对香港前途的信心，百业转旺，对楼宇的需求激增。

1971 年"九一三"事变，内地"文革"大动乱基本停息。

国际大环境和内地的大环境，为香港经济的腾飞带来了宽松的政治气候，从 20 世纪 70 年代起，香港经济由工业化阶段，转入多元化经济阶段。

1971 年 6 月，李嘉诚成立长江地产有限公司，集中物力财力精力发展房地产业。

在第一次公司高层会议上，李嘉诚踌躇满志地提出，要以置地公司为奋斗目标，不仅要学习置地的成功经验，还要超过置地的规模。

香港置地有限公司，是 1889 年由英商保罗·遮打与怡和洋行杰姆·凯瑟克合资创办的，当时注册资本为 500 万港元，为全港最大的公司。经过半个多世纪的发展，置地跻身全球三大地产公司之列，在香港处于绝对霸主地位。除地产外，置地还兼营酒店餐饮、食品销售，业务基地以香港为重点，辐射亚太 14 个国家和地区。

李嘉诚话音甫落，股东响起一片嘘声，李嘉诚手下的部门领导则脸呈疑虑。其中一位站起来质疑："与置地等地产公司比，长江还只能算小型公司，如何竞争得过地产巨无霸（置地）？"

"能！"李嘉诚充满自信地说道，"世界上任何一家大型公司，都是由小到大，从弱到强。赫赫有名的遮打爵士由英国初来香港，只是个默默无闻的贫寒之士，他靠勤勉、精明和机遇，发达成巨富，创九仓（九龙仓）、建置地、办港灯（香港电灯公司）。我们做任何事，都应有一番雄心大志，立下远大目标，才有压力和动力。

"当然，目前长江的实力，远不可与置地同日而语，但我们可以先学习置地的经营经验，置地能屹立半个多世纪不倒，得益于它以收物业为主、发展物业为辅的方针。置地不求近利，注重长期投资。今后长江，也将以收租物业为主。

"置地的基地在中区，中区的物业已发展到极限，寸金难得寸土，而是寸土尺金。长江的资金储备，自然还不敢到中区去拓展，但我们可以到发展前景大、地价处较低水平的市区边缘和新兴市镇去拓展。待资金雄厚了，再与置地正面交锋。

"记得先父生前曾与我谈久盛必衰的道理，我常常以此话去验证世间发生的事，多有验证。久居香港地产巨无霸的置地，近 10 年来，发展业绩并非尽如人意，势头远不及地产后起之秀太古洋行。我们长江，初创时寄人篱下，连借来的资金合计才 5 万港元。物业从无到有，达 35 万平方（英）尺。现在我们集中发展房地产，增长速度将会更快。因此，超越置地，是完全有可能的。"

李嘉诚并非夜郎自大，说大话空话。他有的放矢，把置地当成靶子，在心理上先把置地"吃"透。

然而，李嘉诚这席有理有据的话，并未使在座的各位全然信服。长江和置地，两者悬殊委实太大了，李嘉诚要实现其目标，除非真有"超人"的本领。

千里之行，始于足下。李嘉诚看准蓬勃发展的地产高潮，在现有的地盘上大兴土木。楼宇未等建成就有用户上门求租。他获得租金后，又继续投入兴建楼宇。

尽管如此，李嘉诚仍觉得发展太慢，深感资金不足。快捷而有效的途径，是将公司上市，使之成为公众持股的有限公司，利用股市大规模筹集社会游散资金。

李嘉诚这一构想，既是公司自身发展形势所迫，又是香港股市发生的巨大变化所诱。

李锴先生在其著作中介绍：

"香港正式的股票市场活动早在 1891 年就已经开始。但股票市场成为企业筹资的重要渠道，则是 1969 年前后的事。股票市场真正形成规模更是在 20 世纪 70 年代以后……

"在 1969 年以前，香港股市规模停滞不前，其原因主要有下面几点：第一，由于与内地的特殊关系，内地政治的任何波动都会不同程度地影响香港前途；第二，与香港证券市场相比，海外市场能为香港投资者提供更多的便利条件，至少，海外证券市场的投资工具比香港市场要丰富些；第三，1961 年以后，银行业的激烈竞争，相对削弱了股票的吸引力（注：贷款较易）。

"另外，在未有其他交易所成立之前（1969 年之前），香港所有股票买卖活动均通过香港证券交易所（俗称香港会）进行，当时香港会的会员大部分为外籍人士及通晓英语的高级华人，而上市公司则主要为外资大银行，股市为香港本地工商企业集资功能并未发挥出来。"

香港股市，对众多欲上市的华资企业而言，可望而不可即。香港会上市条件之苛刻，使不少条件具备的华资大企业，长期被拒之门外。

证券经纪，是股市与股民间的桥梁。香港会只使用英语，把不谙英语的华人经纪排斥在外，这样，无形中又把占香港人口大多数的华人投资者排斥在外。投资者难入市，股市自然萧条；股市萧条，投资者越发望而却步。

1969 年 12 月 17 日，以李福兆为首的华人财经人士组成的"远东交易所"开始营业，打破了香港会一所垄断的地位。远东会放宽了公司上市条件，交易允许使用广东话，开辟了香港证券业的新纪元。

时值内地政治趋于安定，香港经济经大动荡后恢复并开始起飞，急待筹资的企业纷纷触发上市的需求。1970 年，远东会的成交额高达 29 亿港元，占当时本港股市总成交额的 49%。

其后，金钱证券交易所（金银会）、九龙证券交易所（九龙会），相继成立。加上原有的香港会、远东会，形成香港股市"四会"并存的格局。

四会并存，使公司上市变得容易，为上市公司集资提供了更多的场所，大大刺激了投资者对股票的兴趣。股市成交活跃，恒生指数攀升到 1971 年底收市的 341 点。低迷多年的香港股市大牛出世，一派兴旺。

李嘉诚正是在这种大背景下，萌动并筹划将长江上市。

1972 年 7 月 31 日，李嘉诚将长江地产改为长江实业（集团）有限公司（以下简称长实）。随即，委托财务顾问拟定上市申请书，准备公司章程、招股章程、公司实绩、各项账目等附件。

同年 10 月，向香港会、远东会、金银会申请股票上市。11 月 1 日获准挂牌，法定股本为 2 亿港元，实收资本为 8400 万港元，分为 4200 万股，面额每股 2 港元，溢价 1 港元。包销商是宝源财务公司和获多利财务公司，分别在香港、远东、金银三家交易所向公众发售。

长实骑牛上市，备受投资者青睐。上市后 24 小时不到，股票就升值一倍多。"僧多粥少"，认购额竟超过发行额的 65.4 倍，包销商不得不采取抽签的办法，来决定谁是长实的（公众）股东。

股票升值一倍多，意味着中市值增幅一倍多。消息传来，长实职员欣喜若狂，买来香槟庆贺。长实董事局主席李嘉诚，并未显出特别的欣喜。

股票升值，并不表明投资者独钟长实，而是大市的兴旺所致，其他上市股票均有升值，有的比长实股升值更惊人。要使投资者真正信任并宠爱长实股，最终得看长实的未来实绩，以及股东所得实惠。

李嘉诚还意识到：股票升值如此神速，那么缩水也就会是瞬间之事。证券市场变幻急速且无常，风险会远远大于其他市场。

自从1950年创业，李嘉诚经历了独资、合股的漫长岁月，现在终于跻身上市公司之列，在较大程度上缓解了资金不足、筹措无门的问题。从此，长实必须按上市公司的游戏规则运作，接受证交所和证监会的管理及监督，向证交所提交由独立会计师审计的财务报表。上市公司的公众持股量必须在25%以上；经营活动和财务状况，必须向公众股东公开；重大决策，必须经董事局，甚至股东大会通过……这些规则，在相当程度上，束缚了企业大股东和经营者的手脚，是他们所不希望的。

但李嘉诚必须这样，他是个对新事物抱有浓厚兴趣，渴望从事具有挑战性的事业的人。

他已经树立赶超置地的目标，以其作为竞争对手。置地是一家上市公司，长江也非得跻身股市不可。

除此，长江要想拓展别无他径。

除此，李嘉诚还积极争取海外的第二上市地位。

当时香港最著名的证券公司，是冯景禧创办的新鸿基证券投资公司。由新鸿基牵线搭桥，英国证券公司为财务顾问与包销商，长江实业于1973年初，在伦敦股市挂牌上市。

香港作为英殖民地，香港注册的公司在伦敦上市，并不稀奇。令人瞩目的是长实开创香港股票在加拿大挂牌买卖之先河。1974年6月，在加拿大帝国商业银行的促成下，加拿大政府批准长江实业的上市申请，长实股票在温哥华证券交易所发售。

李嘉诚全方位在本港和海外股市集资，为长实的拓展提供了厚实的资金基础。

长实上市，是李嘉诚事业的一次大飞跃。上市之后，他稳扎稳打，步步为营。

我们回顾李嘉诚过去走过的历程，会发现他的行为轨迹，与古人推崇的"文武之道，一张一弛"惊人地相似。李嘉诚是个从传统文化氛围中走出来的新型企业家，他能够自觉或不自觉地去其糟粕，取其精华，与现代商业文化有机地结合一体。西方经济学家探讨日本和"亚洲四小龙"经济腾飞的奥秘，惊奇地发现了东方传统文化的神奇作用。

我们不得不折服李嘉诚在"炒风刮得港人醉"的疯狂时期，丝毫不为炒股的暴利所心动，稳健地走他认准了的正途——房地产业。

而不少房地产商，放下正业不顾，将用户缴纳的楼花首期（款），将物业抵押获得银行贷款，全额投放到股市，大炒股票，以求谋取比房地产更优厚的利润。

炒风愈刮愈热，各业纷纷介入股市，趁热上市，借风炒股。连众多的升斗小民，也不惜变卖首饰、出卖祖业，携资入市炒股。职业炒手更是兴风作浪，哄抬股价，造市抛股。

香港股市，处于空前的癫狂之中。1972 年，汇丰银行大班桑达士指出："目前股价已升到极不合理的地步，务请投资者持谨慎态度。"

桑达士的警告，被湮没在"要股票，不要钞票"的喧嚣之中。1973 年 3 月 9 日，恒生指数飙升到 1774.96 点的历史高峰，一年间，升幅 5.3 倍。

物极必反。在纷乱的股票狂潮中，一些不法之徒伪造股票，混入股市。东窗事发，触发股民抛售，股市一泻千里，大熊出笼。

当时远东会的证券分析员指出，假股事件只是导火线，牛退熊出的根本原因，是投资者盲目入市投机，公司盈利远远追不上股价的升幅，恒指攀升到脱离实际的高位。

恒生指数由 1973 年 3 月 9 日的 1774.96 点，迅速滑落到 4 月底收市的 816.39 点的水平。是年下半年，又遇世界性石油危机，直接影响到香港的加工贸易业。1973 年底，恒指再跌至 433.7 点；1974 年 12 月 10 日，跌破 1970 年以来的新低点——150.11 点。其后，恒指缓慢回升，1975 年底，回升到 350 点。

除极少数脱身快者，大部分投资者均铩羽而归，有的还倾家荡产。香港股市一片愁云惨雾，哀声恸地。港府颁布新的证券条例，加强监管，提出四会合并。1980 年，成立将取代四会的香港联合交易所（以下简称联交所）；1986 年 4 月，联交所正式营业。

长实自从上市那天起，股市便成了李嘉诚重要的活动领域，他日后的许多震惊香港的大事，都是借助股市进行的。

20 世纪 70 年代初，股市无论对投资者，还是上市公司，都是个全新的课题。人们普遍表现出盲目幼稚。在这一点上，李嘉诚显出高人一等的心理素质。

毫无疑问，李嘉诚是这次大股灾中的"幸运儿"。长实的损失，仅仅是市值随大市暴跌，而实际资产并未受损。相反，李嘉诚利用股市，取得了比预期更好的实绩。

长实上市时，拥有收租物业约 35 万平方英尺，年租纯利 390 万港元；发展物业 7 项正兴建或拟建，基保独资拥有的地盘 3 个，合资共有的地盘 4 个。上市时将 25% 的股份公开发售，集得资金 3150 万港元。这笔巨资，加速了长实的物业建设。与其他地产商合资发展的楼宇，均作出售；独资兴建的楼宇，做出租物业。

1973 年，长实发行新股 110 万股，筹得 1590 万港元，收购了"泰伟有限公司"。该公司的主要资产是位于官塘的商业大厦——中汇大厦，每年长实赢得 120 万 ~130 万港元租金收入（地产复苏后，年租迅速递增到 500 万港元以上）。

上市之时，李嘉诚预计第一个财政年度盈利 1250 万港元。结果，长实的年纯利为 4370 万港元，是预计盈利额的 3 倍多。

1973 年 3 月，长实宣布首期中期派息，为每股 1 角 6 分，每 5 股送红股 1 股。公司与股东皆大欢喜。

当时传媒及业界，把 1972 年上市的几家华资地产公司，称为"华资地产五虎将"。它们是新鸿基地产、合和实业、长江实业、恒隆地产、新世界发展（注：另有一说无新世界发展，列入大昌地产）。

上市前后，长实的实力及声誉，在五虎将中并不突出。

论入行资历，长实不如新世界和恒隆，新世界的郑裕彤、恒隆的陈曾熙都是早期涉足地产的。

论专业资格，李嘉诚比不上陈曾熙和合和的胡应湘，他们一个留学日本，一个留学美国，学的都是土木工程，独立创业前，都担任建筑工程师多年。

论实力，长实都比不上另四虎。新鸿基地产，为"地产三剑客"郭得胜、冯景禧、李兆基所创。上市时注册资本为 3 亿港元，超出长实 1 亿多港元；上市时预定集资 1 亿港元，实集 10 亿港元，长实的集资额难以望其项背。新世界的郑裕彤是香港赫赫有名的珠宝钻石大王，财大气粗，1970 年成立新世界，4 年后拥有地盘 38 个，上市时集资 1.6 亿港元，也远胜于长实的集资额。陈曾熙的恒隆上市，股票面额 2 港元，升值 6.5 港元，升值幅度是长实 1 港元的 6.5 倍；集资 2 亿港元，也非长实所能比拟。合和的胡应湘毕业于名校普林斯顿大学，合和上市前仅创立 3 年，上市预定集资 1.25 亿港元，实收股本增至 2 亿港元。《不图安逸创大业——胡应湘》一文称："合和是五虎将中最早成为上市公司（1972 年 8 月 21 日）的股票，在 1972 年秋至 1973 年春时，合和股价（每股 30 港元）更凌驾其他四虎将成员之上，俨然成为老大哥。"

长实虽然略逊于四虎将，但从 20 世纪 70 年代后期起，迅速从五虎将成员中脱颖而出，到 80 年代中期，成为五虎将中的虎帅。时至今日，长实系仍是香港首席财阀。

另四虎将都不是等闲之辈，从 20 世纪 90 年代初起，个人资产先后荣登百亿超级巨富之列。

曾有记者问李嘉诚是否以长实与另四虎将竞争。李嘉诚答道："我好像从未想过这个问题，我想的是与置地竞争，赶超置地。"

到 20 世纪 80 年代，李嘉诚已实现赶超置地的目标。如果李嘉诚不将长实上市，未充分借助股市的作用，不可能在较短的时期内，赶超置地。

1973 年的大股灾，一直延续到 1974 年底，其后股市有所回升，仍持续低迷一年多。原因是世界性经济衰退，本港股灾使不少地产商和投资者受损，造成地产低潮。

"股拉地扯"，成为 20 世纪 70 年代后，香港经济的独特现象。

李嘉诚对香港的经济兴衰规律已有较深的认识，经济总是呈波浪式发展，若干年为一周期。股市地产低潮，正是拓展的有利时机，地盘价格偏低，物业市值亦偏低。低潮过后，又是新一轮高潮。

1974 年底，长实发行 1700 万股新股票，用以购买"都市地产投资有限公司"50%的股权。实际上，是以 1700 万股长实新股，换取其励精大厦和环球大厦。两座商业大厦，租金收入每年达 800 万~900 万港元。

若不是地产低潮，都市地产发生财政危机，李嘉诚绝不可能这么轻易得手。

1974 年 5 月，长实与实力信誉卓著的加拿大帝国商业银行合作，成立怡东财务有限公司，实收资本 5000 万港元，双方各出 2500 万港元现金，各占 50% 的权益。李嘉诚任这家公司的董事兼总经理。

这家合股公司的成立，为长实引进外来资金，又为今后长实拓展海外业务，铺路搭桥。同年 6 月，由加拿大帝国商业银行的力促，长实股票在加拿大温哥华上市。长实能如此顺利地与加拿大银行界建立伙伴关系，得助于李嘉诚从事塑胶花产销时，与北美贸易公司建立信誉。加拿大帝国商业银行，正是这家公司的往来银行。

1974—1975 年，李嘉诚两次发行新股集资约 1.8 亿港元。另外，李嘉诚将个人持有的长实股份中，取出 2000 万股售予获多利公司，套取 6800 万港元现金。李嘉诚手头拥有了较充裕的现金，趁低潮时地价偏低，大量购入地盘。为加速资金回笼，他一反过去只租不卖的做法，重点放在发展物业。这一时期，长实的主要地产业务有：

斥资 8500 万港元，向"太古地产"购入北角半山赛西湖地盘，地盘处著名风景区，面积约 86.4 万平方英尺。李嘉诚划出 5.3 万平方英尺的地皮，兴建高级住宅楼宇 10 幢，每幢 24 层，楼宇总面积达 130 万平方英尺，计划 2 年内竣工。

用户购楼，每个单位可配得车位一个。楼宇发展中后期，正值地产复苏，成交转旺，李嘉诚发展的楼宇全部销售一空，获利 6000 万港元。

地盘剩余的 94% 的空地，李嘉诚建成一个融娱乐、运动、休闲为一体的大型活动场所，与风景优美的赛西湖风景区连成一片。

李嘉诚与南丰集团的陈廷骅联手，购入太古山谷第一号地盘，几个月出售，获纯利 1450 万港元，超过 1974 年上半年的租金收入。

其后，李嘉诚又与新鸿基、恒隆、周大福等公司合作，集资购入湾仔海滨告士打道英美烟草公司原址，建成伊丽莎白大厦和洛克大厦。楼宇以平均每平方英尺 400 港元的价格出售，共盈利 1 亿港元。长实占其中 35% 的权益，获利 3500 万港元。

1976 年，香港地产市道转旺。

李嘉诚召开股东特别大会，通过大规模集资的决议。这一年，长实发行新股 5500 万股，集资约 1.1 亿港元。另外，李嘉诚积极开拓新的资金渠道，与世界著名的大通银行达成协议，长江实业需要时，可向该行随时获得一笔约 2 亿港元、4 年长期贷款。光此两项，李嘉诚可资使用的资金达 3.1 亿港元，再加上公司盈利，长实实力大增，更大规模地购地建楼。

1976 年，长实年纯利 5997 万港元，另有非经常性收入 653 万港元。这一年，仅租金收入一项就达 2192 万港元，是上市前年租金收入的约 54 倍。

传媒当时称赞道："中小地产公司的长江实业，初试啼声，已是不凡。"

1972 年，长江实业上市时，拥有物业为 35 万平方英尺。其后几年，长实拥有的物业和地盘统计数据如下：

1975 年，面积增至 510 万平方英尺。

1976 年，为 635 万平方英尺。

1977 年，跃至 1020 万平方英尺。

当时，香港除港府之外的首席"地主"——置地拥有物业和地盘近 1300 万平方英尺。

上市短短 5 年多时间，长实在地盘物业面积这点上，开始直逼置地。

长实的盈利状况：

1973 年，公司盈利 0.47 亿港元。

1976 年，盈利增至 0.59 亿港元。

1978 年，递增到 1.33 亿港元，首次突破亿元大关。

1979 年，为 2.54 亿港元，增幅近 2 倍。

1980 年，迅速增长到 7.01 亿港元。

1981 年，跃至 13.85 亿港元，首次突破 10 亿元大关。6 年间，长实盈利增长近 30 倍，全港瞩目，委实不凡。

附：新鸿基地产郭得胜简介

郭得胜，原籍广东中山县，1911 年生。

郭氏早年开杂货店，20 世纪 50 年代经销日本拉链赚得第一桶金。1958 年涉足地产，与好友冯景禧、李兆基合办永业企业，1963 年永业企业改名为新鸿基企业有限公司。1972 年改名新鸿基地产发展有限公司，注册资本由 500 万增加到 3 亿，当年 9 月上市。同时，"地产三剑客"协议分手，郭得胜从市场购入股权，成为该公司最大股东。

新鸿基地产稳扎稳打，进入 20 世纪 80 年代，跻身十大上市公司之列。1972 年上市时注册资本为 3 亿港元，1990 年市值已超过 220 亿港元，增长 70 倍。公司纯利，1974—1990 年，增长 41 倍，达 24.65 亿港元 / 年。

郭氏曾有"楼花大王"之称，1977 年，郭氏改地产发展为地产投资——兴建高质量收租物业。他在湾仔兴建了一幢 50 层高的商业大厦——新鸿基中心，为该集团招牌大厦。

郭氏奉行"肥水不流外人田"的经营策略，集团下设建筑事务所、建材部门、建筑公司、售楼部、物业管理公司等多个机构。

郭氏卒于 1990 年，其子郭炳湘三兄弟继承父业，新鸿基有长足发展。据 1995 年岁尾收市价计，新鸿基地产市值 1400 亿港元，占全港总市值的 6.2%。家族拥有新鸿基地产 46.83% 的股权，在美国旧金山拥有 10 亿港元物业。1995 年家族股息红利收入 23.18 亿港元，家族资产 720 亿港元，名列香港超级富豪榜首。

英国远东问题专家乔治·赫德说："香港经济的盛衰，除受世界经济大气候影响外，还与内地政局有直接关系。"

第十章

地铁招标　一飞冲天战地王

1977 年，是李嘉诚事业上不寻常的一年。

香港境外的大气候由阴转旺，世界性石油危机已成为历史；内地已从十年"文革"动乱中走出来，提出"四个现代化"口号，显现出改革开放的端倪。

本港经济以 11.3% 的年增长率持续高速发展。百业繁荣刺激了地产的兴旺；地产的兴旺，又带动整个经济的增长。地产成为本港的支柱产业，举足轻重。

1958 年，李嘉诚涉足地产；1971 年将长江工业改为长江地产，集中发展地产，次年又更名为长江实业，并成功上市。当年的重大抉择，现在越来越显示出正确性。

1976 年，长实取得年经常性利润 5887 万港元、拥有地盘物业 635 万平方英尺、资产净值增至 5.3 亿港元的历史最好成绩。李嘉诚在业界实力渐雄，名声渐响。

不过，李嘉诚仍未被业界和传媒视为地产巨子、商界名人。长实说到底，仍是家中型地产公司，是五虎将中虎气生生，但从不大哮大吼的一员虎将。

香港传媒界，曾流传这样一个故事。

当年，有个新入行的记者问旁边的人："那个额头高高，头发微秃，频频举手应价的中年人是谁？举一次手加个几百万，好像很平常。"

旁边的老记者说："他叫李嘉诚，长江实业公司的老板，当年靠做塑胶花发迹，还被捧为塑胶花大王。近些年投资地产，拥有多座工业大厦，还在赛西湖发展高级住宅楼宇，在地产界已小有名气，看他在拍卖场的气度，实力不可小觑。"

这位老记者解释了好一番，才使新记者知悉李嘉诚其人。如今，李嘉诚名声如雷贯耳，家喻户晓。若有哪位记者认不出李嘉诚，那定是天大的笑话。

在 1973 年大股灾前，官地、私地拍卖场上，风头最劲的人物数船王赵从衍的公子赵世曾。兼有花花公子之名的赵世曾，是众人心目中的地产强人，只要他出现在拍卖场，除洋人外，似乎无人敢与其竞投争锋。股灾翻船后，赵公子淡出拍卖场。人们逐渐把目光投向华资地产五虎将。五虎将中，除低调的陈曾熙，人们更关注的是郭得胜、郑裕彤、胡应湘等人。

1977 年后，公众焦点聚在李嘉诚身上，只要他出现在拍卖场，记者会盯着他穷追不舍，采访拍照。李嘉诚举手应价，被誉为"拍卖场上擎天一指"。

1977 年，究竟发生了什么事情？

1977 年，李嘉诚参与了地铁遮打站、金钟站上盖兴建权的竞投。

地铁工程，是当时香港开埠以来最浩大的公共工程。整个工程计划 8 年完成，需要耗资约 205 亿港元。首期工程由九龙观塘，穿过海底隧道到达港岛中环，全长 15.6 公里，共 15 个站，耗资约 56.5 亿港元。

资金来源，主要是由港府提供担保获得银行的各类长期贷款；地铁公司通过证券市场售股集资；地铁公司与地产公司联合发展车站上盖物业的利润充股。

中环站和金钟站，是地铁最重要、客流量最大的车站。中环站是地铁首段的终点，位于全港最繁华的银行区；金钟站是穿过海底隧道的首站，又是港岛东支线的中转站，附近有香港政府合署、最高法院、海军总部、警察总部、红十字总会、文物馆等著名建筑，与中环银行区近在咫尺。

有人说，中环金钟两站，就像鸡的两只大腿，其上盖将可建成地铁全线盈利最丰厚的物业。地产商莫不"垂涎欲滴"。

李嘉诚何尝不为之心动，不过他更看重的还不是上盖发展的利润，而是长实的声誉。在人们眼里，长实只是一家在偏僻的市区和荒凉的乡村山地买地盖房的地产公司。在寸土尺金、摩天大厦林立的中区，长实无半砖片瓦、立锥之地！

李嘉诚涉足地产已 20 个春秋，盖了不少建筑，积累了不少经验，他觉得是到了改变形象的时候——进军港岛中区。

早在 1976 年下半年，香港地铁公司将招标车站上盖发展商的消息，被新闻界炒得沸沸扬扬。

1977 年初，消息进一步明朗，地铁公司将于 1 月 14 日开始招标，地段是邮政总局原址。原址拆迁后，兴建车站上盖物业。

夜静人寂，寒意袭人，李嘉诚在深水湾住宅的花园散步。他无心观赏月下的花木，陷入沉思之中。地铁车站上盖投标之事，已弄得他连日来寝食不安。

据追随李嘉诚多年的"老臣子"回忆，李嘉诚极少把工作带回家做；他总是在办公室处理工作，哪怕弄得很晚。李嘉诚在家，除了学英语，翻翻报章杂志，就是陪太太和儿子。他尽可能放松自己，不思考工作上的事情，保证睡得安稳，以便第二天有充沛的精力去应付工作。如果他把文件资料带回了家，那一定是遇到非干不可的大事。

如今的地铁车站上盖投标，是他认定的非干不可的大事。

中环金钟两站的招标，一定不乏实力雄厚的大地产商、建筑商竞标。群雄逐鹿，鹿死谁手，必有一番你死我活的较量。

长实竞投的把握有多大？若渺茫无望，不如不投。过去，曾有多次政府拍卖中区官地的机遇。中区的地价高企（立），日涨日升，每平方英尺已突破 1 万港元，是世界地价最贵的地方。一块地，动辄要数亿至 10 多亿港元，非长实的财力所敢参与拍卖竞价的。

不敢参与，并非不敢期望，李嘉诚梦寐以求打入中区。

李嘉诚信步走到深水湾的山坡，眼前是海湾的朦胧轮廓。潮声在他胸中激荡，他眼前仿佛看到两座商业大厦，从地铁车站拔地而起。李嘉诚一贯渴望挑战，也乐意应战。

"不必再有丝毫犹豫，竞争既是搏命，更是斗智斗勇。倘若连这点勇气都没有，谈何在商场立脚，超越置地？！"

李嘉诚大步回到家中，坐进书房，翻阅研究带回家的有关地铁的材料。

知己知彼，方能百战百胜。

香港商界，有句十分流行的话："撼山易，撼置地难！"李嘉诚估计，参加竞投的将会有置地、太古、金门等英资大地产商、建筑商。华资地产建筑公司实力稍逊。置地的夺标呼声最高，长实参与竞投，就必须把置地作为竞争对手，与这个庞然大物对撼。

港岛中区，是置地的"老巢"。当年置地创始人保罗·遮打参与中区填海，获得港府成片优惠地皮。置地在中区，拥有 10 多座摩天大厦。置地广场和康乐广场（又名怡和大厦），位于未来的中环地铁车站两翼。中环车站又恰好落在遮打道上，遮打道的南侧，则是遮打花园广场。就凭这些物业和街道的名称及主人，就可知置地在中区的地位。

难怪当时的公众和传媒，把中环站称为遮打站。

金钟站离遮打花园广场仅 100 多米，简直就处在置地的眼皮子底下。

取得中环金钟车站的兴建权，等于打入中区的心脏，到置地这只坐山虎的食槽里夺食。

卧榻之旁，岂容他人酣睡？置地并未公开声称参与竞投，就有报章唱起置地"志在必得"的高调，谁与置地竞争，无疑"以卵击石"。

李嘉诚想，"志在必得"的置地，会不会"大意失荆州"呢？

置地属怡和系，怡和大班又兼置地大班。现任大班是纽璧坚，纽璧坚 20 岁起就参加怡和洋行的工作，一步步爬上董事局主席高位。纽璧坚没有任何背景，靠的是自己的勤勉努力。

置地的另一个创始人，是凯瑟克家族的杰姆·凯瑟克。凯瑟克家族又是怡和有限公司的第一大股东。因此，纽璧坚身为两局大班，又得受股东老板的制约。凯瑟克家族力主把发展重点放到海外。这样，势必分散纽璧坚坐镇香港抉择的精力。

这正是一般不易洞察的置地薄弱之处，人们往往会被置地的"貌似强大"蒙住双眼。

置地一贯坐大，也习惯于坐大。过于自负的置地，未必就会冷静地研究合作方，并"屈尊"去迎合合作方。

那么，地铁公司招标的真正意向是什么？

香港地铁公司是一家直属港府的公办公司。香港的公办公司，并不像过去内地的国有企业，一切都由政府包揽包办。地铁公司除少许政府特许的专利和优惠外，它的资金筹集、设计施工、营运经营，都得按市场的通常法则进行。

李嘉诚通过各种渠道获悉，港府工务局对中区邮政总局原址地皮估价约2.443亿港元，原址用作中环、金钟两地铁车站上盖。另加上九龙湾车厂地皮估价，两者合计约6亿港元。港府将以估价的原价批予地铁公司，由地铁公司发展地产，弥补地铁兴建经费的不足。

地铁公司为购旧中区邮政总局原址地皮，曾与港府多次商谈。地铁公司的意向是：用部分现金、部分地铁股票支付购地款。港府坚持要全部用现金支付。

李嘉诚首先明确这一点，竞投车站口盖发展权，必须以现金支付为条件。

地铁公司与港府在购地支付问题上产生分歧，说明地铁公司现金严重匮乏。地铁公司以高息贷款支付地皮，现在急需现金回笼以偿还贷款，并期望获得更大的盈利。

李嘉诚在投标书上，提出将两个地盘设计成一流商业综合大厦的发展计划。这仍不足以挫败其他竞投对手。任何竞投者，都会想到并有能力兴建高级商厦物业。李嘉诚的"克敌"法是：首先，满足地铁公司急需现金的需求，由长江实业公司一方提供现金做建筑费；其次，商厦建成后全部出售，利益由地铁公司与长江实业分享，并打破对半开的惯例，地铁公司占51%，长江实业占49%。

这对长江来说，是一笔沉重的现金负担。李嘉诚决定破釜沉舟，在准备充分的前提下，做一次冒险。

1976年冬，长实通过发行新股，集资1.1亿港元，大通银行应允长实随时取得2亿港元的贷款，再加上年盈利储备，李嘉诚可资调动的现金约4亿港元。

1977年1月14日，香港地铁公司正式宣布：公开接受邮政总局原址发展权招标竞投。

各竞投公司频频与地铁公司接触，刺探地铁公司意图，准备投标书及附件，在限期内呈交上去。

公开招标为各公司提供一个平等机会，投标书内容则属机密。投标中标法则，若过多考虑自己一方的利益，则中标希望小；若条件过于优惠对方，自己则毫无利益可图。各家都对投标内容秘而不宣，任记者想象揣测。

参加竞投的财团、公司共30家，超过以往九龙段招标竞投的一倍多。据报界披露，它们是置地公司、长江实业、太古地产、金门建筑、日澳财团、辉百美公司、嘉年集团、霍英东集团、恒隆地产等。

舆论界凭其惯性，一致看好置地，置地优势昭然，中标呼声最高。

英文《南华早报》的澳大利亚籍记者，采访置地大班纽璧坚，纽璧坚拒绝透露投标内容，亦不对"名花谁主"做评价，但他用自信的口气说："投标结果，就是最好的答案。"

1977年4月5日，香港各报章均围绕"长实击败置地"报道中标结果。《工商日报》称：

> 市值约2.4亿港元，为30个大财团争相竞投的中区地王——旧邮政总局地皮，卒为长江实业（集团）有限公司投得。
>
> 这块平均地价为每平方英尺约1万港元的"地王"，早为大财团觊觎，卒为长江投得。
>
> 据地下铁路公司透露，主要原因是长江所提交的建议书内列举之条件，异常优厚而吸引，终能脱颖而出，独得与地铁公司经营该地的发展权。
>
> 地下铁路公司董事局昨日已经批准协议条款，规限长江实业公司在地铁未来中环站上盖，占地2270平方英尺，建造37层高的商厦与办公室混合的单塔型建筑物一座。
>
> 长江实业有限公司已同意，在签订协议时，付给地铁公司一笔现金，并继续交付现金若干次，保证地铁公司无论如何都可以获利。

4月4日，地铁公司董事局主席唐信，与长江实业李嘉诚首先签订中环站上盖发展物业协议，金钟站上盖，则由日后商议签订。

当晚，唐信召开新闻发布会，对与会记者说：

"这座建筑物会逐层售予公众，利益由地铁公司与长江分享，地铁公司则占大份。

"若干家公司均对与本公司合作甚感兴趣，因而竞争很激烈，所有建议均经详细研究，结果卒为长江获得，因其建议对本公司最具吸引力。"

舆论界称长实中标，是"长江实业发展史上的里程碑"，地产新秀李嘉诚"一鸣惊人，一飞冲天"。

据传，凯瑟克家族对纽璧坚痛失中区地王大为不满，这成为凯瑟克家族逼纽璧坚下台的"筹码"。

1978 年 5 月，中环车站上盖建筑——环球大厦分层发售，时值地产高潮，用户购楼踊跃，广告见报后 8 小时内全部售完，交易总额 5.92 亿港元，创香港楼价最高纪录。

1978 年 8 月，金钟车站上盖建筑——海富中心开盘，物业总值 9.8 亿港元，创开盘售楼一天成交额最好业绩。

地铁首期工程，于 1979 年 9 月底竣工，中环、金钟两站上盖物业发展利润，大大缓解地铁公司的财政困难。地铁公司主席唐信，对与长江的合作非常满意，他说："中环、金钟地铁车站上盖地产发展，为本公司二期、三期工程的车站上盖合作，树立了样板。"

环球大厦和海富中心两座发展物业，为长江实业获得 7 亿多毛利，纯利近 0.7 亿。

长实的盈利，低于地产高潮时地产业的平均利润，但李嘉诚获得无法以金钱估量的无形利益——信誉。这也是他参与竞投的主要目的。长实不再只是一家只能在偏僻地方盖房的地产公司。长实中标，为它取得银行的信任，继续在中区拓展创造了有利条件。

附：恒基地产李兆基简介

李兆基，广东顺德人，1928 年出生，1948 年随父亲来香港，炒卖外汇黄金。

1958 年，与郭得胜、冯景禧组成永业企业，从事地产业。1972 年，三人合办的新鸿基地产上市，李兆基辞去总经理职务，协议分家分得价值 0.5 亿港元地盘物业。其时股市大旺，李氏与胡宝星筹组永泰建业上市。1975 年，李兆基独立门户，成立恒基兆业有限公司，为私人公司，拥有股本 1.5 亿港元，地盘 20 个。

1981 年，李氏又将恒基兆业上市。李氏经营地产的重点是普通标准的住宅楼宇、商业及工业楼宇。他以地产发展为主，不停地造楼售楼，如楼宇制造工厂。李氏因楼价偏低，极少竞投官地，而是收购旧楼，拆后再建，从中盈利，靠量大取胜。

李兆基口讷，不善言谈，亦不喜出风头。不过，他有几句经营之道深为业界赏识："先疾后徐，先声夺人，徐图良策"，"低潮时吸纳，高潮时吐出"。

李兆基与李嘉诚私交甚密，但在商业竞争上，互不相让，并势均力敌。

据 1996 年初最新资料，李氏家族持 69% 的恒基地产，通过母公司持恒基发展 66% 的股份，子公司持美丽华酒店 34.75% 的股份，中华煤气 32% 的股份，香港小轮 31% 的股份。全系市公司市值 1382 亿港元，占全港总市值 5.8%。李氏是 1995 年度全港股息收入最高者（31 亿港元），家族财产 600 亿港元，首次与李嘉诚平肩。

◆ 第十一章 ◆
立足中区　再建华行攀高峰

1977 年，是李嘉诚取得惊人业绩的一年。

是年 4 月 4 日，长江实业力挫置地，夺得中环金钟上盖发展权。

月底，长实通过发行新股和大通银行的支持，斥资 1.3 亿港元，收购了美国人控制下的永高公司。该公司拥有香港希尔顿酒店和印尼巴厘岛凯悦酒店的经营权。希尔顿酒店位于中环银行区，占地约 3.9 万平方英尺，房间达 800 间；凯悦酒店房间为 400 间，占地约 40 英亩，酒店四周是开阔的热带植物园。

这两家酒店，每年为长江实业带来经常性收入 2500 万港元（以当年物价计）。

1977 年中期，李嘉诚购入大坑虎豹别墅的部分地皮——15 万平方英尺。虎豹别墅为星系报业胡氏家族的祖业，据介绍该家族的一篇文章称：

> 所谓别墅，其实不是一座私人花园住宅，而是规模宏伟、饶有特色的公园。有巍峨屹立的七层白塔，红墙绿瓦的亭台楼阁、展览馆，碧波荡漾的游泳池，动物雕塑装饰着崖壁，还有叙述警世故事的泥塑及假山、山洞等，参观、游乐、购物、休息场一应俱全。到过虎豹别墅的人，无不称赞它的丰富多彩，富丽堂皇。

李嘉诚购得地皮后，在上面兴建了一座大厦。游客批评大厦与整个别墅风格不统一。李嘉诚遂停止在地皮上继续大兴土木，尽量保留别墅的花园原貌。

1978 年，李嘉诚的事业再攀高峰，与汇丰银行联手合作，重建了位于中区黄金地段的华人行。

说起汇丰，港人无人不晓，所用的港纸（港币）几乎全是汇丰银行发行的。汇丰的中文全称是"香港上海汇丰银行"，创设于 1864 年，由英、美、德、丹麦和犹太人的洋行出资组成，次年正式开业，后因各股东意见不合，相继退出，成为一家英资银行。现为一家公众持股的在港注册的上市公司，1988 年股东为 19 万人，约占香港人口的 3%，是香港所有权最分散的上市公司。汇丰一直奉行所有权与管理权分离，管理权一直操纵在英籍董事长手中。

当时的汇丰集团董事局常务副主席为沈弼（Michael Sandberg），李嘉诚寻求与汇丰合作发展华人行大厦，正是与沈弼接洽的，两人还由此建立友谊。香港经济界的人常说："谁结识了汇丰大班，就高攀了财神爷。"

汇丰是香港第一大银行，又是以香港为基地的庞大的国际性金融集团。1992 年，收购了英国米特兰银行的汇丰集团，其资产总值达 21000 亿港元，跻身全球十大银行之列。1992 年底在港发行股票总市值为 1399 亿港元，占香港全部上市公司总市值的 10.5%。该年度，集团总盈利为 129 亿港元。汇丰的声誉还不仅仅限于其强大的资金实力，它在香港充当了准中央银行的角色，拥有港府特许的发钞权（另一家获此特权的是英资渣打银行）。在数次银行挤提危机中，汇丰不但未受波及，反面扮演了"救市"的"白衣骑士"。

一个多世纪来，经汇丰扶植而成股商巨富的人，不计其数。20 世纪 60 年代起，刚入航运界不久的包玉刚，靠汇丰银行提供的无限额贷款，而成为闻名于世的一代船王；现在，李嘉诚取得汇丰银行的信任，与之建立了合作关系，未来极有可能在汇丰的鼎力资助下，成为香港地王。

李嘉诚与汇丰合作发展旧华人行地盘，业界莫不惊奇李嘉诚"高超的外交手腕"。其实，熟悉李嘉诚的人知道，言行较为拘谨的李嘉诚，绝不像一位谈锋犀利、能言善道的外交家。他像一位从书斋里走出来的中年学者，亦不像那种巧舌如簧、精明善变的商场老手。

李嘉诚靠的是一贯奉行的"诚实"，以及多年建立的"信誉"，尤其是地铁车站上盖发展权一役，使他声名大振，信誉猛增。所有这些，便是他与汇丰合作的基础。

旧华人行的拆解工作始于 1976 年 2 月 10 日，谁都想与业主汇丰银行合作兴建新华银行。

相传华人行的由来有这么一则掌故。在 20 世纪初，港岛中环是洋行的天下，华商想跻身中环无立锥之地。当时有一位地产商在皇后大道中兴建一座商业办公综合楼，楼建成后，华人竞相入伙承租。洋人一贯自以为高人一等，不屑与华人同楼栖身，已付订金的洋人纷纷退租。于是此大楼便成为华人的"独立王国"，大楼名称便改叫"华人行"。不少华人从华人行发迹。近期最具影响的一件事，有"香港股坛教父"之称的李福兆，于 1963 年与友人在此密谋成立与香港会抗衡的证券交易所，秘密安装 150 条电话线至华人行，并于 1969 年底宣告远东交易所开业。

1974 年，汇丰银行购得华人行产权。因年代久远，建筑已十分陈旧；更因为华人行位于高楼林立的中环银行区，原来的华人行大楼，已日益变成小矮人。1976 年，汇丰开始拆解旧华人行，清出地盘，用于发展新的出租物业。

在地产高潮期，位于黄金地段的物业，必寸楼寸金。加之华人行在华人中的巨大声誉，华资地产商莫不想参与合作，分一杯羹。

李嘉诚便是其中之一，他稳操胜券，果然如愿以偿。

是长实中标获取中区地铁车站上盖发展权，才使得"高高在上"的汇丰大班沈弼关注起地产"新人"李嘉诚来。他仔细研究了李嘉诚的合作意向材料，拍板确定长实为合作伙伴——此时，与李嘉诚中标地铁上盖相距不满一个月。

长实与汇丰合组华豪有限公司，以最快的速度重建华人行综合商业大厦，大厦面积 24 万平方英尺，楼高 22 层。外墙用不锈钢和随天气变换深浅颜色的玻璃构成。室内气温、湿度、灯光，以及防火设施等，全由电脑控制。内装修豪华典雅，融民族风格与现代气息为一体。整个工程耗资 2.5 亿港元，写字楼与商业铺位全部租出去。

1978 年 4 月 25 日，华豪公司举行隆重的华人行正式启用典礼，汇丰银行大班沈弼出席典礼，剪彩并发表讲话：

"旧华人行拆后仅两年多一点时间便兴建新的华人行大厦。这样的建筑速度及效率不仅在香港，在世界也堪称典范。

"本人参与汇丰银行正好 30 年，深感本港居民以从事工商业而闻名于世，不管与海外公司还是本港公司，均以快捷的工作效率，诚实的商业信用而受人称赞。我可以这样说：'新华人行大厦不愧为代表本港水平的出色典范！'"

长实与汇丰，都是本工程的开发商，故而沈弼不便"自我吹嘘"。他对港民和新华人行的赞誉，也就是对李嘉诚的赞誉。

先于正式启用的 3 月 23 日，长江集团总部，迁入皇后大道中 29 号新华人行大厦。长江正式立足大银行、大公司林立的中环，地位更上一层楼。

新华人行被人们视为长江的招牌大厦。

李嘉诚与汇丰合作的良好开端发展为未来的"蜜月"——汇丰力助长实收购英资洋行，并于 1985 年邀请李嘉诚担任汇丰的非执行董事。

曾有记者询问他与地铁公司、汇丰银行合作成功的奥秘，李嘉诚道：

"奥秘实在谈不上，我想重要的是首先得顾及对方的利益，不可为自己斤斤计较。对方无利，自己也就无利。要舍得让利使对方得利，这样，最终会为自己带来较大的利益。我母亲从小就教育我不要占小便宜，否则就没有朋友，我想经商的道理也该是这样。"

附：合和实业胡应湘简介

胡应湘，原籍广东花县，1935 年生于香港，父亲胡忠是白手起家的"的士大王"。

胡应湘 1958 年毕业于美国普林斯顿大学土木系。回港任港府工务局技术官员。1969 年，胡应湘由父亲担保，从银行借款 1500 万港元，成立合和实业，父亲任主席，他任总裁。

1972 年 8 月 21 日，合和上市，是华资地产五虎将中最早上市的公司，俨然老大。谁知到 1973 年春，出现假股票事件，合和股价一落千丈，一直到 1979 年，才恢复到 1973 年的盈利水平。

胡应湘既是地产商，又是建筑大师。他的招牌建筑是合和中心，为胡氏一手设计兴建，该大厦高 66 层，为圆筒形建筑，位于湾仔，占地 5.4 万平方英尺，是香港最大的商业大厦。

胡应湘绰号"飞侠"，是本港地产商进军内地的急先锋。从 20 世纪 80 年代初起，他在内地的大型项目有广州中国大酒店、深圳沙角发电厂 B 厂、广深珠高速公路。另外，他在 1989 年推出珠江口综合开发计划，计划包括电厂、深水港、跨海大桥、海底隧道等。他声称个人将投资 35 亿美元。

飞侠每项投资都是大手笔，以"好大喜功"闻名于全港。同业说他立丰碑的兴趣，大于赚钱的欲望。也许正是这点，他的资产不及"小打小闹"的李兆基等人。1994 年，李兆基以 450 亿排全港华人富豪第五位，名声极大的胡应湘仅 200 亿资产，列 11 位。

◆ 第十二章 ◆

力助船王　大战英资九龙仓

　　九龙仓不是严格意义的仓库，而是香港最大的货运港，拥有深水码头、露天货场、货运仓库。1886 年保罗·遮打牵头在九龙设立码头仓库，怡和洋行是其大股东之一。

　　九龙仓是怡和系的一家上市公司，它与置地公司并称为怡和的"两翼"。九龙货仓有限公司的产业包括九龙尖沙咀、新界及港岛上的大部分码头、仓库，以及酒店、大厦、有轨电车和天星小轮。历史悠久，资产雄厚，可以说，谁拥有九龙仓，谁就掌握了香港大部分的货物装卸、储运及过海轮渡。

　　九龙仓的母公司怡和，与和记黄埔、太古集团、会德丰并称为香港四大洋行。怡和在四大洋行坐大，怡和大班同时又兼九龙仓主席，可见九龙仓在怡和举足轻重。

　　李嘉诚一直以置地为竞争对手，九龙仓引起他的注意，是九龙仓的"挪窝"。

　　与港岛中区隔海相望的尖沙咀，日益成为香港的旅游商业区。火车总站东迁后，九龙仓把货运业务迁到葵涌和半岛西，腾出来的地皮用于发展商业大厦。

　　李嘉诚赞叹九龙仓的创始人以极廉的价格获得这块风水宝地，如今水涨船高，身价涨了百倍。九龙仓先后建有海港城、海洋中心大厦等著名建筑，但在经营方式上，不足称道，他们固守用自有资产兴建楼宇，只租不售，造成资金回流滞缓，使集团陷入财政危机。为解危机，大量出售债券套取现金，又使得集团债台高筑，信誉下降，股票贬值。

　　据周祖贵先生一文，1977 年 12 月中旬，敏感的财经评论家对九龙仓进行分析，以《九龙仓业务开始蜕变》为题，指出九龙仓集团如能充分利用其土地资源，未来 10 年可以出现年增长 20% 的良好势头。该评论家还预测时价 13.5 港元的九仓股，将是 1978 年的热门股。

　　这些评论家与李嘉诚在九龙仓问题上，英雄所见略同，不过一个在明处，大发议论；

一个在暗处，不显山，不露水，埋头实干，不事声张——李嘉诚已在收购九仓股票。

李嘉诚曾多次设想，若他来主持九龙仓旧址地产开发，绝不至于陷于如此困境。自从长江上市，李嘉诚在兴建楼宇"售"与"租"的问题上，奉行谨慎而灵活的原则。若手头资金较宽裕，或楼市不景气楼价偏低，最好留作出租物业；若急需资金回流，加快建房速度，楼市景气楼价炒高，则以售楼为宜。

李嘉诚真正发迹，是靠地产股市。他看好九仓股票，是因为该集团不善经营造成股价偏低。精于地产股票的李嘉诚，算过一笔细账：1977年末和1978年初，九仓股市价在13~14港元之间。九龙仓发行股票不到1亿股，就是它的股票总市值还不到14亿港元。九龙仓处于九龙最繁华的黄金地段，按当时同一地区官地拍卖落槌价，每平方英尺6000~7000港元计算，九仓股票的实际价值应为每股50港元。九龙仓旧址地盘若加以合理发展，价值更是不菲，即使以高于时价的5倍价钱买下九仓股也是合算的。

基于这种考虑，李嘉诚不动声色，买下约2000万股散户持有的九仓股。

这个数目，无论对李嘉诚，还是对怡和，都是一个敏感而关键的界限。李嘉诚从不打无准备之仗，他通过智囊了解到，一贯被称为怡和两翼的九龙仓，与姐妹公司置地在控股结构上并非平等关系。怡和控置地，置地控九龙仓，置地拥有九龙仓不到20%的股权。

现在李嘉诚吸纳的九仓股，约占九仓总股数的20%。这意味着，目前九龙仓的最大股东将不是怡和的凯瑟克家族，而是李嘉诚。

这为李嘉诚进而购得九龙仓，与怡和在股市公开较量，铺平了道路。购得九龙仓，无疑使长实的老对手置地断臂折翼。

当时，那位"料事如神"的财经评论家的宏论，并未引起人们的关注。李嘉诚吸纳九仓股，是采取分散户头暗购的方式进行的。九仓股成交额与日俱升，引起证券分析员的关注。嗅觉敏锐的职业炒家介入，九仓股便被炒高。一时间，大户小户纷纷出马，加上股市流言四起，到1978年3月，九仓股仿佛温度计被火一灼，急速蹿到每股46港元的历史最高水平。

这已和九仓股每股实际估值相当接近了。

这时期，李嘉诚持有的九仓股还不满2000万股，他不得不筹股回落，以稍低的价格将九仓股增至20%的水平。

入主九龙仓董事局的路程，对李嘉诚来说仍十分艰巨。

按照《公司法》，股东对公司的绝对控制权，是其控有的股份在50%以上。否则被收购方反收购，会使收购方的计划前功尽弃。现在九仓股票的股价已被炒高，要想增购到51%的水平，非李嘉诚的财力所能及。

九龙仓的老板已在布置反收购，到市面上高价收购散户所持的九仓股，以增强其对九龙仓的控股能力。

20 世纪 70 年代初，怡和系的置地，轻而易举收购了周锡年任主席的牛奶公司，风光百余年的怡和，在当时的本港商界股市仍可翻手为云覆手为雨。"置牛大战"，被行家誉为本港股市收购战的经典之作。

实力发生变化也正是在 70 年代，一大批华资公司上市，借助股票以小搏大、以少控多的优势，当初上市公司家族的小矮人，渐渐长成小巨人。现在，这些小巨人正以咄咄逼人之势，向商界超级巨人怡和频频发起攻势。

怡和大班岂能不惊慌？今日之怡和，不似昔日之怡和——要风得风，要雨得雨。数十年来，怡和对中国内地政府存太多的戒心，奉行"赚钱在香港，发展在海外"的政策。因海外投资战线过长，投资回报率低，怡和背上了沉重的财政包袱，将怡和逼入绝境。

现在后院起火，怡和倾资扑救——高价增购九龙仓股票，以保"江山无缺"。怡和的现金储备也不足以增购到绝对安全的水平。慌乱之中，怡和向本港第一财团——英资汇丰银行求救。

据说汇丰大班沈弼亲自出马斡旋，奉劝李嘉诚放弃收购九龙仓。李嘉诚审时度势，认为不宜同时树怡和、汇丰两大强敌。日后长江的发展，还期望获得汇丰的支持。即便不从长计议，就谈眼下，如果拂了汇丰的面子，汇丰必贷款支持怡和，收购九仓将会是一枕黄粱。

李嘉诚遂答应沈弼，鸣金收兵，不再收购。此时，李嘉诚已收购到近 2000 万股。是不是九龙仓最大股东？李嘉诚也不摸底，怡和一方未透露增购后的持股数。

这只是当时股市风传的小道新闻。事后曾有记者询问汇丰斡旋是否属实，李嘉诚与沈弼皆言称不知其事。

不过，依日后事态的发展，汇丰从侧面参与九龙仓大战，并起决定性作用，千真万确。

李嘉诚退出收购，引来八方强手介入角逐。其中一位，就是赫赫有名的包玉刚。

20 世纪 80 年代中期，李嘉诚坐上香港首席富豪的宝座。可当时，李嘉诚论实力和声誉，都还比不上包爵士。

据 1977 年吉普逊船舶经纪公司的记录，世界十大船王排座次，包玉刚稳坐第一把交椅，船运载重总额 1347 万吨；香港另一位老牌船王董浩云排名第七位，总载重 452 万吨；在世界传媒界名气最大的希腊船王奥纳西斯竟屈居第八位；香港还有一位老船王赵从衍则榜上无名。

其时，香港报刊还没有进行富豪榜编制工作，根据海外传媒的排名，包爵士是本港第一富豪。他拥有 50 艘油轮，一艘油轮的价值就相当于一座大厦。

在包爵士集团总部办公室，挂满了他与世界各国王室成员、国家元首、政府首脑、各界名人的合影照片。他是本港商界与世界政要交往最多的一位。此时，李嘉诚还未单独会见过哪一国的元首或首脑。

包玉刚起念登陆，并非一时冲动。1973年的石油危机，促使英国开发北海油田，美国重新开发本土油田，同时，亚洲拉美都有油田相继投入开采。这样，世界对中东石油的依赖将减少，到20世纪70年代后期，越来越多的油轮闲置。油轮是包氏船队的主力，包氏从油轮闲置，联想到世界性的造船热，预示一场空前的航运低潮将会来临。

"先知先觉"的包氏决定减船登陆，套取现金投资新产业，他瞄准的产业，是本港百业中前景最诱人的房地产。

李嘉诚虽不明白包玉刚吸纳九仓股是作为一般性的长期投资，还是有意控制九龙仓，但他可以肯定包玉刚会对九龙仓感兴趣。九龙仓码头虽迁址，新建的码头气势更宏伟、设备更现代化。执世界航运业牛耳的船王包玉刚，何尝不愿拥有与其航运相配套的港务业？

在华人商界，论实业，论与银行业的关系，能与怡和抗衡的，非包氏莫属。

李嘉诚权衡得失，已胸有成竹，决定将球踢给包玉刚，预料包玉刚得球后会奋力射门——直捣九龙仓。

于是，就演绎出在港九流传甚广的潇洒故事。

1978年8月底的一天下午，两位华商俊杰，在中环的文华酒店一间幽静的雅阁会面。一位是具有学者风范的未来地王李嘉诚，另一位是洋溢着海派作风的登陆船王包玉刚。

五星级文华酒店是怡和集团的一项重要产业，文华以其昂贵豪华、优质服务而数次被评列为全球十佳旅店榜首。现在，两位华商俊杰，坐在怡和的酒店，决定怡和台柱——九龙仓的前途命运。

李嘉诚秘密约见，包玉刚猜想有重要事情——他们那时的私交并不密切。包玉刚欲减船登陆，苦于无门，当他将目标瞄准九龙仓，发现李嘉诚已捷足先登。九龙仓对包氏来说，简直太重要了，它的码头货仓，更有利于他发展海上航运；它的地盘物业，可供他在陆地大展拳脚。

冷夏、晓笛在《世界船王——包玉刚传》中记叙道：

> 经过简短的寒暄，李嘉诚即开门见山地表达了，想把手中拥有的九龙仓1000万股股票转让给包玉刚的意思。
>
> 转让？包玉刚想，天上没有掉下来的好事。包玉刚低头稍加思索，便悟出了李嘉诚的精明之处。李嘉诚很清楚包玉刚的情况，知道他需要什么，于是，用包玉刚

所需要的来换取自己所需要的，这一"转让"，可真是一家便宜两家着数的好事。

从包玉刚这方面来说，他一下子从李嘉诚手中接受了九龙仓的1000万股票，再加上他原来所拥有的部分股票，他已经可以与怡和洋行进行公开竞购，如果收购成功，他就可以稳稳地控制资产雄厚的九龙仓。而从李嘉诚这一方面来说，他以10元到30港元的市价买了九龙仓股票而以30多港元脱手给包玉刚，一下子就获利数千万元。更为重要的是，他可以通过包玉刚搭桥，从汇丰银行那里承接和记黄埔的股票9000万股，一旦达到目的，和记黄埔的董事会主席则非李嘉诚莫属。

这真是只有李嘉诚这样的脑袋才想得出来的绝桥（主意）！包玉刚在心里不禁暗暗佩服这位比自己小但精明过人的地产界新贵。

没有太多的解释，没有冗长的说明，更没有喋喋不休的讨价还价，两个同样精明的人一拍即合，秘密地订下了一个同样精明的协议：

李嘉诚把手中的1000万股九龙仓股票以3亿多港元的价钱，转让给包玉刚；

包玉刚协助李嘉诚从汇丰银行承接和记黄埔的9000万股股票。

一个决定两家英资企业命运的历史性协议，在华商两强低声密语中顺利达成。

最终结果，他们都如愿以偿坐上英资洋行大班的宝座。

1978年9月5日，包玉刚正式宣布他本人及家族已购入20%左右的九龙仓股票。怡和与九龙仓现任大班纽璧坚，不得不吸收包玉刚及其女婿吴光正加入九龙仓董事局（按照公司法，持股16%的股东即可成为董事）。

包玉刚初战告捷，李嘉诚功不可没。9月7日，《明报晚报》发表对李嘉诚的专访：

九龙仓事件已经披露，包玉刚取得九龙仓15%至20%的股权，并加入董事局。戏剧化的发展至此已告一段落。

由九龙仓事件发展初期起，直至真相披露前，人们爱把长江实业主席李嘉诚与九龙仓拉在一起谈论和揣测，李氏昨日接受本报记者访问之时，做了如下具澄清作用的透露。

据李氏称，他本人没有大手吸纳九龙仓，而长江实业的确有过大规模投资于九龙仓身上的计划，是以曾经吸纳过九龙仓的股份。他本来安排买入九龙仓全部实收股份30%~50%，做稳健性长期投资用途，但到了吸纳约1000万股之时，九龙仓股份的市价已经急升至长实拟出的最高价以上，令原定购买九龙仓股份的整个计划脱节。结果，放弃这个投资计划，并且把略多于1000万股的九龙仓及若干股权，转让出来。

这之后，李嘉诚又继续将手头剩余的九仓股转让给包氏，据多份报章估计，李嘉诚在一进一出间，获纯利 5900 多万港元。

九龙仓董事局主席纽璧坚，视包氏父婿这两位新任董事为眼中钉、肉中刺。他们间多次发生摩擦。

包玉刚不断到市面或通过幕后吸纳九仓股，使其控有的股权增至 30%，大大超过九仓的控股公司置地，身兼三家公司主席的纽璧坚大为惊惶，包玉刚吞并九仓之意"昭然若揭"。

1980 年 6 月中旬，趁包玉刚赴欧参加会议之机，纽璧坚突发袭击，正式挑起九龙仓大战。置地采取换股之法，欲将其持股权增至 49%。具体做法是将价值 100 元的置地股，换取市价 77 元的九仓股。

条件十分诱人，股民喜笑颜开。若置地已控得 49% 的股权，包氏是无论如何也购不满 51% 的绝对股权——置地只须再踏半步，就可击碎包氏的"吞并美梦"。

包玉刚闻讯，急忙乘机返回香港反击。他首先获得汇丰银行的 22 亿港元贷款保证，紧接着召开紧急会议。决定以 105 港元的价格，吸收市面九仓股，目标也是 49%。

105 元的价格，比被九仓股抬高了的价值 100 港元的置地股更诱人。星期一开市不到 2 小时，包玉刚一下子付出 21 亿现金，购足 2000 万股，使控股权达到 49%，取得这场战役的决胜权。

纽璧坚见大势已去，将置地控有的九仓股 1000 多万股转让给包玉刚，置地套现获纯利 7 亿多港元。包氏在九龙仓的控股量已超越绝对多数。

包玉刚夺得九龙仓，付出了沉重的代价，故有人称"船王负创取胜，置地含笑断腕"。决战双方，皆有胜有负。

包氏的远见卓识，两年后便充分显示出来。包氏购得九龙仓，实现了减船登陆，从而避免了空前船灾。香港另两个船王——董浩云与赵从衍，因行动迟缓，陷入濒临破产的灭顶之灾。

1985 年，包玉刚又收购另一家英资洋行——马登家族的会德丰，又一次轰动全港。

值得一提的是，包玉刚入主九龙仓的一年后，与其"死对头"置地成为合作伙伴，这两家公司邀请李嘉诚的长实加盟，三家合资成立一家地产发展公司，项目是在九龙仓尖沙咀地盘，发展新港中心物业。一时成为香港商界的一段佳话。

1986 年 8 月，《每周财经动向》总编林鸿筹先生，在《与李嘉诚谈成功之道》一文中谈道：

最近有人向李氏提问："一个优秀的运动员，必须在与强劲的对手竞赛时才可创下骄人的成绩。环顾今日香港商界，似乎只有包玉刚爵士一位匹配做阁下强劲的对手，您有以包先生为对手的想法吗？"

一般人很自然会认为李氏是以包氏为竞争的对手，因为他们有相同的社会地位，在过去又有极类似的活动，例如，李氏从英资手中收购和黄、港灯，包氏则收购九仓、会德丰；两人先后出任汇丰银行的副主席；两人又同时出任"香港基本法"草委；李氏捐赠汕头大学，包氏捐赠宁波大学等。

但李氏答复这问题时，只说他朝着个人定下的目标向前一步一步推进，从来没有心思与任何人比拼。

多个场合，李嘉诚说："有真诚愉快的合作。"

现在我们继续看李嘉诚，是如何朝目标一步一步推进的。他飞跃的一步，显然是收购英资洋行和记黄埔。

附：恒隆集团陈曾熙简介

陈曾熙是香港出名的商界隐士，原籍广东台山县，出生年月不详，只知家境富裕，二战前留学日本攻读土木工程学，何校不详。据伍宜孙家族介绍，陈氏曾在该家族的永隆银行做外汇、楼宇按揭工作。20世纪50年代初与朋友成立大隆地产。其弟陈曾焘毕业于上海复旦大学，原在南洋做建筑工程，见兄地产业需人手，回港鼎助其兄。

1960年，陈氏兄弟注册一家恒隆有限公司，自己建楼并出售。1972年恒隆上市，为华资地产五虎将之一。陈氏却毫无"虎气"，总是不声不响默默无闻实干，是个地道的老式商人。

陈氏的悭吝在圈内很有名，20世纪70年代初，陈氏在宝云道建一幢住宅大厦，将单位卖给用户，而一家人却住进"暗无天日"的地窖车房。陈氏，不仅孤寒自己，对下属也孤寒，小账目也斤斤计较。然而他对子儿教育却十分慷慨，全安排到美国留学。

陈氏彻底低调，行动隐秘，从不接受记者采访，也极少出席同业聚会。虽然如此，但其做事极讲信誉。陈氏做地产深思熟虑，总能把该赚的钱一分不少地赚回来，最漂亮的战役，是恒信苑、九龙湾地铁上盖的德福花园。也由于他过于瞻前顾后，错失金钟二段的机会。陈氏的保守作风，使恒隆在五虎将中滞后。

1986年，陈曾熙逝世，遗产却交基金会管理。其弟陈曾焘接任主席，作风依旧。现家族事业由陈曾熙长子陈启宗主理。1994年，恒隆在全港家族财团中排第12位。

第十三章

蛇吞大象　李超人入主和黄

李嘉诚退出九龙仓角逐，将目标瞄准另一家英资洋行——和记黄埔（以下简称和黄）。

和黄集团由两大部分组成，一是和记洋行，二是黄埔船坞。和黄是当时香港第二大洋行，又是香港十大财阀所控的最大上市公司。

和记洋行成立于 1860 年，主要从事印度棉花、英产棉毛织品、内地茶叶等进出口贸易和本港零售业。初时规模名气不大，远不可与怡和、颠地、邓普、太古等洋行相比。到二战前，和记有下属公司 20 家，初具规模。

黄埔船坞有限公司的历史，可追溯到 1843 年，林蒙船长在铜锣湾怡和码头造木船。船坞几经迁址，不断充资合并易手，成为一家公众公司。到 20 世纪初，黄埔船坞与太古船坞、海军船坞并称为香港三大船坞，形成维修、建造万吨级轮船的能力。除此，黄埔船坞还经营码头仓储业。

二战之后，几经改组的和记洋行落入祈德尊家族之手。该家族与怡和凯瑟克家族、太古施怀雅家族、会德丰马登家族，并列为本港英资四大家族。20 世纪 60 年代后期，祈德尊雄心喷发，一心想成为怡和第二。他趁 1969—1973 年股市大牛冲天，展开一连串令人眼花缭乱的收购，把黄埔船坞、均益仓、屈臣氏等大公司和许多未上市的小公司归于旗下，风头之劲，一时无两。

祈德尊掐准了本港人多地少，地产必旺的产业大趋势，关闭九龙半岛东侧的码头船坞，将修船业务与太古船坞合并，迁往青衣岛，并将其他仓场码头，统统转移到葵涌去发展。腾出的地皮，用来发展黄埔新村、大同新村、均益大厦等。祈德尊满天开花大兴土木，地产成为集团的支柱产业。

传媒说祈德尊是个"食欲过盛，消化不良"的商界"大鳖"。他一味地吞并企业，鼎盛期所控公司高达 360 家，其中有 84 家在海外。祈德尊虽长有"钢牙锐齿"，"肠胃功能"却太差，"腹泻不止"——不少公司经营状况不良，效益负增长，给他背上沉重的债务负担。幸得股市太旺，祈德尊大量从事股票投机生意，以其暂获弥补财政黑洞。

1973 年中股市大灾，接着是世界性石油危机，接着又是香港地产大滑坡。投资过速，战线过长，包袱过沉的和记集团陷入财政泥淖，接连两个财政年度亏损近 2 亿港元。1975 年 8 月，汇丰银行注资 1.5 亿港元解救，条件是和记出让 33.65% 的股权。汇丰成为和记集团的最大股东，黄埔公司也由此而脱离和记集团。

汇丰控得和记洋行，标志着祈德尊时代的结束，和记成了一家非家族性集团公司。汇丰物色韦理主政。1977 年 9 月，和记再次与黄埔合并，改组为"和记黄埔（集团）有限公司"。韦理有"公司医生"之称，但他一贯是做智囊高参辅政，而从未在一家巨型企业主政。又因为祈德尊主政时，集团亏空太大，公司医生韦理上任，未见其妙手回春——和黄的起色不如人们预想中好。

乘虚而入，是战场常见并有效的战术。李嘉诚在觊觎九龙仓的同时，也垂青和记黄埔。他放弃九龙仓，必然要把矛头对准和黄。

舆论皆说，和黄一役，足见李嘉诚是聪明绝顶的人。

其一，李嘉诚成全包玉刚收购九龙仓的心愿，实则是让出一块肉骨头让包氏去啃，自己留下一块瘦肉。因为九龙仓属于家族性公司的怡和系，凯瑟克家族及其代理人必会以牙还牙，殊死一搏反收购。包氏收购九龙仓，代价沉重，实际上与怡和大班打了个平手。怡和在港树大根深，收购九龙仓，必有一番血战恶战。

反之，沦为公众公司的和记黄埔，至少不会出现来自家族势力的顽抗反击。身为本港第二大洋行的和黄集团，各公司"归顺"的历史不长，控股结构一时还未理顺，各股东间利益意见不合，他们正祈盼出现"明主"，力挽颓势，使和黄彻底摆脱危机。

只要能照顾并为股东带来利益，股东不会反感华人大班入主和黄洋行。这便是李嘉诚最初的出发点。

其二，李嘉诚权衡实力，长江实业的资产才 6.93 亿港元，而和黄集团市值高达 62 亿港元，蛇吞大象，难以下咽。和黄拥有大批地皮物业，还有收益稳定的连锁零售业，是一家极有潜力的集团公司。本港的华商洋商，垂涎这块大肥肉者大有人在，只因为和黄在本港首席财主汇丰的控制下，均暂且按兵不动。

李嘉诚很清楚，汇丰控制和黄不会太久。根据《公司法》《银行法》，银行不能从事非金融性业务。债权银行，可接管丧失偿债能力的工商企业，一旦该企业经营走上正轨，必将其出售给原产权所有人或其他企业，而不是长期控有该企业。

在李嘉诚吸纳九仓股之时，他获悉汇丰大班沈弼暗放风声：待和记黄埔财政好转之后，汇丰银行会选择适当的时机、适当的对象，将所控的和黄股份的大部分转让出去。

这对李嘉诚来说，不啻是个福音。长实财力不足，若借助汇丰之力，收购算成功了一半。

其三，李嘉诚梦寐以求成为汇丰转让和黄股份的合适人选。为达到目的，李嘉诚停止收购九仓股的行动，以获汇丰的好感。

李嘉诚买了汇丰一份人情，那么，信誉卓著的汇丰必会回报——还其人情。这份人情，是不是和黄股票，李嘉诚尚无把握。

为了使成功的希望更大，李嘉诚拉上包玉刚，以出让1000多万股九仓股为条件，换取包氏促成汇丰转让9000万股和黄股的回报。李嘉诚一石三鸟，既获利5900万港元，又把自己不便收购的九龙仓让给包氏去收购，还获得包氏的感恩相报。

在与汇丰的关系上，李嘉诚深知不如包玉刚深厚。包氏的船王称号，一半靠自己努力，一半靠汇丰的支持。包氏与汇丰的交往史长达20余年，他身任汇丰银行董事（1980年还任汇丰银行副主席），与汇丰的两任大班桑达士、沈弼私交甚密。

李嘉诚频频与沈弼接触，他吃透汇丰的意图：不是售股套利，而是指望放手后的和黄经营良好。另一方面，包氏出马敲边鼓，自然马到成功。

1979年9月25日夜，在华人行21楼长江总部会议室，长江实业（集团）有限公司董事局主席李嘉诚，举行长实上市以来最振奋人心的记者招待会，一贯持稳的李嘉诚以激动的语气宣布：

"在不影响长江实业原有业务的基础上，本公司已经有了更大的突破——长江实业以每股7.1港元的价格，购买汇丰银行手中持占22.4%的9000万普通股的老牌英资财团和记黄埔有限公司股权。"

在场的大部分记者禁不住鼓起掌来，有记者发问："为什么长江实业只购入汇丰银行所持有的普通股，而不再购入其优先股？"

李嘉诚答道："以资产的角度看，和黄的确是一家极具发展潜力的公司，其地产部分和本公司的业务完全一致。我们认为和黄的远景非常好，由于优先股只享有利息，而公司盈亏与其无关，又没有投票权，因此我们没有考虑。"

李嘉诚被和记黄埔董事局吸收为执行董事，主席兼总经理仍是韦理。

记者招待会后的一天，和黄股票一时成为大热门。小市带动大市，当日恒指飙升25.69点，成交额4亿多港元，可见股民对李嘉诚的信任。李嘉诚继续在市场吸纳，到1980年11月，长江实业及李嘉诚个人共拥的和黄股权增加到39.6%，控股权已十分牢固。其间，未遇到和黄大班韦理组织的反收购。

1981年1月1日，李嘉诚被选为和记黄埔有限公司董事局主席，成为香港第一位入主英资洋行的华人大班（注：包玉刚入主的怡和系九龙仓不属独立洋行），和黄集团也正式成为长江集团旗下的子公司。

李嘉诚以小搏大，以弱制强。长江实业实际资产仅 6.93 亿港元，却成功地控制了市价 62 亿港元的巨型集团和记黄埔。按照常理，既不可能，更难以令人置信，难怪和黄前大班韦理，会以一种无可奈何，又颇不服气的语气与记者说：

"李嘉诚此举等于用 2400 万美元做定金，而购得价值 10 多亿美元的资产。"

李嘉诚靠"以和为贵""以退为进""以让为盈"的策略，赢得这场香港开埠以来特大战役的胜利。和黄一役，与九龙仓一役有很大不同，没有剑拔弩张，没有重锤出击，没有硝烟弥漫，和风细雨，兵不血刃。故有人道："李工收购术，堪称商战一绝。"

李嘉诚并不以为他有什么超人的智慧，他避而不谈他的谋略，而对汇丰厚情念念不忘，"没有汇丰银行的支持，不可能收购成功和记黄埔"。

事实确如李嘉诚所说的那样。

在汇丰与长江合作重建华人行大厦时，沈弼就对李嘉诚留下良好印象。沈弼是汇丰史上最杰出的大班，他的杰出之处，就是以银行的切身利益为重，而不在乎对方是英人还是华人。道理如沈弼自己所说："银行不是慈善团体，不是政治机构，也不是英人俱乐部，银行就是银行，银行的宗旨就是盈利。"

与香港航运业老行尊——怡和、太古、会德丰等英资洋行下属的航运公司比，包玉刚出道最晚，但他的环球航运集团却是获得汇丰贷款最多的一家。这是因为包氏的经营作风和能力，能够确保偿还汇丰放款的本息。现在，汇丰在处理和记黄埔的问题上，亦是如此态度。他们信任李嘉诚的信用和能力，足以掌控和黄这家巨型企业。因此不惜将这家英人长期控有的洋行，交与李嘉诚手中。汇丰不仅摆脱了这个包袱，其保留的大量和黄优先股，待李嘉诚"救活"后还会为汇丰带来大笔红利。

汇丰让售李嘉诚的和黄普通股价格只有市价的一半，并且同意李嘉诚暂付 20% 的现金。不过汇丰并没吃亏，当年每股 1 港元，现在以 7.1 港元一股出售，股款收齐，汇丰共获利 5.4 亿港元。尽管如此，仍给予李嘉诚极大的优惠，沈弼在决定此事时，完全没有给其他人角逐的机会——一锤定音。

消息传出，香港传媒大为轰动，争相报道这一本港商界的大事。

1979 年 9 月 26 日，《工商晚报》称长江实业收购和记黄埔，"有如投下炸弹"，"股市今晨狂升"。

《信报》在评论中指出：

> 长江实业以如此低价（暂时只付 20%，即 1.278 亿港元）便可控制如此庞大的公司，拥有如此庞大的资产，这次交易可算是李嘉诚先生的一次重大胜利……

购得这9000万股和记黄埔股票是长江实业上市后最成功的一次收购，较当年收购九龙仓计划更出色（动用较少的金钱，控制更多的资产）。李嘉诚先生不但是地产界强人，亦成为股市炙手可热的人物。

李嘉诚、包玉刚双双入主英资大企业，还引起国际传媒界的关注。

美国《新闻周刊》在一篇新闻述评中说：

上星期，亿万身家的地产发展商李嘉诚成为和记黄埔主席，这是出任香港一家大贸易行的第一位华人，正如香港的投资者所说，他不会是唯一的一个。

英国《泰晤士报》分析道：

近一年来，以航运巨子包玉刚和地产巨子李嘉诚为代表的华人财团，在香港商界重大兼并改组中，连连得分，使得香港的英资公司感到紧张。

众所周知，香港是英国的殖民地，然而，占香港人口绝大多数的仍是华人，掌握香港政权和经济命脉的英国人却是少数。二战以来，尤其是20世纪六七十年代，华人的经济势力增长很快。

有强大的中国内地政府做靠山，这些华商新贵如虎添翼，他们才敢公然在商场与英商较量，以获取原属英商的更大的经济利益，这使得香港的英商分外不安。连世界闻名的怡和财团的大班大股东，都有一种踏进雷区的感觉。英商莫不感叹世道的变化，同时，也不能不承认包玉刚、李嘉诚等华商，能与英国商界的优秀分子相提并论。

这篇文章，试图以时代背景探讨华商得势的原因。文章的某些提法失之偏颇，并含有"大英帝国"的口气，总的来说还是较全面、较客观的，文中对李氏、包工的评价也还中肯。

这之后，李嘉诚、包玉刚继续成功地收购了英资大型企业，彻底扭转英资在香港占绝对优势的局面。盛誉铺天盖地，盛誉又来之不易。

在一片喝彩声中，李嘉诚并未陶醉其中，沾沾自喜。

世人言："创业容易守业难。""前车之鉴，后事之师。"最典型的教训，莫过于和记黄埔的前大班祈德尊。祈德尊是个收购企业的高手猛将，却不算管理庞大企业的行家里手。他发展过速，结果消化不了，终于把集团拖垮，痛失江山。

李嘉诚进入和黄出任执行董事，在与董事局主席韦理和众董事的交谈中，他们的话中分明含有这层意思："我们不行，你就行吗？"

李嘉诚是个喜欢听反话的人，他特别关注喝彩声中的"嘘声"——本港的英商华商，都有人持这种观点："李嘉诚是靠汇丰的宠爱，而轻而易举购得和黄的，他未必就有本事能管理好如此庞大的老牌洋行。"

当时英文《南华早报》和《虎报》的外籍记者，盯住沈弼穷追不舍：为什么要选择李嘉诚接管和黄？沈弼答道：

"长江实业近年来成绩良佳，声誉又好，而和黄的业务脱离1975年的困境踏上轨道后，现在已有一定的成就。汇丰在此时出售和黄的股份是顺理成章的。"他又说：

"汇丰银行出售其在和黄的股份，将有利于和黄股东长远的利益。坚信长江实业将为和黄未来发展做出极其宝贵的贡献。"

李嘉诚深感肩上担子之沉重。

俗话说："新官上任三把火。"细究之，李嘉诚似乎一把火也没烧起来。他是个毫无表现欲的人，总是让实绩来证实自己。

初入和黄的李嘉诚只是执行董事，按常规，大股东完全可以凌驾于支薪性质的董事局主席之上，李嘉诚从未在韦理面前流露出"实质性老板"的意思。李嘉诚作为控股权最大的股东，完全可以行使自己所控的股权，为自己出任董事局主席效力。他没有这样做，他的谦让使众董事与管理层对他更尊重。他出任董事局主席，是股东大会上，由众股东推选产生的。

"退一步海阔天空"——李嘉诚的退让术，与中国古代道家的"无为而治""无为而无不为"有异曲同工之妙。

董事局为他开支优渥的董事袍金，李嘉诚表示不受。他为和黄公差考察、待客应酬，都是自掏腰包，而不在和黄财务上报账。

故有人称，李氏的精明，到了炉火纯青的地步。他小利全让，大利不放。李氏的大利，是他持有的股份，公司盈利状况好，李氏的红利亦匪浅。李氏不放大利，还表现在他不断增购和黄股份。令人叹绝的是，他"鲸吞"和黄的"企图"，竟未遇到"老和黄洋行"的抵抗。

毋庸置疑，李嘉诚能较快地获得众董事和管理层的好感及信任。在决策会议上，李嘉诚总是以商议建议的口气发言，实际上，他的建议就是决策——众人都会自然而然地信服他、倾向他。韦理大权旁落，李嘉诚出任主席兼总经理，已开始主政。

李嘉诚入主和黄实绩如何，数据最能说明问题。

李嘉诚入主前的1978年财政年度，和黄集团年综合纯利为2.31亿港元；入主后的1979年升为3.32亿港元；4年后的1983年，纯利润达11.67亿港元，是入主时的5倍多；

1989 年，和黄经常性盈利为 30.3 亿港元，非经常性盈利则达 30.5 亿港元，光纯利就是 10 年前的 10 多倍。盈利丰厚，股东与员工皆大欢喜。

现在，不再会有人怀疑沈弼"走眼"，李嘉诚"无能"了。

一篇综述和黄业绩的文章，用这样一个标题：

> 沈大班慧眼识珠，李超人不负众望。

今日香港，提起"超人"，无人不知指的是谁。那么，李嘉诚的这一称号，是谁最先提出的呢？

言人人殊，有人说是长江公司的人最先叫起来的，他们对老板最熟悉，也最敬佩。长江公司的人称，是看到报章这样称呼的，大家都这么叫，我们也跟着叫。李先生知道后，还批评过手下的人，他并不希望别人这样称呼他，不过，报章都这样称他，他也就默认了。

1995 年夏，笔者在港考察时曾听说一则这样的逸闻。某先生看了李嘉诚收购和黄的文章，拍案叫绝，写下一副不算工整的对联：

> 高人高手高招；超人超智超福。

"超人"之称，先在民间不胫而走。不久，各大小报章竞相采用。超人盛名，誉满香江。

"某先生"是否确有其人其事，难于考证，但这至少代表一种舆论倾向。不少人在承认李嘉诚"高人之术，超人之智"的同时，莫不羡慕他的幸运。

李嘉诚的幸运，似乎不止收购和黄这一桩。他与汇丰合伙重建华人行；1980 年，他被委任为汇丰银行董事，成为继包氏之后的第二位华人董事；他得到地铁公司主席唐信的垂青，获得车站上盖的发展权；他将长江上市，适逢股市牛市大好时机；他经营塑胶花时，无人担保，就可获得大客户的全额定金。

鸿硕先生曾专门探讨过李嘉诚的"幸运"，颇令人折服。他在《巨富与世家》一书中写道：

> 1979 年 10 月 29 日的《时代》周刊说李氏是"天之骄子"，这含有说李氏有今天的成就多蒙幸运之神眷顾的意思。英国人也有句话："一安士的幸运胜过一磅的智慧。"从李氏的体验看，究竟幸运（或机会）与智慧（及眼光）对一个人的成就孰轻孰重呢？

1981 年，李嘉诚对这个问题发表看法：

"在 20 岁前，事业上的成果百分之百靠双手勤劳换来；20 至 30 岁之间，事业已有些小基础，那 10 年的成功，10% 靠运气好，90% 仍是由勤劳得来；之后，机会的比例也渐渐提高；到现在，运气要占三至四成了。"

1986 年，李嘉诚继续阐述他的观点：

"对成功的看法，一般中国人多会自谦那是幸运，绝少有人说那是由勤奋及有计划地工作得来。我觉得成功有三个阶段。第一个阶段完全是靠勤劳工作，不断奋斗而得成果。第二个阶段，虽然有少许幸运存在，但也不会很多。现在呢？当然也要靠运气，但如果没有个人条件，运气来了也会跑去的。"

鸿硕先生分析道：

李先生认为早期的勤奋，正是他储蓄资本的阶段，这也就是西方人士称为"第一桶金"的观念。

不过，在香港每天工作超过 10 小时，每星期工作 7 天的人大概也有 10 万人，为什么他们勤奋地工作了数十年还没有出人头地呢？

由此可见，李先生认为勤奋是成功的基础仍是自谦之词，幸运也只是一般人的错觉。从李氏成功的过程看，他有眼光判别机会，然后持之以恒，而他看到机会就是一般人认为的"幸运"。许多人只有平淡的一生，可能就是不能判别机会，或看到机会而畏缩不前，或当机会来临时缺少了"第一桶金"。也有人在机会来临时，因为斤斤计较目前少许得失，把好事变成坏事，坐失良机。

清末大学者王国维在《人间词话》中说：

古今之成大事业、大学问者，必须经过三种境界："昨夜西风凋碧树。独上高楼，望尽天涯路。"此第一境也。"衣带渐宽终不悔，为伊消得人憔悴。"此第二境也。"众里寻他千百度，蓦然回首，那人却在，灯火阑珊处。"此第三境也。

王国维的这段话，正是李嘉诚由勤劳至成功的写照。

◆第十四章◆

招贤纳士　知人善任辅大业

日本经营之神、松下电器集团创始人松下幸之助，在论述企业主如何管理企业时说：

> 当员工 100 人时，我必须站在员工的最前面，身先士卒，发号施令；当员工增至 1000 人时，我必须站在员工的中间，恳求员力鼎力相助；当员工达到 1 万人时，我只要站在员工的后面，心存感激即可；如果员工增到 5 万到 10 万时，除了心存感激还不够，必须双手合十，以拜佛的虔诚之心来领导他们。

松下幸之助形象地描绘企业主在企业的不同阶段应扮演的角色。事业规模小，可以事事亲力亲为；事业规模中等，更多地要依赖助手；事业规模庞大，还必须靠一种精神力量来统治。

松下电器由最初的 3 人，发展为今日的 22 万员工，生产销售基地遍布全球，与荷兰飞利浦、德国西门子，并称为世界三大电器公司。松下幸之助把他事业的成功，归结为人才观的成功。他有一句深得世界企业界推崇的话：

> 造物之前先造人才。

日本的文化背景与中国相近，日本的经济先香港一步获得举世瞩目的成绩。李嘉诚有机会多次赴日本商务旅行，他十分关注日本的经营管理，佩服松下幸之助、本田宗一郎、盛田昭夫等日本商界俊杰。在香港，他还与有阿信之称的"八佰伴百货连锁集团"主席和田一夫建有深厚的友谊。

李嘉诚毕竟是李嘉诚，作为华商翘楚精英，自然不会跟在日本人后面亦步亦趋。李嘉诚的经营能力和成绩，绝不会比日本商界的泰斗逊色。

李嘉诚由一个卑微的打工仔，成为香港首富；长江由一家破旧不堪的山寨厂，成为庞大的跨国集团公司。他的巨大成功，除了前文谈及的"超人之术"外，还得助于他的"用人之道"。

李嘉诚虽未像松下幸之助那样，将自己的心得口述编撰成书；但人们从他的只言片语中，仍可感觉到他的博大胸襟与智慧光彩：

> 长江取名基于长江不择细流的道理，因为你要有这样旷达的胸襟，然后你才可以容纳细流——没有小的支流，又怎能成为长江？只有具有这样博大的胸襟，自己才不会那么骄傲，不会认为自己叻晒（样样出众），承认其他人的长处，得到其他人的帮助，这便是古人说的"有容乃大"的道理。假如今日，没有那么多人替我办事，我就算有三头六臂，也没有办法应付那么多的事情，所以成就事业最关键的是要有人能够帮助你，乐意跟你工作，这就是我的哲学。

企业的发展，在不同的阶段，企业主扮演的角色不尽相同。而企业主下属的辅佐人才，在不同的阶段，亦不相同。

在企业创立之初，企业主最希望忠心耿耿，忠实苦干的人才。在塑胶厂草创初期，别说他的下属，就李嘉诚本人，也须凭自己的双手安装机器、生产制品、设计图纸；靠自己的双腿，走街串巷，采购和推销。

上海人盛颂声、潮州人周千和，从20世纪50年代初就跟随李嘉诚。盛颂声负责生产，周千和主理财务。他们兢兢业业，任劳任怨，辅助李嘉诚创业，是长江劳苦功高的元勋。

周千和回忆道："那时，大家的薪酬都不高，才百来港纸（港元）上下，条件之艰苦，不是现在的青年仔所可想象的。李先生跟我们一样埋头搏命做，大家都没什么话说的。有人会讲，李先生是老板，他是为自己苦做——抵，打工的就不抵。话不可这么讲，李先生宁可自己少得利，也要照顾大家的利益，把我们当自家人。"

任人唯贤，知人善任。1980年，李嘉诚提拔盛颂声为董事副总经理；1985年，他又委任周千和为董事副总经理。

有人说："这是很重旧情的李嘉诚，给两位'老臣子'的精神安慰。"其实不然，李嘉诚委以重职又同时委以重任，盛颂声负责长实公司的地产业务；周千和主理长实的股票买卖。1985年，盛颂声因移民加拿大，才脱离长实，李嘉诚和下属为他饯行，盛氏十分感动。周千和仍在长实服务，他的儿子也加入长实，成为长实的骨干。

李嘉诚说："长江工业能扩展到今天的规模，是要归功于属下同人鼎力合作和支持。"

香港《壹周刊》在《李嘉诚的左右手》一文，探讨李嘉诚的用人之道时说：

> 创业之初，忠心苦干的左右手，可以帮助富豪"起家"，但元老重臣并不能跟得上形势。到了某一个阶段，倘若企业家要在事业上再往前跨进一步，他便难免要从外招揽人才，一方面以补元老们胸襟见识上的不足，另一方面是利用有专才的干部，推动企业进一步发展。故此，一个富豪便往往需要任用不同的人才……
>
> 李嘉诚的用人之道，显然超卓。如果他一直只任用元老重臣，长实的发展相信会不如今天。
>
> 长实在20世纪80年代得以急速扩展及壮大，股价由1984年的6港元，升到90港元（相当于旧价），和李嘉诚不断提拔年轻得力左右手实在大有关系。

在长实管理层的后起之秀中，最引人注目的算霍建宁。霍建宁引人注目，并非他经常抛头露面，他实际上是从事幕后工作，做事低调。他负责长江全部的财务策划，擅长理财，他认为自己不是个冲锋陷阵的干将，是个 Professional Manager（专业管理人士）。

霍建宁毕业于香港名校港大，随后赴美深造，1979年学成回港，被李嘉诚招至旗下，出任长实会计主任。他业余进修，考取英联邦澳大利亚的特许会计师资格（凭此证可去任何英联邦国家和地区做开业会计师）。李嘉诚很赏识他的才学，1985年委任他为长实董事，两年后提升他为董事副总经理。是年，霍建宁才35岁，如此年轻就任本港最大集团的要职，在香港实为罕见。

霍建宁还是长实系四家公司的董事。另外，他还是与长实有密切关系的公司如熊谷组（长实地产的重要建筑承包商）、广生行（李嘉诚亲自扶植的商行）、爱美高（长实持有其股权）的董事。

传媒称他是一个"浑身充满赚钱细胞的人"。长实全系的重大投资安排、股票发行、银行贷款、债券兑换等，都是由霍建宁策划或参与抉择。这些项目，动辄涉及数十亿资金，亏与盈都在于最终决策。从李嘉诚如此器重他，便可知盈大亏小。

霍建宁的年薪和董事袍金，加上非经常性收入如优惠股票等，年收入在1000万港元以上。人们说霍氏的点子"物有所值"，他是本港食脑族（靠智慧吃饭）中的大富翁。

霍建宁还为李嘉诚充当"太傅"的角色，肩负培育李氏二子李泽楷的职责。

与霍建宁任同等高职的少壮派，有一位叫周年茂的青年才俊。周年茂的父亲是长江的元勋周千和。周年茂还在学生时代，李嘉诚就把他作为长实未来的专业人士培养，与其父一道送他赴英专修法律。

周年茂回港即进长实，李嘉诚指定他为公司发言人。两年后的1983年即被选为长实董事，1985 年后与其父周千和一道被擢升为董事副总经理。周年茂任此要职的年龄比霍建宁还小，才三十出头。

有人说周年茂一帆风顺，飞黄腾达，是得其父的荫庇——李嘉诚是个很念旧的主人，为感"老臣子"的犬马之劳，故而"爱屋及乌"。

周年茂的"高升"，不能说与李嘉诚的关照毫无关系。但最重要的，仍是周年茂的实力。据长实的职员说："讲那样话的人，实在不了解我们老细（老板），对碌碌无为之人，管他三亲六戚，老细一个都不要。年茂年纪虽轻，可是个叻仔呀。"

周年茂任副总经理，是顶移居加拿大的盛颂声的缺——负责长实系的地产发展。茶果岭丽港城、蓝田汇景花园、鸭月利洲海怡半岛、天水围的嘉湖花园等大型住宅屋村发展，都是由他具体策划落实的。他肩负的责任比盛颂声还大。他不负众望，得到公司上下"雏凤清于老凤声"的好评。

长实参与政府官地的拍卖，原本由李嘉诚一手包揽。现在同行和记者常能见着的长实代表，是一张文质彬彬的年轻面孔——周年茂，只是金额大的李超人才亲自出马。周年茂外表像书生，却有大将风范，临危不乱，该竞该弃，都能较好地把握分寸，令李嘉诚感到放心。

长江的地产发展有周年茂，财务策划有霍建宁，楼宇销售则有女将洪小莲。在长江地产至长江实业的初期，这些工作全由李嘉诚一脚踢。李嘉诚的领导角色，由管事型变为管人型。如商场战场上流行的一句话："指挥千人不如指挥百人，指挥百人不如指挥十人，指挥十人不如指挥一人。"指挥一人，就是抓某一部门的主要责任人。当然，对集团的重大决策与事务，李嘉诚仍得亲力为之。

霍建宁、周年茂、洪小莲，被称为长实系新型三驾马车。洪小莲年龄也不算大，她全面负责楼宇销售时，还不到 40 岁。洪小莲在 20 世纪 60 年代末期，长江未上市时，就跟随李嘉诚任其秘书，后来又任长实董事。洪小莲是长实出名的"靓女"，人长得靓，风度好，待人热情，在地产界，在中环各公司，提起洪小莲，无人不晓。

长江总部，虽不到 200 人，却是个超级商业帝国。每年为长江系工作与服务的人，数以万计；资产市值高峰期达 2000 多亿；业务往来跨越大半个地球。大小事务，千头万绪，往往都要到洪小莲这里汇总。洪小莲是个彻底的务实派，面试一名信差，会议所需的饮料，境外客户下榻的酒店房间，她都要一竿子插到底。

跟洪小莲交往过的记者说她："洪姑娘是个叻女，是个完全'话得事'的人。"

20 世纪 80 年代中期，长实管理层，基本实现了新老交替，各部门负责人，大都是 30~40 岁的少壮派。周年茂说："长实内部新一代与上一代管理人的目标无矛盾，而且上一代的一套并无不妥，有辉煌的战绩可凭。"

李嘉诚的左右手，还有一个显著的特色，就是聘用了不少"洋大人"。

在20世纪90年代，香港华人见了洋人（特指有欧罗巴血统的白种人），不再会有见"洋大人"的感觉。港人自信香港是东方之明珠，是全球经济最发达地区，港人的收入及生活水平不比西方国家差。华人公司雇用"鬼佬"（外国人）职员，理所当然。

在20世纪80年代初可不同，由于100多年来洋人歧视华人的惯性，经济上开始崛起的华人，仍存有抹不去的"二等英联邦臣民"的潜意识。那时候，雇用心高气傲的洋人做下属，是一件颇荣耀的事。

李嘉诚雇用洋人当副手，会不会带有炫耀之意？

笔者旅港时，听亲戚讲述这么一个故事。某公小时候在洋行做徒仔，扫地、抹灰、煲茶、跑腿。有时为几仙小费，为"鬼佬"职员擦皮鞋。此公当时并不觉耻辱，那时在洋行和洋人家做事的人，不管清洁工、园丁、仆人、车夫，都会觉得比操同等职业为华人服务者高出一等。此公发达后，高薪雇了个英国小伙子做他的保镖，为他开车；他坐酒楼吃饭，要英国小伙子站他旁边侍候；他上洗手间，要英国小伙子为他站岗。此公风头大出，一泄心头之恨。这小伙子不觉得有失尊严，因为他酬薪丰厚。可惜好景不长，此公股海翻船，"鬼佬"保镖也请不成。不过此公道："我再有发达时，还要雇个'鬼妹'秘书，靓得像荷里活（好莱坞）的艳星，人见人爱，我要让她在我面前乖得像猫，显显我们中国人的威水（威风）！"

用这种方式表现民族意识的觉醒，振兴民族精神，值得商榷。

曾有记者问李嘉诚："你的集团，雇用了不少'鬼佬'做你的副手，你是否含有表现华人的经济实力和提高华人社会地位的成分呢？"

李嘉诚回答道："我还没那样想过，我只是想，集团的利益和工作确确实实需要他们。"

20世纪70年代初，长江工业工厂分布在北角、柴湾、元朗等多处，员工2000余人，管理人员约200位。李嘉诚为了从塑胶业彻底脱身投入地产业，聘请美国人Erwin Leissner任总经理，李嘉诚只参加重大事情决策。其后，长江工业再聘请一位美国人Panl Lyons为副总经理。这两位美国人是掌握最现代化塑胶生产的专家，李嘉诚付给他们的薪金，远高于他们的华人前任，并赋予他们实权。

到20世纪80年代中期，李嘉诚已控有几家老牌英资企业，这些企业有相当部分外籍员工。李嘉诚并不是没有能力直接领导他们，而是集团超常拓展，他的主要职责在为旗舰领航。最有效的办法，是用洋人管洋人，这样更利于相互间的沟通。还有重要的一点，这些老牌英资企业，与欧美澳有广泛的业务关系，长江集团日后必然要走跨国化道路，起用洋人做"大使"，更有利开拓国际市场与进行海外投资——他们具有血统、语言、文化等方面的天然优势。

长实董事局副主席麦理思（George Magnus）是英国人，毕业于著名的剑桥大学经济系。

麦理思曾任新加坡虎豹公司总裁，因业务关系与李嘉诚认识。1979 年，麦理思正式加盟长实，与本港洋行和境外财团打交道，多由麦理思出面。李嘉诚器重他，不仅是他的英国血统、名校文凭，更看中他是个优秀的经济管理专家。

李嘉诚入主和黄洋行，韦理卸职后，李嘉诚提升李察信（John Richardson）为行政总裁，自己任董事局主席。到 1983 年，李察信与李嘉诚在投资方向上"不咬弦"，李察信离职，李嘉诚聘用另一位英国人——初时名不见经传，后来声名显赫的马世民（Simon Murray）。

马世民等于是李嘉诚连公司一道买下的人才。1984 年，马世民即坐上和黄集团第二把交椅，任董事行政总裁。

除和黄外，马世民还先后出任港灯、嘉宏等公司董事主席。马世民是长实系除老板李嘉诚外，第一个有权有势、炙手可热的人物。李嘉诚表示："我一个人没有那么多时间做那么多家公司的主席。"另外，青洲英泥行政总裁布鲁嘉也是英国人。

在和黄、港灯两大老牌英资集团旗下，留任的各分公司董事和行政总裁更达数十人之多。

马世民把李嘉诚的左右手称为"内阁"。评论家说："这个内阁，既结合了老、中、青的优点，又兼备中西方的色彩，是一个行之有效的合作模式。"

李嘉诚少年时，曾听父亲讲战国时孟尝君的故事，孟尝君能成大事，得"食客"之助也。李嘉诚能成宏业，"食客"也功不可没。

李嘉诚曾高兴地对记者说："你们不要老提我，我算什么超人，是大家同心协力的结果。我身边有 300 员虎将，其中 100 人是外国人，200 人是年富力强的香港人。"

300 员虎将，除李嘉诚的"近臣"外，便是总部与分公司的负责人，以及在长江系挂职或未挂职的"食客"。"食客"之中，数大牌律师李业广与当红经纪杜辉廉影响最大。

李业广是"胡关李罗"律师行合伙人之一。李业广持有英联邦的会计师执照，是个"两栖"专业人士，在业界声誉甚隆。人们称李业广是李嘉诚的"御用律师"，李嘉诚说："不好这么讲，李业广先生可是行内的顶尖人物。我可没这个本事独包下他。"

李嘉诚大概说的是实话，李业广身兼本港 20 多家上市公司董事，这些公司市值总和相当全港上市公司总额的 1/4，另外，李业广还是许多富豪的不支干薪的高参。李业广不是那种见眼开眼，有酬（金）必应之士，一般的大亨还请他不到。长江上市，李业广便是首届董事会董事；长江扩张之后，李业广是长江全系所有上市公司的董事。就此一点，足见二李的关系非同寻常。

李嘉诚是个彻底的务实派，他绝不会拉大旗，作虎皮，虚张声势。李嘉诚在商界的名气较李业广大。在香港商界，拉名人任董事是人们常用之术，李嘉诚并非这样，他敬重的是李业广的博识韬略。长实不少扩张计划,是二李"合谋"的杰作。

李业广甘处幕后,保持低调。1991年,李业广一飞冲天——出任香港证券联合交易所董事局主席。在他之前,任联交所主席的有金银会创始人胡汉辉、股坛教父李福兆、恒生银行卸任主席利国伟等,个个都是香港商界风云人物。

香港报章在介绍联交所新任主席李业广的资格履历时,称他是"胡关李罗"律师行合伙人,长实集团多家上市公司董事⋯⋯长江在李业广及公众心目中的分量,可见一斑。

杜辉廉(Philip Tose)是英国人,出身伦敦证券经纪行,是一位证券专家。20世纪70年代,唯高达证券公司来港发展,杜辉廉任驻港代表,与李嘉诚结下不解之缘。1984年,万国宝通银行收购唯高达,杜辉廉便参与万国宝通国际的证券业务。

杜辉廉被业界称为"李嘉诚的股票经纪",他是长江多次股市收购战的高参,并经营长实及李嘉诚家族的股票买卖。

杜辉廉多次谢绝李嘉诚邀其任董事的好意,是众"食客"中唯一不支干薪者。但他绝不因为未支干薪,而拒绝参与长实系股权结构、股市集资、股票投资的决策,令重情的李嘉诚,总觉得欠他一份厚情。

1988年,杜辉廉与他的好友梁伯韬共创百富勤融资公司。杜梁二人占35%的股份,其余股份,由李嘉诚邀请包括他在内的18路商界巨头参股,如长实系的和黄、中资的中信、越秀、地产建筑老行尊鹰君与瑞安、旅业大亨美丽华、胡应湘的合和等。这些商界巨头,不入局,不参政,旨在助其实力,壮其声威。

有18路商界巨头为后盾,百富勤发展神速,先后收购了广生与泰盛,百富勤也分拆出另一家公司百富勤证券。杜辉廉任其中两家公司主席,到1992年,该集团年盈利已达6.68亿港元。

在百富勤集团成为商界小巨人后,李嘉诚等主动摊薄自己所持的股份,好让杜梁两人的持股量达到绝对"安全"线。李嘉诚对百富勤的投资,完全出于非盈利,以报杜辉廉效力之恩。不过,李嘉诚持有的5.1%的百富勤股份,仍为他带来大笔红利,百富勤发展迅速,是市场备受宠爱的热门股。

20世纪90年代,李嘉诚与中国内地公司的多次合作(借壳上市、售股集资),多是以百富勤为财务顾问。身兼两家上市公司主席的杜辉廉,仍忠诚不渝充当李嘉诚的智囊。

《明报》记者在采访中问李嘉诚:"您的智囊人物有多少?"

李嘉诚说:"有好多吧?跟我合作过,打过交道的人,都是智囊,数都数不清。比如,你们集团的广告公司就是。"

李嘉诚所指的,是发售新界的高级别墅群,委托与《明报》有关联的广告公司做广告代理商。广告公司的人跑去看地盘,房子已建好,漂亮得很,典型的欧洲风格。美中不足的是,路还没修好,下雨天泥泞不堪。

李嘉诚大概近日没去睇过，就打算发售。广告商提议，能不能稍迟些日子，等路修好，装修好几幢示范单位，不但售得快，售价也更高。

"对对对！"李嘉诚答道，脸呈感激之情，"你们比我更聪明，我入行这么多年了，本该想到结果还是忽略了，就照你们说的办。"

李嘉诚马上照广告商的建议去办，效果不错。之后是大坑龙华花园，他在发售前就修好路，还植上美丽的花木。

广采博纳，融会众人的"绝桥"，这便是李嘉诚超人智慧之源泉。

《壹周刊》在《李嘉诚的左右手》一文中还分析道：

> 反观一些事业上没有像李嘉诚般飞黄腾达的富豪，倘若说他们有什么缺失的话，那往往就是不晓得任用人才，以致阻碍了企业的发展。环顾香港的上市公司，虽然很多公司资产值不少，但至今始终摆脱不了家族式管理。

李嘉诚的长实系，是一家股权结构复杂、业务范围广泛的庞大集团公司，他是这一商业帝国的绝对君主，但集团内部，却看不到家长制作风的影迹，完全按照现代企业的模式管理。

李嘉诚摈弃家族式管理，却又钟情于东方民族的企业家族氛围。西方经济学者探索日本经济奇迹奥秘时发现，日本企业的家族氛围浓郁，形成极富特色的儒教商业文化。

李嘉诚少年时接受的教育，是以儒教为核心的传统文化为主。潜移默化，在他的公司内部，自然带有儒教色彩。李嘉诚是个善于吸收新事物的人，又绝不人云亦云，人爱我喜，对任何事都有他独到的看法。

他说："我看很多哲理的书，儒家一部分思想可以用，但不是全部。"

他又说："我认为要像西方那样，有制度，比较进取，用两种方式来做，而不是全盘西化或者全盘儒家。儒家有它的好处也有它的短处，儒家进取方面是不够的。"

香江才女林燕妮，在一篇文章中谈到这事。北角的长江大厦是李嘉诚拥有的第一幢工业大厦，是他地产大业的基石，又是他赢得"塑胶花大王"盛誉的老根据地。20世纪70年代后期，林燕妮为她的广告公司租场地，跑到长江大厦睇楼，发现仍在生产塑胶花。此时，塑胶花早过了黄金时代，根本无钱可赚。长江地产业当时的盈利已十分可观，就算塑胶花有微薄小利，对长江实业来说，增之不见多，减之不见少。见到这里仍在维持小额的塑胶花生产，林燕妮甚感惊奇，说李嘉诚"不外是顾念着老员工，给他们一点生计"。

"长江大厦租出后，塑胶花厂停工了，不过老员工亦获得安排在大厦里干管理事宜。对老员工，他是很念旧的。"

在另一场合，有人提起李嘉诚善待老员工的事，说："怪不得老员工都对你感恩戴德。"

李嘉诚说："一家企业就像一个家庭，他们是企业的功臣，理应得到这样的待遇。现在他们老了，作为晚辈，就该负起照顾他们的义务。"

"李先生精神难能可贵，不少老板，待员工老了一脚踢开，你却不同。这批员工，过去靠你的厂养活，现在厂没有了，你仍把他们包下来。"李嘉诚急忙解释道：

"千万不能这么说，老板养活员工，是旧式老板的观点，应该是员工养活老板，养活公司。"

日本的企业，在新员工报到的第一天，通常要做"埋骨公司"的宣誓。李嘉诚从不勉求员工做终生效力的保证，他总是通过一些小事，让员工觉得值得效力终生。李嘉诚自豪地说："本公司不是没有跳槽，但公司行政人员流失率极低，可说是微乎其微。"

李嘉诚对员工既宽厚，又严厉。长实的员工道："如果哪个做错事，李先生必批评不可。不是小小的责备，而是大大的责骂，急起来、恼起来时，半夜三更挂电话到要员家，骂个狗血淋头也有之。"

李嘉诚的骂，不是喜怒无常的"乱骂"，总是"骂到实处"。当然，也有骂错之时，他冷静后，便会找受批评者赔礼，说明道理。

一般来说，越为李嘉诚看好的职员，受的批评越多、越严厉。他们经受过李嘉诚一段时期的"锤打"之后，通常又能升职和加薪。

李嘉诚常说："唯亲是用，必损事业。"唯亲是用，是家族式管理的习惯做法，这无疑表示，对"外人"不信任。20世纪80年代内地开放后，不少潮州老家的侄辈亲友，要求来李嘉诚的公司来做事，遭到他婉拒。

在长实系，有他的亲戚，更有他的老乡，他们都没因这层关系获得任何照顾。得到他重用和擢升的，大部分不是他的老乡，其中相当一部分是外国人。

"任人唯贤，知人善任，既严格要求，又宽厚待人。"香港作家何文翔曾这样评论道，"李嘉诚成功的关键，是他融汇了中西文化的精华，采用西方先进的管理方式。"

◆第十五章◆

锐意进取　再购青泥控港灯

20 世纪 70 年代末至 80 年代中期，李嘉诚大举进军本港英资企业。

1977 年，李嘉诚购得美资永高公司后，迅速把矛头指向称雄香港的英资。他的第一个目标是怡和系的九龙仓，以退为进的李嘉诚放弃九龙仓收购，把经营不善的和黄洋行树为靶子。

他在部署收购和黄的同时，在市场悄悄吸纳英资青洲英泥（注：水泥）公司的股票。1978 年，李嘉诚持有的青洲英泥股票达 25%，他入局出任董事。1979 年，他所持的股份增购至 40%，顺理成章地坐上青洲英泥董事局主席之位。

李嘉诚完全收购和黄洋行先后达 3 年，1981 年伊始，他正式出任和黄集团董事局主席。

港刊称，"以鬼治鬼"是李超人完成收购英资企业后的治理大计。青洲英泥的行政总裁选留布鲁嘉，和黄集团的行政总裁是李察信。

1982 年秋，英首相撒切尔夫人赴京就香港的政治前途与中方谈判，本港英人惶恐不安，信心危机席卷香江。李察信竭力主张和黄集团将重心转向海外发展，李嘉诚却看好香港前途。

两人在发展方向上分歧严重，导致了李察信的辞职。接替行政总裁一职的是另一位英籍人士——马世民。马世民上任不久就参与收购英资港灯集团，并出任港灯主席。

西蒙·默里（Simon Murray）1940 年生于英国莱斯特（Leicester），马世民是他来香港后取的中文名。

马世民未读大学，他说他的大学就是人生。他有不凡的经历，19 岁跑去参加法国雇佣兵团，被派驻阿尔及利亚作战。他后来将他的经历写成一部名为《Legionaire》的小说，成为轰动一时的畅销书。

1966 年，马世民来到英殖民地香港，进入最负盛名的怡和洋行工作。他形容自己就像个推销员，墙纸、果仁、钢材、机器、电器等，什么都卖过。其中的 3 年，他被派驻怡和在泰国的分支机构，负责怡和地产的建筑合约，他借用一种华人独钟的药品——称自己是万金油。也正是他在多种领域经受过锻炼，李嘉诚在物色综合性集团和黄行政总裁时，把马世民列为首选。

马世民在怡和服务了 14 年，深得怡和重视，他是多家公司的执行董事，如怡和工程、金门建筑等。20 世纪 70 年代后期，他还被派往伦敦大学和美国斯坦福大学，专修经济管理专业课程。

20 世纪 70 年代末的一天，马世民代表怡和贸易来长实推销冷气机，希望长实在未来的大厦建筑中，采用怡和经销的冷气系统。他竭力要见李嘉诚，李嘉诚并不过问这一类"小事"，但还是同意会见这位倔强的"鬼佬"经理。

这次会面，彼此都留下深刻印象。马世民自我评价说："目前来说，我的能力和经验还有待于边干边学，但香港是这样，只要你拿出真本事来做生意，你就会学得很快。"

马世民还说："我属龙，用你们中国人的话说，是龙的儿子。"李嘉诚也属龙，不过，比马世民整整大 12 岁。李嘉诚与马世民就好些话题交换了意见，对这位"龙老弟"颇有好感。

1980 年，40 岁的马世民决定告别打工生涯，自立门户创立 Davenham 工程顾问公司，承接新加坡地铁工程。

1982 年后，李嘉诚与和黄行政总裁李察信，在"立足香港"问题上分歧加深。李察信去意已定，李嘉诚积极物色接任人选，竭力拉马世民加盟。

1984 年，李嘉诚通过和黄收购了马世民的 Davenham 公司，委任他为和黄第二把手——董事行政总裁。

马世民一上任，便为和黄赚大钱，并辅佐李嘉诚成功地收购港灯集团。是为当时华资进军英资四大战役（李嘉诚收购和黄、港灯，包玉刚收购九龙仓、会德丰）中的一役。

香港电灯有限公司（港灯）于 1889 年 1 月 24 日注册成立，于 1890 年 12 月 1 日向港岛供电。发起人是保罗·遮打爵士，股东是各英资洋行。

港灯是香港第二大电力集团，另一家是为英籍犹太家族嘉道理控制的中华电力集团，供电范围是九龙、新界。二战之前，港灯坐大；二战后，九龙新界人口激增，工厂林立，中电后来者居上，赚得盆满钵满，还筹划向广东供电。

港灯是本港十大英资上市公司之一，90 余年来，一直是独立的公众持股公司。港灯收入稳定，加之港府正准备出台"鼓励用电的收费制"（用电量愈多愈便宜），港灯的供电量将会有大的增长，盈利自会递增。用电就像人要吃饭一样，经济的盛衰，都不会对电业构成太大的影响。

港灯是一块大肥肉，惹人垂涎。据 1981—1982 年市场传，怡和、长江、佳宁等集团都有觊觎之意。

这一时期，在海外投资回报不佳的怡和系置地，卷土重来——在港大肆扩张，大掷银弹购入电话公司、港灯公司的公用股份，并以破本港开埠以来最高地价的 47.5 亿港元，投得中环地王，用以开发"交易广场"的浩大工程。

以退为进，避免正面交锋，是李嘉诚一贯的扩张战术。李嘉诚按兵不动，静观形势。

1982 年 4 月，置地公司拟收购港灯的消息，已在市面悄然传开。原以为长实、佳宁肯会参与竞购，港灯、置地、长实、佳宁 4 只股票都被炒高。4 月 26 日周一开市，代表置地做经纪的怡富公司，以比上周收市的 5.13 港元高出 1 港元多的价格（6.3~6.35 港元一股的时价），收购了港灯股份 2.22 亿股。为避免触发全面收购，增购的股份控制在 35% 以下（按收购及合并委员会规定，超过 35% 的临界点，就必须全面收购，持股量要过 50% 才算收购成功），并到市场以 9.40 港元的价格买入 1200 万股港灯认股证，占认股证总发行量的 20%。

置地以高出市价 31% 的条件，顺利完成对港灯的收购。长实与佳宁欲竞购的传闻子虚乌有。佳宁正面临危机，长实只是放其一马。

置地在本港的急速扩张，耗尽其现金资源，还向银团大笔贷款，负债额高达 160 亿港元。

《港灯易手时移势转》一文指出：

> 本来大举负债不是问题，只要地产市道尚佳，经济前景"争气"，资本雄厚，坐拥中区地王的怡置系不愁没钱赚，可惜戴卓尔（撒切尔）夫人在北京摔一摔，摔掉了港人的信心。

香港出现移民潮，移民连资金一道卷走，汇率大跌，港人纷纷抛港币套取外币。

雪上加霜，欧美、日本经济衰退，本港工商界蒙上一层凄云寒雾。地产市道滑落，兴建的楼宇由俏转滞，地产大鳌置地如罩进铁网之中，楼宇奇货可居变成有价无市，欠银团的贷款不仅无法偿还，光利息一年就等于赔掉一座楼宇。

1983 年地产全面崩溃，置地坠入空前危机。1983 年财政年度，置地出现 13 亿港元的亏损。作为怡和旗舰的置地把母公司怡和拖下泥淖，怡和在同期财政年度盈利额暴跌80%。

怡和大股东凯瑟克家族向纽璧坚"兴师问罪"，在怡和置地大班宝座上坐了 8 年之久的纽璧坚默然下台——1983年9月29日晚，纽璧坚在董事局宣布辞去这两家公司主席职务。1984年1月1日，纽璧坚又辞去董事职务，离开他服务30年之久的怡和洋行。

"我只是一名打工者。"身任香港最显赫、最具权势的洋行大班的纽璧坚，以无比伤感的口气说。

纽璧坚对在港的英国路透社记者说："整个形势都变了，英国准备抛弃香港，华商从20世纪70年代起就愈来愈强大。这就像当年美国扶植日本，突然一天发现，原来抱在怀里的婴儿是一只老虎。人们总是揪住九龙仓不放，而不睁眼看看对手是婴儿还是老虎。如果一个人的胳膊被老虎咬住，不管这只手是在颤抖，还是在挣扎，都会被咬断或咬伤。聪明的人，是不必再计较已经失掉的手，而是考虑如何保全另一只手。"

"我热爱香港，我永远热爱香港。"纽璧坚站在怡和广场大厦顶楼，面对维多利亚港，深有感情地喃喃说道。

传媒对纽璧坚的话进行揣测，认为他对凯瑟克家族心怀不满。九龙仓和置地被称为怡和的双翼，在纽璧坚主政时失去一翼。现在另一翼，能否保全呢？现在西门·凯瑟克接任怡和置地大班，他是否又比纽璧坚高明？

纽璧坚无疑是大股东与管理层权力斗争的牺牲品。

纽璧坚在离港之前，反复强调他"热爱香港"。有人估计，纽璧坚说的是实话，怡和系大举进军海外，是凯瑟克家族一贯的主张，作为薪金主政者的纽璧坚，只是秉其旨意执行罢了。怡和集团在港实力锐减，是海外投资不顺的结果。

纽璧坚下台，舆论的焦点渐聚在西门·凯瑟克身上。

西门·凯瑟克尚未正式上台，港版英文《亚洲华尔街日报》就以《对怡和新大班来说，战役才开始》为标题，报道怡和高层变动及未来。

作为怡和最大的潜在对手李嘉诚，十分关注怡和的变动。那时，马世民尚未正式加盟长实系和黄，但两人接触频繁，常坐一起谈论马世民服务过14年的怡和。马世民指出，怡和高层一直患有"恐共症"，这是他们的致命弱点。

置地陷入困境之时，马世民积极主张从置地手中夺得港灯。在这点上，两人英雄所见略同。但李嘉诚奉行"将烽火消弭于杯酒之间"的战略，主张以谈判的温和方法购得。李嘉诚与纽璧坚的大班地位已岌岌可危，他不想在他手中失去九龙仓，又失去港灯。虽然他知道出售港灯，大概是早晚的事。早售早甩包袱，除此，不再有两全之计。

西门·凯瑟克接下怡和置地的管理大权，又接下前任留下的累累债务。

西门1942年出生于英国温切斯特市，他与曾任怡和大班的叔父约翰一样，少年时进入全英著名的伊顿公学念书，毕业后进入世界名校剑桥三一学院。西门不愿念书，他只读了一年就举行了一场别开生面的葬礼。他躺在棺材中，由同学抬出校门——从此永别全球学子都向往的剑桥大学。西门的玩世不恭，惹得他父亲威廉暴跳如雷，认为他"孺子不可教也"。

西门的哥哥亨利·林德利在20世纪70年代初，曾任3年怡和大班。西门于1962年加入怡和会团，在海外的分公司任职。1982年初，西门调回香港，同年出任常务董事。他说服其他董事，频频向纽璧坚发难。西门如愿以偿坐上大班尊位，成为凯瑟克家族出任怡和大班的第五人。

已过不惑之年的西门·凯瑟克，不再是年轻时的纨绔子弟。但他是否有能力统治一港最大洋行？不少人提出这个问题。

对凯瑟克家族史做过深入研究的黄文湘先生，在一篇文章中指出："西门·凯瑟克在过去多年不足以证明他因此而能够胜任怡和公司首席管理人职位。不过，事实证明，他虽是贵族出身，却不是外行商家，有能力发展怡和公司的多元化业务。"

李嘉诚反复研读有关怡和及凯瑟克家族的报道。他已经向怡和表示过欲购港灯的意向，现在他不再做出任何表示，他有足够的耐心等待事情的发展。

1984年，马世民加盟长实系，李嘉诚委以他和黄董事行政总裁的重任，和黄的业务获得长足发展，成为长实系的盈利大户。

1984年，西门·凯瑟克出台"自救及偿还贷款"一揽子计划，即出售海外部分资产，以及在港的非核心业务。

统揽怡和地产业务的置地自然是核心业务，置地的旗舰地位无论如何也要保住，而置地又是怡和全系的欠债大户。汇丰银行逼债穷追不舍，债台高筑的置地大班西门，不得不断其一指——出售港灯减债。

首选的买家，自然是李嘉诚。财大气粗的李嘉诚出得起理想的售价，他曾向前任大班纽璧坚表示过觊觎之意。西门当时也在场，他很佩服李嘉诚的君子作风。

令西门不解的是，这一年来，李嘉诚不再有任何表示。难道他真不想要港灯？港灯可是拥有专利权的企业，不可能会有第二家在港岛与其竞争，盈利确保稳定。

李嘉诚欲擒故纵，使西门如坠云雾中。

西门终于按捺不住了，主动向李嘉诚抛去绣球。第95期《信报月刊》描绘道：

> 1985年1月21日（星期一）傍晚7时，中环很多办公室已人去楼空，街上人潮及车龙亦早已散去；不过，置地公司的主脑仍为高筑的债台伤透脑筋，派员前往长江实业兼和记黄埔公司主席李嘉诚的办公室，商讨转让港灯股权问题，大约16小时之后，和黄决定斥资29亿港元现金收购置地持有的34.6%港灯股权，这是中英会谈结束后，香港股市首宗大规模收购事件。

其间，李嘉诚把和黄行政总裁马世民请来，具体与置地商议收购事宜。消息传出，全港又一次轰动。

"我们不像买古董，没有非买不可的心理。"李嘉诚对新闻界说。

"假如我不是很久以前存着这个意念和没有透彻研究港灯整家公司，试问又怎能在两次会议内达成一项总值达 29 亿港元的现金交易呢？"

当年置地以比市价高 31% 以上的溢价抢入港灯；现在和黄以 6.4 港元的折让价（收购前一天市价为 7.4 港元）捡了置地的"便宜"——购入 34.6% 的港灯股权。以市值计，李嘉诚为和黄省下 4.5 亿港元，显然要高对方一筹。

未过 35% 的线，故不必全面收购。因是"和平交易"，不会出现反收购。和黄实际上已完全控制港灯。

收购过程中，有关股标未做全日停牌。只是午时左右，买家和记黄埔、卖家置地公司和"货色"港灯公司主动要求四家交易所停牌。

四家停牌时间不一，造成部分炒手利用时间差炒这三只股票。大部分投资者作壁上观，三只股票均未像以往的收购战一样被抢高——都知李嘉诚"买货"，不会出现竞购与反收购的好戏。

整个现金交易额 29 亿港元，按协议须于 2 月 23 日前交清。和黄 2 月 1 日就提前付款。置地提出扣还利息。依计算 2 月 1 日至 23 日间，利息达 1200 万港元，和黄只做了 400 万，另 800 万送回置地。

这等于和黄蚀本 800 万港元，李嘉诚觉得这笔交易抵数（划算）。他看好的不仅是港灯的常年盈利，还看好港灯电厂旧址发展地产的价值。

李嘉诚斥巨资收购港灯，对恢复港人对香港的信心，起了较好的作用。

20 世纪 90 年代，马世民谈起港灯的收购，仍对李嘉诚称道不已。

"一共花了 16 小时，而其中 8 小时是花在研究建议方面。"

"李嘉诚综合了中式和欧美经商方面的优点，一如欧美商人，李嘉诚全面分析了收购目标。然后握一握手就落实了交易，这是东方式的经商方式，干脆利落。"

同年（1985 年）3 月，包玉刚收购了大型英资洋行会德丰。

此时，四大英资洋行中的两家——和记黄埔、会德丰先后落入华资手中。怡和仍是最大英资洋行，但昔日风光不再——九龙仓和港灯分别给华资两大巨头控得。

四大战役，彻底扭转了英资在港的优势，是香港经济史上划时代的大事。

李嘉诚、包玉刚声名大振，引起世界经济界的瞩目。世界华文传媒，尤其是中国内地传媒，称李氏包氏是"民族英雄"，"大长中国人志气，大灭英国人威风"，"被英殖民者统治百年之久的香港华人，从此扬眉吐气"，"李超人、包大人，不愧是龙的传人，世界华商的骄傲"，"大大振奋和提高了中国人的民族自信和自尊"……

某位资深经济评论家说："不必把商业行为太往政治上扯，别忘了他们（包玉刚、李嘉诚）是商人，当然是出色的商人。"

还是看看包玉刚、李嘉诚如何评价自己的行为。

早在 1981 年 5 月 12 日，包玉刚在香港记者俱乐部发表讲话：

"我想你们当中必然会有人对我参与某些本港地产公司活动（注：指收购九龙仓）感到兴趣。让我告诉你，我参与地产活动，并非因为我想与传统的英资洋行作对，而是像香港其他大多数人一样，我对香港的前途充满信心。控制权从一个环节转到另一个环节，或者从一个集团转到另一个集团，只是表示某些由于商业上成功带来的资金需要另寻出路。"

李嘉诚未正面评价"舆论有关他收购英资洋行的报道"。他只是在很多场合说："收购不像买古董，非买不可。"有人认为，买与不买，李嘉诚都是从商业利益上考虑的，他并不把对方当不共戴天的敌人，非得置其于死地而后快。李嘉诚还说："我一直奉行互惠精神，当然，大家在一方天空下发展，竞争兼并，不可避免，即使这样，也不能抛掉以和为贵的态度。"西门·凯瑟克在港灯售购协议上签字后，舒一口气道："从此置地不再处于被动了！"几天后置地便宣布投资 7.5 亿港元，兴建行将胎死腹中的交易广场第三期工程。其后，李嘉诚把 29 亿港元的巨额现金支票交给西门，西门高高兴兴将港灯交给长实系和黄。

那位评论家说："李嘉诚真正发迹，是从收购和黄开始，李氏的发迹史无疑是一部吞并史。他并非像某些传闻说的'为民族而战'，他是'为自己而战，为缔造他的商业王国而战'。在两次浩大的收购中，李嘉诚头脑异常冷静，从未情绪化——这就是出色商人的头脑。

"如果说，李嘉诚收购英资是'民族气概'之体现，那么，这之前和这之后，他都收购过华资，这不意味他是'民族的叛逆'吗？"

众说纷纭，莫衷一是，笔者不想对此再做评议。李嘉诚、包玉刚收购英资企业的业绩，世界传媒对他们的述评汗牛充栋。这正表明，收购本身的空前反响及非凡意义。

李嘉诚控得港灯，委派港灯控股母公司和黄行政总裁马世民，出任港灯董事局主席。

1987 年 3 月 2 日，和黄将港灯非电力业务分拆上市——嘉宏国际集团公司。嘉宏从和黄手中购入港灯的 23.5% 股权，成为港灯集团的控股母公司。马世民出任嘉宏董事局主席。

重整后的长实系股权结构是：李嘉诚控有长江实业 33.4% 的股权，长江实业控有

36.55% 的和记黄埔和 42.9% 的青洲英泥，和记黄埔控有 53.8% 的嘉宏国际，嘉宏国际控有 23.5% 的港灯集团。各集团的控股子公司、孙公司高峰期有百余家之多。

马世民负责和黄系的电信、能源、货柜码头、零售及港灯与嘉宏的业务。现分述如下：

电信：1986 年底，和黄设立一家全资附属公司——和记通信有限公司，统辖原有的和记电话、和记专线电视、和记传讯、和记资讯传通 4 家公司。和记电话公司主要从事移动无线电话，客户拥有率占全港的 55%；和记传讯公司原已收购了 24 家传呼公司，是本港最大的传呼机构，市场占有率占五成；和记专线电视合作拥有亚洲卫星一号权益，并开办了亚洲卫星电视台；和记资讯传通主要开发电脑联网资讯服务，业务在起步阶段，但前景广阔。

货柜码头：葵涌码头是世界吞吐量最大的货柜（集装箱）码头，到 1985 年，和黄属下的香港国际货柜码头处理的货柜量占葵涌的 45% 以上。之后，和黄先后投资近百亿港元，到 1990 年底公司拥有 10 个泊位，89 公顷码头设施（占总设施的 63%），货柜吞吐量占市场的 70%。和黄的国际货柜码头公司，是同业的垄断性企业。另外，公司还拥有楼面 600 万平方英尺的亚洲最大的货物分发中心。货柜码头业务是和黄的主要盈利来源，1986 年盈利 4.5 亿港元，20 世纪 90 年代盈利已逾 10 亿港元。

零售：零售业务是老和记洋行的传统业务。和黄拥有两大零售系统——百佳超级商场和屈臣氏连锁店，另还有屈臣氏制造业和多种消费机构。百佳与怡和系的惠康是本港最大的两家超市集团。到 1990 年 4 月止，百佳超级市场已达 135 家，另有 10 余家在海外。屈臣氏属下的连锁店有 220 多家。20 世纪 90 年代初和黄零售业营业额达 50 亿港元的水平。

港灯：1984 年，为怡和置地所控的港灯集团，拥有香港电灯公司和丰泽、嘉云等 9 家全资公司及国际城市等 5 家联营公司，业务包括电力、地产、工程、工业、贸易、零售、保险等多方面。该年税后盈利 8.22 亿港元。1985 年，长实系和黄收购港灯后，年盈利 12.8 亿港元，增幅 56%，为港灯集团有史以来首次突破年盈 10 亿港元大关。1986 年又突破 15 亿港元。

嘉宏：1987 年，港灯非电力业务单独分拆上市，始有嘉宏国际。嘉宏除控有 23.5% 的港灯股权外，全资拥有希尔顿酒店，控有 50% 的联信公司股权。1987 财政年度（注：财政年度通常不以 12 月 31 日为截止期），嘉宏盈利 6.8 亿港元；1988 年度增至 9.5 亿港元；1989 年盈利突破 10 亿港元大关（10.01 亿港元）。

能源：主要是投资海外石油业，为长实系海外投资的重点。本书将在后面相关章节详述。

1986 年 1 月，和黄集团市值从收购时的 1979 年的 62 亿港元，上升到 141.5 亿港元。

同期，控股母公司长江实业的市值为 77 亿港元，和黄近两倍于长实，成为长实系的主舰。1979 年，李嘉诚从汇丰手中以 7.1 港元一股购入 22% 的和黄股权，共付出 6 亿多港元。1989 年和黄纯利 30.5 亿港元，共获利 60.8 亿港元，相当于购价的 10 倍。

和黄取得如此惊人实绩，首先是李嘉诚的正确抉择，其次是马世民管理有方。马世民声名大噪，成为本港洋大班中风头最劲人物。

1990 年，香港《资本》杂志第二期，列出 1979—1989 年香港十大盈利最高的上市公司。它们的排序与 10 年盈利总和是：

一、汇丰银行　　　292.72 亿港元
二、太古洋行　　　154.81 亿港元
三、和记黄埔　　　139.22 亿港元
四、中华电力　　　132.49 亿港元
五、香港电讯　　　130.57 亿港元
六、国泰航空　　　121.46 亿港元
七、长江实业　　　112.40 亿港元
八、港灯集团　　　107.69 亿港元
九、恒生银行　　　 99.92 亿港元
十、新鸿基地产　　 89.50 亿港元

其中，传统英资上市公司有汇丰、太古、和黄、中力、香港电讯、国泰、港灯 7 家；传统华资有长实、恒生、新鸿基 3 家。经一系列收购后的归属为：英资有汇丰、太古、中电、香港电讯、国泰、恒生 6 家；华资有和黄、长实、港灯、新鸿基 4 家——长实全系就控有其中的前 3 家。

这 10 年间，长实系的 3 家上市公司，平均年盈利均达 10 亿港元以上。嘉宏国际 1981 年才分拆上市，故未列入。依据此表，长实系在本港业界的盈利水平如何，已是无须赘言。

第十六章

地产大王　迂回包抄赛置地

1989 年全球 1000 家最大上市公司中香港公司入榜名单（单位：亿美元）

公司	排名	市值	利润	资产额
香港电讯	224	70.05	4.68	13.68
汇丰银行	393	43.62	5.54	1139.52
和记黄埔	461	38.55	2.99	45.48
太古洋行	476	37.16	3.87	62.88
国泰航空	529	33.71	3.64	29.89
置地公司	602	30.10	1.57	58.35
长江实业	714	25.44	2.70	18.63
恒生银行	720	25.05	1.99	167.25
中华电力	772	23.47	2.36	16.99
新鸿基地产	896	21.29	2.32	18.42
九龙仓	870	20.38	1.30	35.56
香港电灯	993	17.52	1.96	14.83

注：资料来源，美国《商业周刊》1989 年 7 月 17 日报道；香港电讯有形资产额并不高，高在其无形资产——垄断权；新鸿基地产排名 896，估计印刷有误。

1972 年，长江实业上市时，李嘉诚提出赶超置地的远大目标。当时不少人持怀疑态度，单以地盘物业比，拥有 35 万平方英尺的长实，如何比得上拥有千余万平方英尺的地王置地？

1979年，长实拥有的地盘物业，急速增加到1450万平方英尺。而同期本港民间第一大地主置地，拥有的地盘物业面积才1300万平方英尺。长实职员欢欣鼓舞，不到10年时间就实现了赶超置地的目标！

李嘉诚由衷欣慰，但他清楚地意识到离置地仍有较大差距，置地是中区地产大王，地盘物业皆在寸土尺金的黄金地段。而长实在黄金地段的物业寥寥无几，大部分在寸土寸金或尺土寸金的地段。两者物值相去甚远。

李嘉诚并不急于在中区发展，他更看好港岛中区和九龙尖沙咀以外区域的发展前景。

1978年，港府开始推行"居者有其屋"计划，采取半官方的房委会与私营房地产商建房"两条腿走路"的方针。建成的房分公共住宅楼宇与商业住宅楼宇两种，前者为公建，后者为私建；公房廉价出租或售于低收入者，私房的对象以中高消费家庭为主。

李嘉诚的大型屋村计划，就是为这类大众消费家庭推出的。

在港岛北岸的中区、东区、西区，每年都有高层住宅楼宇拔地而起，那是祖传地盘物业的业主和地产商收购旧楼拆后重建的，地盘七零八落，很难形成屋村的规模。

屋村只有到港岛南岸、东西两角、九龙新界去发展，形成10多个卫星市镇。大型屋村的优点，就是综合功能强，融居住、购物、餐饮、消遣、医疗、保健、教育、交通为一体，便于集中管理，统一规划。一个大型屋村，往往由政府与多个地产商共同开发，屋村之外，还有相配套的工业大厦及社区服务物业。

李嘉诚以开发大型屋村而蜚声港九，20世纪80年代，长江先后完成或进行开发的大型屋村有黄埔花园、海怡半岛、丽港城、嘉湖山庄。李嘉诚由此赢得"屋村大王"的称号。

兴建大屋村不难，难就难在获得整幅的大面积地皮。李嘉诚有足够的耐心，他不会坐等机会，他在筹划未来的兴业大计之时，仍保持长实的良好发展势头。

1979年3月，李嘉诚与会德丰洋行大班约翰·马登合作，发展会德丰大厦。

4月，与"地主"广生行联手发展告士打道、杜老志道、谢斐道的三面单边物业，建成一座30万平方英尺的商业大厦。

6月，与约翰·马登再次合作组建美地有限公司，集资购入港岛、九龙、新界楼宇物业近20座。

7月，与中资侨光置业公司合组宜宾地产有限公司，以3.8亿港元投得沙田广九铁路维修站上盖平台发展权，平台面积29万平方英尺，计划兴建30层高的高级住宅大厦和商业大厦。

同年，长实与美资凯沙、中资侨光，三方合作投资香港（中国）水泥厂（长实、凯沙各40%的股权，侨光占20%）。投资额（其中李嘉诚私人投资10亿港元）创香港开埠以来重工业投资最高纪录。该厂地皮面积180万平方英尺，位于新界屯门市，计划年产高标号水泥140万吨。该厂于1982年底建成投产。

1980年，长实联营公司加拿大怡东财务与九龙仓、置地、中艺（香港）、怡南实业、新鸿基证券合组联营公司，以13.1亿港元价格，投得尖沙咀西一幅7.1万平方英尺的综合商业大厦，建成的单位，全做出售。

8月，李嘉诚与联邦地产的张玉良家族联手合作，斥资10亿港元购入国际大厦和联邦大厦，5个月后，以22.3亿港元出售，利润达100％以上。有人问："长实兴建和购得的楼宇，现在为何大部分做出售用途，而少做出租用途？"

李嘉诚说："这并不违背我们增加经常性收入的原则，因为要决定将楼宇出售或收租，须看时势及环境，而现时楼宇价急升，售楼所能获得的利润远比租屋为多，在为股东争取最大利润的前提下，是将建成楼宇出售为合算。"

1980年11月，长实与港灯集团合组上市国际城市有限公司，共同开发港灯位于港岛的电厂零散旧址地盘。

20世纪70年代末至80年代初，李嘉诚在地产业的成绩不俗，令人刮目相看。几年之后，李嘉诚相继推出大型屋村计划，更是轰动一时，全港瞩目。

1981年元月，李嘉诚正式入主和记黄埔任董事局主席。

李嘉诚收购和黄的动机之一，便是它的土地资源。先前，和黄洋行大班祈德尊，已开始在腾出的黄埔船坞旧址的地皮上发展地产，兴建黄埔新村。祈德尊不谙地产之道，竟未能在这块风水宝地栽活摇钱树。祈德尊下台，韦理主政，仍未如愿把财政黑洞填满，售房不拣时机，便宜了炒家，坑苦了股东。

幸得这块大型地皮未做满，给李嘉诚以施展的舞台。李嘉诚酝酿大型屋村已有数年，他仍耐心等待。1984年9月29日，中国国务院总理赵紫阳，与英国首相撒切尔夫人在京签订了《中英联合声明》。香港前景骤然明朗。恒生指数回升，地产开始转旺。

年底，和黄宣布投资40亿港元，在黄埔船坞旧址的地盘，兴建包括商业中心的大型住宅区——黄埔花园屋村，据传媒披露，李嘉诚1981年就计划推出这一宏伟计划，时值地产高潮，按当时地价计，和黄须补地价28亿港元，故而李嘉诚有意把与港府的谈判，拖延至1983年的地产低潮，结果李嘉诚以3.9亿港元获得商业住宅开发权（按港府条例，工业用地改为住宅和商业办公楼用地，须补地价）。一笔极廉的补地价费用，大大降低发展成本，屋村的每平方英尺成本不及百元。

屋村计划尚未出台，李嘉诚已狠"赚"一笔，就此一点，已比祈德尊、韦理高出几筹。

整个黄埔花园，占地19公顷，拟建94幢住宅楼宇，楼面积约760万平方英尺，共11224个住宅单位，附有2900个停车位及170万平方英尺商厦。整个计划分12期，首期

1985年推出，1990年全部完成，被称为香港有史以来最宏伟的屋村工程，超过政府建的大型屋村，在世界亦属罕见。

行家估计，整个计划，可获60亿港元。如此高的回报，喜煞和黄股东，也羡杀地产同业。

丽港城、海怡半岛两大屋村的意愿，萌动于1978年李嘉诚着手收购和黄之时。之后，经历了长达10年的耐心等待、精心筹划，方于1988年推出计划。

1985年，李嘉诚通过和黄，收购了置地所控的港灯。计划利用港灯位于港岛南岸的鸭月利洲发电厂现址开展地产，与电厂相连的有蚬壳石油公司油库，蚬壳另有一座油库在新界观塘茶果岭。李嘉诚开始了一连串复杂的迁址换地计划。

1986年底，和黄与太古各占一半股权的联合船坞公司，与蚬壳公司达成协议：将青衣岛的一块庞大油库地皮，与蚬壳在茶果岭和鸭月利洲的两个油库地皮交换。同时港灯的鸭月利洲电厂迁往南丫岛。这样，李嘉诚就腾出两块可供发展大型屋村的地皮。

1988年1月，全系长实、和黄、港灯、嘉宏4公司，向联合船坞公司购入茶果岭、鸭月利洲油库，即宣布兴建两座大型屋村，并以8亿港元收购太古在该项计划中所占的权益。这样，两大屋村地皮归长江系全资拥有。

两大屋村预算耗资110亿港元，又一次轰动港九。《信报》称："唯超人才有如此超人大手笔。"

茶果岭屋村定名为丽港城，占地8.7公顷，为高级住宅区，有专为住户设立的私人俱乐部。屋村计38幢25~28层住宅楼宇，单位面积640~920平方英尺，共8072个单位，总楼面达620万平方英尺，附设16.1万平方英尺商厦。总投资45亿港元。

鸭月利洲屋村定名海怡半岛，占地15公顷，兴建38幢28~40层住宅楼宇，单位面积600~1100平方英尺，共10450个单位，总楼面787万平方英尺——超过黄埔花园。附设31.2万平方英尺商厦、网球场、俱乐部、游泳池等。总投资65亿港元。

长实估计，以1988年同类楼宇的时价每平方英尺1000港元计，两大屋村可获纯利50亿港元。1990年5月丽港城首期发售，每平方英尺售价1700港元，用户及炒家争相抢购，异常激烈。到1993年，每平方英尺售价，丽港城已达4300港元，海怡半岛为3300~3500港元之间，均大大超出预计售价。若加上建筑成本及售房成本上涨等因素，两大屋村全部竣工盈利，远远突破百亿。

人们在称道"超人"过人的胆识与气魄之时，无不惊叹他锲而不舍的忍耐心。

嘉湖山庄原名是天水围屋村。天水围在新界元朗以北，与深圳西区隔一道窄窄的深圳海湾。嘉湖山庄计划的推出，也历经10年。

1978年，长实与会德丰洋行联合购得天水围的土地。1979年下半年，中资华润集团等购得其大部分股权，共组巍城公司开发天水围。公司股权分配是：华润占 51%，胡忠家族大宝地产占 25%，长实占 12.5%，会德丰占 5%，其他占 6.5%。华润雄心勃勃，计划在 15 年内建成一座可容 50 万人口的新城市。

李嘉诚忙于收购和黄，未参与天水围的策划。整个开发计划，由华润主持。华润是一家国家外贸部驻港贸易集团公司，缺乏地产发展经验，亦不谙香港游戏规则。结果 1982 年 7 月，港府宣布动用 22.58 亿港元，收回天水围 488 公顷土地，将其中 40 公顷作价 8 亿港元批给巍城公司，规定在 12 年内，在这 40 公顷土地上完成价值 14.58 亿港元以上的建筑，并负责清理 318 公顷土地交付港府做土地储备。如达不到要求，则土地及 8 亿港元充公。

另外，港府于 1983 年底宣布，计划投资 40 亿港元用于市政工程，其中整理地盘工程 16.2 亿港元，基本建设 9.6 亿港元。这两项共 25.8 亿港元的工程批给巍城承包，并保证 15% 的利润。

华润兴建 50 万人口的城市的庞大计划胎死腹中，似乎有些心灰。其他股东亦想退出。

李嘉诚看好天水围前景，他不慌不忙，逐年从其他股东手中，接下他们亟待抛出的"垃圾"股票。到 1988 年，李嘉诚控得除华润外的 49% 股权，成为与华润并列的仅有两家股东（有人估计李嘉诚与华润事先达成默契，故丧失信心的华润未抛股）。1988 年 12 月，长实与华润签订协议，其主要内容如下：

长实保证在天水围发展中，华润可获纯利 7.52 亿港元。

如将来楼宇售价超过协议范围，其超额盈利由长实与华润共享，华润占 51%。

今后天水围发展计划及销售工作均由长实负责，费用由长实支付，在收入中扣回。

离政府规定的 12 年限期已过一半。完成这么浩大的工程，风险由长实承担，华润坐收渔利。当然风险大，盈利也大，若如期完成，长实按协议范围的售价，约可获利 43 亿港元。但据行内人士估计，长实可获利 70 亿港元。

这么浩大的工程，在 7 年不到的时间完成，大概唯有长实具备足够的经验及实力，也大概唯有长实能赚钱。

天水围大型屋村定名为嘉湖山庄。拟建 58 幢 27~40 层住宅及商业楼宇，总楼面 1136 万平方英尺，至今仍是香港最大的私人屋村。共有单位 16728 个，可容 6.5 万人口，总投资 63 亿港元，预定分七期于 1995 年中完成。

第一期发售的 7 幢，税后利润 10.86 亿港元，其中长实得 6.23 亿港元，华润得 4.63 亿港元。另外 7 幢，华润可赢得协议范围中的 7.52 亿港元利润。以后 6 期，华润等于"额外"所得，而长实的利润，更是不可斗量。

除了上述四大屋村，20 世纪 80 年代推出的较小型的屋村有红磡鹤园、汇景花园。

1979 年，李嘉诚收购英资青洲英泥，就看好该公司在红磡海旁的 80 万平方英尺土地。当时传媒捅破李嘉诚"醉翁之意"，"第一，被收购之公司可提供合理的经常性利润；第二，被收购公司的大量平价土地可供日后发展；第三，若重估或出售该平价土地可获庞大利润"。

1983 年 4 月 8 日，长实与青洲英泥发表联合声明，长实发行 2458 万新股（相当于 2.27 亿港元）予青洲英泥，李嘉诚在 14 个月内以私人名义购入新股，以获得鹤园地皮及红磡的有关物业。

李嘉诚在这块地皮推出高级住宅区——红磡鹤园。红勘是九龙新发展的繁华区域，楼价至 20 世纪 90 年代高攀到 4000~6000 港元一平方英尺，李嘉诚赚得盆满钵满。

1988 年 4 月，长实与中资中信（集团）公司联手合作，投得蓝田地铁上盖发展权。1989 年 12 月底，长实出台在地铁上盖兴建汇景花园的计划。蓝田位于新界南临靠维多利亚港东入口处，是一处偏僻地。由于第三期地铁的兴建，沿线地价飙升，汇景花园，成了港人置业住家的好去处。

稳健中寻求发展，发展中不忘稳健。

香港传媒，常用"擎天一指"形容在拍卖场上竞价的李嘉诚。

其实，"擎天一指"指的是李嘉诚强大的经济实力，拍卖场上的李嘉诚，并未显示出横扫千军、力挫群雄的必胜气概。英商华商中，都曾出现过一掷千金，博尽取胜的赌徒式的竞投者，进入竞价高潮，不由红了眼，不再权衡家底利弊，非得把对手压下去不可。

李嘉诚曾在多个场合表示过："不可持买古董的心理。"古董孤品，存世的仅此一件。而做生意，不论购公司、购土地，不必"非买不可"，不取此块，以后还有他块，目的都是发展地产赚钱。

拍卖场上的李嘉诚，不仅擅长斗智，还有足够的克制力。

1987 年 11 月 27 日，香港官地拍卖场。在股灾大熊渐去，地产渐旺之时，多年未露面的李嘉诚，格外引人注目，他的一颦一笑、一举一动皆摄入记者的镜头。

政府拍卖的一块官地位于九龙湾，24.3 万平方英尺，底价 2 亿港元，每口竞价 500 万港元。李嘉诚与对手连叫两口，底价连跳两次：2 亿 500 万、2 亿 1000 万。

"2 亿 1500 万！"拍卖场的一角响起熟悉的声音——是有"飞仔"之称的合和老板胡应湘。李胡两人有过多次合作，胡应湘毕业于美国著名的普林斯顿大学土木工程系，李嘉诚初涉地产，还曾请教过他，两人交谊甚密。李嘉诚回眸一笑，胡应湘亦报微笑。此时地价已竞抬到 2 亿 6000 万。

"3 亿！"李嘉诚"擎天一指"举起，连跳 8 口，一时掀起竞价高潮。

"3 亿 5500 万！"胡应湘如河东狮吼，一口急跳 11 档，再掀高潮，四座皆惊。俗话说：

商场无父子。那么在商言商的商界朋友，在商业竞争中，自然也会将朋友之谊暂且放一边。

一时，郑裕彤等地产大好友加入竞价。李嘉诚的副手周年茂，悄悄坐到胡应湘副手何炳章旁边，与他低声耳语。胡应湘不再应价，退出竞投。当叫价飙飞到 4 亿元时，全场哑然，叫价也高出底价一倍，是拍卖场敏感的临界线。一阵短暂的沉默，竞投各方都在心中打算盘。

"4 亿 9500 万！"李嘉诚"擎天一指"再次举起，四座瞩目。无人竞价，一声槌响，尘埃落定，成为此块官地的成交价。

李嘉诚当时宣布："此地是我与胡应湘先生联合所得，将用以发展大型国际性商业展览馆。"

一位地产分析家评论道："依本人估计，李嘉诚把此块官地的最后投价定为 5 亿。这个价，可以说是参与竞价的各方心定的最高价。有人会定在 4 亿，有人会定在 4.5 亿，各家有各家的算盘。李嘉诚是地产金指头，他染指的土地，开发物业所得盈利，往往可高出同业。故他出价 4 亿 9500 万，仍有厚利可图。

"竞价进入高潮，很容易出现投手情绪化，冲动之下，不管死活，非得做赢家不可（这次倒无这样）。如是这样，李嘉诚必会退出，以成全对手风头。"

记者采访李嘉诚，问："都说您是拍卖场上'擎天一指'，志在必得，出师必胜，可您有时还是中途退出？"

李嘉诚道："这已经超过我心定的价。你们没看到我想举右手，就用左手用劲捉住；想举左手，就用右手捉住。"

耐心等待，捕捉机遇，有智有谋，从长计议。李嘉诚不断地通过官地拍卖与私地收购，为地产发展提供了源源不断的土地资源。

1986 年 1 月长江实业公司市值 77.69 亿港元，还远远低于置地公司的 147.27 亿港元。到 1990 年 6 月底，长实市值升到 281.28 亿港元，居香港上市地产公司榜首；第二位是郭得胜家族的新鸿基地产，市值为 242.07 亿港元；而一直在本港地产业坐大的置地公司以 216.31 亿港元，屈居第三位。另外，长江全系早在 1986 年中，已超过怡和全系的市值。

置地的优势，是每单位面积的地皮楼宇价值昂贵。李嘉诚扬长避短，把发展重心放在土地资源较丰、地价较廉的地区，大规模兴建大型屋村，以量而最终取胜。

20 世纪 90 年代初，长实系各公司拥有已完成物业面积 1655 万平方英尺，建设中的地盘物业达 3733 万平方英尺，可供未来发展的土地储备 2200 万平方英尺。

◆第十七章◆

股市强人　潮起潮落稳行舟

　　作为系列上市公司首脑的李嘉诚，在股市的表现，与他在地产的表现一样令人折服。

　　李嘉诚真正发迹，是靠地产股市。他的扩张史，无疑是一部中小地产商借助股市杠杆，急剧扩张的历史。以小搏大，层层控股。到 1990 年初，李嘉诚以他私有的 98 亿余港元资金，控制了市值 900 多亿港元的长实系集团。1972 年长实上市时，市值才 1.57 亿港元，18 年后市值增长近 180 倍。以全系市值计，比 1972 年膨胀了 586 倍。

　　李嘉诚在股市的作风，一如他在地产一样，"人弃我取""低进高出"。

　　1972 年，股市大旺，股民疯狂，成交活跃，恒指急攀。李嘉诚借这大好时机，将长实骑牛上市。长实股票每股溢价 1 港元公开发售，上市不到 24 小时，股票就升值一倍多。这便是典型的"高出"。

　　1973 年大股灾，恒生指数到 1974 年 12 月 10 日跌至最低点 150 点的水平。1975 年 3 月，股市跌后初愈，开始缓慢回升，深受股灾之害的投资者仍"谈股色变"，视股票为洪水猛兽。就在这个时期，在李嘉诚的安排下，长江实业发行 2000 万新股予李嘉诚，依据当时低迷不起的市价，每股作价 3.4 港元。李嘉诚宣布放弃两年的股息，既讨了股东的欢心，又为自己赢得实利——股市渐旺，升市一直持续到 1982 年香港信心危机爆发前。长实股升幅惊人，李嘉诚赢得的实利远胜于当年牺牲的股息——是为"低进"。

　　1985 年 1 月李嘉诚收购港灯，他抓住卖家置地急于脱手减债的心理，以比一天前收盘价低 1 港元的折让价，即每股 6.4 港元，收购了港灯 34% 的股权。仅此一项，为和黄股东节省了 4.5 亿港元。6 个月后，港灯市价已涨到 8.2 港元一股，李嘉诚又出售港灯一成股权套现，净赚 2.8 亿港元，低进高出，两头赢钱。

　　巍城公司开发天水围的浩大地皮，由于港府的"惩罚性"决议，天水围开发计划濒临流产，众股东纷纷萌发退出之意。人弃我取，知难而上，看好天水围发展前景的李嘉诚，从其他股东手中折价购入股权。于是，便催出了嘉湖山庄大型屋村的宏伟规划，长实是两大股东中最大的赢家。

1991年9月，李嘉诚斥资近13亿港元，购入一个有中资背景财团19%的股权。稍后，此财团收购了香港历史悠久的大商行"恒昌"。4个月后，这个财团大股东"中信泰富"向财团的其他股东发起全面收购，李嘉诚见出价尚可，便把手中的股权售出，总价值15亿多港元。李嘉诚净赚2.3亿港元。

李嘉诚是股海的弄潮人，每一次大进大出，几乎都能准确地把握时机，预测股市未来的走势。股市的兴旺与衰微，大都与政治、经济因素有直接关系，大致有一定的规律性。古人云："功夫在诗外。"李嘉诚时机掐得准，是他不时关注整个国际间时势的结果。

然而，有时股市的突发事件，并非外界因素使然，谁也无法预测——显示出股市极其凶险、变幻莫测的一面。

1987年华尔街大股灾，事发前并无明显兆头。灾后的一年，美国经济仍取得较满意的成绩。尽管学者们从美国政治经济深层挖原因，但却不是这些原因直接引发的。

20世纪80年代中期，香港股市持续兴旺，恒指连年攀升。到1987年，股市步入狂热。2月18日恒指破2800水平报2801点；8月3日恒指已升越3500点水平；10月1日飙升到历史高峰的3950点。牛气冲天，正是售股集资的大好时机，李嘉诚预计股市将会崩溃，但不太可能发生在年前。

1987年9月14日，李嘉诚宣布长实系4家公司——长实、和黄、嘉宏、港灯合计集资103亿港元，是香港证券史上最大一次集资行动。对于这笔巨资的用途，李嘉诚表示将在3个月内公布。

长实系发行的新股，将由5家证券经纪公司包销，向公众发售。

10月19日，美国华尔街股市狂泻508点。造成香港股市恒指暴跌420多点。如果在9时之前，包销商尚可引用"不可抗拒"条款退出包销供股计划。结果这个计划在10时开市前得以顺利通过。开市后造成包括香港在内的世界股市的连锁反应。

李嘉诚靠他的机灵，更靠他的运气，侥幸躲过这场股灾浩劫。长实系上市值下跌，但实际资产依旧。而包销商欲哭无泪——他们将承担包销的风险。

10月20日早上，联交所主席李福兆宣布停市4天。10月26日周一重新开市，香港股市崩溃，当日恒指暴挫1121点。5家包销商所拟定的供股价都较市价高出30%以上。在这种形势下，长实系的大股东或控股公司承担其责任的一半（51.5亿港元），其余价值50多亿新股由原有5家包销商上百家分包销商承担。结果，长实系4公司的集资计划大功告成。

这就是被有关传媒评价的"百亿救市"行动。李嘉诚在这次股灾中，扮演了白衣骑士的角色。

大盘崩溃，约占本港总市值 15% 的长实系上市股票均下跌三成。依常规，这正是向公众股东廉价收购本系股票的好时机。

10 月 23 日，李嘉诚向香港证监会提出一个"稳定股市"的方案，拟动用 15 亿 ~20 亿港元，吸纳长实系 4 公司的市面散股，以便"协助本港股市的稳定"。他强调"此举目的是希望看到本港股市的经济不要太多波动，希望能稳定下来"，"绝非为个人利益，完全是为本港大局着想"。

尽管李嘉诚申明了自己的立场，仍有人认为"有为私之嫌"。舆论纷纭，言人人殊。

当时，李氏家族控有长实 35% 以上的股权，和黄的股权也近 35%。按照收购及合并条例，已超过 35% 的股权的人士要再增购股权，就必须提出全面收购。李嘉诚无法全面收购，要求当局放宽限制。

证监会碍于条例不予批准，李嘉诚多次去港府力争，希望以"救市大局"出发。结果，收购及合并委员会决定接纳李嘉诚的"救市建议"，暂时取消有关人士购入属下公司股份超过 35% 的诱发点而必须履行的全面收购条例，但规定所购入最高限额之股份，必须在一年内以配售方式出售同时购入股份时必须每日公布详情。

李嘉诚对放宽限制表示欢迎。但认为既放宽收购点又限期售出，这是"措施矛盾""难消危机"，不能根本解决问题，故表示对附带条件的失望。这意味着，如一年限期内，股价继续下跌，他收购的股票必蚀本。

某报章说："李嘉诚原想酿的美酒变成苦酒，现在不得不喝下去——李氏购买了数亿股票。"这当然是一家之言，事实大概不会是此君的揣测。不过，许多人都认为，李嘉诚必蚀老本不可——依以往本港与海外股市的经验，股灾之后，必有两至三年的低迷。

岂料这次特大股灾竟恢复如此之快，年底股市就开始回扬上冲（欧美股市亦然）。到 1988 年 4 月 14 日，恒指收市报 2684 点，已接近 1987 年初的水平。李嘉诚在一年的限期内，以配股方式将增购的股票出售，未蚀本，仍有小赚。对李嘉诚来说，小赚便指几千万港元。

幸运之神，又一次眷顾李嘉诚。

幸运成全不了股市常胜将军，李嘉诚之所以能成为股市强人，靠的还是他的良好素质。因为，他在每一次股灾之中，都能够安然度过，而不至于翻船落水。

马世民在会见《财富》记者时说："李嘉诚是一位最纯粹的投资家，是一位买进东西最终是要把它卖出去的投资家。"

马世民的话，揭示了李嘉诚在股市角色的优势——这种优势，或许很多人都明了，但由于急功近利心理的驱使，股市的许多人都不愿做这种角色，而宁可做投机家。

投资家与投机家的区别在于，投资家看好有潜力的股票，作为长线投资，既可趁高抛出，又可坐享常年红利，股息虽不会高，但持久稳定；投机家热衷短线投资，借暴涨暴跌之势，炒股牟暴利，自然会有人一夜暴富，也更有人一朝破产。香港股坛赫赫有名的香大师香植球、金牌庄家詹培忠，都曾股海翻船，数载心血几乎化为乌有。

人算不如天算——再聪明的人，都有失算之时。故而李嘉诚大进大出，都是以"腌股"为后盾的，一俟良机，急速抛出。

马世民曾数次对记者谈到投资英国电报公司的股票。1987 年，李嘉诚采用马世民的建议，在半小时内就下决心投资 3.72 亿美元，购买英国"电报无线电公司"5% 的股份。这是一只值得长期保留的明星股。3 年后，股价高升，李嘉诚又以同样快的速度，将股票抛出套现，净赚近 1 亿美元（合近 7 亿港元）。

除股票外，李嘉诚还投资债券。众所周知，购买债券是一种极保守的投资，持有人只能享受比定期存款高的利息，而不能分享公司的利润。李嘉诚购买债券的一大特色，是可以交换股票。债券有 1 至 3 年的期限，若认定该公司业务有可靠的增长，便以债券交换股票。如果不成，就将债券保留至期满，连本息套回。

1990 年，李嘉诚购买了约 5 亿港元的合和债券。另又购买了爱美高、熊谷组、加怡等 13 家公司的可兑换债券计 25 亿港元。胡应湘的合和表现最为出色，先后拿下广东虎门沙角电厂 C 厂、广深珠高速公司、广州市环市公路及泰国架空铁路大型工程兴建合同。一时声名大噪，众豪争扯他的衫尾。

李嘉诚马上把合和债券兑换成股票，当初价值 5 亿港元的股票，到 3 年后升值近 9 亿港元，账面溢利达 3 亿多港元。李嘉诚购入的其他可兑换债券，也都有不俗的表现。

一位经济评论家说："若在 20 世纪 80 年代初，李嘉诚投资一家公司，就要将其控得并做它的主席。从 80 年代末起，他已鲜有大规模的收购计划，较偏重于股票投资。他的集团委实太庞大了，他的精力、智力都不够应付同时管理多家大型公司。他只有通过债券股票投资，利用富有进取心的商家为他赚钱生利，虽不如自己投资自己经营获利大，却比较省力。"

前面多章，介绍过李嘉诚在股市的进取，下面将介绍他在股市的淡出——从 1984 年起，他进行过三次私有化。

私有化是一个专门名词，即改变原有上市公司的公众性质，使之成为一家私有公司。按证券条例，公司上市必须拨出 25% 以上的股份挂牌向公众发售，即使是一家家族性的上市公司，本质上也是公众公司。

公司上市、收购公司以及供股集资，都是"进取"，将公司私有化，取消其挂牌的上市地位，即是"淡出"。"淡出"也是收购，即大股东向小股东收购该公司股票，使其成为大股东的全资公司。取消挂牌后的私有公司，不再具有以小搏大、以少控多的优势。李嘉诚所控的长实集团够庞大了，仅以长实、和黄、港灯三家巨型公司的规模，足以获准浩大的集资计划。私有化的公司，将恢复不受众股东和证监会制约监督的优势——李嘉诚正是基于这两点，先后决定把国际城市、青洲英泥、嘉宏国际私有化。

上市骑牛，退市借熊——熊市淡以充市，股价低迷，自然大大有利向小股东收购的大股东。道理谁都懂，要真正掐准时机，并非那么简单；要显出大度，更不容易。圈中人说：

"超人是人不是神，玩股老手李嘉诚，第一次私有化便走眼。"

1984 年中英就香港前途问题草签后，香港投资气候转晴，股市开始上扬。1985 年 10 月，李嘉诚宣布将国际城市有限公司私有化，出价 1.1 港元，较市价高出一成，亦较该公司上市时发售价高出 0.1 港元。小股东大喜过望，纷纷接受收购。如两年前，或两年后的股市熊市，便可抢到"低价"收购的好价钱。

对以上议论，据传李嘉诚曾解释道："我们不是没想过，但趁淡市以太低的价钱收购，对小股东来说唔抵数（不值得、不公平）。"

李嘉诚第二次私有化，是收购青洲英泥。

1988 年 10 月，长江实业宣布将青洲英泥私有化。长实控有其 44.6% 的股权，以 20 港元一股的价格进行全面收购，收购价比市价 17.7 港元溢价 13%，共涉资金 11.23 亿港元。到 12 月 30 日收购截止期，长实已购得九成半股权从而可以强制收购完成私有化。全资控有后的青洲英泥自然成为该系全资附属上市公司，现在申请摘牌，就变成长实旗下的私有公司了。

李嘉诚的第三次私有化，一波三折，远不如收购国际城市、青洲英泥那么一帆风顺。

嘉宏是长实系四大上市公司之一，于 1987 年将港灯集团非电力业务分拆另组嘉宏国际集团有限公司而上市。上市时，和黄控嘉宏国际集团有限公司而上市。上市时，和黄控嘉宏 53.8% 的股权，嘉宏控港灯 23% 的股权，嘉宏综合资产净值为 44.57 亿港元。到 1992 年 6 月底即将完成全面收购时，市值为 155.09 亿港元。

1991 年 2 月 4 日，控股母公司和黄宣布将嘉宏私有化的建议，以每股 4.1 港元价格将嘉宏收归私有，共涉资金 118 亿港元，被舆论称为本港有史以来最大的一次私有化计划。收购价比市价溢价 7.2%，和黄当时拥有嘉宏 65.28% 的股权，实际动用资金 41 亿港元便可完成收购。

舆论议论纷纷，李嘉诚解释主要原因是嘉宏盈利能力有限及业务与长实、和黄重叠。并声称不会提高收购价格，如有人肯出 5 港元的价收购，他会考虑出售。

证券界认为市场投入 40 多亿资金，将会对 1989 年北京政治风波后香港股市的萧条带来刺激，有助于股市的复苏。嘉宏资产估值在每股 5~6 港元的水平，和黄开价 4.1 港元折让一成多收购，显然是肥了大股东，而损了小股东。

李嘉诚解释嘉宏盈利前景有限，应该是事实。但在 4 月 10 日嘉宏股东会议上，小股东质询：嘉宏 1990 财政年度业绩在 3 月 8 日（1991 年）公布时，盈利状况甚佳，13.16 亿港元年盈利比上一年增幅达 29%。另外，嘉宏所控的港灯市值连月上升，也会造成嘉宏资产值增高，这都有益于嘉宏的发展。

小股东纷纷质疑，并表示反对，嘉宏私有化建议在一片鼓噪声中以不足 1/4 的支持而胎死腹中。证券界认为："流产的原因，是收购价偏低，收购方对嘉宏的评估与实际业绩存在很大的差异。和黄出价太低，远不及 1987 年上市供股价 4.3 港元的水平。李嘉诚素来关注小股东利益，而和黄的收购建议对小股东照顾不够，有失长实系的一贯作风。"

据传，一个英国基金趁机斥资吸纳嘉宏股票，嘉宏主席马世民表示不提高收购价，也是私有化失败的原因之一。小股东反对私有化，除认为和黄条件"苛刻"外，看好嘉宏的前景，舍不得"忍痛割爱"，又是私有化失败的另一大原因。

这对嘉宏来说，无疑是鼓舞及鞭策。李嘉诚还会将嘉宏私有化吗？按规定，私有化失败，一年之内不得再提（私有化）建议——嘉宏何去何从，将一年后见分晓。

"大限"满后，1992 年 5 月 27 日，和黄重提嘉宏私有化。收购价 5.5 港元 / 股，较停牌前收盘价高出 32%，涉及资金 58.38 亿港元。李嘉诚当日表示，私有化目的在于简化机构等。对和黄是否供股集资来筹措收购资金，李嘉诚不做表态。

7 月 10 日的嘉宏股东会议，私有化建议以 96.7% 的赞成票获得通过。这次私有化，和黄以 5.5 港元的价格收购小股东 36.6% 的股权，实际动用资金 50.84 亿港元。这次的收购价，比上一次的出价 4.1 港元提高了 36.62%，比资产净值每股 6.4~6.5 港元的水平仍有折让。收购之所以成功，是大股东既保全了自身利益，又顾及了小股东的利益。

自此，长实系剩下长实、和黄、港灯三大上市公司，总市值除银行外仍居全港财团首席。

纵览李嘉诚股市活动史，人们莫不惊叹他是个真正的股市强人、玩股高手——他从涉足股市，短短 10 多年间就把一家中小型地产公司，据展为超级商业帝国，并享有清誉盛名。

然而，20 世纪 80 年代中，"内幕交易"事件，使他清白的声誉有所受损。《企业大王中的大王李嘉诚》一文的作者，涉及此事时道：

　　名誉对每一个人来说，都是十分重要的东西，更何况对一位超级大富豪？李嘉诚一直都十分重视自己的名声，不许有半点蒙尘，但1986年中香港内幕交易审裁处却裁定长江实业四名董事包括李嘉诚在内，触犯了有关内幕买卖条例（注：所谓内幕交易或内幕买卖，是指与上市公司有联系的内幕人，利用从职务上获得非公开重要消息，进行证券交易以谋利，或泄露消息以谋利。对触犯条例者的制裁依性质轻重包括：勒令交出内幕交易所得利益并公开谴责，判罚所得利益三倍以上罚款；取消违法者在市场交易的资格；禁止出任香港任何公司的董事职位），并且公开谴责，相信是李嘉诚最感气愤和遗憾的。

事情缘于1984年1月23日，"国际城市"出售城市花园予王光英［注：北京（香港）光大集团主席］，这消息公布时，其中的一项细则"退订条款"并没有一并透露，其后这宗交易告吹。而当年1月16日至3月1日期间，长实一名董事周千和出售了5500多万股"国城"股份，因而被裁定为"内幕交易"。

当时"长实"高层对这裁决深为不满，在各大报章首次刊登全版广告辩白，表示对裁决深感遗憾，以及保留公司在这件事上的法律地位。但最后李嘉诚知难而退，事件不了了之。

这一事件轰动一时，舆论称"这是多年来一帆风顺的超人李，最灰色的日子"。但李嘉诚很快从阴影中走出来，以他一贯的信誉，再次捭阖商界，赢得人心。

林士明先生在其著作涉及刘銮雄将"爱美高"私有化的章节中，有一段精辟妙言：

人为财死，鸟为食亡。这是我国的古训，旨在发人深省，引以为戒。但是人海茫茫，往事滔滔，又有几许人真正超脱得了。何况香港商场，蝇蝇征逐，就是一个利字。要让商人不为发财，不为利，岂不是个大笑话？私有化的动机，实质上就为的是财、是利。要不，又怎能驱使大股东梦寐难忘，食不甘味，不达目的，心头上那块利字大石头硬是下不了地呢？

此话既是针对股坛枭雄刘銮雄，又可暗喻香港商场一切人士。那么，此话是否也适用于李嘉诚呢？

毋庸置疑，也无可否认李嘉诚有谋利之心——李嘉诚本人也这么认为。李嘉诚的高明之处在于，他既为自己谋利，又最终照顾了小股东的利益，并使对方心悦诚服。

李嘉诚总是能较圆满处理棘手之事，以握手言终，难能可贵。在香港商界，能做到李嘉诚这份上者，能有几许人？

第十八章

华商众豪　联手合力战置地

"未有香港，先有怡和。"

怡和洋行 1832 年在广州成立，创始人是大鸦片商渣甸（又译查顿）与马地臣。香港开埠后的 1841 年，怡和将总部迁往香港，是 19 世纪香港四大洋行之一。1855 年，渣甸的侄女婿威廉·凯瑟克来华为怡和工作，逐渐爬上怡和大班之位。百余年来，凯瑟克家族共有 5 人任怡和大班，该家族控有怡和 10%~15% 的股权，为第一大股东，怡和也由此被认为是凯瑟克家族的基业。

新中国成立后，怡和在华资产损失在 1000 万英镑以上，这在当时是一笔浩大的数目。怡和高层一直对共产党政权持戒心，奉行"获利在香港，发展在海外"的方针，海外分据点达 20 多个国家和地区。尤其 20 世纪 70 年代，怡和对香港信心渺茫，大力拓展海外业务，收购英国怡仁置业、夏威夷及菲律宾糖厂、中东 TTI 石油和南非雷民斯公司。战线太长，回报率低，资金枯竭又不得不出售。而华资财团趁势急剧扩张，怡和这只雄猩愈显沉沉暮气，渐渐不敌这批虎气生生的华南虎了。

怡和系包括怡和、置地、牛奶国际、文华东方等一批大型公司，拥有中区黄金地段大厦物业、国际一流酒店、百余家超级市场及精品零售连锁店等。全系论控股地位，怡和最显；若论资产，置地最大。故而怡和系又称怡置系。

20 世纪 80 年代初，置地将触须由海外缩回香港，参与白笔山豪华住宅区建设、美丽华酒店旧翼重建，收购香港电话及港灯集团近三成半股权。更令人瞩目的是 1982 年，破纪录以 47 亿多港元巨资投得中区地王，兴建交易广场。置地债台高筑，负债达 100 亿港元。

1982 年秋，撒切尔夫人访华，香港爆发信心危机，地产市道凄云笼罩。偿债本不成问题的置地如今大成问题，银行紧逼偿债无力。1983 年，怡置大班纽璧坚颓然下台，西门·凯瑟克走马上任。不幸，凯瑟克亦无回天之力，置地不得不把所持港灯及电话公司的股份，先后出售给长实系和黄及英国大东电报局。

此时，九龙仓、和记黄埔、会德丰、港灯集团等大型英资企业，先后落入华人财团之手。两年前市场便盛传，华人财团下一个目标，将会是置地了。因为华人财团，几乎是清一色的地产建筑商，谁不垂涎置地在中区的豪楼名厦？

早在包玉刚收购怡和系的九龙仓时，怡和高层对华资的觊觎已有防备。纽璧坚在财务顾问的协助下，重整全系控股结构，核心是怡和与置地互控，即怡和控股和怡和证券控制置地四成股权，置地反过来控制怡和控股的四成股权。证券分析家将此称为"连环船结构"，怡和置地互控，大大强化抵御外敌的能力。

不过，连环船结构也有颇大的破绽。敌手若控得一船，就可与另一只连锁的船，展开贴身肉搏战了。一损俱损，后果更可怕。

1984 年间，怡和置地双双进退维谷，累累债务使投资者信心大降，股价滑落。其中怡和最惨，市值才 30 亿港元左右；置地情况稍好，仍有 100 亿港元。柿子先拣软的捏，市场一改原有的传闻，说华资财团下一个目标是怡和，进而控得置地。

不时有股评家对怡置系的防御体系发表高见，有人称互控的股权结构，如两只大闸蟹，各用一只钳子把对方钳紧钳死，然后又各腾出一只钳子来抵御外敌。两者虽然同系，同一位大班，但两者股东利益并非一致，致使各伸出的一只钳子不能协调作战。

又有人说，并非纽璧坚设计的互控结构不好，而是怡和大势已去。若 10 多年前，怡和这头雄狮酣睡，亦无人敢扰其美梦，更消谈斗胆拽一根须毛下来。

西门·凯瑟克上台后不久，请英国拯救破产公司而闻名的戴伟思，主理置地的业务。到 1986 年，他又从美国请来投资银行家包伟士，重组怡置系结构。

西门·凯瑟克已看到互控结构的破绽。

包伟士登场后，设计了怡置脱钩的计划。1986 年 10 月，重组计划出台，置地宣布将全资附属公司牛奶国际分拆上市，尔后又宣布将另一家全资附属公司文华东方分拆上市。1987 年 2 月，怡和控股宣布成立怡和策略（怡策）。据 1988 年 6 月号的《星岛经贸纵横》，改组后的怡和系控股结构为：

怡和控股与怡和策略互控，怡控占有怡策 19% 的股权，怡策控 26% 的怡控。怡和控股怡和策略分别控置地 11% 和 15% 的股权；分别控牛奶国际 9% 和 27% 的股权。怡和策略控 35% 的文华东方。

凯瑟克家族控有怡和控股的股权，据传在 10%~16% 之间。

这样，凯瑟克家族的大本营怡和如铜墙铁壁，同时又击碎了觊觎者欲借收购怡和而达到控制置地的企图。凯瑟克家族的主要利益在怡和，故而包伟士的杰作表现出该家族的私念。

有人说"包氏结构"顾此失彼，也有人说是凯瑟克家族"保帅舍车"。凯瑟克家族削弱了对置地的控制，外敌入侵置地的可能性也就相应增大。因此，证界认为已将怡和迁册海外，行将大举走资的凯瑟克家族，有意将置地这块大肥肉，悬在"垂涎欲滴"的华南虎面前，待价而沽，好卷资远走高飞。

李嘉诚一直对置地拥有的中区豪楼名厦情有独钟。经过 20 世纪 70 年代末至 80 年代中的系列收购，长实系实力大增。现在，置地被置于怡和核心结构的外围，壮志未酬的李超人，岂有不购之理？

市场言之凿凿，李超人与包大人欲再次联手合作，吞并垂暮狮子置地。1987 年股灾前几个月，各种收购的传闻，随股市冲天的牛气甚嚣尘上。众多财大气粗的华商翘楚，均被传言欲染指置地：长江实业的李嘉诚、环球集团的包玉刚、新世界发展的郑裕彤、新鸿基地产的郭得胜、恒基兆业的李兆基、信和置业的黄延芳、香格里拉的郭鹤年等，皆在此列。另外，尚有股市狙击手刘銮雄兄弟，亦有意乘虚而入，狙击这个庞然大物。

传说刘銮雄登门拜访怡置大班，提出以 16 港元 / 股的价格，收购怡和控有的 25% 的置地股权。西门·凯瑟克愤然拒绝，一则嫌刘氏心欲太贪，出价如此之低；二则刘氏在股市名声欠佳，置地毕竟是怡和的爱女，其父总想为爱女找一个殷实厚道的婆家。

心水（头脑）甚精的刘氏顿时无辙，悻悻告退。又有诸多大粒佬接踵而至，一一拜访凯瑟克大人。凯瑟克愈加囤积居奇，既不彻底断绝众猎手念头，又香饵高悬，惹人欲罢不休，欲得不能。

流传最广的数以李嘉诚为首的华资财团。

李嘉诚的威名，凯瑟克早已如雷贯耳。他们还在港灯一役中交过手。超人出马，西门·凯瑟克不敢怠慢，更不敢掉以轻心。李嘉诚表示愿意以 17 港元 / 股收购 25% 的置地股权，这比置地其时 10 港元多的市价，溢价 6 港元多。西门·凯瑟克对这个出价仍不满意，同时，他也未把门彻底封死，做出一副很坦然很有诚意的样子：

"谈判的大门永远向诚心收购者敞开——关键是双方都可接受的价格。"

李嘉诚等人与凯瑟克继续讲数（谈条件），双方分歧仍颇大。华资财团告辞，商议对策，约定下次谈判。李嘉诚不想表现得太积极，他一如收购港灯一样，有足够的耐心等待有利的时机。此际，香港股市一派兴旺，攀上历史巅峰。

天有不测风云。扶摇直上的香港恒指，受华尔街大股灾的波及，一泻千里。1987 年 10 月 19 日，恒指暴跌 420 多点。被迫停市后的 26 日重新开市，恒指再泻 1120 多点。股市残骸遍地，一片哀号。

本港商界，多惊恐万状，形如过河泥菩萨，自身难保，哪有余力卷入收购大战？自救是当务之急，置地股票跌幅约四成，凯瑟克寝食不安；李嘉诚的百亿集资计划甫出台，能否如愿，尚是未知数。

李嘉诚的"百亿救市"，成为当时黑色熊市的一块亮色。证券界揣测，资金用途，将首先用作置地收购战的银弹。

正如一场暴风雨，来得猛，也去得快。年底，坠入谷底的恒指开始回攀。银行调低贷款利率，地产市况渐旺。"地扯股市"，纯地产建筑股占全港总市值的31%，地旺股旺，股市淡友皆以大好友的面目活跃于市场。

农历大年甫过，收购置地的传言再次此起彼落，华南虎再度出山。

事后报章披露，1988年2至3月间，李嘉诚等华商翘楚，多次会晤西门·凯瑟克及其高参包伟士。

一直善于等待、捕捉时机的超人李，缘何不借大股灾中，怡置系扑火自救、焦头烂额之际趁火打劫呢？股灾中，置地股降到6.65港元的最低点，就算以双倍的价收购，也不过13港元多，仍远低于李嘉诚在股灾前的17港元的开价。

原来根据收购及合并条例，收购方重提收购价，不能低于收购方在6个月内购入被收购方公司股票的价值。10月股灾前，华资大户所吸纳的置地股票，部分是超过10港元的（每笔交易的内容全部储存于联交所电脑）。这就是说，假设以往的平均收购价是10港元，现在重提的收购价，不得低于10港元的水平——6个月后，则不受此限。

4月中旬，正是股灾发生后的6整月。这一时期，置地股从6.65港元的最低点回升后，几乎胶在8港元的水平线上徘徊，仍低于股灾前的水平，对收购方有利。

4月初，李嘉诚以广生行董事的身份出席该公司股东年会，他首次向舆论披露长实持有置地股份，是做长期投资，并无意出任置地董事参与管理。

"天机泄露"，华南虎吞并老狮子的现代寓言充斥市场，越发甚嚣尘上。4月底，以超人为首的华资新财团草拟函件致置地，要求在6月6日的置地股东年会上，增加一项委任新世界主席郑裕彤、恒基兆业主席李兆基为董事的议案。华资新财团已揸有王牌——合持股权已直逼置地的控股公司怡和。

市场沸沸扬扬，置地股价如同被阳光直射的温度计，猛地一跳，急蹿到8.9港元。这是股灾之后，置地股日升幅最大的一天。

凯瑟克岂会束手就擒？他与包伟士急谋对策，布置反收购。4月28日，怡和策略与所控的文华东方发布联合声明，由文华东方按每股4.15港元的价格，发行10%新股予怡策，使怡策所持文华东方股权，由略低于35%增至41%。

对华商众豪来说，不啻当头一棒。精明的李嘉诚亦意识到事态的严峻，怡策与文华东方股权的变化，虽与置地无直接关系，却是怡和抛出的反扑信号，其后，怡和将会随机抛出一系列的反收购措施。

月底月初的几天间，李嘉诚、郑裕彤、李兆基，以及香港中信集团的荣智健，数次会面，商讨对策。为防置地效仿文华东方，必须趁另一反收购举措未出笼前，向怡和摊牌。

这似乎在凯瑟克的预料之中。素有耐心的李嘉诚不得不先出一招，再伺机还招。

5月4日傍晚，股市收市后，李嘉诚、郑裕彤、李兆基、荣智健等，赴怡和大厦与西门·凯瑟克、包伟士谈判。

虽是短兵相接，双方仍彬彬有礼。李嘉诚开门见山，说明本财团收购置地的诚意，提出以12港元/股的价格，收购怡和所持的25.3%置地股权。

凯瑟克亦单刀直入，坦率且坚决地表明否定意见："不成，必须每股17港元，这是去年大股灾前你郑重其事开的价格。李先生素以信用为重，不可出尔反尔。置地只是市值下降，实际资产并未损半仙，如何就从17港元跌到12港元呢？"

李嘉诚平静地说道：

"凯瑟克先生，如果你未得健忘症的话，一定还记得，这17港元并非双方敲定的成交价，都表示继续谈判重新议价。你我都在商场待过这么多年，我想你一定不会陌生'市价'是一切价格的依据这一商场规则。现在置地的市价才8港元多一点，我们以高出市价近四成的价格收购，怎么能说收购价下跌了呢？"

双方绵里藏针，话含揶揄之意。气氛氤氲着浓烈的火药味，素有"沙胆彤"之称的郑裕彤，以咄咄逼人的口气挑起新一轮较量：

"既然和谈不拢，那只好市场上见。我们四大集团将宣布以每股12港元的价格全面收购。按证券交易惯例，收购方的出价高出市价两成以上，便可在市场生效，置地的公众股东会站在我们一边！"

包伟士以牙还牙，说："我们将奉陪到底——只要你们不怕摊薄手中的股权的话。置地不是九龙仓，更不是港灯，置地就是置地！是怡和手中的置地！"

包伟士半含半露，无疑又把撒手锏抛出来。正因为如此，才导致以下结局：

　　1988年5月6日，怡和控股、怡和策略及置地三家公司宣布停牌。同日，怡策宣布以每股8.95港元，购入长江实业、新世界发展、恒基兆业及香港中信所持的置地股份，合占置地发行总股份的8.2%，所涉资金18.34亿港元。

　　这样，怡和所持的置地股权，由略过25%增至33%多，控股权已相当牢固。怡和"更胜一筹"是协议中有个附带条款，长江实业等华资财团在7年之内，除象征性股份外，不得再购入怡和系任何一家上市公司的股份。

喧闹数年之久的置地收购战，就以这种结果落下大幕。看好这场收购的证界舆论界均大失所望。一些华文报刊在报道结局时，称这是"一场不成功的收购"。有些英文报刊则称这次战役是"华商滑铁卢"。

以李嘉诚为首的华资财团，为何不决一死战，较个高低胜负而就这么草草收兵了呢？市民甚感纳闷。

事后，传媒不断披露材料，使人们能窥其内幕之一斑。现综述如下：

包伟士抛出的撒手锏，是置地将步文华东方后尘，如法炮制。文华东方按4.15港元／股的价格，发行新股予怡策，以增强怡策的控股权。

怡策认购文华东方新股后，所持股权必超过35%的全面收购触发点，怡策按收购及合并条例向文华东方小股东提出全面收购。由于收购价（4.15港元）低于该公司资产值（估计约6港元），文华东方少数股东对收购计划反应冷淡，这正中怡和下怀，不必动用大量资金，又可使所持文华东方股权超过收购触发点（现有股东可按其权益认购，也可放弃）。这样，怡策所持的股权由35%增至41%，文华东方可保万无一失，收购方不可能通过全面收购使其控股数过50%的绝对数——因为被收购方可反收购，能轻而易举再增购9%的股权，以达到过半的绝对控股量。

置地效仿文华东方，将会使华资财团陷于极被动的局面。

置地从华资财团手中，以8.95港元／股的价格赎回8.2%的股权，共耗18.34亿港元资金。这意味着，置地总估价约为223亿港元，以8.5港元左右的市值计，总市值也近200亿港元。华资财团若想全面收购达到50%略多的绝对控股权，得耗资100亿港元以上。

事实上，怡和不会坐以待毙，在收购反收购的价格战中，股价必会被不断抬高，华资财团欲获全胜，所需的资金会远远超过这个数。华资四财团是否能在发起全面收购的短暂限期内，筹措这么多现金，尚是个未知数。

怡和控股数近26%，已优势在先。

怡和售出港灯和香港电话的股权后，已从最困难的谷底走出，业务渐入顺境。怡和系尽管大量出售本港和海外企业，仍是本港最大的综合性集团，除银行外，市值仅次于长实系。凯瑟克家族在海外还拥有不少非怡和系资产，有人估计，其控有资产在李嘉诚之上。

即使能控得置地，也必付出极昂贵的代价——这不是李嘉诚所希望的。

李嘉诚是个商战高手，而非民族斗士（虽然客观上起了振奋民族精神的作用），他必须权衡商业利益，而不会将其撇在一边决一死战，以痛打落水狗的精神穷追不舍——况且，对方仍是一头老狮子，虽垂暮，余威尚在。

华资财团中，有一位引人注目的干将——中信的荣智健。这使得新财团带有中资背景。内地读者，甚至中资机构的部分成员，都认为急剧膨胀的中资（1000多家），将是要在1997年后取代英资的。这是一种错误的观念。

中国内地政府有关官员多次强调：未来的特区政府将对各种资本（自然包括英资中资）一视同仁。在港中资，必须按香港的游戏法则参与公平竞争，而不是去抢香港人饭碗（包括不同国籍的香港居民）；中国内地政府希望英资集团继续留在香港，为香港的繁荣稳定发挥作用……

须知，香港的经济发展和腾飞，是华资英资以及所有国籍的香港居民共同创造的。香港在20世纪初，还是个落后的转口商埠。

因此，荣智健的参与，新财团并不像某种舆论所说"向苟延残喘的英殖民经济势力发起总决战"。收购置地，还只是商业行为，进与退，都是自身利益所决定的。

那么，新财团既已退出收购，为什么还要签订带妥协性的七年不得染指怡和系股权的协议呢？怡和赎回8.2%股权的价码并不高，不足成为交换"怡和七年太平"的条件。

市场曾有种种揣测，种种揣测都不足令人信服，故笔者不想再妄加揣测。

现在，七年内不得染指怡和系股权的"大限"已过，未见有哪家财团发起收购攻势。1988年6月收购战落幕之后，证券界透露的怡和系股权结构显示如下：怡和控股与怡和策略互控，各控有对方45%和30%的股权；怡和控股控50%的怡富，以及其他各种业务；怡和策略控33%的置地、35%的牛奶国际、41%的文华东方。

母公司控子公司股权均在30%以上，能攻能守，全系控股权已相当稳固，给外强可乘之机委实太少。另外，已经迁册百慕大的怡和系，从1995年起取消在香港的上市地位，股票不再在香港股市挂牌买卖。怡和系虽仍在香港经营，却不再是本港企业。这为外强收购，增加很大的难度。

10年之间，李嘉诚主持和参与（九龙仓）4次大规模收购，有成功，亦有失利。笔者试对李嘉诚的收购艺术做一些小结。

在前面章节，曾涉及包玉刚、刘銮雄的收购，他们与李嘉诚三人，代表本港股市三种典型的收购术。

如前文提到的，包氏收购，是典型的海派作风，一掷亿金，速战速决，以实力与对手较量，更以绝对优势压倒对方。有人说包氏"勇气过人，韬略不足"，看来不无道理。倒不是包氏不善用计，是他的性格和时势使然，没有充裕的时间和精力与对手周旋。包氏的收购，代价极昂，是"残胜"。

刘銮雄留学海外，他最先向本港引进华尔街商法，是一种海盗式的商法。他先瞄准一家或控股不牢、或经营不善、或内部不和的公司，先暗吸其股份，到一定数目，突发袭击。若成功则控得；若不成就逼对方以高价赎回他控有的股票。刘氏不成功的收购，获利甚丰，是股市人人生畏的狙击手。公司如控在其手，他必进行眼花缭乱的集资、分拆、股权重整活动，小股东怨声载道，不知所措。刘氏靠一家小小的电扇厂起家，几年内把全系资产扩张到 100 多亿港元，跻身奋斗了几十年的富豪之列。刘氏在股市的形象颇糟，是一种"恶意"收购。

平心而论，刘氏是对香港证券史起过历史性作用的人物。他最先引进新鲜战法，使香港股市的投资投机活动跟上华尔街水平。刘氏是香港股市"第一个穿比基尼"的人，第一个穿比基尼的女性在海滩亮相，被人们斥为淫妇荡女。现在良家女子皆穿比基尼，自然不必承受舆论压力。继刘銮雄后，香港股市狙击手辈出，人们渐渐习以为常，谴责刘氏的舆论自然也就少多了。刘銮雄一拳击醒众多沉睡的狮子，这些大亨惊奇地发现，不必辛辛苦苦干实业，只须带一笔大亨看不上眼的本金进股市，就能成为像他们一样的亿元、百亿元大亨了。

笔者很赞同林士明先生的话：李嘉诚的收购是一种善意收购。

他收购对方的企业，必与对方进行协商，尽可能通过心平气和的方式谈判解决。若对方坚决反对，他也不会强人所难。

李嘉诚富有心计，又极有耐心，擅长以柔克刚，以静制动。最典型的莫过于收购港灯，他从萌发念头到控其到手，先后历经几年，倒是西门·凯瑟克沉不住气，落入李氏"圈套"，以相当优惠的折让价出售港灯股权。他收购和黄，心术之精，让人叹为观止。他借汇丰之力，兵不血刃，战胜资产是其 10 多倍的庞然大物。

他的收购，从不情绪化，没有把被收购企业当作古董孤品非买不可的心理。若持这种心理，往往会付出过昂的代价。他遇到阻力，权衡利弊后，会不带遗憾地放弃，收购九龙仓、置地，他都持这种态度。

李嘉诚的收购，无论成与不成，通常能使对方心服口服。如成，他不会像许多新老板一样，进行一锅端式的人事改组与拆骨式的资产调整；他尽可能挽留被收购企业的高层管理人员，照顾小股东利益；股权重组等大事，必征得股东会议通过。他收购未遂，也不会以所持股权为"要挟"，逼迫对方以高价赎购，以作为退出收购的条件。

以李嘉诚为首的财团退出收购，将所持的置地股权售于怡和，售价（8.95 港元）仅比当日收盘价高出 0.05 港元。新财团先后购入置地股票，相信比 8.95 港元的出售价，低不了多少。新财团售股的税后利润，估计约在 1 亿港元。这对四家大财团来说，先后耗费一年多精力之所得，实在是微不足道。

李嘉诚保住了不做狙击手的清誉。对他来说，良好的信誉，本身就是宝贵的财富。

第十九章

跨国投资　众说纷纭是与非

1982 年，世界性经济衰退，香港出口量减少，经济显示出其敏感而脆弱的一面。

9 月 22 日，英国首相撒切尔夫人赴北京，就香港前途问题与中国领导人会谈。股市是香港政治经济的晴雨表，消息传来，股市发生动荡，持续滑落，到年底，恒指跌幅 676 多点。

香港信心危机爆发，移民潮汹涌而起。不少国家伸出橄榄枝，欲将香港的阔佬和人才一网打尽。代办移民护照的机构与律师充斥港岛中区，赴美的黑市护照竟炒到 50 万美元一张。香港原就有 10 多万持外国护照的居民，他们非富即贵，几乎没一个升斗小民。他们如吃了定心丸，只差一张机票，随时可离开香港。倒是急杀了那些没有"先知之明"的富翁，他们急不可待斥资购买"太平门"的门票。

人走必财空，随之相伴的是走资潮。还有一些人，人不走财先走——早有护照在身，先将一笔资产转移到海外。

包玉刚、李嘉诚，在 20 世纪六七十年代就分别加入英国籍、新加坡籍。这两位华商翘楚，举手投足，全港瞩目。他们都曾发表声明，表示不会将家庭迁往海外，不会将资产转移海外，对香港的前景充满信心，也看好中国内地的改革开放。包李两人的声明，对稳定港人民心，起了较好的作用。

不少华商，正是趁当时的地产低潮，低价收购地皮物业，为市道转旺后发展打下厚实的基础。

据港府公布的统计数据，20 世纪 80 年代中，香港移居海外的人口每年约 2 万~3 万；20 世纪 90 年代初起，每年以 6 万人的速度外流。其中，绝大部分是工商业者和专业人士。

国外并非都是移民想象的天堂，不少人坐满"移民监"（移民必须按该国的移民法，居住满数年的限期，方可享受本国居民赴境外工作或投资的权益），又打道回港，经商或任职，每年回家团聚几次，成为"太空人"。

如古人所说"有人漏夜赶科场，有人辞官回故里"。百人有百念，不可强求划一。

对本港工商界震撼大的，还数迁册风。

迁册的始作俑者是西门·凯瑟克。

1984年3月28日，怡和董事局突然宣布：本集团基于香港前途问题迁册百慕大；股票将同时在伦敦、新加坡、澳大利亚挂牌上市。是日，香港工商界发生动荡，恒指急挫62点。

迁册风从此而刮起，加之移民潮推波助澜，愈演愈烈。在香港英国会所，英国人莫不脸呈焦灼之色，谈论着迁册问题。和记黄埔行政总裁李察信，告辞了他的英国朋友，乘车疾驶华人行，乘电梯奔上顶层长实与和黄主席李嘉诚的办公室，用急切的语气说：

"英中谈判北京方面的态度越来越强硬，共产党要全面接管香港，难道我们要做约翰·凯瑟克第二？"

约翰是西门的叔父，20世纪40年代任上海怡和洋行大班。怡和在远东的资产过半在中国内地，20世纪40年代末，共产党解放内地，怡和不但人未撤，资产也未撤。约翰天真地认为新中国的建设离不开英国人先进的技术与物资，却不知新政权把他们当成帝国主义经济侵略工具。约翰不遗余力为怡和在华的"合法权益"而奔波于京沪之间，直到1952年才两手空空，灰溜溜地离开中国内地。此事，成了英国和香港商界的天大笑话，也使得凯瑟克家族对中国的一切神经过敏。

李嘉诚很清楚李察信的言下之意，他说："不可能那样，我们长实集团不打算迁册。若论个人在公司的利益，我比你拥有的多，我是经过慎重考虑才说这种话的。现在中国内地政府欢迎海外企业家来华投资，也就根本不可能对香港私人资产采取行动。"

李嘉诚把他赴内地参观的观感，以及海内外舆论的评论讲予李察信听。他无法说服李察信，两人分歧颇大，以致无法协调工作。1984年8月，李察信辞职。

接替李察信的仍是一个英国人马世民。马世民未正式加盟前，李嘉诚就与他在"看好香港前途问题"上达成共识。这成了马世民在长实系青云直上，权势赫赫的主要原因之一。

1984年12月19日，中国国务院总理赵紫阳与英国首相撒切尔夫人，在北京签订了《中英联合声明》，香港投资环境变得明朗，迁册风有所遏制。其后，中英谈判出现多次波折，谈判将是个漫长的过程。迁册风卷土而来，在这种大气候下，李嘉诚不仅自己不存迁册念头，还说服了集团内的"主迁派"，难能可贵。

据1990年12月18日香港《明报》《东方日报》报道，到该年11月底止，"香港已有77家上市公司迁册海外"，"占本港上市公司总数的1/3"，"现时在香港四大财团中，只有李嘉诚的长实系集团和施怀雅的太古洋行集团尚在香港注册"。"吴光正（包玉刚女婿）接掌的隆丰系集团，则有一家连卡佛于 1990 年 5 月迁册于百慕大"。

1989 年，信心危机再次爆发，恒指于开市首日，狂泻 580 多点。迁册流四起，华商都看李嘉诚的——他是香港首富，长实系在港上市公司占总市值的 10%。长实系在加拿大等国有大量投资，他会不会借此作为迁册的前哨站？

在这种形势下，李嘉诚不得不站出来说话，11 月 20 日的香港报章，发表了他的长篇言论，核心内容是：他相信香港 1997 年后仍会继续繁荣，香港是个充满活力的城市，也是一个赚钱的好地方。

1990 年中，迁册风再次震荡。舆论盛传，本港最大财团汇丰银行，将借收购英国米特兰银行之机，变相迁册伦敦。合并及迁册花费了两年时间完成，汇丰在本港地位举足轻重，工商界深为不安。汇丰大班浦伟士发表讲话，言称汇丰仍保留香港第一上市地位，业务仍以香港为最大基地。

汇丰完成迁册不久，李嘉诚突然宣布辞去汇丰董事局非执行副主席职位。据传，李嘉诚对汇丰迁册持反对意见，他的意见未被董事局采纳，最后导致这一结果。

舆论认为，汇丰迁册，还只是出于买政治保险，以获得外国驻港公司的特殊地位，就目前来看，汇丰会兑现"迁册留港"的诺言，它如何舍得割弃令其发迹并无限膨胀的香港？

而怡和的迁册，一切都予人"迁册离港"的感觉。郑德良先生在《现代香港经济》一书谈道："1991 年 3 月 21 日，怡和又将第一上市地位迁往伦敦（香港改为第二上市地点）。在目前近 100 家迁册公司中，怡和可算其中最老谋深算的一家了。"到 1994 年 12 月 30 日，怡和系在香港第二上市的地位也取消了，在怡和旗帜徐落之际，全系公司市值暴跌 37%。

此后，怡和四大公司仍在香港经营的怡和首脑们，处于弃之可惜、留之不安的尴尬境地。

迁册风迄今，已有 30 个年头。上市公司迁册，有精确的统计。未上市公司迁册几何？未见港府公布数据。有人言称：有 1000 家以上。对于这股此起彼伏的黑色浪潮，李嘉诚虽无法遏制，但他在"迁册问题"上的坚决态度，稳住了相当一大批华商的阵脚。

1987 年 5 月美国《财富》杂志这样写道：

在太平洋上空的一班航机上，坐在阁下旁边那位风尘仆仆的华人绅士可能正赶赴纽约或伦敦收购你的公司。由香港到雅加达，这些精明的华籍企业家近年赚得盆满钵满，东南亚已再不能容纳这些并非池中之物了。在有家族联系的中国，他们已成为最大的海外投资者。时至今日，这些名列世界富豪榜的亿万富豪为了分散风险而投资在西方国家。

58岁的李嘉诚先生是最具野心的收购者。在20世纪50年代初期，他以制造塑胶花开始他的事业。现今，他准备了20亿美元（约折港元120亿）收购他认为是超值的西方公司。

李嘉诚正是在20世纪80年代中期，大举进军海外的。在大规模行动前，李嘉诚已在海外投资小试牛刀。1977年，首次在加拿大温哥华购置物业；1981年，李嘉诚在美国休斯敦，斥资2亿多港元收购商业大厦；同年，他再次斥资6亿多港元，收购加拿大多伦多希尔顿酒店。在短短数年中，李嘉诚个人或公司，在北美拥有的物业有28幢之多。

早在1967年，香港受内地"文革"的影响，爆发动乱，引发大逃亡，加拿大就从香港移民计划中初尝甜头。现在，地广人稀的加拿大，自然不会错过这次天赐良机，在香港移民潮中，表现出异常的热情和积极。其实绩，远远超过同样以国土辽阔而著称的美国和澳大利亚。

加拿大记者杜蒙特与范劳尔，在其著作中描绘道：

> 加拿大各省在（香港）中国银行大厦附近一带纷纷设立办事处，全职的工作人员也忙着协助商人投资到他们的省份，每个星期大批加拿大商人和政府官员到香港来，物色投资家和富商。而大量加拿大律师和移民顾问亦替急于移民的商人办手续，收取可观的服务费……
>
> 加拿大联邦政府和省政府清楚表明只接纳最够资格和最富有的人移民，这种情况引起各省之间开展一场可笑可恼的争夺战，就好像饿犬抢夺肉骨头一样。

加拿大把香港移民分成两类，一类是"才"，另一类是"财"。有才者，须持英联邦专业人士资格证书；凭财者，依各省的条件，每人携25万~50万元来加投资。有的省，连投资实绩都免了，只要存这笔钱到该省投资银行，并且付给存户利息。他们明白，不论凭什么条件来加，也不论男女老少，进来一人就不止先投的那笔钱，他们得居住消费、工作投资，会为加国带来滚滚财源。

加拿大最大的收获，莫过于"逮住"世界华人首富李嘉诚，仅他一人，就为经济面临衰退的加国，带来100多亿港元巨资。香港众多华商，唯李嘉诚马首是瞻，他的好友，同样是世界级华人富豪的郑裕彤、李兆基、何鸿燊等，竞相进军加拿大，受益省的政府官员，个个笑得唇斜口歪。

杜蒙特与范劳尔赴港专程采访，发现加拿大商务官员和商人，为了便于与李嘉诚接触，把办公室也搬进了华人行。在决策阶段，李嘉诚几乎每天都要接待这些加国"猎手"，并与高级助手研究加方提供的投资项目。

一位加拿大商务官对李嘉诚简直是着了迷。他有一幅李氏的肖像（杂志封面），挂在办事处内，此人提到李嘉诚便赞不绝口，说道："那是我的英雄人物！"

这位商务官很想李嘉诚投资魁北克省，哪怕是买下皇家山一座房子、一家纸厂或一些餐厅连锁店，他都十分欢迎。只要李氏肯投资，魁北克省便可列入李的商业帝国版图，而且还可以吸引其他香港富商仿效。

马世民充当了李嘉诚的"西域"大使。他是力主海外扩张调门唱得最高者。李嘉诚早就萌生缔造跨国大集团的宏志，现在和黄、港灯相继到手，现金储备充裕，自然想大显身手。

李嘉诚、马世民以及长江副主席麦理思，穿梭于太平洋上空。1986 年 12 月，在加拿大帝国商业银行的撮合下，李氏家族及和黄通过合营公司 Union Faith 投资 32 亿港元，购入加拿大赫斯基石油公司 52% 的股权。时值世界石油价格低潮，石油股票低迷，李嘉诚看好石油工业，做了一笔很合算的交易。

这是当时最大一笔流入加国的港资，不但轰动加国，亦引起香港工商界的骚动。

其后李嘉诚不断增购赫斯基石油股权，到 1991 年，股权增至 95%。其中李嘉诚个人拥有 46%，和黄和嘉宏共拥有 49%，总投资额为 80 亿港元。

李嘉诚的两个儿子都加入加拿大国籍。他本人于 1987 年应邀加入香港加拿大会所，成为会员。每每李嘉诚出现在加拿大会所，驻港的加国官员及商人，把他众星拱月般地围住。一名了解中国文化的加拿大官员，把李嘉诚称为"我们加拿大的赵公菩萨"。

香港舆论议论纷纷，有人说他是本埠华商最大的走资派；有人说他大肆收购欧美企业，是隐形迁册；还有人说他食言，准备大淡出。李嘉诚说："因投资关系我在 1967 年时已获得新加坡居留权，别人怎么说，我并不在意。"

1988 年，兼任加拿大赫斯基公司主席的马世民，会见美国《财富》杂志记者时说：

"若说香港对我们而言太小，这的确有点狂妄。但困境正在日渐逼近，我们没有多少选择余地。"

马世民还谈到收购赫斯基公司的波折。按照加国商务法例，外国人是不能收购"经营健全"的能源企业的。赫斯基在加国西部拥有大片油田和天然气开发权、一家大型炼油厂及 343 家加油站。除石油降价因素带来的资金周转困难，并无出现债务危机。幸得李嘉诚已经安排两个儿子加入加拿大籍，收购计划才得以顺利通过。

1988 年，李嘉诚、李兆基、郑裕彤以及加拿大帝国商业银行旗下的太平协和世博发展公司（李嘉诚占该公司 10% 的股权），以 32 亿港元投得"1986 年温哥华世界博览会"会址的一块 204 英亩的市区边缘黄金地段地皮，将在上面建筑加国规模最宏伟的商业中心及豪华住宅群，预计 10～15 年完成。李嘉诚约占 50% 的股权，其余 50% 为各大股东分有。预计整个建筑费在 100 亿港元以上。

在这段时期，新世界主席郑裕彤，在加的重要个人投资有：在多伦多大学附近兴建一幢 19 层高商业大厦；在多伦多兴建一个住宅区，共 1000 个单位；在温哥华收购海港假日酒店。

恒基兆业主席李兆基，是高尔夫（球）俱乐部的波友（球友），杜蒙特说他是步李嘉诚后尘来加投资的。他是香港中华煤气公司主席，来加第一项投资，是竞购卑诗省煤气公司，结果因无加籍而告退。继而他看中多伦多西郊一块风景优美的地皮，用于兴建高级住宅休闲区。

赌王何鸿燊在温哥华大举收购酒店豪宅，妻子女儿住在宫殿式的宅邸里。女儿何超琼与记者交谈时，否认是来加买政治保险，"我们不担心九七问题，父亲有葡萄牙护照，所以我们可以随时离开香港"。

在加国一掷亿金的香港富豪还有罗鹰石家族、王德辉夫妇、杨志云家族等。至于数千万身家的移民，数不胜数。

华商的大举扩张，引起当地一些居民的不满，有的地方还出现排华情绪。1989 年 3 月，李嘉诚等华人财团，投得世博会场址地皮后，卑诗省温哥华出现一张告同胞书。

当地华文报章刊登这张充满火药味的告同胞书，引起华人的不安。一华裔记者说："我们的同胞花几十万元，买一张'太平门'门票，来到加拿大是否又能买到太平门呢？"

卑诗省华裔省督林思齐博士（本人也是地产巨富），在温哥华市一次集会上，劝告当地居民善待华裔移民，并对移民同胞进行私访安抚。

在阿伯达省省府赫斯基大厦，当地商会和政要为李嘉诚一行举行盛大酒会。李嘉诚及长子李泽钜、左右手马世民和麦理思出席酒会。加国殷商和政要，热情洋溢称赞李嘉诚的投资伟业，殷切希望彼此间继续愉快合作。

很遗憾，继赫斯基与世博会两项重大投资外，李嘉诚在加国再没有推出轰动北美的大型项目。加国《财经月刊》说："投资的魅力在于环境，除硬环境外，软环境是否适宜这些华裔巨富呢？"

李嘉诚投资英国，几乎与加国同步进行。1986 年，他斥资 6 亿港元购入英国皮尔逊公司近 5% 的股权。该公司有世界著名的《金融时报》等产业，在伦敦、巴黎、纽约的拉扎德投资银行拥有权益。该公司股东担心李嘉诚进一步控得皮尔逊，不甘让华人做他们的大班，组织反收购。李嘉诚随即退却，半年后抛出股票，盈利 1.2 亿港元。

1987 年，李嘉诚与马世民协商后，以闪电般速度投资 3.72 亿美元，买进英国电报无线电公司 5% 的股权。李嘉诚成为这家公众公司的大股东，却进不了董事局。原因是掌握大权的管理层，提防这位在香港打败英国巨富世家凯瑟克家族的华人大亨。1990 年，李嘉诚趁高抛股，净赚近 1 亿美元。

1989 年，李嘉诚、马世民成功收购了英国 Quadrant 集团的蜂窝式移动电话业务，使其成为和记通信拓展欧美市场的据点。

李嘉诚进军美国的一次浩大行动，是 1990 年，试图购买"哥伦比亚储蓄与贷款银行"的 30 亿平均有价证券的 50%，涉及资金近 100 亿港元。因为这家银行是加州遇到麻烦的问题银行，卷入了一系列复杂的法律程序中。结果，李嘉诚的投资计划搁浅。

李嘉诚在美国最有着数（合算）的一笔交易，是他与北美地产大王李察明建立友谊。李察明陷入财务危机，急需一位叠水（粤语水即钱，意为很富有）的大亨为他解危，并结为长期合作伙伴。为表诚意，李察明将纽约曼哈顿一座大厦 49% 的股权，以 4 亿多港元的"缩水"价，拱手让给李嘉诚。

在新加坡方面，万邦航运主席曹文锦，邀请本港巨富李嘉诚、邵逸夫、李兆基、周文轩等赴新加坡发展地产，成立新达城市公司，李嘉诚占 10% 的股权。

1992 年 3 月，李嘉诚、郭鹤年两位香港商界巨头，通过香港八佰伴超市集团主席和田一夫，携 60 亿港元巨资，赴日本札幌发展地产。李嘉诚的举动，引起亚洲经济巨龙——日本商界的小小震动。李嘉诚回答记者提问时说：

"正像日本商人觉得本国太小，需要为资金寻找新出路一样，香港的商人也有这种感觉。一句大家都明白的道理，根据投资的法则，不要把所有的鸡蛋放在一只篮子里。"

近 10 年来，李嘉诚多次声明长实系的跨国化，是投资，而不是走资。

然而，对李嘉诚的声明，持怀疑态度的人仍为数不少。走资与投资，在形式上毫无区别，唯有当事人心里清楚，可谁又能辩解得清？

也许，能从跨国投资的普遍现象，寻找答案。

世界经济史证明，一家公司发展到相当的规模，就会突破原有的日益显小的经营区域，向外界寻找发展。一个国家和地区的经济发展到相当的水平，自然会为剩余资本寻找出路。其道理，李嘉诚回答记者问时曾谈到过。

二战以后，最具扩张性资本是美国本土美元，其后是欧共体美元、中东石油美元、日本美元。它们各领风骚，相继在国际经济舞台大出风头。

从 20 世纪 80 年代中期起，世界华人资本崛起，日益引起世界经济界的瞩目，大有压倒日本资本之势。

据美著名财经杂志《福布斯》1994 年报道：

国际基金会、世界银行、《美国人》杂志、《日本经济新闻》、《纽约时报》等权威机构和学者评论，当前全球华人是世界经济最大活动力之一。迄今，海外华人（指中国内地以外）约 5500 万，每年总产值超过 5000 亿美元，拥有总资产 2 万亿美元，接近日本（人口1.23亿）总资产的2/3，是世界最富的群体。华人中富豪的人数，超过发达资本主义国家英国、法国和加拿大（三国总人口1.41亿）富豪的总和。论外汇储备，总额最高的是中国台湾（1991年为831亿美元，第二位美国798亿美元），人均占有量最高的是以华人为主体的新加坡（1991年为11376美元，第二位香港4962美元）。美国著名经济学家葛得坚认为：

华人现时是世界上最具流动性的投资集团，已取代日本成为主要投资者。

作为世界华人首富李嘉诚，以及他所控的全球最大华资财团，走跨国化道路参与国际竞争，不可避免且名正言顺。如果困守弹丸之地香港，不进行境外投资，反而令人奇怪。

现在仍有一个不能让"求疵者"信服的问题，李嘉诚的境外投资，重点是北美西欧等资本主义国家，直至1992年前，他对祖国内地的投资，基本处于观望等待态度。他缘何只做大慈善家，而非大投资家？

他自己说过，根据投资法则，不要把所有的鸡蛋放一只篮子里。现在他已经把鸡蛋分放到许多只篮子里，偏偏空过一只最近最大的篮子——内地。这只篮子就这么不安全？他说过看好内地的改革开放。

答案也只有李嘉诚自己能解开，是行动而不是言语。本书后面相关章节将会详述。

附：香港77家已迁册上市公司名单

银行金融：怡和策略、第一太平、第一太特、瑞福、道亨集团、F.P.BANC、泰福、汇丰、亚洲金融；

地产：置地、保华、香港兴业、大宝、中娱、华置、爪哇、世纪、国泰城市、百利保、富利国际、汤臣、大昌、惠泰、新昌国际、鹰君控股、远展、广生行、海裕实业；

酒店：文华东方、富豪酒店、百乐酒店；

工业：通用电子、卜蜂、德昌电机、实力国际、怡南、ASM太平洋、品质、爱美高、乐声电子、依利安达、南洋纱厂、罗氏国际、伟易达、嘉华国际、冠亚、讯科、建生实业、开达、远生、升岗、新创见、瑞菱、彩星、合兴、玫瑰、王氏工业、万威、隆辉、Grusader、Uniworld；

销售、传播：牛奶国际、星岛报业、连卡佛；

综合企业：怡和控股、名力、长江国际、其士、基士商业、华基泰、万邦航运、宝威、香港地毯、王氏港建、仁孚、华光船务、海嘉实业。

注：资料来自1990年12月18日《东方时报》《明报》；统计截至1990年11月底；新注册地为百慕大、英国、开曼群岛等。

第二十章

游子回乡　报效祖国树心碑

1978 年 9 月底，李嘉诚作为港澳观礼团的成员，应邀到北京参加国庆典礼。

这是李嘉诚有生以来，第一次来到祖国首都；也是他逃避战乱远走他乡的 38 年来，第一次踏上祖国内地的土地。

那时的李嘉诚，已是香港颇有名气的实业家，正处于迈上本港巨富"三级跳"的助跑阶段。除了有关官员，北京没有谁知道李嘉诚，就连香港商界泰斗包玉刚，在内地也鲜为人知。

这样也好，可以自由自在地观光游览。不像现在，只要李嘉诚一出现在公众场合，就会被记者围得水泄不通。时值"文革"结束不久，李嘉诚对往昔的传闻记忆犹新。他告诫自己，到了北京，千万得谨慎小心，不可对政治妄加议论。他特地为自己赶制了一件中山装，不想穿得太显眼。

李嘉诚急需了解祖国内地，内地也想了解这些在海外建功立业的游子。

观礼团受到国家领导人的亲切接见，游览了天安门、故宫、颐和园、十三陵、长城。正值十一届三中全会召开不久，李嘉诚从首都人的精神面貌上，预感到中国将会发生巨变。

同时，他又从街景、车流、人的服饰等表层现象，看出内地的贫穷落后。首都如此，乡村就更不消谈。他通过传媒，对内地贫困并不陌生，现在亲眼见到，别是一番滋味在心头。

我该为祖国为家乡做些什么？这一问题时时萦绕他的心中。

这年底，李嘉诚从家乡的来信中，获悉潮州有很多返城的"黑户"，或露宿街头，或挤在临时搭起的矮棚笼屋栖身。李嘉诚深为不安，马上复函至家乡政府，提出捐建"群众公寓"，以缓解房荒之急。

幼时，李嘉诚随父读过杜甫的诗句"安得广厦千万间，大庇天下寒士俱欢颜"。在香港，他承建的楼宇近千万平方英尺，却不敢将自己的行为，与杜甫的诗联系一起，因为是出于商业利益。捐建群众公寓，虽不可从根本上解决房荒，也算是为家乡父老尽了绵薄之力。

群众公寓两处共9幢，4至5层不等，建筑面积1.25万平方米，安排住户250户。李嘉诚共捐资590万港元，工期分几年完成，陆续迁入新居的住户无不欢天喜地，有位新住户在门联写道："翻身全靠共产党，幸福不忘李嘉诚。"

1979年，李嘉诚回到阔别40年的家乡。当晚，在潮州市政府举行的茶话会上，李嘉诚说出一席感人肺腑的话：

"我是1939年潮州沦陷的时候，随家人离开家乡的，到今已经有整整40年了。40年后的今天，我第一次踏上我思念已久的故乡的土壤，虽然一路上我给自己做了心理准备，我知道僻远的家乡与灯红酒绿的香港相比，肯定是有距离的，但是我绝对没想到距离会是这么大，就在我刚下车的时候，我看到站在道路两边欢迎我归来的，我的衣衫褴褛的父老乡亲们，我心里很不好受，我心痛得不想说话，也什么都说不出来，说真的，那一刻，我真想哭……"

李嘉诚说到这里，已泪水潸然。

回港后，李嘉诚与家乡飞鸿不断，他在信中恳切道，"乡中若有何有助于桑梓福利等事，我甚愿尽我绵薄。原则上以领导同志意见为依归。倘有此需要，敬希详列计划示告"，"月是故乡明。我爱祖国，思念故乡。能为国家为乡里尽点心力，我是引以为荣的"，"本人捐赠绝不涉及名利。纯为稍尽个人绵力"……

1980年间，李嘉诚捐资2200万港元，用于兴建潮安县医院和潮州市医院，大大改善了潮州的医疗条件。

其后，李嘉诚积极响应市政府发起的募捐兴建韩江大桥活动。李嘉诚捐款450万港元，名列榜首，庄静庵（其舅父岳父）居其二，陈伟南（香港屏山集团主席，饲料大王）列第三。共集善款5950万元人民币，大桥于1985年奠基，1989年竣工。在大桥东侧笔架山，有一座韩江大桥纪念馆，在捐资芳名榜中，李嘉诚彩色大照位于正中。

李嘉诚还多次捐善款，资助家乡有关部门设立医疗、体育、教育的研究与奖励基金会，每笔数额10万至150万港元不等。

李嘉诚慷慨解囊，善举义行，在家乡广为流传。尤令人称道的是，他淡泊功名，保持低调。他不同意以他的名字为潮安、潮州两医院命名。1983年元宵节，家乡政府有多项包括潮安、潮州医院在内的工程落成与开幕剪彩仪式，李嘉诚不愿参加剪彩活动。最后在有关领导的多次劝说下，才在开幕前的一分钟赶到医院剪彩。

李嘉诚的善行又岂止在他的潮州老家?

1984年,他向中国残疾人基金会捐赠100万港元;1991年,他又捐出500万港元,并表示从1992年至1996年,陆续捐赠6000万港元。

1987年,他向中国孔子基金会捐款50万港元,用于赞助儒学研究,该基金会在山东曲阜为李嘉诚树碑立传。

1988年,他给北京炎黄艺术馆捐款100万港元。同年,捐200万港元资助汕头市兴建潮汕体育馆。

1989年,捐赠1000万港元,支持北京举办第11届亚洲运动会。

1991年7月12日早晨,李嘉诚边用早餐,边听广播,惊悉中国华东地区发生百年未遇的特大水灾。他立时用电话与长实系四家公司的首脑联系,取得共识后,即通知新华社香港分社,以长实、和黄、港灯、嘉宏四家公司的名义,捐出5000万港元赈灾。

11时,李嘉诚在华人行办公室,接受香港《文汇报》等多家报馆记者采访,他说过去对公众事业,一般是以私人的名义,这次以公司的名义,是想让全公司的股东和员工都参与,国家有难,匹夫有责。

"作为一个在香港的中国人,这是应该做的事。以香港今天的情况,每个中国人尽心尽力,应有很大的力量可以帮助华东灾区。希望各界人士、各个社团,只要经济能力许可的,都踊跃参加,用最快速度、最有力的方式来支援灾区。"

据14日的《文汇报》报道,在李嘉诚先生的倡议下,全港市民掀起救灾的热潮。这次活动,香港市民共捐赠5.66亿港元。

数日后,李嘉诚得知汕头遭遇强台风灾害,即以个人名义捐500万港元予汕头市政府。

李嘉诚在广州市、广东省的其他地方,先后有数千万港元的捐款。较大的捐赠项目有:认捐1000万港元,资助广州市科技进步基金;以公司名义,捐助1000万港元予广东省教育基金会。

汕头大学的建立,是李嘉诚在祖国义举的一块丰碑,从1979年至今,他捐出的款额逾8亿港元——本书将于下章详述。

李嘉诚在香港也是一个大慈善家。

从1977年起,他先后给香港大学等几个教育机构及基金会,捐款5400多万港元。

1984年,他捐助3000万港元,于威尔斯亲王医院兴建一座李嘉诚专科诊疗所。

1987年,他捐赠5000万港元,在跑马地等地建立三所老人院。

1988年,他捐款1200万港元兴建儿童骨科医院,并对香港肾脏基金、亚洲盲人基金、东华三院捐资共1亿港元。

20世纪80年代至今，他对香港社会福利和文化事业的几十家机构捐善款逾1亿港元。

李嘉诚有个宗旨，"发达不忘家国"，"办公益事业乃是我分内之天职"。他说，"没有钱是办不成事的"，但"金钱却也不是万能的"，"对有些地方、有些事，就是有了钱也不能解决问题的"，"只要我捐出的有限的钱，能为社会带来较大的益处，我就终身无悔"，"我当努力办实业，只有盈余多了，才能拿出多一些的钱，用于社会"……

李嘉诚在商业上的辉煌业绩，以及在公益事业上的慷慨之举，为他赢得无数的荣誉。中国领导人邓小平、赵紫阳、江泽民、李鹏等多次接见他，高度表扬为国为家乡做出的贡献。

1986年，香港大学校监、港督尤德爵士授予李嘉诚名誉博士称号。

1989年元旦，李嘉诚获英女王伊丽莎白颁发的CBE勋爵及勋章奖章。

附：好事近

——赖少其

李嘉诚先生爱国爱乡，出巨资为人民造房、办学、建医院，修复名胜古迹，人皆感之。余恭逢盛会，作此以赠。

见今日，潮州城里，

万人空巷，爆竹喧天，

海外赤子，热爱家乡。

不是唐时长安，胜过长安。

思往昔，韩退之，

被逐长安，路遥马疲过庾关，

始知梅花放。

岭东春暖，同心合力，

建设好江山。

注：1983年元宵节，潮州举行李嘉诚捐建的潮州、潮安两医院剪彩仪式，画家、书法家赖少其有感而作。

第二十一章

汕头大学　泽被桑梓倾心血

早在 1920 年，陈嘉庚先生捐资创办厦门大学时，潮州人士及潮籍华人就有创办潮汕大学的愿望。潮汕离厦门不远，两地间学人商人多有往来，陈嘉庚曾对潮汕人士说："你们那里也有一所大学就好了。"

由于种种原因，到 20 世纪 80 年代前，潮汕大学仍只是美好愿望。

李嘉诚出身书香门第，祖父李晓帆是清末秀才，父亲李云经及伯父叔父，全部是教师。李嘉诚幼时接受了良好的教育，少年时不得不辍学，踏上社会谋生。他饱尝失学之苦，靠刻苦自学，磨炼出建功立业的智慧。他目睹战后迅速发展的国家和地区，无不是兴学兴国。

如果，李嘉诚不是对"兴学育才"有深切的体验与挚爱；如果，李嘉诚不是顶尖级巨富的话——汕头大学的创立，至少不会像今天这么顺利。

粉碎"四人帮"后恢复高考，潮汕学子莫不以能进厦大为荣。一来，厦大是全国著名的重点大学；二来，厦门是离汕头最近的一座城市。

我们潮汕在海外的华侨和同胞，不比厦门的少，为什么他们 60 年前能办成的事，我们潮汕今天都办不成？在港澳和东南亚，数我们潮汕的富商最多！

潮汕的干部群众，潮汕在海外的学人商人，关于在潮汕办一所大学的呼声愈来愈高。

1979 年，邓小平、廖承志等国家领导人，在接见旅泰华侨代表团时，转达了潮汕人民渴望在本地区办大学的愿望，希望旅泰华侨带一个好头。

中央同意在汕头办大学的消息在海外华人中传开。各地华侨团体发出倡议。兴建大学耗资巨大，在泰国一时还没有顶尖级的华商巨富牵头，结果让香港的潮商捷足先登了。

香港南洋商业银行董事长庄世平先生，是海外华人的翘楚。他是全国政协常务委员、中华全国归国华侨联合会副主席、香港华人银行界的老行尊。发起香港商界支持办学的重担，自然落在他肩上。

1979年秋的一天，李嘉诚来到庄先生办公室，向他表达心愿："现在中国政府顺应民心，实行开放政策，使旅居各国华侨、港澳同胞更感报国有门。"他又说："关于创办汕头大学的事，刻不容缓。就让我先带个头吧！相信以后会有人跟着来的！"

庄世平对李嘉诚的心愿大为赞扬。李嘉诚突然问："办一所大学需要多少？"

庄世平微笑道："这当然是需要很多投资的，也许会是个无底洞！钱越多越可以把事情办好。"

李嘉诚不假思索道："那我就先出 3000 万吧。"

1980年5月，汕头大学筹委会在广州成立，主任是广东省委书记吴南生。

1981年8月，国务院正式批准成立汕头大学。11月，任命许涤新为汕头大学首任校长。校址选在汕头市郊桑浦山南麓。

原本，李嘉诚先捐 3000 万港元，是想带个好头，但实际上，最后基本成了他独立捐建。一般来说，商人认捐，多是意思意思。他们更舍得在自己认准，是以个人的名义赞助的社会公益项目上大解私囊。其他的潮籍富商反应不热烈，笔者绝无批评之意，不愿自己的善款湮没在众多浩大的善款之中，是商人的正常心理。泱泱中国，需要赞助的公益慈善事业，绝非汕头大学一项，不可强求其他商人唯李嘉诚马首是瞻。事实上，广大华侨港胞，在中国无数项公益慈善事业上，都有值得称道的表现。

李嘉诚不是捐款了事，他更倾注了心血。

陈衍俊先生从 1981 年起就参加汕头大学筹备工作，他在其著作中写道：

> 这个阶段（筹备阶段），李嘉诚与汕头地区、市政府领导人和汕大负责人的主要精力和主攻目标，集中地放在抓"硬件"的工作上，也即是迅速解决第一期建校工程问题。承担这方面的艰巨任务的是香港伍振民建筑师事务所和汕大筹委会办公室基建部门的建筑设计师工程师和同事们。香港伍振民建筑师事务所受李嘉诚先生委托，专门负责整体设计之职，并与汕大筹委会办公室基建组、北京有色金属冶金设计院紧密合作进行建校蓝图的设计。汕大校区占地1平方公里，总体规划建筑面积25万平方米。据悉，总体设计先后六易其稿，历经20多次反复认真的切磋和讨论研究修改，方才定案。

1982年，受世界经济衰退的影响，加上撒切尔夫人访华引发香港信心危机，香港股市地产急剧下挫。1981年，长实的年盈利 13.85 亿港元；1982年，长实盈利下跌到 5.26

亿港元，跌幅高达 62%；1983 年，公司盈利继续下跌至 4 亿港元。

长实情况不妙，整个香港业界更是一片黯淡，移民走资的浪潮风起云涌。一些回潮汕老家的港商说："看这情况，香港的有钱人都会跑光了。"一时间，潮汕流言四起，"汕头大学要垮台了！""李嘉诚泥菩萨自身难保，不会再拿钱来建校了！"有一些人，还跑来汕大基建工地，看看是否开工，是否如传闻所说摘下了筹委会的牌子。

笔者那时在广州，也听说汕大筹建遇到麻烦的传闻。我曾对一位在穗办事的香港潮商说："你们潮汕那么多人在香港东南亚，有钱的大老板成千上万，一个人出一点钱，盖几座大学都不成问题，也就不会叫李嘉诚一个人为难了。"

这位潮商支支吾吾，表示同意我的意见。我那时刚参加工作，不懂得察言观色，直言快语道："你捐了多少钱？没有百万，也有 10 万吧？"

潮商坦诚相告："我一蚊（一元）也没捐，那是李先生立的碑，我把公司的盈余全填进去，只是碑里的半块砖头，说不定还埋在土里头。我太太叫我不要做老衬（傻瓜）。再说来，我老家村里的亲戚也通不过，要我捐几蚊湿湿碎（小意思）。要不，他们在村里脸上无光，说不起话。我捐了 4 万蚊建村周的牌坊，干部们把我当恩公，我那些亲戚，也都威水多了。"

我的同事说这位港商思想觉悟有问题，利欲熏心，斤斤计较。不过现在回想起来，他说的是大实话，代表了众多商人的心理。这也就意味着，汕头大学成与不成，大概唯有靠李嘉诚一人了。

也许，李嘉诚在香港处于孤立无援的境地；也许，他原本就不对其他人寄以厚望。在公司状况不佳，流言四起的非常岁月，李嘉诚终于表态了。1983 年 5 月 23 日，李嘉诚给汕大筹委会主任吴南生写信：

"鉴于汕大创办成功与否，较之生意上以及其他一切得失，更为重要。"

1983 年 7 月 29 日，在广州解放路广东迎宾馆，广东省委第一书记任仲夷、省长梁灵光、省委书记吴南生、全国侨联副主席蚁美厚等，会见李嘉诚、庄世平两先生。李嘉诚再次表示：

"我在事业上，一切都可以失败，但汕头大学一定要办下去！"创办汕大，"这是我作为一个国民应尽之天职，亦是我抱定之宗旨！"

任仲夷等领导高度赞扬李嘉诚的高尚行为。任仲夷说：

"闽有陈嘉庚，粤有李嘉诚；前有陈嘉庚，后有李嘉诚。"

1983 年秋，汕大首期工程开工，首次招收学生。同年 12 月 31 日晚，李嘉诚在汕头大学奠基典礼庆祝大会上发表讲话：

"我认为汕大的创办，是合乎民意，深得人心的。千方百计以破釜沉舟精神，务必使之建成办好，这就是我的最大心愿。"

翌日元旦，在汕头大学奠基典礼剪彩仪式后，李嘉诚在龙湖宾馆举行的中外记者招待会上说：

"创建汕头大学是一个国民应尽的天职。支持国家，报效桑梓，乃是我抱定的宗旨！

"最先进的科学技术和机器，也需要有优秀思想文化素质的人才去操纵去控制。汕头大学的创办，就是要为国家四化培养人才，为潮汕地区培养出一流人才。为潮汕人民服务，为改变潮汕的落后面貌出力！"

陈衍俊先生在其著作中叙述道：

尽管当时李嘉诚面对的是香港经济的严重困难时期，但是为了汕大的事业，他除了自己要付出许多时间关心汕大的工作外，在香港公司内，还组织了一个专门负责汕大事务的工作班子。经常派出工作人员来校了解情况解决问题和困难。派出专家和建筑师，到建校工地进行具体现场指导，严格要求建校工程质量上乘。多方收集世界先进国家名牌高等学府的有关教学、科研、行政、管理的先进经验及资料，送给汕头图书馆供教职工学习、参考、借鉴。在繁忙的商务活动中，总要安排时间会晤到香港的世界知名学者、专家、教授，倾听他们关于如何办好汕头大学的意见。每次到外国进行商务活动，也总要安排出一定时间，去访问一所有影响有名气的大学，去获取经验，去取得感性认识。还积极为汕大聘请外籍教师，为汕大教师出国深造、访问、讲学，争取参加有关国际性学术会议等创造了许多有利条件，提供了许多方便……

桑浦山南麓迤有奇峰险洞，青山似黛，山石嶙峋，翠绿宜人。校区地带开阔平坦。校区内北端还拥有日月湖水库，拥有水面面积150亩。新建水中亭榭之后，红瓦飞檐，碧波辉映，益显幽深佳丽……

整个校园的建筑特色集中了中西方大学的优点，其显著特点是：采用套方式密集型的四合院布局，和支柱层架空庭院式的结合；处处连廊相通，连廊长600米；能适应长期发展需要，既可以分期建设而条理井然，又能确保原设计的统一格调。

校园建筑这个硬件是上去了，可还有一些软件不尽如人意。这不是花钱就能做到的，必须依靠政府——并且不是省市政府全能解决。李嘉诚向邓小平写了一封信，决定求助国家最高领导人。

1986年6月20日，邓小平在人民大会堂会见了李嘉诚，对他捐办汕头大学的爱国行为表示赞扬。邓小平对李嘉诚，同时也是对陪同会见的国家教委主任李铁映说：

"创办汕头大学，这是一件好事！汕头大学要办，就一定要办好。在全国，要调一批好的教员到那里去，把汕大办好！汕大应该办得更开放些，办成全国重点大学。"

同日，国务院总理赵紫阳也会见了李嘉诚。

李嘉诚为创办汕头大学，倾心竭力，不计名利。有关领导，多次询问李嘉诚的意见，想以某幢建筑，以他和他父亲李云经先生的名字"命名"，李嘉诚坚决反对。在大礼堂的命名问题上，有人知道李嘉诚会拒绝，建议命其名为"未名堂"。北京大学有个"未名湖"，李嘉诚还是"识破"了好心人的"鬼主意"，予以拒绝，他说："本就是大礼堂，就叫大礼堂不是很好吗？"

人们由此联想到陈嘉庚先生，陈先生也是坚决拒绝以他的名字命名校名建筑，更反对为他立塑像。

陈嘉庚、李嘉诚都未在校园为自己树碑立传。他们的高风亮节，在人们心中树起一块丰碑，在中国教育史上写下令后人崇仰的篇章。

1990年，广东省委书记林若，把李嘉诚创办汕大比喻成"彩带丰碑"。"彩带"之意，即联系全世界华人之彩带；"丰碑"即是李嘉诚的业绩。

1990年2月8日，汕头大学隆重举行全面落成典礼。

是日，李嘉诚携李泽钜、李泽楷两公子及长实集团高级助手参加典礼。出席庆典的政要有：国务委员李铁映、全国人大常委会副委员长荣毅仁、广东省委书记林若、广东省政协主席吴南生、国家教委副主任何东昌、新华社香港分社社长周南、国务院港澳办副主任李后、全国侨联副主席庄世平等，李嘉诚的好友李兆基、郑裕彤、何添等大企业家亦同来助兴庆贺。

汕头大学校长在《答谢词》中说：

> 李嘉诚先生为了创办汕头大学，不但慷慨解囊，捐献近6亿港元巨款，而且亲自参与筹划，为解决汕大的种种问题而竭诚尽力。李嘉诚先生捐资兴学、育才强国的义举，将在我国高等教育史上留下光辉的一页！

汕头大学校董会主席吴南生，撰写了《汕头大学建校纪略》，镌刻在大理石石碑上，该文记述了建校的全部过程，并对李嘉诚先生和中央省市各级领导，以及海内外各方人士表示感谢。碑石立于校园中心广场的中央。

到1993年2月2日，李嘉诚对汕大的捐款总额达8.8亿港元。

附：赞贺李嘉诚

李嘉诚博士，彬彬君子，荦荦盘才，为蜚声寰宇之实业家也。比年对慈善事业之用款，动辄以亿元计。造福人群，贡献之巨。尤以独力创立汕头大学，迄今支逾6亿港元。

气量恢宏，罕与伦比。俗以求财固难而用财更难。若先生者，能以取诸社会用于适宜之地，可谓两得其道矣。

广被舆论推崇，岂独为吾潮人之殊荣，亦应时间出之典范也。

注：此文为香港潮州商会第 36 届董事会全体董事，于 1990 年 6 月，贺李嘉诚先生荣获英女王伊丽莎白二世颁授的 CBE 勋爵勋衔所做的赞贺。

第二十二章

堪称楷模　克勤克俭善待人

1995 年 8 月，香港《文汇报》刊出有关李嘉诚的访谈录，李嘉诚说："就我个人来讲，衣食住行都非常简朴、简单，跟三四十年前根本就是一样，没有什么分别。"

李嘉诚住的房子，仍是 1962 年结婚前购置的深水湾独立洋房。这在当时，以李嘉诚的身份，确实"高档"了些。但现在，李嘉诚作为本港首席财阀，住这样的房子就显得有点寒碜。从 20 世纪 80 年代中起，住在山顶区的部分英国人陆续撤离，腾出的花园洋房，大都为华人富豪买去。都说，本港顶尖级富豪，该住进顶尖级的豪宅区，李嘉诚对老房子情有独钟。

深水湾的李宅外观不气派，内部亦不算豪华，看不到海景。不过现在价格不菲，估值在 1 亿港元以上。

李嘉诚在家中的生活外界不详，他从不在家中接待记者。只知周日，他一家人常会驾游艇出海游玩。李嘉诚有两艘游艇，已用了多年，现在已算不得豪华。

李嘉诚的衣着倒是有目共睹的，他常穿黑色西服，不算名牌，也比较陈旧。1992 年 5 月 20 日《人民日报》（海外版）一篇《李嘉诚生活俭朴》的文章介绍道：

> 李嘉诚说，衣服和鞋子是什么牌子，我都不怎么讲究。一套西装穿十年八年是很平常的事。我的皮鞋 10 双有 5 双是旧的。皮鞋坏了，扔掉太可惜，补好了照样可以穿。我手上戴的手表，也是普通的，已经用了好多年。

手表成为李嘉诚节俭的象征，凡是涉及李嘉诚个人生活的文章，没有不谈手表的。据介绍，李嘉诚早年戴的是极一般的日本精工表，后来电子表流行，他改为西铁城电子表。

　　且不论是哪一级富豪，就是白领阶层，戴一两百万元的瑞士名表，比比皆是。李嘉诚的戴表水平，只属于低收入打工一族。

　　李嘉诚决不认为手上的表掉其高资身份，他反而引为自豪，他常常把手表展示给外国记者看。《李嘉诚——香港房地产巨人》一文谈道：

　　　　一位外国记者曾评论说，李嘉诚看上去不像一位难对付的商人，而像一位和蔼可亲的中学校长。他经常身穿一套黑色西服，白色衬衣、素色领带。有一次，他指着手上戴的西铁城电子表，对来访的客人说：“你戴的表要贵重得多，我这个是便宜货，不到50美元。它是我工作上用的表，并非因为我买不起一只更值钱的表。”

　　　　他从不炫耀自己的财富，在私邸中一住就是20多年。他使用的豪华汽车、游艇都是私人的，甚至工作午餐也不列入公司账目。长江集团在站稳脚跟之前，为了表示对公司的信心并节约开支，多年来，他自己掏腰包，支付各位董事的薪金。

　　没有人知道他在私邸里的消费，他出身苦寒，外界均认为不会奢侈到哪里去。李嘉诚在公司，与职员一样吃工作餐。他去巡察工地，地盘工（建筑工）吃的大众泡沫盒饭，他照样吃得津津有味。公司来了客人，他不带去高级酒楼，就在公司食堂吃，比平时多几样冷菜炒菜，分量不多，但能吃饱，又不至于浪费。

　　他不抽烟、不喝酒，也极少跳舞，舞技自然很一般。在香港西人眼里，他是个“没有生活情趣的典型东方人”。若论业余交往，他出人意料最喜欢与风度翩翩、具有欧亚混血特征的何鸿燊交往，称雄赌场的赌王，同时又是舞场的舞王——70多岁，仍舞姿优美矫健。

　　李嘉诚唯一为西人推崇的嗜好，是打高尔夫球。深水湾有一个高尔夫球俱乐部，李嘉诚每天都要去玩几杆。两处相隔不远，李嘉诚驾车去，只需5分钟车程。

　　李嘉诚还是皇家香港高尔夫球会会员，约每周去一次。去那儿更重要的不是锻炼，是消遣放松，更是会会老友。李嘉诚的不少信息，还有不少生意，都是在球会获得与促成的。

　　皇家球会实际上是贵族俱乐部。会员非富即贵。会籍分可转让与不可转让两种。可转让会籍，1992年才300万港元一张，到1995年初，已涨到1200万港元；不可转让会籍，一般要等20年才能轮到（实际上是等持证人自然消亡）。俱乐部里额外消费，亦非常昂贵——不过，从信息与业务这一角度讲，李嘉诚花这个钱值得。正与他自己常说的一样，“我这个人对生活没什么高要求”。

　　李嘉诚拥有好几部轿车，名车大众车皆有。在10多年前，他的座驾多是白领阶层那一档的轿车，使用的是柴油，“超过九成九用300，有时用200”。现在用的多是日产总统型，据他说是为了安全，才改用这种大马力的车，李嘉诚打趣道：“贼人开2000CC的日本车打劫已经可以爬我头上了。"他有一部劳斯莱斯，市值数百万。以李嘉诚世界华人首富的身份，他坐劳斯莱斯，完全合其身份，且无人议论。他这部劳斯莱斯已近30年，李嘉诚曾对《经济日报》记者说："我自己决不会坐，只有陪客时才劳驾它代步。"

1993年第7期的《世界经济》，对日产总统型房车如是评述：

> 犹记得3月中公益筹款活动中，一部日产总统型房车以160万由另一地产商投得。日产总统型房车来头不小，首先它是日本皇室御用座驾，置身其中，独享尊贵典范；其次此车矜贵难求，日本本土以外，除了在香港便没法找到，加上配额仅40部，非泛泛之辈能坐拥……

李公子泽钜的婚礼，"花车是劳斯莱斯，李嘉诚坐的日产总统型房车，到会嘉宾中何鸿燊坐的是劳斯莱斯，利国伟及郑裕彤的座驾亦同属日产总统型号。屈指一数，当日停泊在教堂门外的豪华房车，分别有19部奔驰、3部劳斯莱斯及10部日产总统型房车"。

大多数人认为，李嘉诚既然已拥有名贵价昂的劳斯莱斯，自己独享几次也无妨，大可不必打入"冷宫"。李嘉诚的意思，坐太名贵豪华的车，恐会使自己贪恋奢侈，忘记勤俭。

诚然，日产总统型房车，亦名贵价贵。不过，李嘉诚开始拥有时，名气并不大——香港人仍偏执地青睐欧美名车，而认为日本只配生产皇冠、丰田、本田等价廉省油的大众车。李嘉诚具有名人广告效应，他拥日产总统型为座驾，令此车身价大增，本港富豪纷纷增购此车，作为欧美名车的调剂。该车的配额，原少人问津，现在趋之若鹜。

李嘉诚的偏宠，救治了一种车的销路。记者惊奇地发现，原来日产总统型房车为他参股的中泰合诚汽车公司代理经销——推销术如斯，令人五体投地，敬若神明。

这大概是好事记者的主观臆测，并将自己的臆测强加于李嘉诚头上。合诚汽车业务经理吴少强表示，富豪购拥总统型房车，虽有利于促销，但最关键的，是这种车性能优良，物超所值。

在香港商界，潮籍人以节俭、勤奋、精明而著称。也有人说潮州人孤寒（吝啬、小气）。1995年12月1日国际潮团联谊会在港开幕，仪式完毕后，李嘉诚立即被记者包围住，有记者提到"潮州人孤寒与否"的问题。

李嘉诚说："潮州人只是刻苦，而非孤寒。"他强调："我绝对不孤寒，尤其对公司、社会贡献方面和'作为中国人应做的事'上，绝不会吝啬金钱。"

前一章，专门谈到李嘉诚对社会公益的贡献，于此，专门谈谈李嘉诚对公司及他人的做法、作风。

李嘉诚在董事袍金上的做法，成为香港商界舆论界的美谈。李嘉诚出任10余家公司的董事长或董事，但他把所有的袍金都归入长实公司账上，自己全年只拿5000港元。这5000港元，还不及公司一名清洁工在20世纪80年代初的年薪。

以20世纪80年代中的水平，像长实系这样盈利状况甚佳的大公司董事袍金，一家公司就该有数百万港元，进入20世纪90年代，便递增到1000万港元上下。李嘉诚20多年维持不变，只拿5000港元。按现在的水平，李嘉诚万分之一都没拿到。

李嘉诚曾兼国际城市的主席，该公司为他开200万港元袍金，李嘉诚全部入长实账号。

与李嘉诚不谋私利的罕见做法比，刘銮雄大概属另一个极端。1989年度，爱美高系的爱美高股东应占盈利0.47亿港元，而董事6人袍金竟达0.46亿港元；该系华置盈利1.56亿港元，董事袍金0.36亿港元；该系中娱亏损0.61亿港元，董事袍金0.36亿港元；保华亏损0.53亿港元，董事袍金仍不菲。光刘銮雄主席一人，年董事袍金达1亿港元，故舆论称他不再是"打工皇帝"，而是"打工上帝"。

在董事袍金这点上，李嘉诚问心无愧。他曾与美国《财富》记者说道："确如外界所传，我的董事年薪（袍金）是641美元，这比办事员的工资都低得多。不过，我即使支取1000万美元董事年薪，它比我所做的工作该拿的都少。"

业界人士，对李嘉诚拿象征性袍金深表折服，却不敢效仿。有人理直气壮道："董事袍金，是我参与决策管理的契约酬劳，我为什么不该拿？我不是大股东，我一家靠什么吃饭？"

不少舆论为此观点推波助澜，说李嘉诚"小利不取，大利不放"。他每年放弃数千万元袍金，却获得公众股东的一致好感，爱屋及乌，自然也信任长实系股票。甚至李嘉诚购入其他公司股票，投资者莫不赴其后尘，纷纷购入。李嘉诚是大股东和大户，得大利的当然是李嘉诚。有公众股东帮衬，长实系股票被抬高，长实系市值大增，李嘉诚欲办大事，很容易得到股东大会的通过。对李嘉诚这样的超级富豪来说，袍金算不得大数，大数是他所持股份所得的股息及价值。1994年4月至1995年4月的年度，李嘉诚所持长实、生啤、新工股份，所得年息共12.4亿港元——尚未计他的非经常性收入，以及海外股票年息。

故有人言，一般的商家，只能算精明。唯李嘉诚一类的商界翘楚，才具备经商的智慧，舍小取大，李嘉诚又是其中最最聪明的人。

笔者认为，凡经商，皆是为利，如俗话说："君子爱财，取之有道。"李嘉诚能不为眼前利益所动，处处照顾股东和公司的利益。这在拜金若神、物欲横流的商业社会，李嘉诚能做到这一点，难能可贵。

不错，李嘉诚确实舍小利，而谋取大利。他拥金据银，却不大撒银纸追求奢侈，而拿出不菲的一笔用之于公益，就此一点，更是难能可贵。

善待他人，是李嘉诚一贯的处世态度，即使对竞争对手亦是如此。商场充满尔虞我诈、弱肉强食，能做到这点，不少人认为是不可能的事。

香港《文汇报》曾刊登李嘉诚专访。

主持人问道："俗话说，商场如战场。经历那么多艰难风雨之后，您为什么对朋友甚至商业上的伙伴，抱有十分的坦诚和磊落？"

李嘉诚答道：

"最简单地讲，人要去求生意就比较难，生意跑来找你，你就容易做。一个人最要紧的是，要有中国人的勤劳、节俭的美德。最要紧的是节省你自己，对人却要慷慨，这是我的想法。顾信用，够朋友，这么多年来，差不多到今天为止，任何一个国家的人，任何一个省份的内地人，跟我做伙伴的，合作之后都能成为好朋友，从来没有一件事闹过不开心，这一点我是引以为荣的。"

最典型的例子，莫过于老竞争对手怡和。李嘉诚帮助包玉刚购得九龙仓，又从置地购得港灯，还率领华商众豪"围攻"置地。李嘉诚并没为此而与纽璧坚、凯瑟克结为冤家而不共戴天。第一次战役后，他们都握手言和，并联手发展地产项目。

"要照顾对方的利益，这样人家才愿与你合作，并希望下一次合作。"追随李嘉诚20多年的洪姑娘洪小莲，谈到李嘉诚的合作风格时说，"凡与李先生合作过的人，哪个不是赚得盆满钵满。"

林燕妮对此更有深切体会。她曾主持广告公司，而与长实有业务往来。广告市场是买方市场，只有广告商有求于客户，而客户丝毫不用担心有广告无人做。这样，自然会滋长客户尤其是像长实这样的大客户颐指气使、盛气凌人。

林燕妮回忆道："头一遭去华人行的长江总部商谈，李嘉诚十分客气，预先派了穿长江制服的男服务员在地下电梯门口等我们招呼我们上去。

"电梯上不了顶楼，踏进了长江大办公厅，更换了个穿着制服的服务员陪着我们拾级步上顶楼，李先生在那儿等我们。

"那天下雨，我一身雨水湿淋淋的，李先生见了，便帮我脱下，他亲手接过，亲手替我挂上，不劳服务员之手。"

双方做了第一单广告业务后，彼此信任，李嘉诚便减少参与广告事宜，由洪小莲出面商量下一步的售楼广告。

"有时开会，李先生偶尔会探头进来，客气地说：'不要烦人太多呀！'

"我们当然说：'愈烦得多愈好啦，不烦我们的话，不是没生意做？'……"

加拿大名记者John Demont对李嘉诚的为人赞叹不已：

"李嘉诚这个人不简单。如果有摄影师想为他造型摄像，他是乐于听任摆布的。他会把手放在大地球模型上，侧身向前摆个姿势……

"他不摆架子，容易相处而又无拘无束，可以从启德机场载一个陌生人到市区，没有顾虑到个人的安全问题。他甚至亲自为客人打开车尾厢，让司机安坐在驾驶座上。后来大家上了车，他对汽车的冷气、客人的住宿都一一关心到，他坚持要打电话到希尔顿酒店问清楚房间预订好了没有，当然，这间世界一流酒店也是他名下的产业。"

有人说李嘉诚的作为带有功利性。诚然，在香港这个商业社会，人想绝对没有功利意识是不现实的。不过，李嘉诚的"予人以善"，更多的是他所受的传统文化的熏陶，以及父母对他的谆谆教诲。这种思想，已深融入他的心灵。

也许，下面这个例子，更能说明问题。

1991年秋，李嘉诚收到一位英国丁姓华侨的来信，他在信中叙述自己山穷水尽，万念俱灰的处境。李嘉诚日理万机，平时连一些重大的应酬都无法对付，他却亲笔复信，以诚挚的态度为对方"指点迷津"：

丁先生：

　　人生起伏无常，尤其从事商业。穷人易做，穷生意难做。所以你们现在面临的困难，只是数千年来无数生意人曾经面对的苦痛的一部分。但如果明白大富在天，小富在人，如果肯勤俭有效力面对现实，尽心经营，则俗话所说："山重水复疑无路，柳暗花明又一村。"说不定不久你们又有一个好和新的局面。即使一切都不如意，退一步想，则海阔天空。以今日英国的工资水平，最大不了，最多找一份职业，生活应绝对无问题。留得青山在，不怕没柴烧！送上英镑五百，请你俩一顿晚餐。想想明天会更好！想想世界上有多少更苦的人！

李嘉诚视名誉如生命。他常说："名誉是我的第二生命，有时候比第一生命还重要。"

林燕妮首次赴华人行的长江总部，与李嘉诚商谈广告事宜。奇怪的是，一坐下来，他（李嘉诚）开腔的并非谈公事，而是澄清传媒对他的绯闻传言。

"李嘉诚说：我跟某某港姐绝对没关系，亦不认识，外边乱讲。"

地产商不止一个姓李的，传媒也没有说是"长江"的李姓地产商，更没描绘该李姓地产商高高额头，戴眼镜，平时好穿黑色西装，说话带潮州口音。李嘉诚确实过于小心，他与林燕妮谈这事，是林燕妮仍是新闻圈中人——本港屈指可数的名牌专栏作家。李嘉诚这般解释，大概想借林燕妮女士之笔，予以澄清。

林燕妮事后说："我们是做广告的，绯闻我们不关心，但他显然十分介意。"

在社交场合，李嘉诚对女明星、女艺员、港姐亚姐，素来敬而远之，更怕与这些靓女合照。据说某刊重金悬奖，若哪位女艺员能像与阿燊（何鸿燊）一样，同超人合照，可出40万港元买她的照片。

不少传媒都谈到此事，在何鸿燊的海港酒店开幕酒会上，李嘉诚正兴致勃勃地与何鸿燊聊天。这时，珠光宝气的狄波拉笑容可掬地走来，李嘉诚见状，脚踏风火轮，逃之夭夭——躲过了记者的镜头。

何鸿燊与狄波拉原本就相熟，他听到狄波拉甜甜的欢声笑语即回头。一如一贯的作风，何鸿燊与狄波拉贴站在一起，让记者从各个角度拍个尽兴，也随他们刊于报刊，加以想象发挥配之妙文。拍完后，何鸿燊回头招呼超人，超人早逃得不见踪影。

李嘉诚视名誉为生命，他看重的实际上是清誉，而非荣誉。都以为，本港叫了他十多年超人，他该非常欣然地接受。就前不久，一位记者在访问中，称他是本港商界的超人。

李嘉诚马上插话道："不对的，不对的，我不承认，其实我是个普通人而已。"

《星岛晚报》曾开了一个不甚恭敬的玩笑，在一篇文章中称他是"大头李"。李嘉诚表现得很大度，未在任何场合暗示过对此绰号的不快。为此，少数作者，为显亲热幽默，在文章中，也这般称呼他。

李嘉诚处事小心，一些很细微的问题，他都要认真对待，以免给对方带来麻烦，或产生什么想法。

陈衍俊先生谈道，1987 年，李嘉诚来汕头大学出席会议，"和他握过手的几个新闻界同行，都敏感地发现，李嘉诚的手心有些发烫，说话的鼻音也浑重了。李嘉诚显然是感冒了，发烧还没退"。

连续两天的会议，李嘉诚"太劳累了，感冒又加上胃痛。但他仍然不动声色地打起精神坚持着。只是到了会议中间，他才走近我的身旁悄然地告诉我：'我要吃胃药，需要几块饼干送药，能找到几块饼干吗？'学校的人马上去买来肇庆产的菜汁饼干，李嘉诚吃过药，又回会议室开会。事后，他又悄然告诉我：'饼干，我的秘书从香港有带来的，可是一忙，放在宾馆里就忘着带来了！'他又非要交还买饼干的钱，我向他说明，几块饼干，区区小事，不足挂齿，他才作罢"。

这件事传开，汕大师生甚为感动。要知道，李嘉诚是汕大的独立赞助人，是汕大的恩公！

当然，也有人表示不解。如那位对李嘉诚赞叹不已的加拿大记者，又认为李嘉诚过于谨小慎微，他在文中说道：

李嘉诚"可以因一些小事而尴尬，好像他儿子泽钜在劳斯莱斯汽车上装的影碟机装得不好（注：有人批评他不似其父勤俭简朴），李嘉诚也要费唇舌解释。这位世界级富翁向人解释这些小事，真叫人大惑不解"！

在舆论开放的香港，尽管有人对李嘉诚的行为略有微词。但我们可这样说，在商界取得举世瞩目业绩的李嘉诚，在为人处世上，不失君子风范，堪称楷模。

◆第二十三章◆

母逝妻故　超人动哀亦凡人

李嘉诚的母亲李庄碧琴是个虔诚的佛教徒，李嘉诚早年人生观的形成，受母亲的影响颇大。佛教以慈悲为怀，即使在极其险恶的环境之中，母亲都以慈待人待事。她对李嘉诚及其弟弟妹妹的教诲亦如此。

中年丧夫子幼，母亲经历人生最大的打击，她不怨天尤人，总是默默地勤俭持家。李嘉诚从小挑起家族生计的重担，母亲拜佛祈祷，求儿子平安，事业顺利。

李嘉诚是个争气的孩子，他不但靠辛勤维持了一家的生计，还逐渐成为本港商界骄子。李嘉诚说："我旅港数十年，每碌碌于商务，然无日不怀恋桑梓，缅怀家国，图报母恩。"

按传统观念，李嘉诚可"光宗耀祖"了。李嘉诚的境界，显然高于这层。李嘉诚曾出资，重修40多年前的祖屋，在原有面积上，盖了一幢四层高的住宅，妥善地安排了堂兄们及其子女的住房问题。

李嘉诚最大的一项捐赠，却是在离家乡百余里的汕头兴建汕头大学。

李嘉诚以母亲李庄碧琴善女的名义，捐资210万港元修建潮州市开元镇国寺，另还捐款修复该寺的附属建筑。

在"家"与"国"的问题上，李嘉诚的做法颇圆满，受到母亲的赞许。

母亲住在渣甸山花园别墅，里面辟为佛堂，清幽宁静。李嘉诚每日都要去看望母亲，还特意为母亲带去素食。母亲住院治疗，他尽其孝心，侍奉汤药。

1986年5月1日，李庄碧琴老夫人仙逝。李嘉诚为母亲举行隆重的丧礼。这一天，港督卫奕信及其他政要、本港各界名流、潮汕籍同乡以及老家特派代表3000多人参加追悼大会。

以后，按佛教礼仪，为李庄碧琴善女举行超度。仪毕，其灵柩葬于柴湾佛教墓地。

20 世纪 90 年代，李嘉诚的事业与荣誉再攀高峰。长实全系如日中天，连续 4 年名列本港银行外财团榜首。1989 年新年第一天，李嘉诚便获英女王伊丽莎白二世颁发的 CBE 勋爵衔及勋章；10 月，他出席港督代表英王举行的颁发典礼。另外，是年 6 月 9 日，他获加拿大卡加里大学授予的名誉法学博士称号。

李嘉诚取得如此辉煌的业绩，与和他相濡以沫的爱妻庄月明的鼎助分不开。庄月明女士总是处于幕后，默默地教子相夫，辅佐丈夫的事业。她无所奢求，丈夫的成功就是自己的最大心愿。

1989 年西历"除夕夜"，李嘉诚出席在君悦酒店举行的迎新年宴会。不料翌日下午，夫人庄月明突发心脏病于嘉肋撒医院逝世，享年 58 岁。

香港《文汇报》说：

> 庄女士一旦撒手尘寰，闻者深为惋惜，致送花圈祭帐者不计其数，为历年所罕见，举殡之日，备极荣哀，前往致祭的官绅名流络绎不绝。

1990 年 1 月 4 日的丧礼，港督代表送来港督的亲笔慰问函。香港佛教联合会会长觉光法师主持佛教仪式道场。钟逸杰爵士、李鹏飞议员、汇丰银行主席浦伟士、加拿大商业帝国银行总裁传理敦等 10 位名士扶灵出殡。

长江实业（集团）公司董事李业广致悼词：

> 李夫人庄月明女士艰苦创业，敬业乐业，对公司做出卓越贡献，在家中，相夫教子，支持鼓励李先生为社会做出巨大贡献。她在年富力强的时候离开人间，实是无法弥补的损失……
>
> 李夫人同李先生结婚后，立即参与长江实业，共同推动公司业务进一步向前发展。虽然长江实业当时已具备了相当的规模，但由于李夫人全力协助，长实在 1972 年就在股票市场正式上市，业务蒸蒸日上，一日千里。
>
> 在家庭方面，李夫人尽心尽力相夫教子，栽培泽钜、泽楷两位公子长大成才。两位公子在李夫人的教导下，奋发好学，在很短时间内就完成了大学教育。担负相当大的责任……
>
> 李夫人虽然离开我们，但是泽钜、泽楷两位公子将会继续协助李先生实现李先生和李夫人的共同理想。李夫人重友情、重信义的优良品德将永远为一切亲友所怀念。

《明报周刊》多次在报道中用"泪流满面"形容丧礼中的李嘉诚，"尽管是商场巨人，面对生离死别之时，也禁不住流露出软弱柔情的一面"。

庄月明女士生前是长实公司董事。长实塑胶部的一位老员工在灵堂外接受记者采访时说：

"当年塑胶部只30多人，规模很小。明姐把我当弟弟般看待，凡事亲力亲为，她从不刻意打扮，穿得很随便。李先生那时也是什么都做，挨得很辛苦。"

一位老职员道："李夫人在相夫教子之余，依然在事业上协助丈夫。李太太为人向来低调，在李先生出人头地之后，甚少跟丈夫双双出席各大小宴会。"

原定在年初出席汕头大学的庆典活动。汕头方面的代表及李家亲友，劝他可否改期。李嘉诚几经考虑，说："不应因我妻子逝世的事改期，以免连累成千上万的人。请柬已发出，改期不妥。"

李嘉诚毅然节哀忍痛，带公子及朋友飞赴汕头，出席庆典活动。

附：1990年3月香港十大财团排行榜

名次	家族	所控上市公司市值	占总市值比例
1	李嘉诚家族	810.96亿港元	12.44%
2	凯瑟克家族	675.77亿港元	10.37%
3	施怀雅家族	507.51亿港元	7.79%
4	李兆基家族	282.86亿港元	4.34%
5	包玉刚家族	281.10亿港元	4.31%
6	嘉道理家族	271.26亿港元	4.16%
7	郭得胜家族	257.30亿港元	3.95%
8	郑裕彤家族	176.71亿港元	2.71%
9	陈曾焘家族	120.62亿港元	1.85%
10	罗旭瑞家族	66.09亿港元	1.01%

注：只计家族性财团所控的上市公司值；不可与富豪榜概念等同，有的富豪无一家上市公司，但资产甚茂；1990年3月30日本港上市公司总市值为6517.81亿港元；十大财团控制市值3450.18亿港元。

第二十四章

商界俊彦　李泽钜肩负大任

本港的世界华人首富李嘉诚，以其超人盖世的伟绩而蜚声海内外。超人是人，随着超人步入花甲之年，他们对谁来继承庞大基业的问题，日益关注起来。

李嘉诚曾多次声称，他素来不主张古老的家族性统治，更看重西方公众公司的一套。公司首脑由董事股东选举产生，而非父传子承，这样方可保持活力。如果我的儿子不行，我不会考虑让他们接班，我不在乎家族内和家族外的人秉掌大权。

本港另一位商界巨人包玉刚，在其离世前，已做好让其女婿接班的安排。至此，无子之憾的包大人（注：包氏有四位女儿）一块心病总算落地。

大凡任何中国人，皆"亲情难舍"。在香港，曾有不少"二世祖"照样克绍箕裘。他们或浪子回头，奋发图强；或有负父训，落得一败涂地。作为含着金钥匙出生的世家弟子，难免都会予人纨绔之气的臆念。据接触过李家两公子泽钜、泽楷的人称，李家公子毫无纨绔之气。不过，他们能否担当庞大基业的重任，就其老豆（老爸）李嘉诚，也不敢下结论。

李超人是血肉之人，在接班问题上，他同样表现出"亲情难舍"。超人不可超俗，乃人之常情。

李嘉诚、庄月明夫妇，在接班人培养上，可谓煞费苦心，远谋深虑，但绝不溺爱。

先看大公子李泽钜。

李泽钜1964年8月出生。其时李嘉诚在塑胶花行业独领风骚，在地产界还是新秀晚辈，在全港商界巨子中仍排不上号。可家族住宿条件却跻身富豪之列。那时，香港传媒未有众富资产排行榜，人们判断富裕的浅表标准，往往是独立洋房、名车游艇。

李泽钜从小就生活于这种家庭里。尽管父母仍在艰苦创业，奋力拼搏，李泽钜及乃弟从小就无衣食之忧、辍学之患。

李嘉诚正是在这种逆境中成长奋斗出来的，他深知优越的家庭条件并非全是好事。他在给予儿子良好教育的同时，又不忘对其磨炼。

李泽钜小学中学，就读于香港名校圣保罗英文书院。中三时，在父亲的安排下，远涉重洋到加拿大继续中学学业。李嘉诚给儿子的钱，足以满足日常消费，但绝不可能享受奢侈。远离家门的李泽钜，少年时就开始接受独立生活的锻炼。

中学毕业后，李泽钜考入美国著名的斯坦福大学念土木工程系——这也是父亲的意愿，房地产是家族基业的基石，是香港最具潜力的产业。李嘉诚初涉地产，常为专业知识之贫乏而分外苦恼，他非常羡慕留洋获得土木工程学位的胡应湘、陈曾熙等人。

李嘉诚对儿子的培养，还不限于此。在泽钜兄弟俩不满 10 岁时，李嘉诚就在长实会议室配有"专席"，让他的两位公子出席董事会议，接受最早的商业训练。

这件事，好些年后才披露出来，不然，当时就要被传媒炒得沸沸扬扬。有人不禁纳闷，不满 10 岁的孩子懂得什么？其实李嘉诚并不计较他们听懂了什么，重要的是商业氛围的熏陶。正如要培养一名音乐家，在襁褓时就要让他听曲子；造就一个航海家，在他学步之时就要让他到舢艇里颠簸。

20 世纪前叶的本港首富何东爵士，他的子孙无一人在商场崭露头角，而是清一色的专业人士。浩大的家产，在不断涌现的新贵的比拼下，日显黯然。

李嘉诚用心良苦，可见一斑。舆论均认为，庞大的李氏商业帝国，是李嘉诚白手创建的，他安排其子接班，无可厚非。

在李嘉诚大举进军加拿大前，他已做了巧妙的安排，让两位公子加入加拿大国籍（1983 年）。且不论李嘉诚是世界级富豪，就凭他在加国现有的物业，其子入加籍易如反掌。可见，李嘉诚赴加拿大投资，并非一时冲动。

20 世纪 80 年代中，李泽钜获得结构工程博士学位回港，在父亲的公司里任普通职员。李嘉诚不想让他一步登天，曾有董事提议让泽钜进董事局，遭到李嘉诚拒绝。李嘉诚年富力强，儿子接班，将是个十分漫长的过程。

培养大公子的"太傅"，是长实集团第二把手，毕业于剑桥经济系的董事局副主席麦理思。麦理思说，泽钜是个谦虚好学的好孩子，一点都不像世界级富豪的公子。

1986 年，李嘉诚、麦理思、马世民等频频与加拿大官员会谈，李泽钜常参与其中。长实的首脑们往返于香港欧美之间，同行的有一位不引人注目的年轻人——他就是李泽钜。此时，李泽钜仍在继续硕士学业。

1986 年 12 月，长实系和黄及李氏家族投资 32 亿港元，购入加拿大赫斯基石油公司

52%的股权。按加国法律，外国人不能收购"经营健全"的能源公司。李泽钜的加拿大籍成了交易成功的关键。其后，李泽钜有大半时间坐镇加国，打理家族在该国的业务。

赫斯基石油股权交易签约之后，李嘉诚曾对儿子说："这里不比香港，没有多少人认识我们，如果在香港，这可是大新闻。你躲进酒店的卧房，都会有电话追进来。"不知李嘉诚是嫌过于冷寂，还是随意说说。他说的确实是事实，当地传媒都在显著位置报道了这宗大型产权产易，而对收购方仅是轻描淡写、一笔带过，说是来自香港的某财团。

这话，被在场的加方华裔雇员听到，于是赫斯基石油公司主席布拉尔，为李氏父子及麦理思、马世民等举行盛大宴会，邀请加国的政界商界要员出席。加国商界由此而认识了李泽钜。

真正使李泽钜脱颖而出的，是他参与世博会旧址发展。

1986年，世界博览会在温哥华举办。落幕之后，各国的临时展厅或拆卸，或废弃。旧址为靠海的长形地带，发展前景良好，地皮为省政府的公产，可以较优惠的价格购得。

生活在温哥华的李泽钜，以他土木专业的眼光看好这块地皮，将可发展综合性商业住宅区。于是，他积极向父亲建议，理由如下：

一、世博会旧址附近都已开发，社区设施、交通等已有良好基础；二、温哥华这一区域，和一般大都市不同，并无高架公路，市容美观；三、旧址位于市区边缘，有市郊的便利而无市区的弊端，无论往返市区和郊区，同样便利；四、位置临海，景色宜人，海景住宅当然矜贵；五、香港移民源源不断开赴枫叶国（加拿大），对饱受市区嘈杂拥挤之苦而又嫌郊区偏远冷寂的港人来说，这样的海景住宅有相当的吸引力。

李嘉诚同意了儿子的"狂想"，认为最后一点尤显商业眼光。

说这是"狂想"，一点不夸张。整块地皮，大致相当于港岛的整个湾仔区，外加铜锣湾。迄今为止，香港有哪个地产商，在这么开阔的地段发展浩大的综合物业？这在加国建筑史上，也将是开天辟地头一遭。

投资耗大（后来确定的投资额达170亿港元），非长实集团所能承担。李嘉诚拉他同业好友李兆基、郑裕彤加盟，与加拿大帝国商业银行旗下的太平协和公司（李嘉诚占10%的股权）共同开发。抉择为各大股东（李嘉诚个人及集团占50%的股权，另50%为各股东分占），具体操作为李泽钜。

《富豪第二代》一书介绍：

> 李泽钜为这宏图巨构，一手一脚策划、设计，无尽心血，悉付于此，曾经在两年之间，出席大大小小公听会200多个，与各界人士逾2万人见过面，解释这个计划。当然，他的背后，父亲、师傅及其他人等，一直予以无限量支持。

1988 年，新财团以 32 亿港元巨款投得世博会旧址发展权。

一切都如期进行。1989 年 3 月，平整地盘的施工地段，赫然出现了一张"告同胞书"，措辞强烈，充满排外的极端情绪。这与加国政府为吸引华人资金和人才，大开方便之门的国策背道而驰。

"他们似乎完全看不见我也是加拿大公民，他们反应太过激烈。"李泽钜气愤而又无奈。

据传媒估计，当地人排外，还与李泽钜的另一宗生意有关。世博会旧址，以太平协和的名义签约之后，李泽钜将另一家公司的 200 多个新公寓，直接在香港发售。消息传回温哥华，当地传媒大肆渲染，引起本地人的不满，质问省政府：将来世博会物业，是否又卖给香港人，让这里演变为华人的天下？

省督林思齐博士为平息民怨，要太平协和保证，在这块极优惠的地皮上兴建的物业，不会只在海外发售，必须优先向当地人发售。这意味着，兴建的物业，将不可先期在香港卖好价钱。加国地价楼价低廉，这是公认的事实。

令人奇怪的是，这么大的风波，李嘉诚未出面，麦理思、马世民也未露面，而全盘托付给坐镇加国的太子。这表明，李嘉诚要考验儿子随机决断、谈判交涉的能力和毅力。

李泽钜即从滑雪胜地韦斯拉赶到温哥华。他的身份，仅仅是太平协和的董事；他的外貌，还是个未出校门的学子，给人不老成之感。李泽钜求见省督林思齐，问他：

"如果世博会发展搁浅，你会明白意味着什么？"

林思齐是 1967 年香港"左派动乱"时移民加国的，对香港的事再清楚不过。李嘉诚在香港的号召力，足以使流入加国的地产投资缩减至 2/3！更会使在香港移民潮中的受益省——卑诗省，落在其他省后面！

省督说服省议会，对李泽钜的要求做出让步，许可世博会物业，将可同时在香港和温市发售——这实际上是以向港民发售为主。省议员通过传媒，向市民说明利弊关系，称华裔移民是温市建设的和平使者，要善待他们。

同时，李泽钜也在积极配合，以争取民心，他在温哥华的一次记者招待会上说："6 年来我的最大收获，就是加入了加拿大籍。"

风波平息，工程继续上马，这就是后来定名"万博豪园"（注：世博会又叫万国博览会）的庞大商业住宅群。

李泽钜的处事能力得到其父的赏识，李嘉诚同意董事的一致要求，吸收李泽钜任长实集团董事。

香港《信报》1990 年 11 月 28 日，刊出《李泽钜设计万博豪园一鸣惊人》，对李公子推崇有加。

对李泽钜来说，加拿大温哥华的房屋计划——万博豪园，就是他事业上的试金石。因为这个被誉为加拿大有史以来最庞大的建设计划，是由他一手策划的，由看中地盘，以至买地、发展、宣传，他都参与其中，全身投入……但初挑大梁，无论如何，都会有一种无形的心理压力的。

幸而万博豪园在香港刊登广告之后，初步的反应甚佳。第一期嘉汇苑，平均每平方英尺230加元（约1540港元），这个价格，较香港很多地区都便宜，加拿大增收香港移民，港人今后到加拿大居住者必较现时为多，因此，李泽钜对万博豪园的销售前景非常乐观……

由投地到施工，这一段时间，他遇到的争议、面对的意外和困难不计其数，如果换了一个性格懦弱、信心不足的人，早已知难而退了。但他并未如此，仍然一丝不苟地去做，笑骂由人，愈战愈勇，终于卒底于成……

为了这个庞大计划的早日完成，李泽钜过去2年内在港加两地穿梭来往，不辞舟车劳顿之苦。1989年全年，他来往港加两地26次之多，坐飞机如普通人坐巴士一样。

万博豪园总体规划由李泽钜一手设计，建筑群的最大特色，是保留了原有湖光山色之天然美，他辟出50英亩作为区间公园，是居家休闲之胜地。

李泽钜说："由于万博豪园这个计划实在太大，自己肩负重任，因此无时无刻不在想着计划的发展。在飞机上，即使看书，都以城市规划以及居住环境的书本为主。"

万博豪园使李泽钜声名鹊起。但有传媒批评李嘉诚令他儿子们太低调。1989年4月的《星岛经济纵横》指出，事实上不全是那回事，只是人们对李家公子太陌生。

最早在1985年，本港证券界泰斗人物冯景禧，生前为他所把持的最后一家公司"天安中国"举行开幕酒会，李嘉诚便携带李泽钜出席，争取机会使他认识本埠商界的世叔伯。

李嘉诚经常告诫公子，"凡事要低调"。但他又深知，舆论对一个人的事业的巨大推动力。因此，李嘉诚会选择适当的机会，安排让公子曝光亮相。

1990年，万博豪园嘉汇苑公寓在港推出前，长实集团公关部就精心安排，让集团执行董事李泽钜接受两本杂志的采访——连人带房一并推向社会，反响甚佳。

1992年，中共中央总书记江泽民会见李嘉诚，出现在香港电视屏幕上的，还有他的两位公子泽钜和泽楷。

同年7月，新任港督彭定康视察葵涌的四号货柜码头。李嘉诚安排那天，举行旗下的香港国际货柜码头公司处理第2000万个货柜庆贺仪式。"肥彭"（彭定康的绰号）受到长实集团的隆重欢迎。泽钜、泽楷两公子站老豆两侧，李嘉诚将两公子介绍给新港督。

10月，肥彭宣布"总督商务委员会"名单，李泽钜在其之列。历来"商委会"有港府的"商政局"之说，地位权势声望之显，不言而喻。商委会共 18 名商界名人和 3 名非官守议员，唯李泽钜年轻（28 岁），这显然是本当由超人出任的公职"禅让"给其子。

1992 年 4 月，李嘉诚突然辞去汇丰银行非执行副主席职务。众说纷纭，风波未息之际，超人与浦伟士"顺水推舟"，让李泽钜进入汇丰董事局。如此显赫的位置，继"包大人"之后，便是李超人，怎么也轮不上后生晚辈李泽钜——众人自然明白，李泽钜便是李嘉诚，儿子接班，步步变为既成事实。

李嘉诚说："谁做接班人的问题，目前不考虑，他们兄弟两人，我一样对待。"

李嘉诚大概不再会怀疑儿子的经营才能和气魄，但他对儿子"出风头"耿耿于怀，不知骂过多少次。"树大招风""凡事低调""木秀于林，风必摧之"……两公子皆耳熟能详。

李泽钜在劳斯莱斯房车里装影碟机，成为报刊争相报道评议的新闻。李嘉诚解释道，是他要泽钜装的，劳斯莱斯用于接客，方便客人消遣。有记者见李泽钜驾着兜风，是去接客，还是自我消遣，就不得而知。记者往往抓住其一，就不计其二。

其实，公众舆论并非认为李氏家族不能享用劳斯莱斯，即使超人像杨受成那样以 3000 万港元投得一个劳斯莱斯车牌，也不会有人横加指责——这得有一个前提，如果超人不口口声声言明：劳斯莱斯是用于接客，而非自用的，那就什么事都没有了。

大概李泽钜从其父身上，察感"树大招风""人言可畏"，故而他尽可能保持低调，风头较其弟泽楷小得多。母亲庄月明逝世后不久，深水湾 79 号李家大宅转到李泽钜名下，而泽楷自愿搬到外面住，并越发显出另闯天下之势。

这点，又成为泽钜要继承父业的佐证。

李泽钜多次说，他最忌讳的一词就是"接班"，最不愿听到的一词是"接班人"。

"父亲正年富力强，精力智力旺盛，他不会这么快退休。他让我们兄弟锻炼，现在传媒谈接班问题，为时过早。"

李泽钜又说："一个人完成学业，就需要工作。请不要把我们兄弟在父亲的公司里工作，与接父亲的班混为一谈。"

此话锋芒不露，颇为得体。作为本港首席华资财团，继承权问题八方瞩目。李泽钜所面对的压力，非局外人所能体感。

以 1992 年 11 月 26 日收盘价计，长实系三家上市公司——长实、和黄、港灯（注：嘉宏已于这年中私有化）的市值总和为 1324 亿港元，约占全港上市公司总市值的 11%。以盈利计，全系旗舰长江实业，1992 年财政年度的税后纯利为 60 亿余港元，在全港十大盈利最佳的上市公司中名列第二（第一为年盈 80 亿余元的汇丰控股）。旗下的和黄盈利 40 亿余港元，港灯约 30 亿港元，扣除三家公司权益的重叠部分，再扣除全资私有公司嘉宏的盈利，全系盈利尚达 100 亿港元以上。

李泽钜害怕"接班"，实属真言。

舆论普遍认为，泽钜的害怕，并非懦夫心理，而是自知之明。他会奋力努力，来日不负此任。

1993 年 2 月中旬，长实集团董事局宣布，擢升董事李泽钜任长实副董事总经理，取代了长实老臣子周千和的位置，李泽钜在长实集团的排名，除超人外，仅在师傅麦理思之下了。

如传媒言："超人安排大公子接班，昭然若揭。"

万众都看好李泽钜接班。另外，舆论对他的私人问题亦是倍加关注。

李泽钜的夫人叫王富信。

王富信 1969 年生于香港，祖籍河北，父亲王华瑞是结束生意闲居在家的纺织商。1990 年，王富信正在加拿大英属哥伦比亚大学（注：校址在温哥华，英属哥伦比亚省又简称卑诗省）读工商管理。在一次烧烤会上，与李泽钜"邂逅"。

王富信回忆道："我对李泽钜的第一印象是他平易近人，人品不错，但我完全不知道他就是李嘉诚的儿子。后来知道了，我说，哦，原来他是一个出名的人，但我一直没有担心过什么。"

论财富与门第，王家自然无法与李家相比，无邪的王富信，既不以金钱取人，又无"一入豪门深似海"的忧虑，一切顺其自然，倒是急杀了李大公子，此后穷追不舍。

王富信不像一般的女孩子，一生的最大愿望就是高攀上富豪弟子。正因为如此，愈显王富信的可爱。两人拍拖（恋爱），并无什么浪漫曲折，双方都是忙人，他们的拍拖，多是电话效劳。

王华瑞起初很为担心，未来的女婿太富有了，难免会有公子哥脾气。李泽钜拜见未来的岳丈，是在李家旗下的希尔顿酒店。泽钜第一句话便恭谦地问："老伯，我能与您女儿交个朋友吗？"岳丈的忧虑顿时烟消云散。

对儿子的婚事，李嘉诚表态道："我娶媳妇没什么规矩要守，不讲什么门当户对，最重要的是儿子中意，出身正当家庭，最好是中国人啦！"

1991 年，王富信回港加入万国宝通银行工作。次年 10 月，银行总部大厦落成，邀请本港名人参加典礼。李嘉诚带两位公子齐齐亮相。

王富信以助理经理的身份，周旋于政要富商之间，其用心，唯有李氏父子知。间隙之中，王富信还跑到李泽钜跟前，两人谈笑风生。嗅觉灵敏的记者，这番却粗心大意，以为王富信是出于工作的需要这般。更加之，李家公子出现在社交场合，常会有女孩凑过去套近乎。

3个月后，王富信以未来李家媳妇的身份，同李氏父子参加大屿山观音寺开光大典。李嘉诚夫人庄月明生前喜来此寺参拜，夫人过身之后，观音寺重新修建，李嘉诚多有捐赠，是开光大典的嘉宾。

有记者发现若即若离的王富信，他不认识王富信，只是揣测此神秘女，若非公司的职员，便即泽钜的女友。此事未起轩然大波，李泽钜又高深莫测，害得本埠得单相思的妙龄女不知增加凡几。

1992年的一日，李嘉诚透露大公子于翌年结婚。消息传出，忙坏了八卦传媒的记者，打听之下，方知未来的新娘在外国银行任职，芳名 Cynthia Wong（辛西娅·王）。

香港居民，即便未喝洋水，也有取洋名的习惯。香港的外国银行，光分行就数千家之多，加之王姓是中国的大姓，上哪儿去找 Cynthia Wong？张冠李戴的笑话闹出不少，在众记者的合力"侦破"下，终于见到辛西娅的"庐山真颜"。

1993年5月16日，甫坐长实集团副董事总经理宝座不久的李泽钜新婚大喜。本港及外埠的华文报刊均报道了这场豪门婚宴，多渲染豪门婚宴的豪华奢侈，"一席婚宴近4万，一只鲍鱼2000蚊（元）"，"世界名画大博览"，云云。

这些报道本无恶意，但也引起李嘉诚的不安。据21日版的《壹周刊》，李嘉诚本想低调处理，结果愈想低调，愈难办到。

李嘉诚说："我最初想，不如我们双方家长及新人去旅行。但又想，如果亲戚都不请不好，出门旅行，可能很麻烦，所以决定只请亲戚食餐饭。"

请了亲戚，新人的同学要不要请？还有长实集团的董事们？结果就有10席。

李嘉诚与参观李宅的众记者说："有人说我点菜3万8000元一席，我真不知几多钱！厨师最初写给我的菜单是1万多元一桌，我看过觉得不太好，改了几个菜，最后多少一桌我真是不知。"

那天婚宴的招牌菜有：椒盐生蟹钳等10道，禾麻鲍选的是12头鲍，每只2000港元以上；红烧大鲍翅的又顶金山勾翅，每斤3000港元；两斤多重的大苏眉，每条近2000港元。

李嘉诚道："有些外地朋友知道我娶儿媳，专程搭飞机来道贺，送贺礼，送完之后就飞走，我却无办法请他们去饮。

"中国人就是要回礼！外国人不明白这个习俗，好奇怪为什么我送贺礼后，你又送礼给我，所以都无法回报。"李嘉诚表示收到贺礼甚多，超过100份，整个婚礼有钱赚，他则以现金礼券回报。

李嘉诚多次提到对送贺礼的朋友无以为报，深表歉意。

婚礼定在天主教堂举行，新娘一家是天主教徒。李嘉诚捐了300万港元予教堂做慈善用，一了儿媳王富信的心愿。

在李泽钜去接新娘之际，李宅门口聚满了采访的记者。李嘉诚破例邀请记者参观李宅花园。李宅高三层，李嘉诚本人住三楼，李泽钜与王富信则在二楼构筑爱巢。李嘉诚站在草坪上说：

"一层才 2000 平方英尺，不算大呀！……长实集团公司起码有 100 个伙计（职员），他们住的地方不比这里差……你们（记者）去过多少富豪家宅，好多都靓过我这里。"

对于传媒有关李家深水湾大宅大肆装修的报道，李嘉诚矢口否认，强调只用了约 3 个月："这里 20 多年都没有认真装修过，即使装修一番，也要好好装修呀，对吧？"

公家娶媳，本是大出风头之日，李嘉诚一如往昔处事小心的作风。

李泽钜一天的安排是：

10 时 15 分，车队去接新娘，李泽钜坐一一七号车牌的枣红色劳斯莱斯。记者奇怪李泽楷没赶回来同去接新娘。事后李泽楷对此解释："已经有好多兄弟帮手啦……而且泽钜一早叫定我留家里做帮手。"

李泽楷已搬出去住。待 11 时多接新娘的车队回到李宅，才见泽楷姗姗来迟，将丰田车停在路旁。某文评议道："大哥结婚，唯一的兄弟无论如何要早赶来帮忙，由此可见两位公子性格差异的一面。"

下午 4 时半在教堂举行婚礼，李嘉诚未发帖请亲戚朋友，但仍有 200 多名嘉宾不请自来祝贺，名人有郑裕彤、何鸿燊、荣智健、何善衡（恒生银行前主席）、李君夏（警务处长）、李业广等。

名人多，名车亦多，故称世界名车博览会。

李家婚礼，虽不及赌王嫁女花销大，却也引起沿街数十万人围观。其中有不少外籍人士，他们是看到先前的报道而好奇注目的。

婚宴于晚上举行，地点是李嘉诚老巢——希尔顿酒店顶层的鹰巢厅。谢绝记者采访，但记者早已"挖"出菜单，炒得满天开花。

酒宴后听音乐跳舞。歌全是怀旧歌，全是新郎新娘亲自点的。弟弟泽楷对怀旧歌不感兴趣，他还借着酒意上前向乐队领排投诉，说这类歌无厘头（没意思），"请不要奏这么多旧歌"。

王富信舞技尚可，李泽钜则麻麻（一般）。李泽楷没去拉女宾跳舞助兴，躲在贵客房里，做他愿做的事。

不随大流、不喜迎合的李泽楷，的确有点独行侠的味道——这似乎也决定了他与其兄在商界的表现不一般。

◆第二十五章◆

家父之风　小超人崭露头角

美国《华盛顿邮报》1994 年 1 月 24 日刊出一篇关于李泽楷的文章，开篇说道：

"莫看香港只是个繁荣的小都市，当中不乏自命不凡的年轻才俊。在芸芸众子中，最瞩目而又最惹众人羡慕的，当算是香港首富李嘉诚 27 岁的次子李泽楷。这位身材瘦小，神情紧张，头发修剪得极短的富家子弟，讲英语时带着极夸张的腔调，使他本身看来像富贵圈中骄纵的小公子。"

李泽楷生于 1966 年 11 月，童年时，就随其兄泽钜，在父亲的安排下进长实董事局旁听。李泽楷否认传媒说其父从小就教他们经商，他说父亲从不讲如何做生意，而是教育我们如何做人，标准乃是古老的孔孟之道。

不满 14 岁，李泽楷赴北美读大学预备学校。同学不论出身富家或平民，皆有很强的独立意识。目睹耳染，李泽楷很快习惯了独立生存。父亲去看儿子，发现泽楷假日在网球场拾球赚钱。李嘉诚回港后对夫人庄月明高兴道："泽楷学会勤工俭学，将来准有出息。"

17 岁时，李泽楷进入大哥就读的美国斯坦福大学，专修自己喜爱的电脑工程。这显然不是父亲的意思，泽钜听从父亲的安排，念土木工程系。若从家族事业考虑，泽楷应读商科、法律等适宜管理综合企业的专业，并与泽钜的建筑专业互补相辅。

李嘉诚尊重小儿子的选择。

1987 年，21 岁的李泽楷大学毕业。此时，家族在加拿大的事业正轰轰烈烈地展开。李泽楷去了加国，却不是像其兄一样打理家族生意，而是进入一家投资银行从事电脑工作，做一名靠工薪度日的打工族。

估计这也不是父亲的安排。李泽楷获得加拿大国籍，这也许又是李嘉诚所希望的。从李泽楷的两次选择，可见他不羁的性格，又可见李嘉诚对儿子的宽容。

1990年，做了4年打工族的李泽楷，在父亲的指令下回港。李泽楷顺从父意，也许是他厌倦了异国打工生涯；也许认为父亲的公司里，更可"随心所欲"，大展拳脚。

李嘉诚并不以为小儿子的实习期已结束，只安排他到和记黄埔做普通职员，跟随行政总裁马世民学艺。马世民则安排他到旗下的和记通信公司工作，这与他喜爱的电脑工程基本对口。

最初的日子，李泽楷向父亲抱怨薪水太低，还不及加拿大的1/10，是集团内薪水最低的，都抵不上清洁工。李嘉诚说："你不是，我才是全集团最低的！"李嘉诚从集团支取的袍金才5000港元。

李泽楷安心留下——倒不是其父为其榜样，而是他看好卫星电视，认为大有作为。

在卫星电视出现之前，香港已有两家电视台，"无线台"和"亚视台"。两台历史悠久，竞争激烈，其间曾冒出个"佳视台"，但开播后第3年，就被两强逐出竞技场。事实证明，在香港弹丸之地，只能容纳两家免费的无线电视台（亚洲电视台实际也是无线台，它们的收入来源于广告）。

鉴于西方有线电视的发展，以及香港电信的垄断地位，港府计划设立第二电信网络，并于1988年正式批准。第二电信网络将提供有线电视和其他非专利电信服务（如移动电话、无线寻呼等）。

已经拥有非专利电信业务的和黄集团，捷足先登，迅速与英国大东电报局、香港中信公司等集团组成新财团，力夺第二电信网经营权。李嘉诚看好的是有线电视的广阔前景，有线电视实行向用户收费制，与免费的无线台冲突不大。

1988年2月24日，和黄、中信、大东合组的亚洲卫星公司成立，宣布投资发射、操作经营第一枚专为亚洲提供电信服务的人造卫星，计划利用长征三号运载火箭送入东南亚上空同步轨道。

李嘉诚双管齐下，一手欲夺第二电信网，一手放卫星覆盖亚洲。1989年初，港府初步选定有实绩的和黄为第二电信网的经营者。另一个强大竞争对手，是包玉刚的九龙仓与郭得胜的新鸿基地产合组的新财团。

到了20世纪90年代初，香港再爆信心危机。港府要求的投资承担最低线是55亿港元，方可取得有线电视经营牌照。和黄集团的首脑，在是否在港重点投资上举棋不定。结果，港府转手把牌照给了九龙仓有线传播公司。

包氏女婿、九龙仓有线董事局主席吴光正，踌躇满志地向新闻界表示，香港市民将可在1991年1月，享有有线电视共20个台节目服务。到1995年，可提供32个频道。公司最高可提供59个频道。

然而，李嘉诚并未退出角逐。

按亚洲卫星公司与中国航天部的原有协议，"亚洲卫星一号"人造卫星，于1990年4月7日成功发射上天。英国大江电报局区执行董事祁敖透露，连同购买卫星、送入轨道以及保险费在内，成本总计1.2亿美元（约折9.3亿港元），三家公司各占1/3股权。

"亚洲卫星一号"的原用途是以电话服务为主，由和记通信负责经营。该卫星共24个转发器，全部出租年租金约2500万美元。而目前的使用率很小，李嘉诚"移花接木"，把未尽其用的卫星改用在刚刚起步的电视计划上。

李泽楷回港不久，正赶上"卫星广播有限公司"（以下简称卫视）成立，李嘉诚家族与和记黄埔各占一半股权。卫视将向亚洲卫星公司所拥有的"亚洲卫星一号"租用线路，其中和黄又占有该公司1/3的股权。

李泽楷对卫星电视抱有浓厚的兴趣，马世民任命他为卫视的董事兼行政负责人之一。

1990年8月，李嘉诚说服港府，放宽有关条例。新条例规定，若使用碟形天线收看卫星电视信号，只要不涉及商业用途（指向用户收费等）或再行转播（指向无线台、有线台有偿提供服务），便无须申请批准及领取牌照。条例又规定，只接驳一部电视机的独立卫星碟形天线可豁免领牌；若一座大厦共有卫星碟形无线及室内系统，则须持牌公司安装及操作。

据统计，全港至少有15万座大厦符合安装卫星天线标准。这时九龙仓的有线电视是个莫大的威胁。

烽烟四起，很难确认谁最先挑起战火。李泽楷不准许九龙仓打进长实系兴建和管理的大型屋村、大厦楼宇安装有线电视；吴光正则禁止安装卫星天线的持牌公司，进入该家族所控的大厦安装碟形天线及室内系统。

显然，两位商界才俊都有靠山。吴光正的靠山是岳丈包玉刚。可这段时期，包玉刚几乎隐居起来。包玉刚逝世后，人们才知他早几年已身患绝症。李泽楷的靠山自然是其父，很多事李嘉诚不出面，但抉择权在他手中。

曾有记者就电视纷争问李嘉诚，他与吴光正的关系如何。说话一贯滴水不漏的李嘉诚道："我与包先生是老朋友。"——避开吴光正不谈。言下之意，读者都不难揣测。

1990年12月，卫星电视正式获得营业牌照，但有两个附加条件：一是不可播放粤语节目；二是不得向用户收取费用。

第一个条件，实际上是无线、亚视、有线三家电视台向港府施加压力的结果。三家的大股东皆有来头，无线有利氏家族、影视大王逸夫；亚视有李嘉诚的同乡林伯欣家族、好友郑裕彤家族；有线则是包玉刚与郭炳湘。在商言商，在重大利益上都不肯做谦谦君子。

亚洲卫星的覆盖面从地中海至西太平洋，可为30多个亚欧国家和地区提供电视电信服务。但卫视的主要市场在香港，香港华人，不仅不愿看国语节目，绝大部分人连听都听不懂。不许播粤语节目，等于丧失了香港市场。

李嘉诚父子频频出入港府，要求解除禁播粤语节目的条例。李氏父子还轮番上阵，借助传媒，指责港府规定的荒谬性：一家香港本地注册的电视台，却不准许播放本地话的节目，此乃无稽之谈……

李嘉诚一直以和为贵。他如此"谩骂"，绝非一时冲动。他旨在争取民心，他委托一家独立的公关公司，搞了一次民意测验，接近百分之百的卫视用户都赞成播放粤语节目（外籍用户则希望再增加英语节目）。李泽楷将测验结果呈交港府的文康广播科广播事务管理局，作为修改条例的参考。

和黄、九龙仓在斗法，到1991年中达到白热化。双方的比拼，基本上和黄处攻势，九龙仓处守势——吴光正竭力敦促港府，维持有利于自己的条例。而李氏父子，则攻其"死门"，既要港府解除禁播粤语节目的条例，还要求准许向用户收取费用。

九龙仓向传媒坦言道："根据我们多年的调查，香港这弹丸之地，只能容纳一个收费电视，两个只会造成恶性竞争，两败俱伤。"

对九龙仓的"善意警告"，李泽楷充耳不闻，欲置敌手于"死地"。其势之锐，比当年其父逼迫置地有过之而无不及。九龙仓董事吴天海感叹道：

"政府若批准卫星电视收费，九龙仓肯定放弃（有线电视计划）无疑。政府若批准卫星电视播放广东话节目，观众的节目选择将大增，对有线电视影响甚巨。除非政府在其他方面给予补偿，如免专利权税等，否则九龙仓打退堂鼓机会亦大于一切。"

九龙仓采取哀兵之术，以争取公众舆论和港府有关官员的同情。李泽楷不动恻隐之心，仍穷追不舍。据港府的态度，有可能放宽粤语节目的限制，但只维持一家收费电视。

1991年9月6日版的《壹周刊》指出："九龙仓计划竞投的有线电视及第二网络，预算投资额达55亿港元，而和黄的卫星电视计划，投资亦达30亿港元以上。两大财团数十亿元投资的竞争，为了自保及克敌，哪有不出尽法宝力争！"

李泽楷力撼吴光正，已初步达到预期目的，一位评论家说："李泽楷采取的是进尺得寸的战术，欲借五百，则开口一千，否则借五百都要打折扣。"

1991年3月，卫星电视公司正式成立，李嘉诚任主席，马世民、李泽楷任副主席，具有多年电视经验的陈庆祥任行政总裁。总投资为4亿美元。

1991年4月，卫视开始试播；到年底，卫视已正常利用五个频道播映节目。

李泽楷野心勃勃，欲做传播大王。他心高气盛，也引起和黄高层间的摩擦。李嘉诚对二公子多有批评，但实际上又在"放纵"。也许是因为泽楷是亲子，也许是让他磨炼。

李泽楷统揽卫视的管理大权。

免费电视与收费电视一样，收视效果是衡量成功与否的标准。电视吸引人，关键是节目。卫视至少不可能在最初几年像无线、亚视那样，形成自制大型节目的能力。卫视的节目是向其他电视商购买——并且只能向境外电视商购买，无线、亚视是不可能将节目转让给本埠竞争对手的。

李泽楷把其父的"用他人的钱赚钱"的招数，发挥得淋漓尽致。他向国际著名的广播电视公司 BBC 和 MTV 等买片，以少量的现金加一份卫视盈利（比例分红）的方式成交。他为 Star Plus 的娱乐线选购节目，尽量购廉价节目，如已重播多次的《Santa Barbara》，以及美国日间肥皂剧《Hill Street Blues》等。对过时的热门剧，他也有选择大量进购。播映结果，观众均反应良好。

那段时间，李泽楷几乎泡在电视里，中环和记大厦李泽楷办公室，有一道电视幕墙，由 24 台电视机组成，他同时看多个"友台"的节目和自己的卫视台。他能及时捕捉灵感，并发现卫视的差错。

李泽楷批评下属，比老爷子还狠。

论收视率，卫视难以望无线、亚视两位大哥的项背。卫视的优势在收视面，它可 24 小时不停地向 40 多个国家和地区播送节目。节目质量及收视面，成为广告经营的基础。

有不少大公司与卫视签订合约，成为其稳定的广告客户。从 1991 年底全面开播，到 1993 年中转让为止，不到 20 个月的期间内，卫视的广告收入是 3.6 亿美元，而维持 5 个频道的年费用为 0.8 亿美元（未计先期投资等费用），经营态势良好。

由于李嘉诚有广泛的国际间商业关系，有人指出李泽楷实际上是靠父荫而招揽广告的。李泽楷不以为然，他说父亲只拉回了 4000 万美元广告，像可口可乐、麦当劳、雀巢、索尼、富士等超大型集团，是不受他人颐指气使的，它们怎么会把香港的一名富豪放眼里？

李泽楷并不满足现有业绩。他仍为敦促港府放宽限制而不懈努力。市民记忆犹新，李家公子在报章大登漫画广告，揶揄政府的"掣肘"。同时打民意牌，将"盼望开播粤语节目"的大众呼声，以民意测验的结果呈交港府。

皇天不负苦心人。1992 年 7 月 2 日，港府颁布新的电视广播条例，宣布卫视自 1993 年 10 月底起，可开播粤语节目；卫视不可独立经营收费电视，但可通过收费电视（注：指九龙仓有线电视）的频道，经营收费的卫视节目。

港府的新条例，为解决卫视、有线旷日持久的纷斗奠定了基础。李泽楷、吴光正两个不共戴天的"仇敌"坐到谈判桌上讲数（谈判），1993 年 6 月，两大财团达成协议：卫视与有线的重叠业务结盟，实行天地共存。

冰释前嫌，握手言和，无大敌之患的李泽楷，可在传播业大展拳脚，实现传播大王之梦想了！

谁会料到，步入坦途的李泽楷，竟会把卫视卖掉呢？

1993 年 7 月 23 日，李泽楷被邀至世界传媒大王——默多克的一艘泊在科西嘉海面的豪华游艇上。默多克为澳籍人，旗舰"新闻集团"是全球最大跨国传媒机构。

7 月 26 日，新闻集团宣布：以 5.25 亿美元（约折 40.6 亿港元）的价格，向和黄及李嘉诚家族购入卫星广播有限公司 63.6% 的股权，一半以现金支付，一半以新闻集团的股份支付。据行家估计，成交价为原有投资的 6 倍。

在另一项未涉默多克的独立交易中，和黄及李氏家族将各占一半股权的综艺产权，按成本 0.64 亿美元售予改组后的卫星广播。

和黄及李氏家族在这两项交易中，各获 15 亿港元的非经常性收益。

为了不触犯港府有关条例，交易双方采取策略性方式，和黄及李氏家族仍控制卫星电视的发牌机构和记广播（共占 52% 的股权，默多克只占 48%），而卫星广播的 63.6% 的控制性股权则归默多克控有。

新改组的卫视，将可获得从默多克旗下制片厂购买影片及电视剧的便利。

默多克的私人技术顾问彼得·史密斯，回答记者"花费昂贵代价，购得卫视控股权，是否物有所值"的提问时答道：

"本集团看中的是卫星电视的潜在价值，因为卫视在亚洲经营已有经验及影响，涵盖范围很大，而当卫视租用第二颗卫星后，涵盖范围会更大。"

和黄及李氏家族仍控有卫视 36.4% 的股权，可继续获得经常性收益。

卫视交易成功，李泽楷声名大噪，"小超人"顿时威水香江。7 月 27 日香港《经济日报》评价道：

> 真的是后生可畏！李嘉诚次子李泽楷，今番终于做出一出好戏，为和黄集团及其父，带来近 30 亿港元利益……李嘉诚望子成龙，今次可如愿以偿了。
>
> 早在 1990 年 6 月 26 日，当李泽楷以和黄资金管理委员会董事经理身份宣布和黄将构思发展卫星电视，初步投资额约为 4 亿美元，便有不少市场人士私下慨叹，李嘉诚父爱有价，愿意投资约 31.2 亿港元来栽培次子，将这样一盘极具挑战性的生意交与李泽楷打理，而本身只是从旁协助……卫视出售，是否意味着李嘉诚不用通过卫视栽培李泽楷了？

1993 年 8 月底，身任和黄集团执行董事的李泽楷，被提升为和黄副主席。李嘉诚安排儿子接班的趋势已十分明朗，大公子泽钜坐镇全系大本营长实集团，二公子泽楷将任全系主力舰和黄集团的舵手。泽楷的荣升，得卫视之赐。

是年，李泽楷 27 岁。

引人关注的是，李泽楷在荣升和黄副主席之前，就宣布成立私人公司"盈科拓展"。

不日，李泽楷荣升的消息正式公布。舆论纷纷议论：小超人是专心做和黄的副主席，还是致力打理私人公司？

李泽楷走的是后一条路。

儿子自立门户，李嘉诚显得很豁达："年轻人到底有自己理想，和黄管理层有足够人手，我不会强迫他做。"

对儿子放单飞，李嘉诚送他两句话：一是"树大招风，保持低调"；二是"做事要留有余地，不把事情做绝，有钱大家赚，利益大家分享，这样才有人愿意合作。假如拿10%的股份是公正的，拿11%也可以，但是如果只拿9%的股份，就会财源滚滚来"。

二公子自立门户，在其父预料之中。泽楷从少年起，就似乎与其兄泽钜"不同科"。回港后，李泽楷在父亲的监督下过了一段俭朴而寂寞的日子，他独居普通屋村，以日本小房车代步，与打工族无异。但没太久，李泽楷显出"吊带公子"的德行，父亲批评他，他反驳道："是花我自己赚的钱。"

香港记者屈颖妍在一文中称李泽楷颇具"鬼佬"（洋人）作风，说：

> 受过西方思想熏陶的Richard（李泽楷的英文名），始终注重生活品位，身上的穿戴，完全不像父亲李嘉诚。据说李超人一套西装可穿10年，久经干洗略呈"吊脚"的裤子依旧穿完又穿。
>
> 反观Richard，则喜用名牌，特别钟情于双襟西装及吊带，非常洋化。
>
> 他又爱在文华酒店Pienot餐厅进膳，每每选坐在近门口的位置（不畏曝光）。
>
> Richard平日虽然只以一辆丰田Camry房车代步，但在车头玻璃上却贴满各类会所停车证，如马会、深湾游艇会、皇家高尔夫球会……林林总总，不下10个（不怕招风）。

李泽楷为摆脱"家庭束缚"，早就萌生独住之念。1990年母亲庄月明去世，不久深水湾道李家大宅转到其兄泽钜名下，李泽楷就以上班近为理由，搬出家宅，在金钟康域酒店租房住下。其后迁往太古屋村，再稍后又在山顶道租下两个单位。频频搬迁，颇似美利坚马背上的民族。

原来，山顶道的住宅闲置多年，李泽楷想买下。业主是个富有华侨，不肯出售，李泽楷只有租下。山顶道的房租，为全港之最，李泽楷已花一笔不菲的租金，又要再花一笔——将两个单位打通，并建一个豪华的日本浴室（想必是为其日本女友专设的）。一时间，平静多年的豪宅被折腾得天翻地覆，业主叫苦连天，在租约上再添一条，退租之时，必须恢复建筑原貌——看来李泽楷还得花一笔钱。

1995年初，李泽楷终于有了自己的"巢"。他以1.2亿港元购得大浪湾石澳道12号独立洋房。该区只有23座独立豪邸，不增不减，业主委员会很看重住户的地位及身份——非富即贵，李泽楷两者兼有之。

李泽楷的花园洋房，占地 2.2 万平方英尺，拥有正东南海景、花园，独立车房 2 个。美中不足是没游泳池，有记者推测，Richard 必会在室里建大型日本浴室，以供他与日本女友嬉水作乐。故此屋宅，又被看成 Richard 的爱巢。

单看李泽楷的生活，人们会误以为他只是个花花公子，甚至是败家的二世祖。其实不然，Richard 仍是"鬼佬"作风，会花钱，也会赚钱。

话题仍从创立"盈科拓展"开始。李泽楷于 1993 年 8 月初宣布成立私人公司，盈科的办公还是租借和记大厦的写字楼。1994 年 1 月，盈科正式开业，乔迁到中区万国宝通广场 38 楼。写字楼是在万国宝通任助理经理的家嫂王富信帮忙租下的，面积近 2 万平方英尺，月租逾百万港元。

盈科的投资 4 亿美元（约 30 多亿港元），业务范围主要发展亚洲区高科技项目，向客户提供通信技术建设，如铺设光纤网络等。

业务方向，与家族下的和黄电信相冲突。为避免自家人打自家人，李泽楷选择新加坡为据点，进行资产大转移。

据说有人到新华社香港分社打小报告，说李嘉诚 20 世纪 80 年代通过大儿子走资加拿大，现在又以小儿子的名义走资新加坡。已持有新加坡和英国护照的李嘉诚，终究不可能与中国共产党同心。

新华分社官员与李氏父子交情素密。1993 年独联体芭蕾舞团来港演出，李泽楷就陪同新华分社的周南、张浚生，以及立法局议员罗保爵士一道观看。周南等领导熟悉李氏父子，知道李泽楷进军新加坡，一则是避免与家族生意冲突，二则是摆脱香港首富之子的影响。

李泽钜最怕的是他人提"接班"，李泽楷最讨厌的是别人称他"李嘉诚的仔"。

李泽楷在新加坡的大动作，是 1994 年 5 月，通过盈科斥资 5 亿多港元，收购新加坡上市公司海裕亚洲 45.7% 的股权，成为海裕的最大股东。

借壳上市后，李泽楷通过海裕，得到一个千载难逢的良机，与日本的世界首富堤义明和新加坡政府，联合发展白沙浮商业城。

年底，海裕投得北京地铁工程中的一个项目，并通过海裕间接控有香港鹏利保险。

下属说："Richard 是工作狂，他可以早晨 7 点钟要你回公司开会，也可随时深夜一个电话，找下属商谈业务，然后命其天亮出门办妥。"

李泽楷每周飞一趟狮城（新加坡），通常是周四周五到，工作到周日才离开。下属休想过周日，叫苦不迭，又无可奈何。

小超人在接受狮城《商业时报》采访时透露一个信息，在他草创盈科之初，父亲为使他"回心转意"，安排他做和黄行政总裁，遭其拒绝。他说："我来狮城发展，就是要摆脱父亲的荫庇。"

李嘉诚的长子泽钜已结婚快做老豆，次子泽楷的婚姻大事就格外令人关注。

李泽楷的女友叫加留奈，日本姑娘。

1992年底，李泽楷因最先在亚洲搞卫星电视，被日本有关机构授予"东京创作大奖"。李泽楷是第一个获此殊荣的外国人，日本 NHK 电视台，就派一名女记者加留奈采访李泽楷。

这次专访，彼此都留下美好印象。

加留奈的父母是大学教授，她自己毕业于美国哥伦比亚大学新闻系，持有美国护照。毕业回日后，考入 NHK 工作，认识李泽楷时，才工作年余。

其时，李泽楷正与同窗女学友拍拖，因性格不合，终于分手。此际，卫视行政总裁陈庆祥在 NHK 的新闻节目中发现加留奈，试图挖角，欲让她做专门采访外国人的记者。加留奈来港工作过几次，与李泽楷重逢，两人关系深了一层。

加留奈最终未加盟卫视，新加坡 ABN 发现这个具有古典气质的女孩，有意培养她做主持人，于是加留奈去了狮城。

稍前，李泽楷将盈科转到新加坡发展，加留奈随后赶到。似乎是天意安排，两人每周都能见上一面，感情如胶似漆。在新加坡总统王鼎昌举行的国宴上，李泽楷带加留奈首次在狮城最豪华的莱佛士酒店亮相。

在此之前，李嘉诚对次子的婚事正式表态："儿子交女友，是他的自由，当然最好是亚洲人，生活习俗都差不多，生下的孩子是黄皮肤黑头发。"李嘉诚对次子交女友守口如瓶，但实际上，是赞同次子的选择。

李泽楷与加留奈公开亮相后，香港及东南亚的报刊，充斥"小超人与小美人"的照片。有人说加留奈活脱脱斯文版的宫泽里惠，也有人说她极像日皇太子妃小和田雅子。

《壹周刊》评价在新加坡独闯天下的李泽楷，说他"除了拥有他一手打下的江山，还有一个心爱的美人"。

第二十六章

联手中资　四大天王占两席

香港中资四大老牌天王是中银、华润、招商、中旅。这四大集团的前身，在清末和民国就已存在。新中国成立后，归中华人民共和国接管。

在改革开放前，驻港的中资公司按照内地国企的机制在香港的资本主义自由经济环境下运行，发展迟缓。20世纪70年代末起，中资逐步与自由经济机制相适应。

最能体现香港资本主义游戏规则的领域在股市。从20世纪90年代初起，香港中资掀起上市热。中资后起之秀，似乎比老牌中资更显得活跃。中资上市公司四大天王的前身，都是改革开放后成立的。其中中信泰富、首长国际，在四大天王中分别占首席与第三席。

这两家公司之所以能如此顺利上市，并急速发展，李嘉诚功不可没。

1979年10月，中国国际信托投资公司在香港设立分公司，董事长荣毅仁邀请李嘉诚出任中信董事。

荣毅仁的儿子荣智健于1978年移居香港，经商办公司，有所成就，亦积累经商经验。1986年，荣智健参加香港中信集团的工作，不久，荣升为香港中信的董事总经理。先后与他共事的董事长，一位是部级老干部，一位是国家级的高干子弟。

荣智健雄心勃勃，他不满足坐"现成"的交椅，他想凭自己的实力，创立一家完全由自己所控的公司。另外，荣智健来港多年，已经相当港化，对中信复杂的人事关系及组织结构颇感不适。他觉得有些地方与内地的国家单位无任何区别。

也许，他可凭他老爸的威信，在香港中信下面，另组一家集团全资公司。他没这样做，全资公司，不如上市公司的"翻头"大。他渴望到瞬息变幻、大起大落的股市闯荡。

李嘉诚以扶植泽钜、泽楷的心理，关注荣智健的事业。李嘉诚任中信董事10年，未做多少实质性的工作。如今，交情不错的荣智健有心大展宏图，世叔伯们岂有不帮之理？

李嘉诚、荣智健都看好借壳上市，英雄所见略同。

借壳上市是股市术语。一家公司上市，原则上需要5年以上的经营实绩，循正式手续在交易所上市，须花费相当的人力、财力和时间。于是，一些急于上市的公司，通过收购他人的小型上市公司，以实现自己上市的目的。这些小型上市公司被喻为"空壳"——资产和营业额都极少，买家无须动用大额资金，有别于一般含义的股市收购战。

中资公司，或来港资历浅，或会计制度不合上市要求，一般很难通过正常途径上市。中资上市，只有打一些资产少，或经营差的上市公司的主意。有买壳者，就有造壳者——有的集团有意分拆上市，或掏空某上市公司的"肉"，使其变成空壳，待价而沽。醉翁之意不在酒，买家买的不是肉，而是壳——上市地位。

李嘉诚、荣智健在股市多次寻找、权衡，相中了泰富发展这只壳。

泰富发展的前身是本港证券大亨冯景禧旗下的新景丰发展。几经改组，控股权落入毛纺巨子曹光彪的手中，1988年8月，曹氏拥有泰富发展50.7%的控制性股权。

泰富经营地产及投资，状况良好。曹光彪的大项目是港龙航空，与太古洋行的国泰航空展开激烈空中争霸战。曹氏不敌对手，财力枯竭，焦头烂额。为摆脱困境，曹氏只有"减磅"。

李嘉诚的英籍高参杜辉廉任主席的百富勤，为中信的财务顾问及收购代表。1990年1月，百富勤宣布向泰富主席曹光彪以1.2港元/股的价格购入其泰富股份，并以同样的价格向小股东全面收购。

泰富市值7.25亿港元，是当时股市的"蚊型股"。

中信并无付现金收购，而是通过一系列复杂的换股，以及物业作价的步骤而完成的。李嘉诚和荣智健都曾是港龙的股东，与曹光彪打过交道，因此，这次收购，是经各方缜密协商的，是互利的公平交易。

到1991年6月，泰富经改组、集资、扩股之后，股权分配是：中信49%、郭鹤年20%、李嘉诚5%、曹光彪5%。泰富正式改名中信泰富，荣智健任董事长。

从股权分配上，可见李嘉诚旨在促成这件事上，而无意获取权益。

借壳上市，对荣公子、李超人还只是小试牛刀。收购恒昌行，方可称大展拳脚。

恒昌行的正身是恒昌企业有限公司，创办人之一是前恒生银行董事长何善衡。何善衡年事已高，后代又无意克绍箕裘，故萌生出售之意。

若无此传言，市场无人敢觊觎恒昌。恒昌整个集团资产净值高达82.73亿港元，经营状况良好，三大股东拥有绝对的控股权（何善衡30%，梁銶琚25%，何添15%，共计70%）——外强无任何可乘之机。恒昌行创立于1946年，历史悠久，信誉卓著，业务范围广，是华资第一大贸易行。

1991 年 5 月，郑裕彤家族的周大福公司、恒生银行首任已故主席林炳炎家族、中漆主席徐展堂等成立备贻公司，提出以 254 港元 / 股的价格向恒昌全面收购，涉及资金 56 亿港元。

荣智健、李嘉诚也在紧锣密鼓策划收购，暂且按兵不动，秘而不宣。

备贻公司出师不利。据市场披露的消息，备贻的三大股东已事先做出三分恒昌的瓜分计划：郑裕彤得恒昌物业，林氏家族得恒昌汽车代理权（代理日本本田、日产、五十铃及美国通用汽车经销权），徐展堂则取恒昌的粮油代理等业务。

备贻想获成功，非得恒昌大股东支持不可。大股东首先就不满买方的"拆骨"企图，不待进入价格谈判，就关闭幕后洽商的后门。

以中泰为核心的新财团，立即加入收购角逐。新财团 Great Style 公司共由 9 名股东组成，前 6 大股东是：荣智健任主席的中泰占 35%，李嘉诚占 19%，周大福占 18%（郑裕彤倒戈加盟），百富勤占 8%，郭鹤年的嘉里公司占 7%，荣智健个人占 6%。

1991 年 8 月初，Great Style 向恒昌提出收购建议，作价 336 港元 / 股（高出备贻 82 港元），涉及资金 69.4 亿港元。经一个月的洽商，双方于 9 月 3 日达成收购协议。至 9 月 22 日，本港收购史上最大的一宗交易，为荣智健、李嘉诚等合组的财团完成。

中泰控得这家贸易巨人，遂成为香港股市的庞然大物，市值至 1992 年初膨胀到 87 亿港元。香港股市，一直视中资股为无物，此番，不得不刮目相看。

1992 年 1 月，中泰宣布第三次集资计划，配售 11.68 亿新股，集资 25 亿港元，用以收购未有的恒昌 64% 股权。荣智健突然向其他股东全面收购，市场议论纷纷，有人说荣过桥抽板，有人说事先与李嘉诚等通过气。

李嘉诚很爽快接受荣智健的收购条件，所持恒昌股作价 15 亿港元，售予荣智健。恒昌一役，李嘉诚名利双收，既赢得帮衬荣公子的好名声，又获得实惠——售股盈利 2.3 亿港元。

荣智健完成全面收购后，中泰不仅在红筹股（中资股与国企股的统称），还于 1993 年上半年进入蓝筹股（恒生指数成分股，由 33 种上市公司股票编算恒指，均为各类上市公司的代表股票）。

李嘉诚与荣智健联手合作，成为股市佳话。也有人提出疑问，他们未必是合作得十分愉快，不可能会有下一次合作。

从 1990 年初，李嘉诚辅佐中信收购泰富起，香港中资与内地国企，纷纷扯超人衫尾，欲借超人之力购壳上市，合组联营公司，利用双方的优势，在香港和内地同时拓展业务。

李嘉诚选择了首钢为合作伙伴。

　　首都钢铁企业总公司，是中国内地特大型四大钢铁基地之一，职工数 27 万人。经营多元化，包括钢铁、采矿、电子、建筑、航运、金融等 18 个行业；在内地拥有百多家大中型工厂和 70 家联营公司；在海外拥有独资、合资企业 18 家。

　　李嘉诚选择首钢，还有一个机遇因素。

　　香港有一家"东荣钢铁"上市公司。该公司业务以经销钢铁为主，1990 年，光钢筋一项就进口 33 万吨，占本港同年市场的 1/3。东荣为李明治的联合系集团所控。李明治是香港股市著名的魔术师，不停地将全系各上市公司的股份倒来倒去，据说买家卖家都是他一人，害得小股东叫苦连天，不知所措。

　　李明治涉嫌触犯证券条例，招致证监会等机构的大调查，如证据成立，李明治及其联合系集团将会受到严厉的处罚。在这种情况下，李明治走为上策，有意将旗下上市公司做壳出售。

　　东荣钢铁与首钢的入港发展方向相吻合，它既可消化首钢的钢铁，还可将部分钢铁销往海外。

　　1992 年 10 月 23 日，首都钢铁、长江实业、怡东财务、东荣钢铁在北京签订有关收购东荣的协议，收购价 9.28 港元 / 股，涉资 2.34 亿港元。收购方的股权分配是，首钢 51%，长实 21%，怡东 3%，一共为 75% 的东荣股权。收购停牌前，东荣市价为 9.2 港元 / 股。

　　东荣的市价及收购价均低于股票面额，可见东荣当时在股市信用之低，东荣是一只没有肉的微型空壳。就这只小壳，并不可限制它的未来主人将其发展成大型中资企业。

　　首长第二次合作，是收购三泰实业。

　　1993 年，李明治的联合系进一步斩缆，将旗下的上市公司出售。4 月 2 日，首钢、长实、怡东又一次联手，收购联合系的三泰实业 67.8% 的股权，每股作价 1.69 港元，共涉资金 3.14 亿港元。

　　三泰实业是一家生产电子产品的上市公司。收购后，三家的股权分配是首钢 46%，长实 19%，怡东 2.7%。5 月，东荣从长实和怡东手中购回三泰股份。

　　同月，东荣正式改名为首长国际。大股东仍是首钢、长实、怡东三家。三泰实业则挂在首长国际旗下。

　　1993 年 5 月 18 日，首长国际收购开达投资，经重整后，将其改名为首长四方。

　　1993 年 8 月 12 日，收购建筑公司海成集团，斥资 1.74 亿港元。

　　1993 年 9 月 12 日，首长国际全面收购宝佳集团，涉及资金 11 亿港元，这是首长国际金额最大的一次收购。宝佳的业务以黑色金属为主。

　　经过五次收购后，首长国际在香港站稳脚跟，实力大增，于是，掉头向内地进军。与内地政府及企业合作的投资项目，累计资金达百亿以上。

从 1992 年起，中资公司在香港股市借壳上市、招股上市蔚然成风。红筹股成为股市令人瞩目的股种。香港证券界评出 1995 年中资上市公司的四大天王，市值排名如下：

第一名，中信泰富，474.7 亿港元；第二名，粤海投资（广东省政府驻港投资机构），89.4 亿港元；第三名，首长国际，63.6 亿港元；第四名，越秀投资（直属广州市政府），50.9 亿港元。

1994 年，中信泰富跻身香港十大财阀榜，据 1995 年 1 月 1 日的《快报》，中泰以 375 亿港元市值，排名第 8 位。风头之劲，连本港老牌华资英资大财阀，都感到可畏。

香港中信，拉香港超级富豪助威，其中一位是香港首富李嘉诚，另一位是马来西亚的首富郭鹤年。如此势力，任何一家大财团都莫与争锋。

中资大举进军香港，曾引起英资的恐慌，认为将是要取代他们的；也引起华资的不安，认为中资是来港占地盘抢饭碗。

时任国务院港澳办主任鲁平指出，"在未来的特别行政区，所有的本地资金和外来资金（注：包括中资英资在内）将在平等的基础上展开竞争"，"所有资本将在无政府干预的条件下公开、公平地竞争"，"中资现在和将来都要遵守香港的法律、法规，并且平等地与其他资本竞争"，"中资公司到香港完全按照资本主义自由经济的方式去竞争，对我们来讲还是个新课题，我们仍在学习之中"……

有人说，"叻晒"李嘉诚先抱住中资这条大腿，然后凭借内地政府的强大政治靠山，可在香港为所欲为了。

美丽华一役就是最好的答案，答案并非像上述观点所臆想的那样。美丽华一役的失利，可从侧面表明，李嘉诚与荣智健等的合作是出于商业目的，完全是本港游戏规则下的商业行为。

美丽华酒店可谓杨氏家族的祖业，但创始人却是一批外籍神父。20 世纪 50 年代初，九龙尖沙咀有一家教会小旅店，专门收容被驱逐的内地教堂的神职人员。1957 年，中山籍商人杨志云，因一次偶然机会，购得这家小旅店。几经扩充，到 20 世纪 70 年代，美丽华已是拥有千余客房的一流酒店。20 世纪 80 年代初，佳宁和置地联手购美丽华一翼，价高 28 亿元，轰动全港。后佳宁破产，置地债台高筑，致使交易未成，双方对簿公堂，再一次轰动全港。

1985 年，杨志云逝世，其子继承父业，美丽华仍风生水起。到 20 世纪 80 年代末，香港旅游业空前萧条，入住率到 1991 年还未突破 50%。杨氏兄弟遭众股东指责，集团元老何添出任美丽华集团主席。

1992 年，邓小平视察南方谈话，香港旅游业转旺，至 1993 年，美丽华已恢复元气，渐入佳状。然而，各大股东间的矛盾并未因此而消融。并且，杨氏兄弟也不是团结得如铜板一块，大哥杨秉正坚决不放弃祖业，而其弟杨梁则主张走投美国发展。

这正是外强"入侵"的天赐良机。

外强之强，首推香港首富李超人与中资强豪荣公子合组的新财团。以长实的财力与中泰的背景，欲得美丽华，如瓮中捉鳖。一位财经评论家说："满香港，再也找不到第二对这么强大的黄金拍档。"

市面上，原有关于李氏荣氏不会再合作的传闻烟消云散，皆说："美丽华算死定了。"

美丽华，非得李超人、荣公子这样的大佬才吞得下。美丽华是恒生指数三只酒店蓝筹股中唯一的华资酒店股，该集团主要资产包括：

一、美丽华酒店，位于九龙尖沙咀商业旅游区，估值24亿港元；二、深圳蛇口南海酒店，估值12亿港元；三、柏丽广场，第一期估值10亿港元，第二期估值47.5亿港元。这三项加起来，总估值93.5亿港元。

1993年6月5日，长实与中泰各占一半股权的新财团，向美丽华提出收购建议，每股作价15.5港元（认股权证8.5港元），涉及资金87.88亿港元。

美丽华集团于9日申请停牌，停牌前市价为14.8港元。李嘉诚15.5港元的收购价，溢价不到一成，一般要溢价二成方可生效（为众股东接受）。市场普遍认为，李氏荣氏的出价太低，估计美丽华的资产值为18港元/股。

李嘉诚是股市收购的老手高手，他应该深谙此理。也许他过于自信，认为不再有强手跳出来与其角逐"猎物"。

据李嘉诚自己说，他们此番收购，是美丽华的一名大股东主动提出洽商，该股东有意出售其所持股权，并且持股数不少。

这会是谁呢？难道会是杨氏家族掌门人杨秉正？到6月14日，美丽华董事总经理杨秉正发表公开信，声称全部董事均未与长实、中信达成共识，美丽华物业发展潜质极佳，资产净值为20港元/股。信中提到，6月8日晚才接到李嘉诚、荣智健财务顾问的电话意向，而次日上午9时，收购建议书就送到美丽华董事局，"这么庞大的收购行动，未给予当事人适当时间去了解，而突然采取行为，那当然算不得友好和善意"。

杨秉正显然对买主的15.5港元/股的价格不满。市场传闻，主动与李嘉诚接洽的股东，很可能是美丽华董事局主席何添。估计，何添所持的股权不及杨家的零头。李氏、荣氏欲获成功，杨秉正方是关键。

6月22日，杨秉正又刊启事，称公开信可能有不适之词，致使公众对李嘉诚、荣智健两先生产生误解，谨向两位先生深表歉意。结果，这则启事更使公众疑窦丛生。有人说，杨秉正到底是怕具有强大政治靠山和经济实力的李荣集团。对买方的揣测，更是言人人殊。有人道，李嘉诚有失一贯的君子之风，对方抗拒仍执意收购；亦有人言，李嘉诚仍是不抱买古董的心态，价码已出，不再随意更改，成则得，不成则弃。

杨氏家族只持有三成多股权，李荣集团全面收购，仍取胜有望。

半路上杀出个程咬金——李兆基的介入，使局势完全逆转了。

谁会想到李兆基会公开与李嘉诚"为敌"呢？二李交情之深，路人皆知。他们是地产老拍档，曾在温哥华，与郑氏等共同投得并发展世博会旧址，总投资百亿。他们是高尔夫俱乐部的波友，每周相聚一次，形影不离。更令人称道的是，不久前，他们共同推出一个"嘉兆台"高级地盘，把两人的名字合成物业名，成为两人友谊的永恒象征。

本来，未陷债务泥淖的杨秉正，完全可抓住所持的股权不放。也许他真的担心"怀璧惹祸"，就寻找第三者为其"藏璧"。这个人必是先父的至交，并且财力在本港十强之列。

这只有李兆基了。

李兆基碍于李嘉诚的情面，开始非常为难。现在杨志云遗孤有难，不帮又说不过去。杨志云在商界声名卓著，深得同人尊敬。眼看杨家祖业行将被外强"吞噬"。杨志云生前的世交挚友，必会遭外人指责。

真正促使李兆基下决心的，是杨秉正"送璧入怀"。美丽华前景广阔，谁不垂涎欲滴？商场无父子，就更不会有友谊。于是，李兆基就给密友李嘉诚致命一击，与杨秉正私下签订协议。

杨秉正以极优惠的条件，让李兆基的恒基兆业以 17 港元 / 股，从杨氏家族购得美丽华股权。李兆基保证只做股东，管理权仍为杨氏家族所控。从而解了杨秉正的心头之患，他最担心美丽华一旦被另一家财团控得，杨家将会被清扫出局。

李荣集团一时方寸大乱。一贯不抱买古董心理的李嘉诚，一反常态，将 15.5 港元的收购价提高到 17 港元，与李兆基的同等收购价对撼。一位证券经纪商称："头脑冷静的李嘉诚，也会情绪冲动，在古董拍卖会上竞价了。"

到 7 月 12 日，以杨秉正为首的 8 名董事，仍拒绝百富勤（长实与中泰委托的财务顾问）的收购建议，他们还控有 7.61% 的美丽华股权。以何添为首的 5 名董事持有 5.37% 的股权，他们主张接受收购。

7 月 16 日，百富勤宣布至全面收购截止期，只购得 13.7% 的股权及 9.2% 的认股权证，股权未购满 50% 以上，承认收购失败。

而李兆基通过市场吸纳，使其所持股权增至 34.8%。因未过 35% 的全面收购触发点，无须发起全面收购，却保持第一大股东地位。

证券分析员说："李兆基攻守兼利。如果李嘉诚再要发动全面收购，李兆基可从杨秉正等股东手中买入股份，超过半数不太难，李嘉诚又可能徒劳无功。如果李嘉诚按兵不动，他也不动，稳可控制整个集团。"

李兆基敢挡李超人，轰动全港。舆论一直认为：超人之势不可当，其锋不可争。

圈中人道："一帆风顺的李嘉诚，在美丽华一役铩羽退守，是超人在本埠走下坡路的起点。"

事情真如这位预言家所说的那样吗？

附：1992 年香港华人百亿富豪排行榜

名次	姓名	原籍	主要职务	资产（港元）
1	李嘉诚	广东潮州	长江实业主席	300 亿
2	郭炳湘	广东中山	新鸿基地产主席	290 亿
3	李福兆	广东鹤山	前联交所主席	200 亿
4	李兆基	广东顺德	恒基兆业主席	190 亿
5	郑裕彤	广东顺德	新世界发展主席	165 亿
6	吴光正	上海	九龙仓主席	150 亿
6	何鸿燊	广东宝安	澳门娱乐总裁	150 亿
6	龚如心	上海	华懋集团总裁	150 亿
7	霍英东	广东番禺	信德船务主席	140 亿
8	吕志和	广东新会	嘉华置业主席	130 亿
9	陈廷骅	浙江宁波	南丰纺织主席	120 亿
10	许世勋	广东湛江	吕谨企业主席	100 亿
10	利荣森	广东新会	希慎兴业主席	100 亿
10	邵逸夫	浙江宁波	邵氏影业主席	100 亿
10	何善衡	广东番禺	恒生银行名誉主席	100 亿
10	张玉良	广东新会	张兴业堂主席	100 亿

注：一、共 16 位，其中郭炳湘为郭得胜之子，龚如心为王德辉之妻；二、以个人所持股份，私有财产及公开商业活动估算。

第二十七章

楼利滚滚　立足香港再拓展

长实系在海外投资回报不利的情况下，在港的投资却令集团和他本人赚得盆满钵满。

业界最看好的，是该集团于 20 世纪 80 年代先后推出的大型屋村计划，20 世纪 90 年代进入收获旺季。以茶果岭的丽港城为例，第一期工程于 1989 年 3 月开工，第一批楼花于 1990 年 5 月推出，每平方英尺售价为 1700 港元。而到次年 5 月底，每平方英尺飙升到 2100 港元以上。

这个大型屋村是长实与和黄共同发展的，整个计划预计 1993 年完成，地产经纪商估计，发展商在此项大型工程获利润约 56 亿港元。

1991 年财政年度，长实公司盈利 48 亿多港元；1992 年盈利 62 亿多港元。

1993 年 8 月 19 日，长实集团宣布上半年（截至 6 月 30 日）盈利情况，长实盈利 453 亿港元，和黄纯利则为 25.2 亿港元。长实和黄两公司主席李嘉诚表示，下半年盈利会优于上半年。

据《资本》杂志 1993 年第 11 期刊文估计，长实公司的售楼收益，1994 年将达 70 亿港元，1995 年可达 87 亿港元。

又据《资本》杂志 1990 年第 2 期公布的资料，1979—1989 年 10 年间，长实盈利 112.4 亿港元，和黄盈利 139.2 亿港元，1985 年加入长实系的港灯盈利 107.7 亿港元。

长实系在 20 世纪 80 年代的盈利状况，仅次于汇丰集团，优于怡和，亦优于太古。众多华资大财团，无人逾其之右。

骄人的盈利，是李嘉诚大举进军海外的坚实后盾。也难怪有人会说，长实集团"赚钱在香港，投资在海外"——与怡和洋行的举措如出一辙。

事实真是这样吗？

1984 年，怡和掀起的迁册风甚嚣尘上，李嘉诚发表声明：长江集团决不会迁册，将一如既往立足香港发展。

1986 年中，李嘉诚开始大举海外扩张，他频频接触加拿大政府官员，引起本港工商界的不安，李嘉诚表示，投资加拿大仅是本集团投资计划的一部分，本集团仍以香港为主要基地，海外投资只占一成多，至多不会过三成。

舆论界仍将信将疑。

1987 年 1 月 1 日，李嘉诚与合和主席胡应湘，赫然推出"西部海港——大屿山战略发展计划"。立即轰动全港，亦引起港府的高度重视——此乃香港开埠以来与地铁相当的浩大工程。

该计划提出由长实合和为核心的私人财团，投资 250 亿港元，在香港岛西部海湾的大屿山东角，移山填海兴建双跑道国际机场及西部海港，并开发工业区、住宅区、兴建多条跨海大桥及海底隧道，使机场新区与港岛、九龙连接。另追加投资兴建联系香港、广州、澳门的广深珠高速公路。

李嘉诚再一次显示出超人气魄，与立足香港的信心。

1 月 3 日《明报》刊文评论道：

> 即使在现阶段，这也是一个令人鼓舞的消息。对本港和长线投资，是香港前途之所系，一直十分为市民关注。本地财团提出这样庞大的计划去发展香港，使人感到他们对香港足具信心，愿意为香港的将来做承担。

这个计划虽然被否定，但催促了新机场方案早日出台。这年下半年，港府成立"新机场发展研究小组"。对纷至沓来的方案进行对比研究。1989 年 10 月 11 日，港督卫奕信宣布确立在大屿山北端小岛兴建新国际机场的方案。以是年价格计，完成整个工程须动用 1270 亿港元，为本港历史上最庞大工程，由政府和私人财团共同开发。

土木工程不是长实的强项，长实的强项在楼宇工程。至 1995 年 11 月，李嘉诚先后投得机场铁路车站上盖 001 号、013 号的发展权，权益由长实、和黄、中泰三家分享。

据 1995 年 10 月 11 日《信报》，机铁青衣站上盖总面积 5.4 公顷，总楼面积为 29.2 万平方米，发展项目包括 3500 个住宅单位和一座商业中心。

这财团在这两块地皮发展中，估计投资在百亿以上。

从 20 世纪 80 年代后期至今，长实系在香港的重要投资还有五大屋村的续建工程、兴建现代货柜码头、亚洲卫星公司、亚洲电视、购买股票及可兑换债券等。

长实集团的实质资产负债率惊人之低，作为一家拥有巨额现金的超级财团，这些投资不如人们所臆想的多，并且声势似乎一年弱过一年，不如他海外投资那么"火爆水响"。

是李嘉诚食言吗？

不是的，是他在港拓展遇到了一些麻烦。

九号码头的发展和经营权，鹿死谁手？夺标呼声最高者，非超人莫属。

李嘉诚旗下的国际货柜码头公司，在葵涌坐大。20 世纪 80 年代，葵涌集装箱港现有的 6 个码头，国际货柜码头公司拥有二、四、六号 3 个码头，另外 3 个码头由其他集团分别拥有。

1988 年 4 月，拥有葵涌半壁江山的李嘉诚，以 44 亿港元在政府投标中中标，获七号码头发展经营权，七号码头共 3 个泊位。两年后，国际货柜码头、现代货柜码头两公司与中国航运公司联合投得八号码头，该码头在昂船洲西北填海区，共 4 个泊位。

李嘉诚不仅是本港屋村大王，还是货柜码头大王。国际货柜码头公司占据同业市场约 7/10，是同业的绝对霸王。

人生字典中没有"满足"一词的李超人，当然不会满足现有占有额。香港经济迅猛发展，国际航运越来越集装箱化，葵涌现有和兴建中的货柜码头越来越难以适应形势发展。九号码头的选址及招标渐上议事日程，李嘉诚踌躇满志，志在必得。

李嘉诚至少占有地利、人和。国际货柜执同业牛耳，业绩骄人，经验丰富，素有"葵涌地头蛇"之称。论人和，即李嘉诚在方方面面的良好关系，尤其是港府决策机构立法局，9 名非官守议员就有 6 名是李嘉诚私下"幕僚"，他们是长江集团"特邀"的董事，每年可享不菲的酬金。行政局通过的决议，港督通常不会否决（港督亦兼行政局主席）。

若论天时，则发生重大变化。1992 年 7 月，英国职业政治家彭定康接替卫奕信出任香港总督。"肥彭"到港不久，视察葵涌码头。正值国际货柜码头公司举行处理 2000 万个货柜庆贺盛典。有好事者评议道：李氏与其说是庆贺自己，不如说是借盛典之名来取悦港督。

好些有意角逐九号码头的财团，看见肥彭与李嘉诚父子会面时的微笑，如寒天里淋了一身雪水，心想事情黄了。

具有地利、人和的李超人，现在又占尽天时。

不料事情又有变化，肥彭对港府大动干戈，撤换了一批议员，使李嘉诚在港府数载的经营前功尽弃。彭定康这一招，并非针对李嘉诚来的，"一朝天子，一朝臣"——新官上任，都喜欢提拔新人。彭定康的这一切，都是围绕他的"政改方案"。

可这一招，给李嘉诚竞投九号码头抹上一层阴影。先前，与李嘉诚关系甚密的行政局议员，公开发表言论，主张宜将码头公开招标，价高者得。这与国际货柜码头公司竞投先声，口径惊人一致。如果这样，无人敢与掌握了百亿现金的超人较个你死我活。

与李嘉诚关系最密的议员下台，新一届行政局官员们，不再于九号码头上，做李嘉诚的"御用议员团"。结果，九号码头的招标方式不再是公开招标，而是协议招标——不以价高为中标唯一标准，而是看竞投者的综合条件。

综合条件是个软指标，有很大的灵活性。不过，国际货柜码头公司的综合条件甚佳，李嘉诚亦会像昔日中标中环金钟地铁车站上盖发展权那样，拿出煞食桥（妙计）。

协议招标消息传出，各大财团蠢蠢欲动。李嘉诚自然跃跃欲试。

结果，超人败北，港府将九号码头的 4 个泊位，批给英资怡和与华资新鸿基等财团兴建经营。

是彭定康有意与李嘉诚过不去吗？

1991 年，彭定康任英国保守党主席期间，李嘉诚曾向保守党捐赠一笔大额竞选资金。彭定康即使不投桃报李，也不至于恩将仇报。因此，李嘉诚能在国际货柜码头公司庆典日，很顺利地邀请彭督亲莅庆典，并视察葵涌。其后不久，彭定康邀请李嘉诚进入"总督商务委员会"，李嘉诚婉谢后，结果让其子李泽钜进入总督商委会，成为最年轻的委员，全港哗然，亦成为臆事者认定超人与彭督关系非同寻常的佐证。

然而，舆论普遍认为，港府确确实实有意削弱李嘉诚在货柜码头的垄断地位。

按国际通则，一家公司的市场占有率达五成以上，则可认定处垄断地位；若在七成以上，则是高度垄断。经济学家及法律专家均认为，垄断不利于产业的发展，亦会令政府管理失控，处垄断地位的厂商可垄断价格，因无竞争对手或对手太弱而不思改革经营与提高技术。

政府对非得实行垄断的行业（供水、供电、供气等）实行专利管理，控制价格，而对其他行业则允许并鼓励自由竞争。香港政府未像其他国家和地区那样制定反垄断法（该法的核心是遏制处垄断地位一方的发展，扶植较弱的一方），香港政府对企业的经营和发展奉行积极不干预政策。

但它在行使有限权力之时，"均衡"是其抉择的因素之一。

读者所熟悉的最典型的例子，属卫视与无线之争。港府在制定新条例之时，既不偏袒李嘉诚，也不优惠包玉刚。最后出台的条例，虽未满足双方，但照顾了双方的利益——为双方所能接受。

国际货柜码头公司垄断本港市场，遭到欲夺九号码头的各财团的抨击。他们的"利己"观点在工商界、舆论界及港府中很有市场，有议员说："经验与财力不是首选条件，如是这样，当年选择遮打金钟地铁上盖发展商，就不该是毫无在中区发展物业实绩的小地产公司长江实业。"

港府在选择九号码头发展商时，首先就把李嘉诚排斥在外，另选实力与长江系相当的财团——英资怡和与华资新鸿基——这又是一种平衡。

一位财经分析家说："凯瑟克家族雪洗了当年痛失遮打金钟地铁上盖发展权的耻辱，李嘉诚成了纽璧坚第二。不过，两者失利的缘由不同。置地号称中区地王，实则上拥有的地盘物业，不及一成，纽璧坚是大意失荆州。李嘉诚控有货柜码头的七成，算是真正的霸主，超人失利，非本人努力不够，故仍可歌可叹。"

九号码头一役的失利，遏制不了长江这艘巨舰的破浪之势。长江集团的盈利大头一直来自楼市。

香港楼市的涨幅，远远高于物价的平均涨势。香港各业，形成千军万马"攀楼"的汪洋之势。财大气粗的新手的加入，使竞争激烈的楼市竞争愈加激烈。

报章杂志、电视广播，各发展商和代理商的广告争奇斗艳，触目皆是，充耳便闻。现在广告又纷纷走出境外，在他国异地大做特做，以招揽境外的买家。

"睇楼团"风起云涌，有冷气专车接送，还提供免费饮料午餐。所睇的楼宇自然在新界，有不少"闲情者"借此做"一日游"，这项"亏本"项目，各商家仍乐此不疲。一位地产经纪一语道破天机："只要有一个买家，全团费用就足可捞回。"楼市看好，一团岂止一个买家？

传统的屋村现场广告，均是大幅宣传画和霓虹灯等。李嘉诚别出心裁，在天水围的嘉湖山庄放激光广告。两个大型激光发射器，安装在第一楼屋顶，入夜便发射出多组五颜六色、形态各异的激光，甚为壮观。

据市场"宝牙宝齿"传："因为嘉湖山庄楼盘难出手，数月前（1994年初），大老板李嘉诚急谋对策，请来风水先生睇风水，着李嘉诚花几十万来安装这个设备，便可将空盘脱手。于是李超人照办如仪，街坊也乐得晚晚有免费 Show（激光）睇。"

但据圈内人讲，李超人纯属商业目的，李氏的"超人心水"才会有如此"超人绝桥"。

李嘉诚的楼宇单位，一部分由公司售房部直接发售，一部分派给多家代理商包销。一处屋村就有若干代理商，李嘉诚多管齐下，售楼风头之劲，一时无两。

"吉屋白蜡烛"事件，使得楼市大赢家李嘉诚满脸"黑乎乎"。

时间发生在1994年金秋，地点是风水尤佳的海怡半岛屋村。李嘉诚兴建的住宅楼宇信誉良好，睇楼者众，自在常理之中。然而，当买家去参观吉屋（香港称空屋为吉屋，含吉祥之意），突见吉屋里燃有几支白蜡烛，顿时吓得魂飞魄散，疑神疑鬼。香港人信迷信，联想起死人丧礼之白蜡烛，吉屋何有吉气，乃死屋也。

此事不止发生一次，也并非海怡半岛一处。谁碰着，谁倒霉，传媒一渲染，会吓走一批置业者。是何人所为呢？未查到肇事之人。有人说是发展商，有人说是发展商委托的几家代理商。

这至少表明，同业进入恶性竞争。

南丰集团在售楼宣传上既乏新意，又缺声势。但该集团一直奉行务实的作风，楼价实惠，并充当淡市减价的急先锋，业绩不俗，令同业刮目相看。

淡季"跳楼价"充斥楼市，未见一个地产商跳，倒是有的"走眼"的代理商蚀了老本。到20世纪90年代，减价竞销并非淡市，旺市时仍有众多地产商采取此术，压倒对手。

1994年10月，中原地产住宅公司董事陈永杰表示，过去蓝筹发展商的竞争阵地在广告宣传，在减价促销，现在他们转移到提供的按揭方式上。他们先对抗银行自办按揭，接下来是同业比拼。你七成，我就八成；你八成，我就来个九成。这样，买家所获的最优按揭，首期只付一成楼款。

这只有长实这一类的地产巨头，具备这般雄厚的实力。有的发展商，按揭比例虽不变，却在供款期限上提供优惠。

李嘉诚与同业的竞争，莫过于与大好友李兆基的对撼了。

李嘉诚的长实与李兆基的恒基，在新界马鞍山均有大型商居楼盘，长实的叫海柏花园，恒基的叫新港城，两个楼盘群仅隔一条马路，二李在美丽华之役较量后，这番再次比拼。

第一回合，始于1994年底，李嘉诚先声夺人，减价推出海柏花园，短时期就卖出800余个单位，致使李兆基的新港城睇客锐减。李兆基急忙还招，也来个减价售楼。

1995年夏，恒基兆业将推出第四期最后一座楼宇，李兆基精心策划，秘密筹备，准备打得对手措手不及，闹个满堂红。

7月13日，恒基宣布以先到先得方式开售248个单位，售价4100港元/平方英尺，比二手价还平，恒基还推出九成按揭，住户只要交一成的楼价就可以入伙。更新鲜的是恒基搞幸运抽奖，1/10的中奖率，中奖者可得十足黄金。

装修示范单位，是效仿长实的一贯做法，但恒基另有创新。聘请著名设计师萧鸿生推出8款装修，可供买家任意选择，最便宜的一款平到仅4万多港元一套单位。8款各具特色，最贵者也不至于贵到离谱，极易为买家接受并心喜。

14日恒基安排睇楼。公司安排免费巴士不停往返沙田广场至新港城之间。驾私家车的购房客，可获3小时免费泊车。购房客免费享用早餐晚餐。这又是系列吸引购房客的条件之一。

毋庸置疑，是日必有大批顾客拥至新港城。

聪明的李嘉诚，岂会错失马鞍山顾客如云的良机？他做了一个非常着数（合算）的安排。13日晚，长实从媒介获悉恒基的楼价后，马上将新港城对面的海柏花园定价电传给各传媒，每平方英尺售4040港元，较新港城的平均楼价要低60港元。

本来，长实还没这么快推出新楼单位，担心欲入马鞍山置业的买家会被恒基抢去大半。故在14日，火速请名师高文安设计总监做示范装修单位，好赶到15日向顾客开放。

时间太仓促，示范单位非实楼，而是模型。

14日晚，长实董事洪小莲出席恒威25周年酒会时向记者表示："我们的海柏花园比新港城优胜好多好多。"

一般竞争对手在公众场合，尽可避免过激语言，尤不宜直言不讳褒己贬他。《壹周刊》评议道：

这个破天荒的评论，掀开了李嘉诚和李兆基马鞍山之战序幕。

两强对撼，在售楼现场更呈剑拔弩张之势。

长实的职员对参观示范单位的顾客说："我们（海柏）平过对面（新港）几十蚊（元），我们也都有请设计师设计，你有没睇过对面的装修同用料？我们的要靓得多。我们的设计师是高文安，没得顶（盖帽），你如果睇过，就知道没得比嘞，你有没睇过先？"

长实的现场职员个个这般说，自然是事先统一口径。

在新港城摆档售房的经纪商，亦大肆挖苦海柏花园："我们这里潜力一流，有八佰伴购物中心，海柏连街市都没有，商场又小，没得比。"当睇客说海柏有靓景时，经纪商笑道："论海景，马鞍山的都差，向西北。买新港的山景单位，向东南，咪仲好。"

恒基造声势到16日星期天步入高潮，与新港城相连的八佰伴商场开张，睇客如潮。周一起，就有买家提前排队，等周二正式发售。

长实见势不妙，又出"新桥"——周一晚11时左右，就在排队候新港城发售的人龙前（已有180人漏夜排队），挂出一条醒目的长幅：

"海柏花园每平方英尺仅售3275港元起！"

这大概是同业竞争最可怕的情景——顶烂市。一时间，新港城排队的人龙缩了截，跑掉近20人。自然到天亮和当日，有买家加入，结果不尽如人意。据《二李决战马鞍山》一文报道：

翌日，新港城248个单位开售，恒基只派出筹号（注：凭筹号可购单位五个）逾200个，反应不及嘉湖的楼宇，首天只卖出七八成单位，较预期逊色。

单位公开发售，本是黄牛党最猖獗之时，直接置业者休想得到筹号，会被黄牛党挤出圈外，真正的买家须从黄牛党手中购买二手甚至三手、四手的筹号。

如此淡市，黄牛党叫苦不迭，内部认购的代理商怨声载道，李兆基更是有苦难言。记者采访李兆基，李氏尽量扮出轻松状，表示不会再减价与海柏对撼："我都平了许多啦，对面实际上还只是平几十蚊一只，只要楼盘艰险，买家就不会计较这几十蚊。"

李兆基总算沉住气，不再与超人顶烂市。几天后，249 个单位好歹推了出去。人们联想起美丽华收购战，李兆基力挫超人，胜券在握。这次马鞍山比拼，长实虽未令恒基铩羽，也总算杀了一杀李兆基处处与超人争锋比肩的气焰。

地产经纪界人士认为，马鞍山一役，标志着李嘉诚在楼市游刃有余，风骚独领的大好光景，行将成为历史——这确实有些耸人听闻。

人们记得在 1991 年，李嘉诚为表示对香港前途有信心，向公众许诺将在 6 年间，在本港投资 400 亿港元（注：不包括股票债券类的间接投资）。稳重的李嘉诚不会随便抛出这 400 亿，而是要寻找有利可图、切实可行的项目。

有人担忧，李嘉诚恐难兑现自己的诺言。

这种担忧，并非仅仅指楼市竞争激烈，货柜码头拓展失利，而是整个地产界后院失火。

◆第二十八章◆

地产群豪　称霸港九奈若何

　　10 年前，当香港楼市从 20 世纪 80 年代初房地产衰退中复苏，重新纳入又一轮升势之时，住宅楼宇每平方英尺的平均售价不过是 700 ~ 800 港元，而与民生关系最为密切的中小型住宅还不及这个价。而现在，豪华住宅每平方英尺的售价已超过13000 港元，连远离市区的新市镇，楼价之高也令人望而生畏，普普通通一套住宅动辄要价数百万港元已司空见惯。拿一套建筑面积仅 400 平方英尺的小型住宅来说，目前售价约为 240 万港元。

　　而一个刚刚毕业的大学生，月薪不过 1.2 万港元，为了构筑自己的"小巢"，买下这种仅够建立"二人世界"所需的小型住宅，除了要拿出首期 72 万港元的现款（按七成按揭）外，还要每月供款 1.5 万港元，才能在 20 年后还清全部楼款本息，成为真正的"业主"。如果说，若干年前的楼价水平，年青一代的"无壳蜗牛"经过发奋努力，节衣缩食还可以承受的话，那么时至今日，即使不吃不喝，也很难填满供楼这个"无底洞"了。

　　上述文字，录自 1994 年第 8 期《今日港澳》的一篇文章。翻阅香港报刊，这类望楼兴叹，戟指鞭挞的文字处处可见。1991 年 5 月 18 日《华侨日报》的《炒楼狂潮害苦了真正的用家》，以"一节俭积蓄的市民置业梦的破灭"，倾诉"无壳族"的哀怨。

　　香港置业难，租房亦难。香港是世界租金最贵地区之一。据 1990 年资料，香港写字楼租金平均水平居世界第 4 位，每平方米为 83.2 美元月租，次于东京、伦敦、苏黎世；商业铺位居世界第一，每平方米平均月租 619 美元（4828 港元），其次是东京、伦敦、纽约。在香港黄金地段，每平方米商铺月租，动辄要 1000 美元以上。

到 1994 年 5 月，国际物业顾问仲量行宣布，香港写字楼租金已超越东京。

香港租金昂贵，不仅本港人士苦不堪言，外商更是怨声载道。香港美国商会主席马畋指出，香港的高租金，使不少美商盈利微薄甚至无利可图，已到了不堪重负的地步。德国西门子集团总裁葛廷嘉，年前考察香港后向报界发表建议："香港租金水平应在某一水平上停顿下来，否则不仅令一些海外企业望而却步，也将影响外商在港公司的未来扩展计划。"

本港人士及外商群情怨怒，地产发展商与代理商首当其冲。本港地产公司有 4000 多家，其中上市公司百余家。信誉不佳的公司有 500 家之多，也许是它们名气太小，舆论批评的矛头多指向蓝筹股地产公司，连信誉极佳的长江实业亦不可幸免。

《东方日报》1991 年 5 月 26 日《地产发展商赚钱知多少》一文：

> 做牛做马为片瓦，有人穷一生精力，才可以自己拥有物业，楼价已占去家庭收入的七成，究竟地产发展商在建楼及卖楼之间，赚去我们多少血汗，难以统计。但香港有数的富豪都是经营地产业务，上市公司之中，逾五成的市值均是地产建筑公司，可见做地产的赚钱能力。

该文接下来以楼市盈利大户长江实业发展茶果岭丽港城为例，剖析并估算李超人在这个地产杰作中，将如何获取 111 亿惊人巨额利润。

在笔者的记忆中，曾看过这样一篇文章，文中以"一将功成万骨枯"为喻，来形容地产商的辉煌业绩是由置业租房市民的血汗堆砌而成的，击碎了民众对地产骄子的偶像崇拜。

曾几何时，以地产骄子为中坚的华资财团，打败了老牌英资。华资大显神威，华人扬眉吐气。然而，还是这些地产骄子，还是这些华人市民，地产商谋利盼楼（价）高，置业租房者盼市淡楼（价）低。

矛盾由来已久，进入 20 世纪 90 年代群情形成高潮，昔日的时代英雄成了众矢之的。在这方面，代理商所受的谴责，更是有过之而无不及。

本港至少有 100 篇文章，谈到地产经纪界新贵，年仅 30 岁的罗兆辉。他以 1.4 亿港元购得火灾后的重庆大厦首都酒楼商场，仅花 0.2 亿港元装修一番，易名为意德日广场，一年后以 6.8 亿港元出手，净赚 5 亿港元。罗兆辉原为地产经纪行职员，几乎是白手起家，几年内炒房炒到 10 亿港元身家。地产代理商赚钱的总能量不及发展商，但牟取暴利的幅度，远远高于发展商。

那么发展商就是炒地炒楼的看客吗？

许多文章指出，没有一家发展商不兼做炒家乃至大做炒家。也许是李超人名气太大，有人声称，李嘉诚累计数十亿元的非经常性盈利，相当部分来自炒地炒楼。不过，与他全系的地产经常性盈利比，比例甚小，他的主要精力财力，放在地产发展上。

与用户关系最密切，也最为用户所憎恨的，莫过于住宅楼宇的代理商与黄牛党。

发展商的住宅单位销售分两种：一种是内部认购，认购者以代理商为主，其中的一部分是内部零卖给方方面面的关系户；另一种是公开发售，但置业者基本上买不到一手房，必须从黄牛党手上高价买二手房，乃至三手、四手房。

一般楼宇开盘前几天，就有人通宵达旦排队，这之中有各路黄牛党，也有置业者。往往置业者眼看着苦熬了几夜就要开盘，便给搞事的黄牛党挤到爪哇国去。炒手有当场兜售筹号的，也有先买下首期待价而沽的。

《东周刊》曾披露这样一件事情，长实推出海柏花园64个单位供公开发售，一对张氏夫妇排通宵第一个买，原以为头队可拣个海景单位，结果只是面向花园的单位。

1985年，金钟地铁上盖大型物业发售，求购者踊跃，黄牛党趁机作乱，演变成一场骚动。1986年，大埔海宝花园发售，发生轮候人殴斗，仇杀酿成命案事件。这之后，发展商自雇保安，或邀请警方维持秩序，黄牛党搞事仍频频发生，甚至出现三合会（黑社会组织）集团对抗警方事件。

楼市投机活动声名狼藉，公众同仇敌忾，纷纷谴责炒手。也有人把批评的矛头指向发展商，认为发展商是炒手的黑后台，狼狈为奸。

此话自然偏激，不过发展商与炒手利益相关，这是事实。应该看到，大部分经纪公司为推动楼市的发展，起了良好的作用也基本遵守楼市游戏规则。它们牟取较厚的利润，同时也承担较大风险。

也许是这个原因，发展商总是处处为代理商说话，甚至偏袒无照黄牛党。商人皆为利——你若能从这个前提出发，就会对发展商在此事上的言行不感惊讶，自然也包括李嘉诚。

香港知名地产记者王康，在其有关地产楼市的系列文章中，几处涉及李嘉诚，现笔录几段1994年间的只言片语：

> 据市场人士表示，爱美高（注：主席为刘銮雄）是于1992年8月时，通过内部认购形式，向长实购入第二期（嘉湖山庄）赏湖居第4座单层数的半幢单位，估计达152个，而内部认购较公开发售价，一般便宜约5%（注：代理商看好的更是日后楼价上攀）。

> 除爱美高外，嘉湖山庄第二期赏湖居第3座，是另一幢以内部认购方式转手的单位。

上周初，该批为数296个单位的现货单位全幢（公开）推销……20楼以上的18层单位（注：全楼高38层，住户图靓景喜欢择高楼），买家一次认购3至4个单位才有（可）交易（注：只有炒家才会一次买几个单位）。

嘉湖山庄内部认购猖獗，复式单位加80万至100万，普通单位亦加几十万，一个单位未到用家手，已有几个人经过手，赚过几次钱，其中第一二手"物权阶级"，自然赚得"溶"……"特权阶级"炒完嘉湖山庄，又去炒海怡半岛。

但怎料，上周四，李超人一声令下，吩咐立即"叫停"，说嘉湖内部认购做得太扬，过分了一点，海怡和下一个楼盘都要收敛（注：市场有关打击楼市，遏制内部认购的风声很紧）。长实嫡系人马可以内部认购，但只能转让给直系亲属。

（海柏花园）示范单位挤得水泄不通，门口亦有地产代理（商）兜客，加10万，加15万出售内部认购单位，照此计算卖楼反应不会差。难怪好多人一向说李嘉诚最照顾炒家，近期多个楼盘中，炒家在此最赚到钱。

笔者赴港考察，曾就王康披露的材料询问一位新闻同人："这是否属实？"该同人道："是事实，这种事在本港地产界习以为常，见惊不怪。与那些和公众对着干的地产商比，李嘉诚则算有分寸，有节制。"

步入20世纪90年代，公众舆论要求港府立法打击楼市投机的呼声越发高涨。人们预计，条例出台，将为期不远。

众所周知，港英当局对强大的华资地产财团感到畏惧。十大地产上市公司（仅置地为英资），占香港股市总计市值的二成以上。实际上有不少大鱼漏网，如太古地产，后来归入太古公司成为综合股，少数从事他业的巨富，亦把重点放到地产上。据估计，香港过半的资产为地产商和兼做地产的富商控有。尤其是十大地产巨头，控制了同业地产股市值的五成以上。地产巨头实际上是松散的垄断性集团。

过去有句流传甚广的话："控制香港的是港府、汇丰、马会、怡和。"从20世纪80年代后期起，有人这样说："控制香港的是港府、汇丰、马会、地产商。"

港府对地产商垄断财富耿耿于怀。无独有偶，港府官员和亲英人士，能在众多的行业寻找到众多的"知音"。

一些财经界学者说："由于各种因素，造成了财富分配的不公。香港经济是外向型经济，真正为本港赚来外汇，积累财富的主要是贸易、航运、工业等。地产商在社会财富的再分配上，获利最大，并且大得离谱。

"世界上，没有哪个地方，像香港这样最富的阶级几乎全集中在地产界。过去香港也不是如此，大富豪分散在贸易、零售、航运、金融、地产、工业等行业。现在其他行业的富豪逐步在富豪榜上被挤下去——除非他们抱住了地产。这种现象，实际上是香港经济衰退的前兆。"

香港杰出的建筑商陆孝佩，一生为地产商和业主建楼不知凡几，其中汇丰银行大厦就是他的杰作。他只知盖房，不知卖房，辛苦一辈子，积累的财富少得可怜，而与他拍档的地产商皆成大富。他晚年时，人们仍称赞他的建筑业绩，他说："我是世上最蠢的人，不知道早年就去搞地产。"

"无壳"升斗小民的愤怒情绪，"有壳"人士对地产界的"微词"，无疑给港府遏制地产垄断，打击楼市投机注入一剂强心针。按理港府要实现目的易如反掌，据传，港府有关官员表示，要打老虎。老虎是谁，自然是地产巨头。

1991 年 11 月 6 日，新上任的财政司司长（主管财政的最高行政长官）麦高乐，宣布增加楼宇转让印花税和限制内部认购比例，以杀楼市炒风，平息民怨。

据说李嘉诚虽知悉此事，因筹备多时，耗费相当财力精力，改期不利。于是，天水围嘉湖山庄第一期仍按期开盘。是日，炒家买家十分踊跃，排队的长龙浩荡，3 天内竟有 3 万人登记，相当于发售的 1752 个单位的 20 多倍。

据传媒报道：

> 麦高乐对此大表不满，觉得李嘉诚明知他在当天宣读打击炒楼措施，却偏偏不避风头在同日推出大楼盘，与政府"对着干"。麦高乐于是使出厉害的招数，11 月 13 日由银行监理处致函各银行，将新旧住宅楼宇按揭贷款，由原来的八九成，降至七成。

李嘉诚一贯谨慎从事，最忌树大招风。这次却不慎撞到枪口上。地产同人，原以为咄咄逼人的麦高乐会枪打出头鸟，殊不知他一竹篙打着一船人——地产商均挨五十大板。

银行按揭的比例，直接关系到买家与炒家首期现金的承担，进而影响到楼市的兴衰，楼价下滑，地产商与代理商要双双栽进去。

11 月 21 日，李嘉诚在他的"家店"——希尔顿酒店，设宴招待来访的加拿大卑诗省总督，李兆基、郑裕彤、郭炳湘、郭鹤年、何鸿燊、罗嘉瑞等地产巨头应邀作陪。有人认为，这是向港府"示威"，如果逼人过甚，他们将把投资重点移向加拿大等美欧澳国家。

记者询问他们对政府降低按揭成数的反应。一贯口讷，在公众场合甚少开腔的李兆基，率先表态，声称会通过自己旗下的财务公司，提供较高的按揭成数，防止楼市下跌。其他地产巨头异口同声附和，口气异常坚决。李嘉诚在记者的穷追之下，最后也表态，他说希望能与政府协调好关系，如果地产同人都这样，他也会跟随潮流。

　　麦高乐等一批官员，对地产商"对台戏"异常恼火。第二天，麦高乐与汇丰银行大班浦伟士、恒生银行主席利国伟紧急磋商，由两位金融寡头出面还击。香港银行公会主席浦伟士措辞极为激烈，严厉警告地产商，如果一意孤行，日后其他发展计划将得不到银行的支持。华人银行家利国伟口吻较为温和，但绵里藏针，他一方面指出地产商属下财务公司（注：财务公司是有限存款放款的银行机构）未必有足够的资金，另一方面解释政府的措施只是抑制炒风，并非打击楼市。

　　香港首席财主汇丰大班发了话，地产商马上妥协，在第一时间召开记者招待会，声明接受七成按揭规定，并无意与银行对立。

　　日后的事实证明，李嘉诚等地产巨头，只是做策略上的退让。

　　据 1994 年 8 月《香港楼价探秘》一文称：

　　　　1991 年以来港府和银行曾多次联手打击楼宇炒买卖活动推出一系列旨在限制炒家投机活动的政策措施，如：买家须付楼价 5% 做按金；限制内部认购比率低于 50%；楼花转售征收 2.75% 厘印费；将住宅楼宇按揭率由 90% 降至 70%；向频密买卖楼宇的投资者征收利得税；将提前赎回按揭贷款的罚金增至 5 万港元或楼价的 3%；将 500 万港元以上的住宅的按揭率降至 50%；等等。

　　　　措施可谓严厉，但市场回应不积极，楼价反而越炒越高。仅今年第一季度便上升 30%，终于引起社会各界的强烈不满。普通市民无力购房，怨声载道。

　　为何港府措施严厉，而打击不力呢？

　　首先是港府自己顾虑重重，患得患失。

　　香港人多地少，港府奉行高地价政策，造成地价高企（居高）不下。长期以来，地产收入一直是政府财政收入的大头，20 世纪 90 年代更是如此。以 1993 年为例，政府买官地和更改用途补地价收益达 422 亿港元，加上地产方面的各类税收，差不多占政府总收入的 70%。

　　在地产收益上，港府与地产商同样不厌其多。

　　那么，各界为何只谴责地产商，而纵容政府呢？这是因为政府的财政收入，用于浩大的公费开支，英国政府未向香港抽缴财政收入，香港政府靠卖地的收入维持其低税制。政府也建公房，一类是学校之类的公益建筑，另一类公建住宅楼宇非营利售予或租予超低收入者。好人给港府做了，恶人让地产商做。地产商高价买的地建的房，必定会嫁祸于用户，用户当然会群起而攻之。

　　打击楼市炒风过严，必引发楼市下挫。楼市一淡，政府的地产收益必会锐减。

　　不少地产商，指责政府囤积居奇，好卖高价，楼市高企，首先是政府地价高企。打击炒风不能从根本上解决问题，重要的是增加土地供应量，适当调低地价，以量多保证政府收入。

李嘉诚以和软的口气表示对打击炒风的看法：管制固然起一定作用，但管制太多不利于楼市的发展。

这恰恰是港府最害怕的，李嘉诚不愧具有超人智慧。

第二个重要原因，是地产巨头的实力，足以与政府和银行抗衡。

恒生主席利国伟，似乎低估了地产巨头的能量，像长实等10余家大地产公司，就有充沛的自有资金提供八九成按揭。银行的七成按揭，坑苦了中小地产商，他们非得依赖银行不可，只有借助削价来吸引买家炒家。

李嘉诚等一些地产巨子，果然就按最初设想去做。银行家一时大为惊慌，因为地产按揭占银行业贷款总额的三成以上，银行将会丧失盈利的重要渠道。于是有的银行，偷偷放宽按揭率，使中小地产商大喜过望。

李嘉诚与银行对着干，导致了他与汇丰"蜜月"的结束。

李嘉诚与汇丰的"蜜月"始于20世纪70年代末，汇丰前大班沈弼宣布，一次性将汇丰持有的二成多和黄控制性股权，以相当于和黄资产净值的半价售予长实集团，使长实这家中小公司，控得庞然大物——本港第二洋行和黄。

1980年，汇丰委任李嘉诚为董事；1985年，更委以非执行董事长之衔予李嘉诚。这一崇高荣誉，本港华商另唯有世界船王包玉刚爵士曾获得。

1992年4月2日，汇丰控股宣布，李嘉诚将于5月辞去汇丰控股及汇丰银行副主席一职。汇丰做出宣布后，李嘉诚马上召开记者招待会，表明他的辞职与最近汇丰收购英国米特兰银行毫无关系，纯属巧合。他指出，辞职始于两年前，但一直未被接纳。他强调，辞职的理由是基于私人原因，拟将腾出更多的时间专注于其他业务及发展个人兴趣。

李嘉诚的话，并没有平息市场种种揣测。《信报》指出：

> 各种传闻之中，除了指李嘉诚不满汇丰与米特兰合并之外，亦有传闻指李嘉诚不满汇丰不断主催银行界收紧楼宇按揭至七成，令地产市道无法如去年般兴旺，故与汇丰方面不和。

长实集团从20世纪80年代中起，逐步减少资产负债率，加大靠自有资金发展的比例。这种保守的经营作风，受到金融分析家的批评。有人揣度，李嘉诚与浦伟士的"交恶"，从那时起就埋下了种子。

出人意料的是，浦伟士后来却委任小超人李泽钜任汇丰非执行副主席。市面传闻，这是李氏家族与汇丰的"二度蜜月"。汇丰审时度势，必为1997年后考虑。李氏家族在香港结识了一帮"下海"的高干子弟；在北京，李氏是政要座上客。

汇丰与李氏父子的"二度蜜月"，客观上造成银行家卡地产商脖子的手趋于放松。

李嘉诚一贯擅长在低潮时补地价。

堪称补地价经典之作，是黄埔船坞发展英埔花园大型屋村，工业用地改作商业住宅用地，按 1981 年市价计，李嘉诚须补 28 亿多地价。李嘉诚延至 1983 年，中英谈判，本港信心危机楼市崩溃之时与政府拍板，结果以 3.9 亿港元的惊人低价达成协议。

舆论为李超人绝桥击掌喝彩，亦有少数分析家唱反调，认为李氏的战果，是以牺牲政府的收入为代价的，若人人效仿，不啻是政府的财政灾难。

也许是有关官员掉以轻心，也许是对市道预测失误，又让李嘉诚赢得漂亮仗。丽港城与海怡半岛的宏伟大计，涉及庞大且复杂的油库、港灯电厂和青衣联合船坞换地补地价，李嘉诚则在八七大股灾后几个月搞掂。之后，股市楼市全面复苏。港府未按谈判初期的价码得到补地价收益，哑巴吃黄连，有苦难言。

李嘉诚与英商嘉道理，合伙将鹤园电厂旧址发展商住屋村。20 世纪 80 年代末，香港再爆信心危机，移民走资迁册潮。到 1990 年，地产市道奄奄一息。聪明的李嘉诚，将补地价谈判选在这个大好时机，亲自出马，殷切至极。

数吃败仗的港府官员，总算被超人"调教"得异常聪明且警觉。他们以其人之道，还治其人之身——也效仿超人绝桥实行拖延战术。1992 年春，邓小平视察南方谈话，内地改革的巨浪波及香港，香港楼市水涨船高，地价飙飞。好，港府现在来与李氏拍板——你不是急于求成吗？现在就成全你，最后谈判结果，补地价 38 亿港元。

李嘉诚虽未在补地价上占到便宜，但他搞掂重建计划，也非一件易事。

《壹周刊》借用一位地产老行尊的话说："别人向政府申请换地，不容易得到批准，李嘉诚申请就很快获得批准。"一些申请换地与洽谈补地价而受挫的地产商及业主，在政府面前宣泄怨气，说政府给李嘉诚太多的优惠，李嘉诚是政府的宠儿，把我们当后娘养的。

如果过去，政府真的把李嘉诚当成宠儿，现在还会为他大开绿灯吗？

现在的关系是，李嘉诚尽管主观上不愿与政府对立，但实际上已造成这样的后果。港府即使不给李嘉诚小鞋穿，至少也不会迁就李嘉诚。

不过地产界仍很迷信李嘉诚换地的超人能耐，远东集团主席邱德根，便是其中之一。

邱德根是集地产、酒店、金融、游乐、戏院等多种行业于一身的商界强人。他旗下公司远东酒店和娱乐公司在九龙荔园拥有一批物业地皮，其中有宋城和荔园游乐园，游乐园一部分是自有地皮，一部分是租用的官地。另外，邱氏家族在游乐园外围还拥有大块土地。

荔园交通便利，环境优美，有遐迩闻名的宋城及游乐园，又邻靠中高档宅区美孚新村。发展商住物业，潜力极佳。

1991年4月4日，邱氏家族的远东酒店和娱乐公司，与李兆基的恒基兆业及林伯欣的丽新发展签订临时买卖合约，共同开发宋城现址及邻近的8万平方英尺土地，发展三幢大型商住物业。

邱氏家族为何引来两位商界大亨助力？是由于戏院影片放映连年亏损，财力不济。李兆基在香港有"田地厅长"之称，林伯欣是亚洲电视老板，有这两位名士助力，换地不会成问题。

却不知，这年底，政府城市规划委员会正式宣布否决远东的计划，认为将宋城现址改作商住物业，不符合城规会的整体规模构想。

恒基、丽新的两位老板不行，长实的大老板李嘉诚准行。谁不知李超人在香港能呼风唤雨，在港府的路子通天（当时九号货柜码头结果未出）。先前，与港督卫奕信往情甚密，现在又与彭督接上热线联系。彭督上任，名为视察葵涌码头，实则是为超人旗下公司庆典壮威。

邱德根一面与李兆基林柏欣两人扯皮，欲中止合作协议；一面与李超人先示媚眼，随后进入洽商。

1993年12月，远东与长实达成协议，长实购入远东店所持荔园及附近36万平方英尺土地的五成权益。这次重建范围比原来的更大，涉及问题更多，换地补地价更复杂。远东的地皮并未连成片，这中间夹有多个业主的物业，并且政府已有荔园整体发展计划。

端木先生撰文报道：

> 向来强于与政府谈判的长实，今次竟遭滑铁卢，铩羽而归。在外界普遍看好荔园重建计划在长实扛大旗下快有成果之时，城规会于1994年7月正式通知长实，建议重建荔园的计划已遭该会否决，对看好此计划的长实中人，实在有点晴天霹雳。

长实的计划分两部分，一部分是建35幢6至8层高级住宅（注：东边有启德机场，限制建筑高度），总楼面积130多万平方英尺；另一部分与政府换地建商厦。

长实只对所拥有业权的土地及政府所拥有的土地做出计划，未包括一些分散业权的土地规划。港府驳回的理由是，由于综合发展区须涉及范围内所有土地的发展，故长实的申请未获接纳。

分析家认为，港府理由充分，说其有意刁难属空穴来风。

李嘉诚寄愿望的另一项计划，是争取政府拥有的邻靠荔园的巴士站地皮发展权，以长实持有的部分荔园地皮和宋城做交换，使政府可获整块土地做完整发展。李嘉诚拟在巴士站地皮建酒店，该块地皮 8 万平方英尺，楼面面积 70 万平方英尺，估计利润不薄，前景甚好。

申请亦同样遭城规会否决。城规会认为长实的计划未将（政府的）公屋及居屋计划考虑在内，有关公屋居室的发展蓝图，城规会未审定，故不便先考虑酒店计划。

1995 年 5 月 3 日《新报》刊文指出：

> 长实重建荔园计划遭城规会否决，不但长实中人，相信外界普遍始料不及，今次铩羽而归，并不代表长实与政府磋商谈判过程败下阵，其实在鼓未擂之前，战阵已输了一半，长实之输是败在未有好好估计，在重建地皮上，要收回分散业权的难度。远（东）店这个伙伴所出售荔园及邻近地皮，又存在很多掣肘，要发展起来一点也不易。
>
> 其次，远店方面在未完全了结与恒基和丽新的合约前，就急急与长实合作，引来恒基与丽新插手，令事件复杂化。看来荔园这块土地，要换过另一番新面目，短期内很难实现。

换地不利，岂止李嘉诚一人。换地申请被延期或驳回，势必影响物业发展尤其是住宅物业的发展。楼价高企攀升，民情鼎沸，到 1994 年 3 月，楼价高企责任之争步入高潮，政府、议员、发展商、社会人士济济一堂，把"责任之波"踢来踢去。

布政司司长（最高行政执行长官）陈方安生声称，政府会在短期内公布增加土地供应的详情，其中包括没有旧物业的"生地"，以保证楼宇兴建的用地。

布政司首先将政府控制土地投放量过死的责任，推得一干二净。地产商险些大门被破，于是接球直攻政府大门——新地公司郭炳江（郭得胜次子）公开发话："楼价高并非不够地，只系政府对图则改用途，官僚程序'拖'死人而已。"

这边厢作为政府半官方机构的消费者委员会，为政府帮腔，指出发展商可能涉及囤积居奇。更有民间人士做政府传声筒，指责发展商联手操纵市场。

发展商最忌"造市"的流言，纷纷予以反击。连不轻易表态的李嘉诚也愤然开金口："近日各方君子纷纷指地产商囤积楼盘唔（不）卖，带头扯高楼价，这讲法唔（不）公道，事关政府一批入伙纸（房产契约），发展商便卖楼盘，没有发展商联手操纵市场这件事。"

立法局议员刘慧卿，则对政府的懦弱无能耿耿于怀，指责政府养肥了几个地产商，对遏制楼价竟然一筹莫展。分析家认为，刘氏此言指桑骂槐，目的是敦促政府下狠心对地产肥虫"抽筋剥皮"。

而议员张文光则赤膊上阵，怒斥 10 多位地产商控制土地，造成"有地不起楼，起楼不卖楼，卖楼为炒楼，炒楼变空楼"的荒谬现象。

发展商是否联手控制楼市？言人人殊。李嘉诚近期推出的嘉湖山庄新单位，确实是一等政府批下入伙纸便售楼。那么其他的发展商呢？会不会有楼不卖，待价而沽？

一个多月后，发生了比传闻"垄断楼市"还严重的事情。

1994 年 5 月 26 日，政府拍卖两块官地。其时，楼市仍高企不下。拍卖场却出奇地冷清，睇客多多，而竞者寥寥。结果，都以略高于底价成交。一块粉岭地皮成交价 20.4 亿，比预期的 28 亿低许多；一块元朗地皮以 5.1 亿成交，比预期 7 亿多低了三成多。

港府惨败，这和以往连破纪录形成鲜明对照。拍卖会当场爆出 10 多家地产商联手投地，控制政府官地价格的新闻。

这 10 多家地产商是谁呢？各大地产商都予以否认。谁也不知幕后的情况。过去，各家仅仅是小联合，互相间在拍卖场上较个你死我活。大地产商联合变相垄断官地，无疑将政府财政金库的钥匙捏了一把在手中。

官地价格骤然下跌 1/3，股市马上起连锁反应，当日地产股便急挫。

官地太高太低，都非香港之福。地贵楼贵，市民承受不了；地贱楼并非就贱，直接受损的是政府，政府减少了收益必会缩减开支，间接受损的则是每个市民。

香港《大公报》次日发表文章指出：

> 对 5 月 26 日卖地场上发展商"联手投地"的做法，不少人有异议。这并非不容许发展商组财团购入土地，而是不能出现变相垄断局面。倘若真的如此，就不是一个公平的市场了。

该文还指出，未来的特别行政区政府，也一样会出售土地，若财团"大联合"，便有"造价"之嫌，希望 5 月 26 日的事情不再发生。

港府有关官员表示，将出台更严厉的措施，压抑楼价，打击地产楼市的不轨行为。

6 月，港府以最快的速度推出打击楼市炒风的新措施，其要点有：内部认购单位由五成降至一成；禁止楼花购买者在未办妥正式交楼手续前将单位转让；不可预售超逾 9 个月的楼花；首次定金数由楼价的 5% 增至 10%；在完成交易前取消买卖协议，罚手续费由楼价的 3% 增至 5%；等等。

港府官员表示，打击炒主是短期举措。长期举措是增加土地供应量，加大私建和公建楼宇数量，到 2000 年前，基本解决久而未解的楼宇供需脱节矛盾。

港英当局即将"退席"，他们能在 1997 年前，奠定基本解决"房荒"的良好基础吗？如真是这样，应是香港市民之福。但有人说，港府在市民面前画饼充饥。

地产商会做何反应呢？现在的香港政府无法解决安居工程，但未来的香港特区政府就未必不可以实现安居工程。如是，只能卖平价楼的地产巨商，至少有一半从富豪金榜上退位。

一位评论员说，自从港府高官麦高乐对地产商宣战那一天起，地产骄子李嘉诚，就如一条困在小河里的巨鲸。

是巨鲸，就渴望到大海里千里击浪。那么，李嘉诚是回游到加拿大那片投资汪洋，还是另寻大泽呢？

二十大蓝筹股上市公司排行榜

1. 汇丰银行2364亿；2. 香港电讯1779亿；3. 新鸿基地产1342亿；4. 和记黄埔1273亿；5. 恒生银行1106亿；6. 太古洋行833亿；7. 恒基地产814亿；8. 长江实业809亿；9. 中华电力778亿；10. 九龙仓656亿；11. 置地公司528亿；12. 香港电灯478亿；13. 中信泰富475亿；14. 新世界发展389亿；15. 合和实业339亿；16. 会德丰330亿；17. 国泰航空329亿；18. 中华煤气294亿；19. 怡和控股280亿；20. 东亚银行248亿（注：单位为港元）。

转自1995年第1期《现代画报》

1994年香港十大财阀榜

1	李嘉诚家族	长江集团	2252亿港元
2	凯瑟克家族	怡和洋行	1291亿港元
3	郭炳湘家族	新鸿基地产	1129亿港元
4	李兆基家族	恒基兆业	（未列）
5	施怀雅家族	太古洋行	1070亿港元
6	吴光正家族	会德丰系	1005亿港元
7	嘉道理家族	中华电力	753亿港元
8	荣智健	中信泰富	375亿港元
9	胡应湘家族	合和实业	（未列）
10	郑裕彤家族	新世界发展	329亿港元

注：资料来自《快报》1995年1月1日版，第4名、第9名未列具体数额。

第二十九章

和记黄埔　最后一位洋大班

马世民辞去和黄董事总经理一职，与李嘉诚跨地区投资重点移向内地不无关系。

1984 年，马世民接替英籍前任李察信，坐上和黄首席行政长官交椅。李察信的辞职，是主张放弃香港，大举走资海外。这与老板李嘉诚立足香港的信念背道而驰，李嘉诚便起用看好香港前途的马世民。

马世民上任，把和黄搞得风生水起，有声有色。1986 年，马世民提出立足香港，跨国投资的策略，得到李嘉诚的支持。于是，就有了和黄、长实及李嘉诚私人大笔投资海外的惊人之举，引起世界经济界的瞩目。

谁知，种子撒出去，却不见摘回丰硕的果实——投资回报不理想。据《Capital International》1983 年公布的世界各经济区资本市场回报率排名如下：1．香港 19.3%；2．新加坡 18.3%；3．日本 17.7%；4．瑞士 9.4%；5．加拿大 9%；6．联邦德国 8%；7．英国 7.5%；8．法国 6.6%；9．美国 6.3%；10．澳大利亚 4%。

香港无疑是投资家的乐园。当然，也并不表明资本回报率低的地区就是投资者的深渊，要因行业、因人、因时而论。回报率低的地区同样出大富豪就是实证。

不过，李嘉诚海外投资回报迟缓且偏低，千真万确。

《杀戮香江·富豪沉浮录》一书写道：

去年（1992 年）8 月，和黄公布 1992 年上半年业绩，李嘉诚毅然宣布为加拿大赫斯基石油的巨额投资，做出 14.2 亿港元摊账，令和黄盈利大倒退。

李嘉诚认为这项投资亏损，是马世民管理出了乱子。

他曾说，如果和黄没让伙伴左右决策，收购另一家石油公司，和黄收购赫斯基，绝不会有所亏损。

　　他怪罪马世民，是因为马世民策划的海外投资项目，接连失利，1989 年马氏再买下生产天然气为主的 Canterra，却没有取得这公司的话语权，由人家管理，没有当上这家公司的主席。

　　痛定思痛，李嘉诚决定不听马世民的解释，将赫斯基石油 14.2 亿的账撇得干干净净。

　　李嘉诚无疑是海外投资金额最大的一位本港华人富豪。与此同时，本港不少财团已在内地轰轰烈烈地干了起来，取得骄人业绩。李嘉诚先输一轮，不甘再落后，从 1992 年起，把港外投资轴心放到内地市场。

　　正是这年，邓小平视察南方经济特区，掀起改革开放的巨浪。中国内地，被世界经济界看成全球最具潜力的投资市场。据传，亲英亦亲华的马世民，固执地要李嘉诚三思而行。李嘉诚往往是行动迟人一步，但决策已定，就不易随便更改。

　　在投资方向上，李嘉诚又一次与洋大班产生严重分歧。

　　马世民曾是李嘉诚海外投资的大使，现在自然不宜充当投资内地的主帅了。

　　马世民离开和黄，还可能与李泽楷有关。

　　马世民是李泽楷的师傅，李嘉诚安排儿子跟洋大班学艺。但和黄的职员看到，李泽楷似乎不把他的上司和师傅放眼里，弄得马世民难堪，也引起和黄部分职员的不满。后来李泽楷专心打理卫星电视，与上司马世民井水不犯河水，两人关系反倒显得融洽起来。

　　李泽楷出售卫视于默多克，为和黄和李氏家族各赚得 15 亿港元盈利。李泽楷声名鹊起，令他的上司马世民日显黯然。人们油然联想马世民的另一项重要投资——CT2。

　　1992 年，和黄在英国推出 CT2（第二代无线电话），市场反应冷落，客户不到 1 万，不及预期的 1/5。

　　最令李嘉诚担忧的，是和黄要投资 60 亿港元，建立电信网络，另加上一二十亿的辅助投资，总投资额近百亿。对这种未被市场认可的高科技项目，李嘉诚不似投资地产那么有把握，故坚决斩缆止血。

　　从 1992 年中起，和黄关闭在中国台湾、孟加拉的 CT2 业务，退出澳大利亚等三个移动电话网络的竞投。李嘉诚认为收缩不够，主张卖盘，做全线撤退。

　　马世民不肯认输，跟老板李嘉诚顶撞起来。认为 CT2 发展前途远大，现在匆忙下结论，为时过早。也许马世民是对的，但作风一贯稳健的李嘉诚不会投下这近百亿，去冒险等市场做出最后结论。

　　地产是能短期见效，且十拿九稳的投资。故舆论认为马世民在 CT2 上，又惨遭滑铁卢。

　　1993 年 8 月，李泽楷被任命为和黄副主席。李嘉诚两公子，泽钜接长实的班，泽楷则领和黄，已是公开的秘密。因此，马世民要离任，李泽楷将任行政总裁的传闻甚嚣尘上。

　　传闻中有这一件事，一次李泽楷请马世民开会，当马世民赶到后，却发现"世侄"与另一批员工密斟，老臣子马氏不得不在门外恭候多时。因此有人说，马世民在和黄，早就被李氏父子架空。

　　马世民将离开和黄的传闻，始于 1993 年初，但久闻楼梯响，不见人下来。而马世民和李嘉诚都拒绝评论，令马氏离职蒙上一层混沌的迷雾。

　　1993 年 9 月，马世民辞去行政总裁的消息终于被证实，接替他的是长实副董事总经理与和黄执行董事霍建宁。其实霍建宁不是第一人选。一年后，李泽楷在新加坡接受《商业时报》采访时透露，他成立盈科公司之初（1993 年 8 月），他父亲安排他做和黄总裁，但他未领受这份美差。

　　9 月下旬，被传言包围的马世民，终于打破沉默，向传媒披露他离职的内幕。

　　"大约是一年前的事，我开始感到在和黄的时间太长了，足足 9 年半，我认识的洋行大班中，甚少做过 5 年的。葛达禧（太古大班）做了 4 年，纽璧坚（怡和大班）做了 7 年，于是我决定尝试一些不同的工作。

　　"向李嘉诚辞职，要有很大决心，我做了两次，第一次我刚开口，他已叫我停止，频频说 No Way。第二次是半年前的事，我深思熟虑并下决心不让他令我回心转意，大家于是心平气和详细讲清楚，他很细心听我讲理由，最后都接受了，真是贤明通达。"

　　曾传闻李嘉诚打算拨出一笔钱，与马世民组建一家联营公司，使马氏走得有颜面。马世民斩钉截铁道："没有！"

　　马世民反复提到，他与李嘉诚的关系很好，李是他心中的大英雄，他们今后也会保持友好交往。

　　马世民也第一次公开表明他与李泽楷的关系："Richard 两年前来和黄工作初期，显得有点 Brutal（横蛮）……他急于表现自己，初期我们的关系并不 Eary（融洽）……后来 Richard 专心打理卫视，我们感情反而增进。

　　"我和 Richard 的关系，较外界想象中亲密得多。我离开和黄，Richard 要求我全职担任和黄顾问，并提议李嘉诚委任我做长实非执行董事。"

　　马世民否认他的离职，是与李泽楷不咬弦。李泽楷是个不甘守业，而创业的人。如果他做和黄行政总裁，又会怎样？李嘉诚是有心让儿子做和黄的掌门人，不少分析家认为，马世民离职前，确如传闻被李氏父子逐渐架空，马世民主动提出辞职，也是迫不得已。

　　有关马氏在和黄业绩的评价，传闻普遍认为前功后过、功大于过。马世民澄清道：

　　"收购赫斯基石油，是我一手策划的说法不正确，实际上是赫斯基主动接触和黄，而和黄是一个大集团，任何一项投资都是高层的集体决定，作为董事总经理，我会聆听下属的专业意见。

"当投资取得成功，很多人自然会走出来分享荣誉；当失败了，愿意站出来承担责任的人不多，这是人性。"

马世民心直口快，既不贪功，也不推卸责任。马世民经历的收购无数，记者问哪些是最满意的，马氏立即回答："港灯，最称心如意又最容易收购，只用了24小时。"至于最不满意的收购，马世民笑道："数不胜数。"

马世民1966年来港工作，迄今已20多年。长期以来，马氏被人们称为"鸡蛋"，即皮是白色的，心是黄色的——他已相当中国化。他与香港的华人相处很融洽，他儿子在香港证券界工作，他媳妇还是个华人。

但人们最终发现，他骨子里仍是个英国人。

1991年，马世民公开支持民主会的麦理觉入立法局。而麦理觉的对手，是包玉刚大女婿苏海文（奥地利人）支持的华人代表郑明训。

这名立法局非官守议员的席位，是由香港总商会选举产生的。麦氏与郑氏在商会的拥趸势均力敌。突然间，有一批亲英的公司加入总商会，令麦氏的选票激增。事后被揭发这些公司与和黄关系甚密，故怀疑是马世民"做大"票数。

这事令李嘉诚十分尴尬，李氏奉劝马氏，不要直接介入政治，这对生意没有好处。

不料，"马仔"又一次令老板尴尬不已。彭定康来港没多久，就抛出政改方案，掀起轩然大波。中央政府痛斥彭氏政改方案，香港左派报纸《文汇报》《大公报》连篇累牍抨击肥彭的险恶。香港的大部分商家，尽可能保持沉默，既要考虑1997年后，又要面对英人治港的现实。即使要表态，也都是说一些希望平稳度过，继续保持香港繁荣稳定的不含锋芒的话。此时，李嘉诚正在内地大举投资，开始尽量地与彭定康保持距离，不急于率先表态。偏偏马氏不识时务，接受英国《卫报》采访，公然声称站在彭督一边。

马世民被某些香港传媒称为最敢表白自己政见的商人。他说许多华商甚至英商，明明心里是这样想的，为了能继续留在香港和内地做生意，说出来的话却是那样的，有的人就干脆做哑巴。马世民敢称彭督是心中的英雄，渴望被彭督提携进行政局做议员大人。

马世民在9月离职后，接受美国《新闻周刊》访问，他否认他投机政治，渴望从政；但他承认他与李嘉诚在政治上分歧的事实。

"李先生会想我（在政治上）收声，做生意的，若对当地政治发展感到兴趣，会错失很多资讯，做生意的态度也受影响；话虽如此，我却无意在政治上多花时间。"

"这是我们私人间的事。"马世民解释道。但舆论普遍认为，以马氏大集团行政总裁的身份，又未得到老板的肯许，匆匆发表可能闹得满城风雨的政见，实在是不妥，至少令李嘉诚心中不快。

李嘉诚曾说过，20世纪90年代初香港信心危机再次泛滥，似乎不走留于香港就是坐以待毙。长实集团，九成以上的董事都主张迁册，就李氏一人坚决不同意。结果，全系各公司没有一家迁册海外。

马世民承认他是主迁派，但他不承认，他阻挡波士（老板）在内地大举投资。"我确实不赞成在内地搞货柜码头，因为1997年后，香港将成为中国的一个特区，我们在香港货柜码头坐大，深圳又搞一个等于抢香港的生意，自己打自己。我是从商业上考虑的，绝不像凯瑟克家族那样。"

就算马氏说的是真话，李嘉诚会派拥护彭定康的铁杆分子，赴内地与中国共产党各级官员打交道吗？显然不现实。

李嘉诚签署上海货柜码头投资计划，"斟掂"深圳盐田港计划，都是把马世民晾在一边，带领华人助手进行的。李嘉诚过去对收购来的英资公司，不但保留英人，还继续招聘英人。现在，李嘉诚向高层表示，和黄以后请人，要多用本地人，并且通晓普通话是必要条件——这很清楚地表明，他的投资大计是放眼内地。

马世民的失宠，是意料中的事；他即使不"识相"待着不走，也至少完成了大半历史使命。

马世民的政见，曾惹来不少非议；他的人品，却又是"没的讲"——他的口碑，至少可与李嘉诚相提并论。

李嘉诚有时会急躁，骂起属下来实在令人吃不消，连旁边的人都会噤若寒蝉。马世民很沉稳，不轻易表态，有时会叫人感到高深莫测。

马世民辞职后，树倒猢狲却不散。"好在平易近人，从没架子，做事爽快，魄力惊人，永不言倦……"《东周刊》的记者，赶往和黄总部采访，马世民的下属对波士交口称赞，有的还掉下眼泪。该刊记者写道：

> 真的，不论曾与马世民共事数月，还是已建立十年八载合作关系的下属，都对他称赞不休。他们的不吝啬，也许是源自马世民的作风。

马世民从早到晚，排满了大大小小的会议，一般人吃不消，他却能应付自如。下班后，员工都走光，他留下消化文件，该审批的马上签上意见和大名，不消一小时就能完成。

下属说"马头"从不吝啬笑容，他不是虚假的笑，因为他从不隐瞒自己的观点。他是个本港特大集团的总裁，却不像洋大班那样盛气凌人。和黄的老员工，或是新到的，哪怕是清洁工，都能与他合得来，毫无拘束，就像处在一个大家庭。

他善于听取下属的意见，从不发号施令强迫下属去做未形成共识的事。他极少极少发脾气，他如觉得批评人的口气重了些，过后必定会向当事人道歉。据一位"挨训"的员工讲，波士道歉的方式很独特，不是一般的口头说说而已，而是买一只花篮送予他。

对于马世民的投资失利，下属认为世上没有常胜将军，和黄的投资项目这么多，工作千头万绪，有些失误实属难免。下属说，外界应该看到和黄的总成绩，马世民执政以来，和黄的资产增加多少，盈利又增加多少，本港没几家公司能与和黄比，而不该揪住一两项投资不放。

李嘉诚是否把责任推给马世民呢？只有传闻，而无人从当事人口中得到证实。

股民似乎普遍患有健忘症，一点也不留恋昔日和黄的骄人成绩。1992 年，和黄主席李嘉诚宣布和黄撇账 14 亿。和黄盈利一跌，跌破了股民对和黄的信心，于是都认为马世民投资眼光大有问题。和黄"换马"，和黄股票即升一元，使得本可光荣退位的马世民，黯然下台。

和黄的股东对马氏的离职，不抱惋惜，但公众普遍关心这位赫赫有名的洋大班的去向。

马世民自然不愁一份令人钦羡的高薪工作。在市场传闻他要离开和黄之初，就有多家大公司来拉他——这也成为马世民下决心走，李嘉诚同意放他的重要原因之一。

马世民选择的是德意志银行。

"是德意志银行接触我在先，当时，他们听到我想离开和黄，我亦觉得这是一家很有实力的银行，是世界十大（注：汇丰收购米特兰后也跻身世界十大银行），在亚洲 17 个地区设有 60 家分行办事处，但颇为分散及零碎，我希望能够尽力使银行在亚洲成为一家有影响的地区银行，在一些项目例如融资及私人银行业务方面，帮上一把。"

这是一项他不曾从事过但富有挑战的工作，马世民任德意志银行亚太行政总裁——仍是一位洋大班。其后，马世民又出任信和物业总裁。

据市场保守人士估计，马世民离职前，在和黄的年薪及花红有 1000 万，这相当于港督彭定康年俸的 4 倍多。至于马氏的非经常性收入，则很难计算。李嘉诚为了增强下属对集团的归属感，往往会给他们以低价购入长实系股票的机会。就在马世民离职的 9 月中，马氏就得以用 8.19 港元／股的价格购入 160 多万股，当日就按 23.84 港元的市价出手，净赚 2500 多万港元。

各公司都对高层年薪保密。从 1994 年起，联交所及证监会要求各上市公司公布前五名高层人员的年薪。1995 年，和黄董事总经理霍建宁的年薪为 2100 万港元。如扣除这两年多工薪的涨幅，那么马世民在任时的年薪会过 1000 万。

马世民原住九龙，现在和妻子住在港岛富豪显贵聚居地——山顶区的金马伦山道 8 号的花园洋房里。1997 年前后，英资洋大班逐步撤离山顶豪宅区。"人退我进"，看来马世民对中国的这块风水宝地情有独钟，舍不得离开了。

第三十章

用人有道　打工皇帝出旗下

香港盛产"打工皇帝"，多年来，"打工皇帝"中的"皇帝"，往往出自李嘉诚旗下。1994 年至 1995 年，是和黄前董事总经理马世民；1996 年至 1997 年，则为长实副董事总经理周年茂。

而接替和黄前大班马世民的霍建宁，在 1998 年至 1999 年曾自愿减薪，自当别论。

香港税务局公布的 1999 年至 2000 年度的前 10 名"打工皇帝"所缴纳的所得税金额，最高是 4100 万港元。香港税务局并没有披露这些"打工皇帝"的姓名，但香港多家报刊均根据各项资料推算出香港最高薪的"打工皇帝"的名字。综合多家报刊的推算结果，李嘉诚的爱将、和记黄埔集团董事总经理霍建宁应该名列第一位，是全港赚钱最多的"打工皇帝"。

根据香港的税务条例，这个"光荣榜"只能报数不能报人。但是，香港本身的上市公司有良好的披露规定，认股期权也好、分红也好，都要在年报里一五一十地"从实招来"。结果，名列榜首的缴税数额达到了 4100 万港元，以标准税率 15% 计算，这位纳税人的年薪应该是 2.7 亿港元，从上市公司资料分析，这位"超级打工皇帝"，正是霍建宁。

根据和黄集团的年报显示，霍建宁为和黄打工的基本工资约为 1300 万港元，而加上公司所派红利就高达 2.65 亿港元，再行使部分认股权后，年收入正好是 2.7 亿港元，与税务局的数字吻合。

年薪 2.7 亿港元是一个什么概念呢？相当于平均月薪 2283 万港元，以平均每日上班12 小时计算，霍建宁每工作一分钟，银行户口即可进账超过 1040 港元，每日的薪酬达75 万港元。这 2.7 亿港元，对于香港普通低收入阶层来说，若以月收入平均 5000 港元计算，是 4566 年的收入。这 2.7 亿港元，若以当年平均成交价 550 万港元一套计算，可以一次性购入 50 套 100 平方米的香港海景豪宅。这 2.7 亿港元，以香港特首董建华当时的月薪 27 万港元计算，可以支付其 84 年半的薪金，也就是说，即使董建华 16 岁就开始当特首，如果他 100 岁时仍在任上，这笔钱也足够给他发工资了。

这个数额甚至比香港一些蓝筹公司的全年盈利还高。

根据香港报刊引述多家上市公司的年报统计显示，和黄集团一直是盛产"打工皇帝"的香港上市公司，除了霍建宁数度成为最赚钱的"打工皇帝"外，该集团另外两名高层，副董事总经理周胡慕芳、财务董事陆法兰都因分得巨额花红，入选前 10 名"打工皇帝"。

和黄集团 2000 年度年报显示，1999 年集团董事花红总额为 3.29 亿港元，比 1998 年的 5300 万港元增长 5.2 倍。如此大派花红，与其业务表现大丰收有关。其中因"卖橙"令集团获利 1180 亿港元的功臣霍建宁的分红高达 1.9 亿港元，再加上其本身 1300 万港元的年薪，全年酬金高达 2.06 亿港元。当年，掌管香港财经命脉的金管局总裁任志刚，年薪也只有 900 万港元，霍建宁的收入比任志刚高出 22 倍。除了霍建宁以外，该集团副董事总经理周胡慕芳的酬金也达 4800 万港元，财务董事陆法兰则获酬金 4400 万港元。

香港人力资源学会外事总监吴克俭表示，以薪俸税的表现来看，香港"打工皇帝"们的收入达到了世界级水平，有足够优势在亚洲区甚至国际上吸引优秀人才。他说，虽然香港"打工皇帝"的薪酬最高达 2.74 亿港元，但这是"人有所值"的，因为国际评审机构均认为香港的高级管理人才有"企业家精神"，可以保障香港经济的持续发展。吴克俭认为，公司高层的 CEO（行政总裁）面对很多挑战，他们的高薪也不容易赚。

香港社区组织协会干事何喜华则认为，"打工皇帝"们薪酬暴增，低薪一族的人数却不断增加，香港贫富差距愈来愈大。不过他也表示，"打工皇帝"的高收入是自己辛苦得来，社会不应该眼红。

香港立法会劳工界议员梁富华也认为，超级"打工仔"的薪酬令人吃惊，他表示，由于香港经济已转型到知识形态，相信"打工族"们的收入差距会愈来愈大。

国籍为加拿大的霍建宁 50 岁时，除了是和黄的董事，同时还兼任港灯及长江基建副主席、长江实业董事。霍建宁追随李嘉诚多年，如同其左右手。他于 1979 年加入长实，由会计主任做起，凭着其金融财务本领，一直平步青云。1984 年升为和黄执行董事，1985 年任长江董事。1993 年坐正和黄"大班"之位。他在任期内的一个代表作，是令多年亏损的赫斯基石油"转亏为盈"。1999 年末他促成了多宗大交易，将和黄发展成名牌电讯商；2000 年和黄被国外的杂志选为全港最佳管理公司，霍建宁立下了汗马功劳。另外，和黄以高价"卖橙"（即把和黄手中的欧洲移动电话业务 Orange 出售给全球最大的移动电话运营商沃达丰）后，一次盈利高达 1180 亿港元，论功行赏之下，身为集团总经理的霍建宁一人获得 1.9 亿港元红利，占全数红利的 50%。

1999 年至 2000 年度的香港前 10 名"打工皇帝"，前 4 名均出自李嘉诚旗下。而到了 2000 年至 2001 年度，香港十大"打工皇帝"，李嘉诚的部下仍名列前茅。

税务局公布的资料显示，某年度香港收入最高的"打工皇帝"年薪近 3 亿港元，过去一年缴纳的薪俸税近 4500 万港元，日薪近 100 万港元。第二位"打工皇帝"缴付薪俸税 4200 万港元，其次分别是 3000 万港元至 1400 万港元不等。以香港薪俸税标准税率 15% 计算，"打工皇帝"的年薪介乎 3 亿港元至 9300 万港元。该年度香港的薪俸税总收入为 308 亿港元，较上一年的 284 亿港元增加了 24 亿港元，增幅为 8%。其中，10 位"打工皇帝"缴纳的薪俸税总额达 2.56 亿港元，占全港 100 多万打工仔缴付税项的 1%。

根据香港上市公司年报披露的资料发现，该年度收入最高的打工仔与上年排位不同，登上"打工皇帝"榜首的是电盈集团副主席袁天凡，他以年薪 2.8 亿港元排列首位；和记黄埔大班霍建宁屈居亚军，以 1.2 亿港元基本年薪排列次席。李嘉诚长子兼长实集团副主席李泽钜，他的年薪是 3800 万港元。

这一年，李嘉诚旗下企业负责人被列入"打工皇帝"的还有以下四位：

和记黄埔执行董事、长江实业副主席、香港电灯主席和长江基建副主席麦理思。麦理思是李嘉诚的左右手之一，身为长实副主席，主要负责集团内的管理及房地产管理，甚少公开露面，年入 7850 万港元。

长江实业副董事总经理、和记黄埔执行董事、长江基建董事总经理、香港电灯董事甘庆林。当时 54 岁的甘庆林是李泽楷的姨丈，年收入 3800 万港元，他在长实的董事酬金，较上年的 1350 万元，增加约 30%，可能是因为他担任总裁的长江生命科技发展理想。

和记黄埔副董事总经理、香港电灯董事、长江基建执行董事周胡慕芳。周胡慕芳出身法律世家，父亲胡兆炽是新鸿基地产成立初期的法律谋臣，兄长胡宝星则是胡关李罗律师行创办人。她获得执业律师资格后，在胡关李罗律师事务所工作至 1984 年，再加入和黄发展，年收入为 3500 万港元。她是和黄多项复杂交易得以顺利完成的幕后大功臣之一。

和记黄埔财务董事、长江基建执行董事、香港电灯执行董事、长实非执行董事、Tom.com 主席陆法兰。陆法兰年收入 2200 万港元，Tom.com 的网络业务从虚拟转变为实质的海峡两岸传媒王国，在幕后协助行政总裁王䴔的就是陆法兰。

其实，若单以董事酬金计，这些"打工皇帝"的年收入也还是有限的，比如霍建宁 1999 年至 2000 年度的董事酬金只有 3500 万港元，但当计及其花红后，收益则增至 2.7 亿港元。

当时，香港股市有 10 只"神仙股"市值低于 2.7 亿港元。以 1.6 亿市值的大凌集团为例，"打工皇帝"的年薪是该公司市值的 1.7 倍。即是说，"打工皇帝"只要工作 7 个月，就可购下整间大凌集团，一尝做老板的滋味。

可见，做"打工皇帝"，未必不如自己做老板。

有人总结出香港"打工皇帝"上位必杀技六大招式。

第一式：当机立断，行使认股权。

2000年8月，正是电盈认股权的解冻期，袁天凡当机立断，见电盈股价在15港元水平，便趁机卖出手上的认股权套现。其中，他先以2.3港元的价钱，卖出手上所持2400万股电盈认股权，又在15.3港元的水平，再卖800万股电盈股份，实时获利一亿。

其实，素有"打工皇帝之父"称号的和黄前大班马世民，才是行使认股权的第一代，令他成功变身为亿万富豪。

马世民1985年加入和黄后，替和黄集团立下不少功劳，深受器重。1993年离开时，就一次性行使手上的和黄认股权，以10港元认购价，卖出800万股市价35港元的和黄股票，实时获利两亿，成为佳话。

从那时起，市场人士明白，认股权是致富关键。

但认股权并非万试万灵。前几年科技股大热，不少科技公司都派发认股权挽留精英，可惜时移势易，科技股股价大幅滑落，打工仔手上的认股权，亦随股价跳水而变废纸。

所以，当机立断，就要看准时机出手，出手过早或过晚都不行。

第二式：锁定目标。

"你一定要对自己做的工作有兴趣，否则就算多高薪水都无用。"袁天凡如是说。

1976年，袁天凡于美国芝加哥大学经济系毕业后回港，加入中大任助教，但教书的平淡日子实在难耐。过了大半年，他跳槽至汇丰旗下的获多利债券部。他曾与梁伯韬、杜辉廉等在银行共过事。杜辉廉、梁伯韬两人创立百富勤，成为他们这批才俊中"先富起来"的老板。而袁天凡则延续着打工岁月。自那时开始，他知道自己的兴趣所在，亦立下在"金融界打滚"及"为兴趣打工"的志向。

在获多利工作8年，他打下深厚的"财技根基"，自此亦平步青云，先后从债券部晋升至财务部。1985年离开前，袁天凡已成为集团的财务部主管。在英国公司里，华人要冒出头来，岂是易事。

离开获多利后，袁天凡一帆风顺，先后出任唯高达董事总经理，参与全球证券业务工作；又在1988年接替霍礼仪，出任香港联交所行政总裁一职，年薪250万港元，成为当年香港收入最高的受雇人员。攀上事业首座高峰的袁天凡，当时只有36岁。1989年，袁天凡被评选为香港财经界十大风云人物。

第三式：永不言败。

在联交所的日子，袁天凡曾致力推动改革，可惜招来不少异见人士阻挠，证监会更以行政手段，迫联交所改组，袁天凡顿感意兴阑珊："联交所的工作已经失去满足感，做到退休又无可能……"

袁天凡原已续约行政总裁一职，但他却提出请辞。继后，他加入恒昌行出任行政总裁，但上任不久，又转投老友蔡世亮的海裕国际旗下，更购入海裕股份，由打工仔变成老板。可惜，随后他与蔡世亮闹意见，更一度对簿公堂，虽然最后双方庭外和解，但袁天凡亦觉无瘾，1994年索性全数出售所持的海裕股权，辗转购入奇盛股份，成为集团执行董事。

之后，袁天凡出任锦兴磁讯主席，可惜当时锦兴已濒临破产边缘，最后不得不靠李嘉诚身边红人陈国强收拾残局。往后，虽沉寂一时，但幸好袁天凡并没有认输。

袁天凡与李嘉诚关系密切，李嘉诚曾多次诚邀袁天凡加盟长实和黄集团，但袁天凡均婉谢不受。

李嘉诚对袁天凡的赏识，可以追溯到1986年。当时长和系四大公司轰动一时的100亿元集资行动，是由花旗银行唯高达香港有限公司负责包销，袁天凡就是其中的关键人物。李嘉诚看中袁天凡之后，可不只是三顾茅庐这么简单。

1991年10月，荣智健联手李嘉诚等香港富豪收购恒昌行，李嘉诚游说袁天凡出任恒昌行政总裁。袁天凡于是辞去联交所要职，走马上任，年薪600万港元。然而，次年3月，因荣智健向众富豪收购他们所持的恒昌行其余股份，袁天凡愤然辞职，并表示不再做工薪阶级，要自己创业。1992年2月，袁天凡与老同事杜辉廉、梁伯韬主持的百富勤合伙创办天丰投资公司，袁天凡占51%股权，出任董事总经理，并兼旗下两间公司的总裁。李嘉诚义无反顾，依旧支持袁天凡，当时认购了天丰投资9.6%的股份。

袁天凡曾公开表示："如果不是李氏父子，我不会为香港任何一个家族财团做。"他还说："他们（李氏父子）真的比较重视人才。"

1996年，当李泽楷要大搞高科技，李嘉诚亲自请袁天凡协助儿子打江山。袁天凡应允出任盈科亚洲拓展的副总经理。据说，李泽楷对袁天凡尊敬有加，拜为"太傅"，言听计从。

当时正值全球科技股大热，公司股价触"网"即升。作为经历过多次股市风雨的一流投资银行家，袁天凡和梁伯韬深知"好花不常开"的道理，决心搭上这可遇不可求的科技股高速列车，找一个"仙士股"借壳上市。仙士，在港澳地区就是几分钱的硬币，所谓"仙士股"，就是由于经营不良、资产太少或业绩太差，股价已跌到几分钱的股票。1997年金融风暴爆发，在香港股市上，这种"仙士股"俯拾皆是，袁天凡和梁伯韬把目光投向了黄鸿年旗下的一家卖通信器材的公司——得信佳。1999年3月初，该公司的股价一直在4分到6分港元之间徘徊。以当时得信佳的股价水平收购，花费不足1亿港元即可，但在袁天凡和梁伯韬的策划下，李泽楷将盈动拥有的地产项目（主要是北京盈科中心）作价24.6亿港元，再加上香港数码港发展权一道无偿注入得信佳，未花一分钱现金就将其搞定。得信佳复牌交易，开市仅15分钟，股价从停牌时的1毛多，飙升到3.22港元，升幅高达22.6倍，盈动立即摇身一变成为一家市值上千亿港元的巨型公司。

盈动的"神话"，由入股得信佳开始，迈出了第一步，在连串的收购合并中，高超的财技和科技的结合发挥了惊人的协同作用，使盈动市值迅速膨胀。在收购香港电讯之后，盈动由一家虚拟的公司，摇身一变成为一家有实质内容和每年有巨额固定收益的公司，这一切似乎和袁天凡的新经济理念完全符合。

如果没有袁天凡全力谋划，盈动不会以如此神奇的速度发展。所谓无功不受禄，李泽楷慷慨拿出价值73亿港元的认股权来犒劳管理层，其中，袁天凡一人独得7.2亿港元。从此，袁天凡"行运行到脚趾尾"，晋身成为一代"打工皇帝"。

在香港的"打工皇帝"排行榜上，霍建宁大名鼎鼎，举足轻重。

在一次长和系的业绩会上，李嘉诚面对记者提问时笑答："叫Canning（霍建宁的英文名）回答啦，他薪水这么高！"

"虽然和黄坐拥千亿元现金，但不是把花红全部分我。"霍建宁说。

不过，霍建宁又笑言："李生（李嘉诚）收5000块一年（年薪），但我收好贵。"

事实上，李嘉诚向来善待下属，和黄更以董事酬金丰厚见称。1999年，和黄"卖橙"劲赚超过千亿，自然要论功行赏。但在2000年，和黄在缺乏巨额特殊盈利下，且要为持有的Vodafone股份拨备340亿，纯利因而大跌七成一。是故，2000年至2001年度的"打工皇帝"，霍建宁"让位"于袁天凡。但在这一年，和黄成功投得四个欧洲3G电讯牌，管理层总算功不可没。

第四式：不眠不休。

和黄对1999年"卖橙"一役非常重视。为求一击必中，李嘉诚派出心腹霍建宁，亲往英国与对手磋商。到交易接近完成时，即使身经百战的李嘉诚，在睡觉前亦特别把手机放在床边，更将铃声音调至最高，以防错过霍建宁从英国报回的最新消息，可见这宗交易对和黄的重要性。

结果，霍建宁不负众望，这使李嘉诚对他的能力更连连称赞："一众高层日以继夜都替'卖橙'努力，霍建宁连觉都睡不好，他回香港时病才刚刚好。"

第五式：精于补镬（即收拾残局）。

世上无免费午餐，霍建宁收取天文数字薪酬，绝非易事。

1993年，霍建宁出任和黄董事总经理，随即接手马世民留下的"烫手山芋"。因为，和黄在20世纪80年代后期，受海外业务亏损拖累，令股价长期处于偏低水平。

当霍建宁接手后，不断改组，通过收购合并，成功将业务由亏转盈。

接着，更引入中国海洋石油，合作开发南海文昌油田，深获赞赏。其后，他趁赫斯基有好表现，顺势在加拿大借壳上市，令集团从中获特殊盈利65亿。

继后，霍建宁接手处理亏损多年的欧洲电讯业务，因Orange成立以来，一直蚕食和黄在港的电讯业务盈利，和记电讯变相白做。

1996年，霍建宁毅然分拆Orange上市，成功套现。

2000年，电信股泡沫爆破，霍建宁成功善后，继1999年出售 Orange 赚取1180亿港元后，2000年出售 Mannesmann 再赚500亿港元，同年出售 Voicestream 又赚300亿港元，接着，以500亿港元夺得英国第三代手机（3G）执照，触发环球电讯公司争逐第三代手机（3G）执照的热潮，进而在德国第三代手机（3G）执照竞投中，和黄毅然退出，一手捏碎泡沫。在连串神奇交易中，和黄获利近2000亿港元，被外国传媒称为 big trader（大炒卖家）。霍建宁则强烈否认："我们买下资产，派人去做，当资本价值成熟时卖出，根据税务法例，这是资本资产的变现，不是买卖。"2001年全球经济恶化，但和黄期内两次收购"落难伙伴"Priceline 和环球电讯，将业务扩至前景可观的北京房地产，霍大班的表现仍然神勇。

霍建宁一人兼任和记黄埔董事总经理、香港电灯副主席、长江基建副主席、长江实业执行董事等职务。

和黄女当家周胡慕芳也是个不可忽视的角色。

一向低调的周胡慕芳，在和黄工作10多年，深受霍建宁器重。

其父胡兆炽乃知名富商，20世纪50年代靠经营护发用品起家，与香港地产界三剑侠李兆基、郭得胜及冯景禧十分熟稔。

周胡慕芳的丈夫乃香港律师会前会长周永健，而其同父异母的哥哥是商界巨子胡宝星，亦是著名律师行"胡关李罗"的创办人之一。

第六式：沉默是金。

周胡慕芳的崛起，并非倚仗其家族关系。她是执业律师，在法律界有一定名气。由于她是典型的实干派，加上是律师出身，和黄的不少交易，都由她充当集团法律顾问。

周胡慕芳凭着法律的专业知识，为霍建宁出谋献策，居功不少。

虽然外间对她所知不多，但一名在和黄工作多年的员工说："Usan（周胡慕芳的英文名）平时做事都很好，很低调，对下属很照顾。"

平日在公众场合，都鲜见她发言，默默地做"和黄背后的女人"。

但她的年薪却绝不简单，和黄"卖橙"，她亦是功臣之一，是年花红加年薪达4800万港元。周胡慕芳更是香港"打工皇帝"榜中唯一的女将，堪称"打工皇后"。

除了精准的商业眼光、高超的经营手段，选人、用人绝对是李嘉诚的超人之处。在李嘉诚身边的将才，无一不是李嘉诚用心血、赏识、重用来培育成长的。当然，他们也都充满感激地回报了李嘉诚的知遇之恩，为李氏大业立下了汗马功劳。

2001年5月17日下午，李嘉诚来到汕头大学，作为汕头大学商学院学生"经济沙龙"的主讲人和师生们见面。这堂课的讲题是"公司战略"。

谈到自己如何在日常管理中建立与员工的关系时，李嘉诚说："这个问题对我而言是比较幸运的。他们与我的关系非常好。一方面，我自己也曾经打过工，拿过薪水，我知道他们的希望是什么。所以，我的所有的行政人员，包括非行政人员，在过去 10 年至 20 年，变动是所有的香港大公司中最小的，譬如高级行政人员流失率低于百分之一。为什么？第一，你给他好的待遇；第二，你给他好的前途，让他有一个责任感，你公司的成绩跟他是百分之百挂钩的。另外要有个制度，山高皇帝远，有时候一个好人也会变坏。亲人并不一定就是亲信。如果你用人唯亲的话，那么企业就一定会受到挫败。如果是一个跟你共同工作过的人，工作过一段时间后，你觉得他的人生方向，对你的感情都是正面的，你交给他的每一项重要的工作，他都会做，这个人才可以做你的亲信。如果一个人有能力，但你要派三个人每天看着他，那么这个企业怎么做得好啊！忠诚犹如大厦的支柱，尤其是高级行政人员。在我公司服务的行政人员，无论是什么国籍，只要在工作上有表现，对公司忠诚，有归属感，经过一段时间的努力和考验，就能成为公司的核心成员。"

在回答企业如何进行战略调整时，李嘉诚说："最要紧的是提出正确的方针，但是你做出正确的方针之前一定要拿到最确实的资料，这是绝对不能错的，这是第一点。流动资金你一定要非常留意，没有流动资金的时候，很多公司都会撞板。还有，这样的改革，非常重要的是公司同事的士气。我们是一个国际公司、综合企业，就是不是一个行业的，有非常多的不同的行业。我们公司的组织是：原则上是西方管理模式，加入中国文化哲学。"

那么，李嘉诚如何处理别人和自己意见不符的情况呢？李嘉诚说："你自己应该知识面广，同时一定要虚心，听听专家的意见。我常常是这样，假如一个项目我认为不好的话，我还是非常虚心地听。有的时候，可能百分之九十是你认为不好的，但他讲的百分之十是你不知道的。那么这个百分之十可能就是成败的关键。当然，自己作为一家公司的最后决策者，一定要对行业有相当深的了解。不然的话，你的判断力一定会出错。今天跟从前有一个不同，传统的行业如果出错错不了多少，但是今天的决定错了，可以错得非常离谱。"

李嘉诚对下属如何，从几个例子可见一斑。

洪小莲当年是李嘉诚的秘书，那时长实还未上市。她说："如果当年我的老板不是李先生，就没有今日的我。"

当秘书，没什么消遣，洪小莲就用午饭时间来看报纸娱乐版。李嘉诚刚好走过，说："看这些东西，没有益处的。"她当时想："关你什么事，我是浪费自己的时间。"再细想，又觉得不无道理，于是开始工余进修，后来，她又鼓励下属进修。

李嘉诚有一套管理之道："管理一家大公司，你不可以样样事情都亲力亲为，首先要让员工有归属感，使得他们安心工作，那么，你就首先要让他们喜欢你。"

一位长江实业的司机对采访李嘉诚的记者说："我们真是很喜欢我们老板，他对我们非常好。他知道公司的公积金投资在外面，遇金融风暴，损失很多，老板填了那笔数，不让员工的公积金受损。"

和黄前高层马世民说,李嘉诚的成功在于一来懂得掌握时机,趁低吸纳,二来速战速决,在最有利的情况下达成交易。

李嘉诚决策快,开会快,雷厉风行。"我开会很快,45分钟。其实是要大家做'功课'。当你提出困难时,请你提出解决方法,然后告诉我哪一个解决方法最好。"

他又说了一个比喻:"我是杂牌军总司令,难道我拿机枪会好得过哪个机枪手吗?难道我可以强过哪个炮手吗?总司令懂得指挥就可以了。"

李嘉诚曾经给自己规划了日常管理的九个要点:

一、勤奋是一切事业的基础。要勤奋工作,对企业负责、对股东负责。

二、对自己要节俭,对他人则要慷慨。处理一切事情以他人利益为出发点。

三、始终保持创新意识,用自己的眼光注视世界,而不随波逐流。

四、坚守诺言,建立良好的信誉,一个人良好的信誉,是走向成功不可缺少的前提条件。

五、决策任何一件事情的时候,应开阔胸襟,统筹全局。但一旦决策之后,则要义无反顾,始终贯彻一个决定。

六、要信赖下属。公司所有行政人员,每个人都有其消息来源及市场资料。决定任何一件大事,应召集有关人员一起,汇聚各人的资讯,从而集思广益,尽量减少出错的机会。

七、给下属树立高效率的榜样。集中讲座具体事情之前,应预早几天通知有关人员准备资料,以便对答时精简确当,从而提高工作效率。

八、政策的实施要沉稳持重。在企业内部打下一个良好的基础,注重培养企业管理人员的应变能力。决定一件事情之前,应想好一切应变办法,而不去冒险妄进。

九、要了解下属的希望。除了生活,应给予员工好的前途;并且,一切以员工的利益为重,特别在年老的时候,公司应该给予员工绝对的保障,从而使员工对集团有归属感,以增强企业的凝聚力。

李嘉诚善于用人,让优秀人才全心全意地为自己打工。也有人善于"利用"李嘉诚,让李嘉诚为自己"打工",此人名叫卢楚其。

在《新财富》杂志2003年的中国400富人榜上,卢楚其兄弟位列第170名。

卢楚其的第一桶金是靠修电视机和加工零配件获得。之后,他办了一家作坊式企业,为万家乐热水器生产零配件。1992年,卢楚其研制出了一种超薄型全自动热水器,于是贷款200万元开始自行生产,次年即产值过亿元。后来,卢楚其又进入消毒柜领域,并成为中国民生银行的发起人股东之一。目前,万和是国内最大的燃气热水器生产企业、亚洲最大消毒柜生产企业。

卢楚其出生于广东顺德，仅有初中文化水平。他是如何让李嘉诚为自己"打工"的呢？我们不妨看看 2004 年 8 月间刊载于《中国企业家》、署名刘建强的一篇报道：

"请李嘉诚为我打工"是卢楚其经常挂在嘴边的一句话。在他看来，除了李嘉诚外，为自己打工的还有比尔·盖茨、拉里·埃里森、约玛·奥利拉等——都是富甲天下的人物。

尽管说法怪异，事实好像就是这么回事。

靠着这些人手中名震遐迩的大公司，卢楚其轻松地让自己的家族基金不断增值。而和记黄埔、微软、甲骨文、诺基亚等公司并不知道自己还有这么一位"老板"。

卢楚其不愿意别人将"股票投资"称作"炒股"——后者把他的行为简单化了，况且，卢的此类投资并不只是股票一项。

卢楚其称自己正在操作的资金为"家族基金"："我们的数目很少，比起真正的家族基金不算什么。"1998 年，万和集团成立 5 年，虽然增长迅速，但卢楚其仍然担心：企业发展有高潮也有低谷，如果低谷来了怎么办——家族的生活已经到达一定水准，怎么样让他们的生活质量不受企业影响呢？他决定把家族成员的年终分红集中起来，为大家理财。

尽管卢楚其认为自己担心的事情"不大可能"发生，但他觉得还是应该"把死老虎当作活老虎来打"。

家族基金初期有数千万元，现在已经过亿。"其实这也不是我一个人的本事，有几个工作组在为我们工作。"卢所说的"工作组"是指他的基金存储地——花旗、美林、瑞士信贷等银行机构。当你的存储金额超过一定数量，这些机构会主动为你提供理财服务，根据你的投资意向提供相应的信息。因此，现在卢楚其很少再去看盘，而是定期浏览这些信息，并适时下达买卖指令。

卢楚其的家族基金 2003 年的收益率达到 20% 以上，2004 年的市场行情不大好，卢的期望是不低于 10%。

70% 的卢氏家族基金购买的是股票，其余为债券、外汇各一半。股东们都有自己的私人户口，"买车、买房等私人用钱都从这里出"。卢说大家都很节俭，因此，基本没有什么人用钱。

卢曾把部分资金交与德隆，获益甚大。2000 年，卢楚其在上海与唐万新有过两个小时的谈话。"他是一个思想开阔的人，构思宏伟。"尽管卢如此评价唐万新，但他还是于 2001 年全部收回了在德隆的投资。"我跟这么多的金融机构打过交道，没见过德隆这么慷慨的。"卢楚其说，德隆不仅回报率高，而且如果赔了还给补上，万无一失。但是，"德隆整合的产业大多是传统的制造业，没有自己的核心技术，回报率这么高，不正常。"卢楚其分析说。德隆给卢氏家族基金的回报最多时高达 40%。

除此之外，让卢楚其提起来就兴高采烈的是2002年以前在国内A股市场的新股申购。"我们最多时为此投入了上亿元资金，包括向银行贷款。我记得最高的时候回报率达到了60%～70%。"事实上，目前的A股申购有时也能达到这样的收益标准，但卢已经对它失去了兴趣："偶尔（成功）的东西不能搞。"这也是卢不把自己的操作完全界定为"投机"的原因所在。卢认为现在的国内股票市场是在"开玩笑"——基本问题没有解决，而公司上市的速度却越来越快。

2002年后，除了债券，卢楚其的家族基金投资完全转向了国外，即使是投中国公司也是通过香港市场。

见好就收，这是卢楚其在管理家族基金上采取的一种稳妥策略。

卢楚其认为基金操作并不是"多读几本书或者多找几家投资理财机构"就能成功的。在这方面，卢推崇李嘉诚。尽管媒体就和黄出售宝洁股份众说不一，但卢楚其对李嘉诚仅此一项就净赚50倍表示由衷钦佩。钦佩之余，他只得购买和黄的股票，请李嘉诚来为自己"打工"。

卢楚其说，和黄的股价由于和黄对3G的投资而下跌，但是他看好和黄，下跌是"暂时"的。"我不是技术派。尽管我的综合知识面可能比较宽，但是并不深入，所以我必须对这些公司的基本情况有详细的了解，尽量排除人为因素的干扰。"

卢楚其经常买卖的股票只有五六十只，多为世界排名前几位的医药公司（如默沙东）、IT公司（如微软、IBM、甲骨文）。而且购买国外股票，卢楚其是结合股票期权（一种套期保值的金融品种，国内尚无）一起做的，风险大大降低。他的外汇投资（主要为英镑、欧元和美元）也是如此。"国外的股票分红收益往往也能达到4%～5%，真成了股东也没关系，所以相对国内股市而言，风险非常小。"同时，"外汇储蓄（尤其是英镑）的利息也很可观"。

卢氏家族基金并不是无往而不胜，2000年就曾经亏损，但数额不大，在5%左右。2000年3—4月，股市达到历史高点，卢楚其没能够跑掉。此前卢选择的都是大公司，股价较为抗跌且反弹能力较强，因此损失不大。

请李嘉诚打工同样也并不能够一劳永逸。"重要的是战胜贪婪和恐惧。"卢楚其说。

据说，卢楚其曾表示，卢氏家族基金的投资收益超过了万和集团的净利润。有时候，"家族基金还会借钱给集团，是要付利息的。"卢说。

卢楚其的办公室里挂着一幅字：洞烛机先。万和集团就是因为研制出国内第一台水控式燃气热水器才在众多热水器企业中脱颖而出，而当年参股民生银行也使其收益数倍于投资。

卢不承认自己比别人聪明，"比别人勤奋是有的"。他说对于万和集团，自己现在是一个"旁观者"，旁观者清，能够更清楚地看到别人未曾注意的问题。"我也不是完全不管，而是在重要的时候出来提醒他们。"

　　卢楚其的两个兄弟和一个徒弟担任集团的高管，他对他们"很放心"。来自集团内部的舆论认为，那三位高管的确人尽其才、恪尽职守，因此，旁观者卢楚其自然比他们都"潇洒"。当年，卢楚其力排众议引入职业经理人，并曾对扬言要把职业经理人从窗口扔出去的两兄弟说："你们把他扔出去，我就把你们扔出去。"现在，经理人遍布集团，卢享受到了自己栽下的大树的阴凉。接受采访时，卢楚其刚从国外回来，马上又要飞往欧洲。

　　现在，卢楚其用来操作家族基金的时间只占工作时间的20%。他更多的工作是多看，多想，小心决策，为集团把握方向。

　　卢楚其说，很多为他理财的投资银行都说他"已经具有了专业投资人的水平"，"我不承认，"卢说，"你一定要清醒。"

第三十一章

德财兼备　白璧微瑕放光华

　　李嘉诚是个鱼和熊掌兼而得之的非凡之士。他控有香港最大的综合性财团，多年荣膺香港首富乃至世界华人首富。他同时又是个道德至上者，他说的每句话，莫不符合道德规范，堪称道德圣典。他既是这般说，亦是这般去追求，谨慎小心，唯恐有什么闪失。

　　西方商界，多推崇社会达尔文主义——优胜劣汰，弱肉强食，适者生存。要讲道德，就勿涉足尔虞我诈的商场；要追求利润，击败对手，就得不择手段。在他们看来，既要拜金，就没有资格谈道德、谈仁慈、谈友谊。信誉不是做人的目的，仅仅是经商的手段，为了下一单生意，为了更多的盈利。

　　在西风氤氲的十里洋场香港，李嘉诚能将发达与守道德较好地结合一体，实为难得。

　　也许，是李嘉诚在言谈中对自己树立太高的标准，他虽努力之，但暂时还不能做到百分之百完美；也许，有些人士本身就有"揭短癖""臆想症""传言欲"，难免吹毛求疵，甚至妄想臆测。

　　李嘉诚曾说："因投资关系，我在1967年时，已获得新加坡居留权。"有人则说："不对，是为了海外居留权，才去新加坡投资的，须知他那时还是个小老板，还不敢奢望跨国集团。"

　　人各有志，不必强求一律。在此，笔者亦忍不住臆想一番。1967年，正是内地动乱的高潮，别说香港居民感到恐惧，内地的许多干部群众乃至知识分子，谁不感到忧虑或恐惧？就算李嘉诚出于政治原因而弄个外国护照，又若何？

　　多年前，第二代移动电话面市之初，在官地拍卖会上的李嘉诚突然离席到场外，掏出个大哥大打电话。追上去的记者抢拍下这镜头，次日，照片撒遍香港的大小报章。许多家报章配之炒文：超人推销有绝招，为和黄的摩托罗拉做广告，并且是不花钱的广告。这么多的记者一拍，这么多的报章一登，到哪儿去找超人要广告费？

总算有负责的报章，当然也得倚仗记者的拍摄角度好，最后澄清的事实是：依放大的照片，此大哥大非摩托罗拉，恰恰是和黄的竞争对手代理的牌号。此大哥大哪里来的？也许是向旁边人借的，反正超人为下属公司做广告，子虚乌有。

清明时节，香港的华人几乎"倾巢"而出，赶往各坟场祭祖。在沙岭坟场，大凡所有的车辆都得停泊在入口处外，然后再冒雨或顶日步行 20 多分钟到达坟场。

话说 1994 年清明节，突然有一辆房车直接驶到坟场脚下，下来之人，竟是大名鼎鼎的超人。备受爬坡之苦的市民有幸亲睹超人风采，荣幸之余又生愤怒，谁给超人这般特权？皆是本港居民，难道吾辈不是人？

幸得一位名叫屈颖妍的记者在场，见群情怨怒，向护场的警官质询，方知缘由如此。该记者遂写一篇短文，澄清事实，标题却是"超人拜山享特权"。大概是哗众取宠，招徕读者吧。

此文说道："根据边界警官的赵先生表示，只要预先申请通行证，或向住在边境区持有长期通行证的友人借上一用，贴于车上，便可驶入禁区，普通市民皆可这样做，并不限于富豪。

"可能是盛名所累，以后富豪出入公众场所，当真要小心，以免因享特权惹众怒。"

超人捐赠，百捐百利，有口皆碑。但有一笔捐赠，引起意想不到的非议。

1991 年，李嘉诚以个人的名义，向英国保守党捐赠 10 万英镑做竞选费用。报章披露，引发英国两大政党争议。工党指责保守党接受海外捐款，违反竞选条例。保守党发言人声称捐赠者是英国海外属地的英籍华裔人士。而在保守党内部，亦有不同意见。

消息传到香港，香港英人华人众说纷纭。本港华人富翁，多有向英国捐赠，多是做教育、医疗等用途。李嘉诚对此保持沉默。有人估计，向英国秘密捐赠做政治用途，恐不止李氏一人，但李氏捐赠不慎，故引发争议。

1994 年 12 月，英《金融时报》报道保守党人士证实李嘉诚所捐赠的款项是 50 万英镑（约折 600 多万港元）。此时，保守党领袖彭定康出任香港总督已两年有余，事实证明，李嘉诚与彭定康保持了距离，也没从彭督手里捞取到什么商业利益。

这是谁也不可否认的事实，李嘉诚对祖国家园的捐赠，已达数十亿港元。这 600 多万港元，相比后者，至少在数量上实在微不足道。

说起香港富豪的捐赠，各人有各人的做法，世间亦各人有各人的评判。

如不是 1991 年华东大水灾，香港市民一定不会知道本埠还有个叫何英杰的大富翁。自从李嘉诚倡议市民捐赠赈灾后，一笔一亿港元的破纪录巨款惊得市民目瞪口呆，这位隐者善翁何许人也？忙坏了各报记者，后来才知是一位名叫何英杰的九旬老翁，早年是上海的烟草商，1949 年来港创办香港烟草公司，早已退休隐居。

何翁 1983 年起创办良友慈善基金会，透过基金会及其他渠道捐出多笔善款。国际奥比斯眼科飞机医院，曾收到香港一位隐姓慈善家捐赠的大型喷气飞机，飞机医院曾使千万个眼疾患者重见光明，这些感恩戴德者，既不知捐赠者的尊姓大名，更无法目睹这些善翁的真颜。

南丰集团的陈廷骅也是个为善不为名的大施主。1970年，还未成巨富的陈氏就成立一家慈善基金会，每年捐款于本港及海外的慈善团体，近10多年还捐赠内地。无人知道何地的慈善团体得其恩泽，更不知他累计捐出几何，只是估算要以亿计算。基金会的管理人称，陈先生捐钱的条件是姓名不能见报，否则下次就再得不到捐助。

影视大王邵逸夫对内地教育的捐赠，迄今已逾10亿港元，他仅指定做教育用途，用于何地何校，则一概不管。有人深表惋惜，这么多的钱，满可以像陈嘉庚、包玉刚、李嘉诚那样，集中创办一所大学，就叫"逸夫艺术学院"该多好。据说有人夸奖六叔（邵逸夫）热心内地教育的高风亮节。邵氏道："我都快90岁的人了，钱再多又带不走，不捐几个出去做什么？"

一件非常高尚的行为，经他这般一说，不免有几分"庸俗"之嫌。邵逸夫一生待人极为悭吝，他年迈时才对巨大的财富有所"顿悟"，或许说的是大实话吧。

赌王何鸿燊的巨大财富基本来自澳门赌业。《澳门基本法》仿照《香港基本法》，保留资本主义制度50年不变，就没有载明葡萄牙还政后可否开赌，赌王为此心绪不宁。

赌王也是内地人士心目中的大慈善家，善款以亿计算。相传有人说他到内地大撒银纸，赌王道，小意思啦，还是破点小财好，到时澳门回归，说一声禁赌，我一蚊（元）都赚不到。若真如此，赌王赤裸裸的表白，算得上一类为留后路而捐赠者的代表吧。

李嘉诚捐赠，不论款多款少，往往会对公众或传媒说一席爱国爱港、利国利民的话，感人肺腑，催人泪下。

有人说他沽名钓誉，抑或最终是为其商业利益。对李嘉诚捐赠的了解，大概非梁茜琪莫属，梁是李嘉诚专职负责捐赠事宜的私人秘书，梁茜琪深有感触地说：

"李嘉诚捐款与别人不一样，他的捐赠是真正发自内心的。"

"李先生不是那种捐出100万、200万，只要有自己的名字就可以的人，他是真心实意去解决这些问题……"

"李先生的捐款与别人完全不一样，他的不一样在于别人在捐出款项以后，所考虑的和关心的仅仅是其善举为不为社会所知；而李先生考虑的是捐出款项之后，是否解决了问题。"

对此，笔者亦有同感，听潮汕的人士说，李嘉诚所捐赠修建的各种建筑物，没有也拒绝以他本人和亲人的名字命名。他在汕大，不是扔下一亿两亿了事，连教学安排、图书资料、师生食宿等细微问题，他都要一一关照到，并勉力解决。要知道，李嘉诚的一天时间，价值几百万，乃至几千万。谁也计算不清他在汕大耗费了多少时间与精力。

香港传媒曾多次爆出四大富豪玩"斜钉锄D"（牌纸的一种）的新闻。他们是李嘉诚、郑裕彤、周文轩、李兆基，这种纸牌无须耗太多时间和精力，颇为日理万机的富豪所喜，每只牌约1万元的下注。

1995年初，香港传媒又爆出李兆基赌球输掉1400万港元的新闻。李兆基球技一般，体力欠旺，加之球运不佳，于一周之内，连败四场，1400万港元唔见左（没有了）。

粉岭皇家高尔夫球场有"高球四大天王"，他们是：李兆基、李嘉诚、郑裕彤、林建岳。他们与赵世光等几人常来俱乐部玩球，几乎形影不离。该俱乐部如一间贵族院，可转让会籍，炒至1200万港元。

会籍昂贵，人们耳熟能详；如此豪赌，却是闻所未闻。一时全港哗然，众议纷纷。李嘉诚又一次受累。

郑裕彤赌球，不足为奇，他自己就做过赌场老板，拥有澳门娱乐公司（实为赌场）的股权，还曾与赌王何鸿燊一道去德黑兰开赌。林建岳是亚洲电视执行董事，成天泡在娱乐圈，传闻多与女星有染，他曾花3000港元为靓星王祖贤买下一套豪宅，如此视婚姻如儿戏之人去赌球，情有可谅。李兆基是最大的输家，骂输家似乎于心不忍，再说李兆基是半个隐士，从不表白自己的人生观，故不便以其为靶子，群起而攻之。

也许是李嘉诚名气太盛，也许是他过多地表白自己艰苦朴素，省钱为国为家乡为他人做善事。他说他一套西装穿十年八年是很平常的事；皮鞋穿旧了补了再穿；坐日本大众房车；住几十多年前的老房子；还把极廉价的精工牌日本表伸给外国记者看。

豪赌的奇闻，自高尔夫俱乐部不胫而走，闻者蓦然惊愕，有人萌生出被欺骗的感觉；有人半信半疑；也有人不敢相信。

《壹周刊》派员去做密探，写成专题报道刊出。现将几段关键性的内容分摘如下：

"李兆基与李嘉诚、郑裕彤和林建岳，在粉岭皇家高尔夫球场被称为'高球四大天王'，平日经常较量，差不多成了'死脚'。他们常戏言打一洞输多少，输一杆又输多少，但仅限口头，从没有人见过他们有现金交易。

"据他们口头提及的注码，通常一洞是数十万至近百万元，一杆是20万港元起。

"……3个多月前，李兆基、郑裕彤、林建岳及一众好友共8人连战4场，于个多星期内，李兆基输掉数及洞数总金额逾1400万港元，场内不少人因而哗然……

"几位老红牌执波员（裁判）对李嘉诚极为佩服，事缘李嘉诚甚有自知之明，心知球技、体力方面均不及郑裕彤和林建岳，故一律拒绝与他们打大奖金赛事，只是找回他的'死脚'（死党、铁哥们）赵世光罢了！

"……对于赌波，郑裕彤过去接受杂志访问也谈过。他说：'赌球是有的，但只限于朋友间。其实说穿了，赌博是假的，今天你是赢家，明天他是输家，到头来还不是打和，没赢输。只是带着赌博性质的球赛，可令自己加倍用心，更快进步吧！'（郑裕彤对赌不忌，他有一句名言：所谓大有大赌，小有小赌，做生意就已有赌博成分）"

文章虚虚实实，使人一下子很难"捉摸"透他们是真赌假赌，还是大赌小赌。这帮死脚赌球，那帮死脚是否仅仅玩波？也许，该刊"探子"自己也搞不清，也许有某种忌讳。在香港，除官办赛马和民办麻将馆，其他场合及方式的赌博都为非法。

李嘉诚等"高球大王"和"死脚"，一如既往去皇家球场热身消遣，他们并不在乎满城风雨的流言传言。

《明报周刊》曾刊过题为《一生最怕惹绯闻，视名甚重》的文章，提到某报说一位李姓地产商与某港姐有染，李嘉诚对客户说，他不认识这个港姐，外面乱传。客户并没问起此事，李嘉诚急于澄清，再说李姓地产商有好几个，李嘉诚如此谨慎，可见对绯闻的惧怕程度。

多家香港传媒谈到李嘉诚，若女星欲上前敬酒或攀谈，超人便会视之为"噬肉母兽"逃之夭夭，唯恐给记者的镜头抓下把柄。

赌王坦然，在大庭广众与靓女艳星谈笑风生，旁若无人；股坛无情杀手刘銮雄，却是情场多情男儿，与艺坛大美人关××、李××等皆有一手；林建岳、赵巨曾等花花公子，爆出绯闻如春日的柳枝爆芽；德高勋显的周锡年爵士老时风流，与堪做其女的陈××闹出一段黄昏恋。

与以上诸君相比，超人亦如一块白璧。谁都知李嘉诚与夫人庄月明青梅竹马，相敬如宾，情深似海。因此，庄月明过世后，竟无人敢提超人续弦的话题。

"视名誉如自己的生命。"超人如是说，世人亦如是认为。

偏偏有这么一个不识相的神奇才女，向超人大献爱心。一忧超人丧偶数载，甚为寂寞；二缘超人魅力过人，为之倾倒。

1995年情人节，《明报》赫然刊出两幅"示爱"广告。求爱者，是自称"无敌浪漫女作家"西茜凰。西小姐姿色颇佳，常在文中言及被俊男包围。

被西小姐爱上的宠儿，是本港两位赫赫大名的顶尖级人物，一位是首席财阀李嘉诚，一位是第一才子金庸。两人皆有才（财），正如西小姐在电话中回答记者采访道："才（财）子佳人。"

西小姐手书示爱广告，墨字功力不浅，其情愈深，给超人的题字是"嘉千骏之长，诚万川之江"，取首尾两字，合起来就是"嘉诚""长江"。西小姐称超人为"嘉诚贤兄"，可见"情妹"用心之良苦。

据白广基先生刊文披露："在《明报》刊登四分之一版广告，要9600多港元，两则便要1.9万港元。西茜凰是当官的，薪水约3.5万港元，这个情人节的大礼物占了她过半的薪水，绝对是高消费爱情。

"西茜凰的《魅力才子心》出版，她公告各方好友，说超人已向她买了500本留念，希望好友们也帮补一把。

"但据闻超人并没有认购，只是她一厢情愿自掏荷包送赠。可见才女是何等痴情，对她所'爱'的人，有钱出钱，有力出力，端的赚人热泪。"

面对西小姐如此露骨泼辣的示爱，超人避退三舍，未有任何回应。故舆论界称，才女单相思，没厘头（没意思），花开终不见果落地。

超人算是虚惊一场，不料，事隔未及一年，一家八卦周刊爆出超人"绯闻"，似言之凿凿，实春秋之笔。超人恼怒，自情理之中，这番，连一贯对记者友好的小超人，亦示以颜色。

1996 年 2 月 1 日《新报》道："李超人之子李泽钜，最近荣升了老豆，理应心情甚靓，不过，近期小超人出席海怡半岛商场一间零售集团开幕时，对着老记的态度十分严肃，吓得在场老记以为发生了何事。

"虽然当日小超人勉为其难回答了老记多条问题，但小超人三番五次说了一句话，就是《苹果日报》记者在场，我唔讲野（我就不讲）。相信与《苹果日报》老板另一份杂志近期对李嘉诚报道有关，据最近一期《×××》封面报道，透露了李嘉诚的多年红颜知己，未知今次小超人对《苹果日报》记者还以颜色，与这篇报道是否有关。

"事实上，近日股市大旺，有关长实及和黄的市场传闻不少。若然小超人不做回应，除了令老记自食其果之外，投资者亦会十分失望。"

我们自然不会轻信李嘉诚的所谓"绯闻"，根据以往的经验，颇多流言蜚语，经时间和事实证明，子虚乌有。

做人难，做名人难，做有钱的名人更难——李嘉诚对此，有深刻体会。

树大招风。香港以金钱来衡量人的价值，大富者，必万众瞩目。树大欲想不招风，除非彻底做隐士并令记者扫兴。

香港富豪郭鹤年，同时又是马来西亚首富。马来西亚与新加坡毗邻，20 世纪 60 年代新加坡曾一度并入马来西亚。1986 年，郭氏的朋友陈群川在新加坡受审，郭氏前往旁听，在场的记者竟无一人认出他就是如雷贯耳的郭鹤年。1988 年，郭氏父子斥资 20 亿港元购入港视（无线）股权，轰动全港，原以为郭氏父子会举行新闻发布会，结果却令记者好生失望，难见真颜。

陈曾熙也是一位巨富隐者，恒隆创始人，1972 年上市的华资地产五虎将之一。1979 年，陈氏以 3.27 亿港元投得榕庆大厦，某记者好不容易在一次偶然场合与陈相聚一起，记者问他这样高价是否值得，他答道："值得。"便无他话，令记者索然无趣。陈氏从不接待记者，亦不曝光。香港出版《富豪列传》，每位富豪都配一帧照片，陈曾熙唯有一张模糊不清的尊照。出版者无奈之下，便用其弟照片代之，下标明"陈曾熙之弟陈曾焘"。

此类富豪，人们只知他旗下公司重大商务活动，有关个人的一世蒙在云里雾中。打个比方，若他们真要"不轨"，挽个艳女靓妹，从铜锣湾一直走到中环，也不会惊动好事的记者。

李嘉诚为人谦虚谨慎，毫无风头意识，尽可保持低调，但他又做不了彻底的隐士。他不是一架赚钱机器，有情感、有理想、有信念。他清清白白地赚钱，清清白白地做人，也善意地希望社会上的人这样。因此，他在公众与记者面前，会自觉不自觉地宣传他的人生观、价值观。

千万不要以为李嘉诚整天与记者打得火热，香港记者写的有关超人的新闻报道，多是来自记者招待会，或"外围"采访。李嘉诚似乎对远道来的记者要客气些，如欧美记者。深圳市记者夏萍小姐也曾独家专访过李嘉诚，令自诩无孔不入的本港记者汗颜，各报馆如发生地震。

据传，香港记者无一人专访过超人。林燕妮名气不可谓不大，那时她替《明报周刊》做"数风云人物"访问，遭李嘉诚婉拒。最后林是以广告商的身份去长实洽商业务，才接触到李嘉诚。

林燕妮说："李嘉诚亦不是绝对不肯接受访问，熟知他性情的长江中人说，老板小风头不肯出，很大的风头又不同。如果是《Time Magazine》《Newsweek》访问，便当然有希望了。"

李嘉诚绝无歧视本港记者之意，他不便开这个先例，香港有这么多报刊，这么多记者，李嘉诚什么都不干也应付不过来。不过，超人在公众场所，能很友好地回答众记者的提问。

都说有段时期超人与传媒关系不似以往融洽，如1995年秋《东周刊》所说：李嘉诚一向对记者都非常好，记者有提问，他例必回答，总不会令记者们失望。但近来他见到记者，总是重复以下一段话，他说希望不令传媒失望，但记者就觉得好闷。

李嘉诚说："我好中意同年轻人倾偈（聊天），在北京的时候，虽然好匆忙，连休息时间都无，亦边食三明治边回答记者问题。

"个阵时（当时），讲明唔（不）会见报，记者亦好合作。我依家（现在）实在唔能够回答记者问题，真系抱歉，如果我回答了第一个问题，讲我就一定要回答第二个问题，所以我只能够再三道歉。

"我真系（是）好喜欢同你们倾得偈，但你们有时候太断章取义，好似最近接受中央电视台访问，后来（香港）《文汇报》又刊登全版访问，人们会觉得我经常曝光，我不想本人树大招风，讲多错多，所以只能挑个适当时候，再同大家慢慢倾（谈）。"

该文说："诚哥用了足足15分钟，重复以上对白，他出席纪念抗日战争胜利50年图片展、敦煌文物展、航天集团20周年酒会……都讲过以上对白，可见实在用心良苦！"

李嘉诚是香港曝光率最高的富豪，都以为，他本人与香港市民一样习以为常。他似乎不希望香港《文汇报》全文刊出中央电视台对他的访谈录。笔者特意将这篇访谈录找来看，字字句句闪金光，令人油然生出无限敬意。

怡和前大班西门·凯瑟克，对李嘉诚有个结论性的评价："他这个人特别聪明，可以在香港华洋杂处的两套标准中得到利益。"

是不是讲给内地观众的话，不宜在香港讲呢？我很快从这个思维套子里跳出来——李嘉诚是凯瑟克家族的劲敌，凯瑟克的话如何信得！

再遇到香港同人，我说："李嘉诚最近好像特别忌讳树大招风，你们这些生花妙笔，就不能写超人的丰功伟绩，而偏对个人生活津津乐道，香港好不容易出一个道德完备的商界翘楚。"

同人苦笑道："你不知香港报业竞争有多激烈，一家报章，一名记者，若拿不出独家新闻，你知道将意味什么？"

我未在香港传媒待过，已感到香港新闻竞争的可畏！

金无足赤，人无完人。即使李嘉诚有某些地方目前尚未做到十全十美，也是情理之中之事。

李嘉诚是一个具有刚毅性格的男子汉，无论外界如何评议他，他都会一如既往按照他内心所认定的目标去奋斗拼搏，去为人处世。尽管社会上总会冒出不利于他的传言，却无损于他的良好声誉，也正因为如此，证实他的声誉不是炒出来的，而是经得住考验的。

如果跨越不同国籍和阶层的价值评判标准，世人公认的李嘉诚的最大荣誉应该是：香港首席财阀，香港第一富豪，世界华人首富。

有人这样说，如果李嘉诚不是香港首富，他的其他荣誉，至少会丧失一半。

香港 1986 年才有财经报刊编制的财阀富豪榜。这之前，谁是香港超级富豪，一般都是凭公众印象和圈中人估计。据估计，从 20 世纪初至 20 世纪 80 年代中的漫长岁月，买办出身的地产商、香港华人领袖何东爵士，可能有 20 余年稳坐华人首富宝座；世界船王包玉刚事业的巅峰期，是 20 世纪 70 年代初至 80 年代初，他大概有 10 年雄踞华商巨富榜首。

可能进入华人富豪前三甲的有：启德公司创始人何启、区德；太古洋行买办莫仕扬家族；怡和洋行买办何福家族；押业大王高可宁家族；鸦片商利希慎；东亚银行创始人李冠春、冯平山、简东浦等家族；老牌赌王傅老榕；先施百货公司马应彪家族；永安百货集团郭氏兄弟；恒生银行、恒昌贸易行创始人何善衡；银行家兼地产商廖宝珊；老船王许爱国、董浩云、赵衍；等等。在香港开埠以来百多年，这些华商骄子，只能望英商之项背。

三十年河东，三十年河西，1986 年 2 月 6 日，香港《信报》的一篇财经专稿说，以地产商为主的华资财团，所控制的公司资产值，进一步上升，而传统英资势力，则逐渐褪色。香港十大家族财团所控制的上市公司，占上市公司总值的 56.02%，其中华资占 7 家，英资占 3 家。李嘉诚名列榜首，4 家上市公司市值达 343 亿港元；包玉刚列第三位，所控 8 家上市公司市值为 196 亿港元；相传雄踞香港首席财阀达百余年之久的凯瑟克家族，屈居第二。

这使得香港华人有两个惊奇：一是怡和不可战胜的神话终于被彻底打碎。这之前，怡置系的九仓、港灯两翼，分别被包李两雄折下，但不少人仍笃信凯瑟克家坐大；二是李嘉诚后来者居上，超越了香港最叠水的华商翘楚包爵士，1972 年，长实上市时市值才 1.57 亿港元，而 1973 年 3 月号的美国《财富》杂志估算，包玉刚持有的股份价值 7 亿～10 亿美元，若加上所控公司的市值，则可望在 20 亿美元以上。

20 世纪 70 年代初，包氏李氏的财富，悬殊至少有 60 倍。航运鼎盛的 20 世纪 70 年代中，一艘 10 万吨级的巨轮价值，相当于香港的一幢大厦。1977 年，包氏旗下船只近 200 艘，总吨位 1300 万吨，若包氏有先知先觉，以船换楼，那还了得！进入 20 世纪 80 年代，航运一落千丈，航运股一贬再贬。包氏减船登陆，逃出厄运，已是风光不再。尽管如此，众多的人士固执地认为，包氏的华商财阀地位不可动摇。

戴上香港首富桂冠的李嘉诚，所产生的轰动效应，不亚于当年收购香港第二大洋行和记黄埔。已具传奇色彩的李嘉诚，更镀上一层耀眼的光芒。自此，李嘉诚可与华商泰斗包玉刚平分秋色、平起平坐了。

1988 年 5 月号的美国《财富》，公布全球超级亿万富豪榜，入榜者共 98 人，其中华人共 8 人，李嘉诚以 25 亿美元身家，列全球华人富豪榜首，居全球富豪第 26 名。

李嘉诚轰动了全球华人社会，李嘉诚的事业及声誉步入巅峰，如日中天。

其后多年，李嘉诚不仅是香港首富，同时又是世界华人首富。进入 20 世纪 90 年代，李嘉诚已勇夺五连冠，接着是六连冠、七连冠、八连冠……

李嘉诚创造出神话，并且是不可战胜的神话——斯为超人，谁可赶超？

风水轮流转，超人也有被超时。

我们先看海外权威杂志的报道。美国《财富》杂志颁布的 1994 年世界华人富豪榜前三甲：郭炳湘兄弟 110 亿美元，郭鹤年家族 78 亿美元，李嘉诚 70 亿美元。美国《福布斯》公布的世界华人超级富豪榜前三名：蔡万霖 72 亿美元，郭炳湘 70 亿美元，李嘉诚 68 亿美元。

据香港权威财经杂志《资本》统计，1994 年香港华商巨富前三名是：郭炳湘 520 亿港元，李嘉诚 500 亿港元，郭鹤年 470 亿港元。1995 年前三甲是：郭炳湘 720 亿港元，李兆基 600 亿港元，李嘉诚 600 亿港元。据圈中人推测，将李嘉诚列李兆基之后，是因为另三项排名，李嘉诚只有一项领先——所控公司市值居榜首，而个人持有股值及股息红利两项，均落李兆基之后。

1994 年,香港传媒赫然惊呼:李嘉诚不再是香港首富!

这当然是香港报业招揽读者的惯用手法——故作耸人听闻之辞。其实,各报刊的资深财经分析家早有预感,郭氏兄弟与李兆基等地产巨富,正在步步紧逼,若不生意外,迟早有一天会超越超人。

难道真如"风水轮流转"那古话寓意的,是天意(风水)所使然吗?我们还是从人为的因素去探究原因吧。

自从李嘉诚成为香港首席财阀后,建立全球性跨国集团之雄心勃勃,增加海外投资,必会缩减在港的发展计划,海外的投资回报率不及香港,加上人地生疏,强龙难斗地头蛇,长实系海外拓张计划宏伟,但效益不尽如人意。怡和、和黄、会德丰在 20 世纪 70 年代,都曾在海外扩张上触礁。李嘉诚很清楚这点,却又步其后尘,李嘉诚缘何这般,令人难以琢磨。也难免有人穿凿附会,说李嘉诚的投资是走资,只有出于政治因素,才会不顾忌商业利益,为"九七"后安排后路。

这点是毋庸置疑的,全球经济越来越一体化,跨国投资是扩大规模及效益的良好途径,因此,我们对海外投资要具体项目具体分析。李嘉诚海外投资的大头在石油和地产。由于中东战争及石油危机,加速了各国在本土开发石油,减少对中东石油的依赖。石油相对过剩,再也没出现像 1973 年那样油价暴涨的"好年景"。赫斯基石油没有成为长实系的聚宝盆,加上长实系缺乏石油专才和经营经验,结果造成 14 亿港元的坏账。

1988 年,李嘉诚等以 32 亿港元的惊人低价,投得温哥华一块比铜锣湾还大的地皮。物业计划全部完成,投资再在百亿以上,其中李嘉诚占一半股权。加拿大地广人稀,这种地方的地产既好做,又非常不好做,至少不会像香港这样地产巨富辈出。李泽钜推出的万博豪园一期一鸣惊人,被香港传媒炒成琼楼玉阁,盈利怎样,却不见报道。

事后诸葛亮最好做——笔者也是如此,这大概是凡人的通病。香港不少满腹经纶的评论家,曾为超人的海外投资击节叫好,现在纷纷反戈一击,指责李氏的海外投资判断失误,过于冒进。

当年,正当李嘉诚海外投资风生水起之时,地产大好友李兆基也举资飞赴加拿大。他出师不利,收购煤气公司惨遭失败。其后,李兆基只好扯超人衫尾,在超人立的地产项目中分得少许权,另外,买一块小地盘聊以自慰。至于郭氏家族,年迈的郭得胜患有严重的心脏病,无力亲赴海外,也未叫儿子进军海外。郭氏家族在北美拥有 10 亿港元物业,但只是家族巨大财富的冰山一角。

郭氏家族与李兆基都是低调人物,即使在公众场合,也多守口如瓶。故而,人们闹不清他们是迈不开跨国投资的路子,还是不愿迈大步。他们都一心在港打理,栽下的每棵树,都结下丰硕的果实。

和黄前行政总裁马世民曾说，香港对我们来讲，说狂妄一点，舞台确实太小。舆论普遍认为，在这点上，李嘉诚与马世民形成共识。

1992 年，是李嘉诚进军内地一飞冲天的一年，他的绝大部分投资项目，都是这一年搞掂或基本搞掂的。如前文提到的，有人说李嘉诚冒进，有人说他抢到时机。

李嘉诚的发迹史，是一部兼并史。通过收购英资和黄、港灯，李嘉诚由一名中小地产商，迅速成为地产巨子，进而坐上香港首富的宝座。

击败英资的包玉刚，李嘉诚成为时代英雄，万众瞩目。相比之下，其他地产商就显得有些冷落，他们在不为舆论"关注备至"的情况下较着劲干。人们蓦然发现，这些名气不显的地产商，也都成为商界巨子。

郭得胜几乎没有收购企业的大举动（仅持 30% 九龙巴士），他与李嘉诚同一年涉足地产，同一年上市，用现有资产在地产股市循环滚动，滚出庞大的商业帝国。这证明，收购企业是资产急剧膨胀的有效途径，但不是唯一途径。

郭氏家族所控上市公司市值低于李嘉诚，但私有资产超过李嘉诚。

在香港众多的上市公司中，长实系无疑是个庞然大物。庞然大物既可能是巨无霸，也可能是大白象。

怡和曾做过大白象，资产一时无两，利润率却名落孙山。和实系盈利仍佳，还是巨无霸。

从 20 世纪 80 年代中起，长实系逐年减少负债率，这种非负债经营的方式，越来越为银行界所不满。财经分析家也批评李嘉诚的作风过于保守。保守自然保险，不会受金融危机之累。而发展势头减缓，又是其负面。

其时，李嘉诚有点有钱用不出去的感觉。长实系年滚动利润过百亿，几年下来，就有几百亿现金的储备。一般来说，锐意进取的商人是不怕负债经营的，只有准备"收山"的商界老行尊才会囤积大笔的现金。

大有大的难处，坐上香港首席财阀巅峰的李嘉诚，常有高处不胜寒的感觉。确实，李嘉诚具有旺盛的精力、超人的智慧。超人仍是人，是人，精力与智力必会有一个极限。因摊子太大、战线太长，难免顾此失彼。怡和数任大班尝尽这种滋味，但过去，舆论界一直嘲弄这些洋大班无能。

反之，那些控制较小财团的家族，比较容易驾驭旗下公司。他们不贪其大，而计较其实——家族得利的多寡。

这些家族通常对政治敬而远之，尽可能保持中立，做一名纯粹的商人。他们也捐赠，往往是把钱扔下就不再多耗精力，一心打理生意。李嘉诚既不热衷政治，也不疏远政治，他事业的轴心仍是商业。他"一竿子插到底"的捐赠，他出任草委会、预委会委员，港事必会分去一部分时间和精力。

以上对香港顶尖级富豪财势变化的粗浅分析，但愿不会出入甚大。

李嘉诚在精力旺盛之时，就开始对儿子接班做出安排。泽钜、泽楷不负父望，干出辉煌业绩，也赢得小超人的盛誉。

无论东方西方，均有家族性企业。相比来说，西方的家族性企业较民主，怡和、太古分别为凯瑟克和施怀雅家族所控，但集团的事务并非家族说了算，家族成员出任大班须经过选举，在过半的漫长岁月，管理权落在外族人士手中——如怡和系西门·凯瑟克任大班前后，纽璧坚、李舒两位大班就是家族外的管理专家。

这也许是怡和、太古两财团，风光百余年的主要因素。有人认为，这两大洋行享受了港英当局太多的利益。英资并非这两家，为什么很多英商终未成大气候呢？20世纪70年代末起，怡和衰，太古仍蓬勃兴旺，天仍是这方天，地仍是这块地，一盛一衰，只能从自身去寻找原因。

相比之下，华商世家，很难维持数代风光，往往创始人一去即衰。如古言道："君子之泽三世而竭。"发达不过三代，似乎是天数。

李泽钜、李泽楷，日后能不能将长实系弘扬光大呢？

不少分析家指出，李氏公子的盛誉，首先是他们是李嘉诚的儿子。老豆给予他们施展的大舞台，介绍他们认识商界世叔伯，交予他们大展拳脚的雄厚资金。

他们毕竟还不是白手打天下的商界骄子。

这是一个有趣的现象，今日香港华商巨富，大都是从他们这一代白手创立、积累而成大器的——李嘉诚就是极典型的例子。那些世家弟子，像李福兆、利氏兄弟这样威水的，甚少。

后代能否克绍箕裘、发扬光大，是每一位老年华商的心病。

郭得胜离世（1990年）前一年，将总经理一职交长子郭炳湘，老二老三亦早在家族公司工作。父亲过世后，三兄弟鼎力合作，新鸿基地产连升三级，合力夺得香港首富桂冠。老郭低调，小郭亦不出风头，如此惊人业绩，令人刮目相看，大跌眼镜。分析家均说，郭氏江山，至少在第二代垮不下来。

李兆基下了很多功夫积极培养儿子李家诚，但李家诚不似李嘉诚的两公子那么骄人。郑裕彤的公子郑家纯，比起老豆"沙胆彤"有过之无不及。1990年接父印主管全局（郑裕彤如此放手，真可谓沙胆），"纯官"上任一年，共动用52亿资金，大举扩张，急功近利，把集团拖进财务泥淖。退居幕后的老豆终于按捺不住，将纯官一把揪下马，重操宝刀亲政。纯官未来出息如何，委实令老豆放心不下。

李嘉诚头脑异常清晰，他明白，儿子的伟绩和盛誉，较大的因素是因为他的缘故。李嘉诚仍在亲政，有条不紊地给儿子压担子，使他们增长管理庞大集团的魄力及能力。

1995 年夏，《财富》杂志刊出一篇哗众取宠的攻击性文章，称"九七"后香港一切都会改变，因而走向死亡。

李嘉诚等香港商界爱国人士，立即驳斥这种已不新鲜，并被事实证明是毫无根据的"预测"。

随后，李嘉诚、李兆基、郑裕彤、邵逸夫、曾宪梓等多位富豪捐款筹建"香港明天更好基金"。各人捐款数不详，据何鸿燊向记者介绍："我积极支持香港明天更好基金啦，鲁平主任私人亲自写信过问，我第一时间就捐 500 万港元。"

9 月 29 日，李嘉诚等 22 位基金会理事的全影照片，整版刊登在全港名报章。宣言标题是："我们立场一致，全体一心为香港！"正文是：

"香港未来的发展和繁荣是香港人的切身问题。

"今天我们坚持立场，携手创立'香港明天更好基金'——一个非牟利和非政治性的组织，目的在凝聚力量，建立信心，使香港在九七年后继续维持国际商贸及金融中心的领导地位。

"我们需要万众一心，商界、政府、劳工和各业界翘楚以至于每一个香港人都应各尽所能，为香港现在及未来的辉煌成就出一分力。

"让我们以自强不息的精神，为更好的明天努力。"

李嘉诚已走过了 80 多个不平凡的春秋，业绩举世瞩目。

1995 年 8 月，中央电视台采访李嘉诚，主持人称李嘉诚为香港首富，李嘉诚回应道：

"不，我跟你讲：所谓首富大家都明白，是一个错误，在香港比我有钱的人不少，我不可以讲他们的名字，然而香港都明白。但，富要看你的做法，是怎样的富？如果单以金钱来算，我在香港第六、七名还排不上，我这样说是有事实根据的。但我认为，富有的人要看他是怎么做。照我现在的做法，我自己内心感到满足，这是肯定的。"

在回答下一个问题时，李嘉诚又说道："我的金钱，我赚的每一毛钱都可以公开，就是说，不是不明不白赚来的钱。"

在香港这个鱼龙混杂的竞争社会，巧取豪夺而致富的人肯定不会太少。因此，金钱的多寡并非衡量一个人价值的唯一标准。

李嘉诚创造了一个神话，他的不凡业绩，将载入中国和世界华人经济发展史册。

李嘉诚的神话并未画上句号。

◆第三十二章◆

投资内地　后为者势如长江

有记者问李嘉诚："为什么你在 1992 年前，只在内地大笔捐赠公益事业，而基本上没有投资？"

李嘉诚道："我们一直在部署，到 1992 年，内地的投资条件才成熟。"

李嘉诚的话，很难使所有的人都信服。从 20 世纪 80 年代初起，港资投资内地，就呈风起云涌之势。不过，绝大部分是中小企业主，他们在珠江三角洲开办劳动密集型加工业，只带去资金技术，租用工业厂房，当年投产当年生利。易进易退，风险颇小。

引人注目的是，不少香港大财团参与内地的基本建设。1979 年，霍英东参与投资广州当时规模最大、级别最高的白天鹅宾馆建设。20 世纪 80 年代末，包玉刚投资改建宁波北仑港。利氏家族兴建五星级的广州花园酒店。从 1983 年起，郭鹤年先后在内地兴建了北京香格里拉、杭州香格里拉、北京中国国际贸易中心等 10 多幢大型物业。胡应湘在内地的事业也始于 20 世纪 80 年代初，他牵头兴建了广州中国大酒店、深圳沙角发电厂 B 厂、广深珠高速公路等数项大型工程。

李嘉诚明显地落伍了。

他虽参与了内地少量项目的投资，可与他控有的本港最大财团，与他投资海外的大手笔，显得多么不相衬。他频频往返于欧美与香港，也频频往返于内地与香港，但他在内地人眼里，只是个慷慨大度的慈善家，而不是大刀阔斧的投资家。

他为何瞻前顾后，裹足不前？

条件不成熟？或许真是条件不成熟。在内地，对改革开放出现的一些新事物，姓社还是姓资的大讨论，持续了 10 余年仍在激烈地进行。到内地投资，有不少条条框框和禁区。海南省政府搞了个洋浦开发区，嘘声四起，唾沫都要把省政府官员淹死。

李嘉诚不去冒这个险，并非不看好中国内地的前景。

《加拿大财经时报》记者曾这样说，李嘉诚、何鸿燊等香港大富豪，拿出盈余的很小一部分去中国内地做令内地人非常吃惊的慈善，目的是购买政治保险，维护家族在港的利益不出问题，所以他们宁可不远万里来加拿大投资，而不敢进香港的后院——中国内地投资。

这只能是该记者按照自己的逻辑，做出的臆断。

根据李嘉诚一贯的作风，他素来不喜欢抢"头啖汤"。假如过一条冰河，李嘉诚绝不会率先走过去，他要亲眼看到体重比他重的人安然无恙走过，他才会放心跟着走。"稳健中寻求发展，发展中不忘稳健"，这是他经商的信条。过花甲之年后的李嘉诚，稳健还趋于保守，闯劲似乎不足。

然而，李嘉诚闯劲不足后劲足，有口皆碑。在战后崛起的华人财团中，李嘉诚不是率先跨国化的，但他在加拿大一地的投资，没有一个华人巨富可与他论伯仲。

李嘉诚在中国内地的投资，亦是如此。

1992 年春，邓小平视察南方。他的系列谈话公布之后，被海内外舆论誉为中国改革开放第二声春雷，其意义不亚于十一届三中全会。

股票热、房地热、开发区热、引进外资热，一些过去不敢想象，且被人为贴上"资本主义"标签的事物，在华夏大地蓬勃兴起。香港的经济，与内地的政治气候和经济形势密不可分。香港经济的晴雨表即是恒生指数，恒指扶摇直上，到 1993 年 12 月 10 日，首次突破 1 万点大关。

1992 年 4 月 27 日—28 日，中国领导人江泽民、杨尚昆、李鹏等分别会晤李嘉诚。香港传媒说李嘉诚从北京带回了信心，从而拉开了大举进军内地的序幕。

李嘉诚旋风般地从北京飞赴汕头，又急转深圳，5 月 1 日，宣布成立第一家在内地注册的联营公司。

李嘉诚在港外投资策略性转移之时，并未忘记他去年对香港的投资承诺（6 年内投资400 亿）。尽管他的一些投资项目遇到麻烦，但是他仍不遗余力。近期较引人注目的，是他将 20 层的希尔顿酒店重建。据 1994 年中的香港传媒，李嘉诚正与港府谈判拱北行合作，并将图则（图纸）交城规会审批。若顺利，拆解将于 1996 年开始，重建高度未透露，但不会低于中环大厦的平均高度（30~40 层），这将是一项耗资甚巨的浩大工程。

1992 年 8 月 6 日，李嘉诚发布本集团中期业绩报告，阐明投资重点转移到内地的条件及方针："内地在经济经历多年收缩调整后，本年初开始再度进入高速发展阶段。在计划经济体系中，允许加入更多之市场经济成分，为内地财经各领域之发展增添新活力。在开放改革政策再次获得肯定并予强力实施之情况下，内地未来之国民经济将有较大幅度之增长，前景令人鼓舞。香港整个经济体系亦将由此而得益，为平稳过渡做好准备。"

"自年初邓小平视察深圳后，内地开放改革的势头得到深化，本集团在内地的投资的确增大了。"

记者问长实系最终会投资多少。李嘉诚答道："在现阶段很难估计，很多因素目前是很难预测的；若经济环境发展理想，最终在内地投资的资产值，可能会占本集团总资产值的 25%。"

李嘉诚没有透露何时达到这个比例。

《香港商报》分析，这是个相当大的比例，以 1991 年底长实系资产总值 750 亿港元计算，日后该系在内地的投资额将达 190 亿港元。

李超人一言九鼎，香港各界，尤其是一口咬定李嘉诚是走资（海外）派的人士，都将拭目以待。

在深圳，1992 年 5 月 1 日，李嘉诚代表长实集团与内地方合组成立"深圳长江实业有限公司"，注册资本 2 亿港元，双方各占一半股权。内地方的两家合作伙伴是深圳市政府的深圳投资管理公司、国家计委属下的中国机电轻纺投资公司。港方股东有长实、和黄、怡东三家。长江实业将拟订在内地投资的一系列计划，将成为长江系在内地的旗舰。

该年 10 月 5 日，以和黄集团为核心的港方财团与内地方面，在北京签署深圳盐田港发展合同。签约仪式在钓鱼台国宾馆举行，国务院总理李鹏、副总理邹家华及和黄主席李嘉诚出席仪式。

内地财团是深圳东鹏实业，占三成股权；港方财团有和黄旗下的国际货柜码头公司、熊谷组公司等，共占七成股权，控股权在和黄集团。以当时价格算，合营公司总投资为 50 亿元人民币，目标是建成与香港货柜码头互补的世界级盐田货柜码头。工程分几期完成，第一期拥有 2 个货柜泊位和 4 个杂货泊位，现已开始启用，较大地缓解了香港货柜码头的压力。

盐田港计划曾遭马世民竭力反对，声称"自己打自己"。李嘉诚更具远见卓识，"深港间的大鹏湾是天然深水港，我们不抢先建盐田港，别的财团也会抢着去干，那将成了'我们与他人对打'"。

在珠海，和黄控得高栏深港的发展权，这里将成为珠江三角洲西的出海通道。

在广州，据广州市城市建设开发总公司透露，从 1992 年秋起，他们正在与李嘉诚的长实、新鸿基地产、香港多家中资港资银行，商谈合作兴建一幢 73 层高的国际金融中心大厦，大厦占地 5.5 万平方米，楼面积 30 万平方米，以当年物价计须投资 3.5 亿美元。

这年 11 月下旬，李嘉诚与胡应湘达成协议，合作发展广深珠高速公路第 2 期广州至珠海段，总投资为 96 亿港元，长实与合和共持控股权，其余股份由新鸿基地产及数家日资公司拥有。投资回报靠征收费用，是一项投资大、风险大、见效慢的长线基础设施投资。

在上海，1992 年 6 月，港沪发展有限公司与闸北区政府签署协议，以 1.31 亿美元租得火车站以南 5.78 公顷土地的使用权。港沪发展由李嘉诚、郭鹤年、中国光大、香港鹏利等财团组成。该联营公司，将准备在租下的地盘建造 22 万平方米的综合建筑群。估计须投入资金上百亿元人民币，全部工程于 1998 年底完成。

在上海，李嘉诚另一项大手笔是海港工程。这是他 1992 年 9 月间在上海考察码头设施的结果。11 月 23 日，和黄集团及上海港务局，就合作经营项目——上海集装箱码头有限公司达成原则协议。和黄投资 60 亿元人民币，建设金山标准集装箱码头、国际深水港码头等项目。据预测，到 20 世纪 90 年代末，上海货柜港的吞吐量，将会达到世界第一货柜港香港的 1/3。21 世纪的前景，更是不可估量。

李嘉诚不仅在香港拥有货柜码头半壁山河，还将在内地的货柜码头业坐大，是亚洲首席私营货柜码头大王。

在海南，1992 年 9 月初，长江实业、香港熊谷组、中信旗下的荣高贸易、台资大中华及海南省三家银行，合组海南洋浦土地开发有限公司，计划投资 180 亿港元发展洋浦自由港，长实占一成股权，投资约 18 亿。

在福州，长实集团于 1992 年 11 月，与福州市政府签署协议，由长实投资 35 亿港元，参与福州旧城区三坊七巷的改造和重建工程。

在重庆，长实集团从 1992 年秋起就在大西南选择投资基地，最后确定在西南第一大都会重庆。1993 年，长实三家公司斥资 8 亿，对市中区依仁巷做全面改造，将建成楼面积 23 万平方米的大型商住楼群。1994 年 3 月，李嘉诚在重庆专设和记实业有限公司，参与该市康居工程。该工程分布在该市五区一县，总建筑面积 500 万平方米，由港方投资并承建。第一期工程 150 万平方米，长实系投资 10 亿港元。土地由重庆市政府提供，房屋由市政府包销，利益按协议分配。

在北京，李嘉诚参与多间酒店投资。最引人注目的是，李嘉诚与郭鹤年联手获得王府井旧址发展权，也是趁热打铁在 1992 年搞定。新财团将在此兴建特大型商业购物中心——东方广场。

李嘉诚说过，在内地，土地价格与起楼造价的比例往往是 1 比 10，而香港不少地段，却正好倒过来。双方合作的基础是互补互利，香港公司的优势是资金雄厚，内地则控有土地使用权、审批权。

另外，和黄在内地各大城市，全面拓展电信业务，是内地移动电话及传呼的最大合作伙伴。

李嘉诚不投则已，一投就如长江之势，翻江倒海。香港没有一家财团能与其比肩。

绝大多数投资计划，都是 1992 年内搞定的。1993 年，内地因投资过势，通货膨胀，紧缩银根，抑制过猛的发展势头。陆陆续续，有相当多的发展商折翼铩羽。有人说，李嘉诚头脑发热，骑虎难下；亦有人说，李嘉诚赶到时机，邓小平视察南方那年申报项目最易获得通过，各地让利攀比拉外商。

1992年后，李嘉诚确实鲜有新的大型投资项目出台，内地的投资条件的确不如开初想象中那么理想。

李嘉诚在内地最引人注目，并引发轩然大波的投资项目要数东方广场。

东方广场位于北京王府井商业区，邻近的具有古今象征意义的建筑有故宫、天安门、人民大会堂等。

1992年6月，北京市政府放出风声，表示可以考虑与外商合作王府井旧城区改造工程。一时，香港大财团蜂拥而至，试图分得一杯羹。王府井是首都最繁华、历史最悠久的商业区，有如上海的南京路、香港的铜锣湾。在这种黄金地段，想找一间铺面都难似登天，现在竟有望获得以公顷计算的一块土地租用权。香港一位地产分析员称，谁拥有王府井的一块土地，谁就拥有了一座大金矿。

6月25日，李嘉诚、郭鹤年搞掂上海北部一块土地，旋即联袂飞往北京。26日就与北京市政府签署意向书。签约双方一是香港嘉里发展公司，另一方是北京东城区房地产公司。嘉里主席郭鹤年在香港的名气不如李嘉诚，他却是大马首富。他投资内地在李嘉诚先，与政府高层关系之密不亚于李嘉诚。李郭两人能如此神速搞掂，是他们多年来在内地耕耘（捐赠与投资）的结果。另外在香港，他们亦是竭力鼎助中资（中信、首钢、光大）打天下。

众多的香港顶尖级富豪，却在北京碰了壁。故有人笑言：平时不烧香，临时抱佛脚又顶何用？

香港《文汇报》27日报道，这块地皮5.11公顷，规划用地3.27公顷，可规划建筑总面积14万平方米，将建成亚洲或世界一流的商业中心。签字仪式在人民大会堂举行，当时的北京市领导出席签字仪式。

这表明，港方的合作伙伴不仅是区级地产公司，至少是北京市政府。意向书未涉及地价、投资金额、工期、物业规划等项目，可见合伙意向是在匆忙中敲定的，细节有待以后再谈判。李嘉诚与政府谈判老到，包赢不输。那时，九号货柜码头和荔园换地的事尚未发生，人们把李嘉诚看神了，认为世上没有他办不成的事、谈不拢的协议。

北京王府井商业中心，已成了李宅花园的池中物了。

谁知才放了一年余，中央马上来一个宏观调控，压缩基本建设规模。不善"讲数"的郭鹤年知难而退，让超人上场。发展王府井地盘物业的控股权顺势落到长实一方。

李嘉诚又一次显示出超人的智慧与谈判技巧,有关立项、规划等异常繁杂的手续,都在1993 年获市府批准。

这项合作发展的商业用途大型物业,正式定名为东方广场。

相传东方广场建筑高度为 70 多米,地盘面积 1.01 万平方米——比意向书原定的 14 万要少得多,以当时的环境而论,已非常不易。香港同业不少大亨皆叹:超人能在北京拥有一大块 50 年期限的地皮,不愧是超人!

此次大型物业投资预算逾 12 亿港元,长实负责楼价,东城区地产负责地价。香港是地贵楼贱,内地则相反。据传闻,地价不到 2 亿。

最头痛的应数迁徙原有居民与商家。李嘉诚把这道难题交北京市政府解决,长实负责负担地价和搬迁费为交换条件,由市府出面负责原住户和业主搬迁。

北京地价不贵,李嘉诚只破一点小财,难题迎刃而解。

传闻,李嘉诚去王府井看拆迁,双眼潮润,超人道:"北京的老百姓真是太好了,这在香港,简直不可想象。"

拆迁势如破竹,岂料斜刺里冒个钉子户,公然与北京市政府对抗。此乃何方神圣?

此方神圣乃来自美利坚合众国,全球最大最著名的快餐集团麦当劳。王府井分店是该集团最大的一家,两层楼合 2.8 万平方英尺,700 余个座位,每天平均有 1 万人光顾,在开业之初,排队长龙有几里之长,实为全球罕见,盈利能力,自不待言。

麦当劳自然不愿把这株摇钱树从聚宝盆里连根拔起,迁出王府井另植他地。不过北京市政府有搬迁的最新文件。麦当劳遂抛出撒手锏来——乃一纸契约,系麦当劳集团当年与北京市政府签的长达 20 年的经营合同,营业地区为王府井现址,租期要到 2010 年届满,现在才经营两年余。

素有"官司癖"的美国人,扬言要与市政府对簿公堂。

本来强大的市政府何惧鞭长莫及的麦当劳总部。此时,王府井这块地盘已快被夷为平地,唯有麦当劳兀立在空旷的废墟上。外国通讯社拍下照片,于是世界传媒大都刊登了这张既滑稽,又可怜的"麦当劳孤立无援"的照片。国际舆论变得对麦当劳有利。香港民间还盛传,李嘉诚为了控得北京地王,不惜把有契约在身的麦当劳撵跑,只许自己发大财,不准他人赚小钱。

李嘉诚无辜受累,其实搬迁已是北京市政府与拆迁户间的事。李嘉诚一直以和为贵,与北京市政府协商,表示只要麦当劳答应迁出王府井,日后东方广场将留一块比现在面积更大的铺位予麦当劳。

北京市政府重新与麦当劳谈判,列出更优厚的条件,批准麦当劳在北京多开若干分店。条件如此优渥,麦当劳表示同意搬迁,素有的"官司癖"也就扔到太平洋里了。

超人高招,干戈即化玉帛,一场全球性风波顿时烟消云散。如斯,空旷无物的王府井地盘盖起楼了。

东方广场有很好的视野，鹤立鸡群，居高临下。70多米高的宏伟大厦，欲与天公试比高。

也许是在香港建惯了高楼的缘故，在香港，不上100米就算不得摩天大厦，这70米，于超人来说，只是小菜一碟；也许像某些人士所说，李嘉诚付了原本不该付的搬迁费，只有靠增加楼面积补回来。如在别的地方，别的城市，楼建再高都无所谓，还会被誉为城市的象征建筑。可这是北京的心脏。

在王府井旧城改造计划出台之初，北京市民就沸沸扬扬，有人担心会破坏北京的人文景观。

香港《联合报》1994年1月8日报道，记者问李嘉诚："北京是驰名中外的历史文化名城，有人担心外商投资北京房地产，在追求经济效益的情况下，会破坏这一文化名城的传统风貌，你是如何看待这一问题的？"

李嘉诚说："建筑现代化和保护古都风貌两者并不矛盾，是完全可以统一的。北京市现在正在推行'康居工程'计划，这是一件造福于民的工作，我能作为第一个海外投资者加入进来，非常高兴。"

李嘉诚正是本着"造福于民"的愉快心情投资北京房地产的。然而，始终有一批建筑专家、文物专家，抱着"痛心疾首"的心态看待对北京市旧城区大动干戈。

也怪李嘉诚不慎，更怪分管城市建设，并一手抓王府井旧城改造的副市长没打招呼，以长实为主的发展商，最后拿出的东方广场规划方案是70多米高。

传言得到证实，这是致命的70米！

按照国家规划委员会的要求，北京市的规划是以故宫为中心的，其他建筑必须配合故宫的外观。按国家规定，从故宫中心点向外望365度的视野范围内，不应见到任何其他的建筑物。

故宫的城墙高约3丈，这就形成站在故宫朝外望，只能望到城墙和天空。离故宫越远，建筑物方可逐步升高。

按国务院批复的1991—2010年《北京城市总体规划》，即"以故宫、皇城为中心，分层次控制建筑高度，旧城要保持平缓开阔的空间格局，由内向外逐步提高建筑层数"，"长安街、前三门大街西侧和二环路内侧及部分干道的沿街地段，允许建部分建筑，建筑高度一般控制在30米以下，个别地区控制在45米以下"。

东方广场大厦东西宽480米，建筑用地9万平方米，建筑面积70万平方米，建筑高度70余米。王府井显然在"30米以下"的建筑高度区域，专家认为，东方广场至少高了40米！

另外，东方广场的地积比率超出城市规划要求的7倍。这幢大厦不仅是高，而且是个庞然大物。必然会去跟附近的故宫、天安门、人民大会堂、革命历史博物馆、人民英雄纪念碑等著名建筑抢风头，喧宾夺主！

专家们大声疾呼，纷纷来现场勘察。从 1994 年 8 月起，先后有三批建筑专家、政协委员和文物专家，联名上书要求依法调整工程方案。

专家似乎撼不动香港财团，批评之声湮没于隆隆的风镐声中。工程加快进展，一幢幢腾空的屋宇被肢解夷平。生米煮成熟饭——这才是成功的关键。

发展商不怕专家，但不会不怕国家。

1994 年底，中央召开全国经济工作会议，各省市主要负责人均参加会议。会议的中心议题是加大宏观调控力度，抑制通货膨胀。对基本建筑的要求：缩小以营利为目的的高档房地产项目，凡不符国家规定，无正式手续的项目一律得停下来。同时，要确保中低档康居工程的建设，加大能源、交通等基础设施建设规模。

新年过后，东方广场被强令停工。

原因有两点：一是专家的建议有效，东方广场方案被认定严重超过国家城市规划的规定；二是按国家规定，逾 1 亿美元的合资项目，须以市政府的名义向国家计委申请立项，提交可行性研究报告，正式动工前须进行报建手续。

东方广场投资额逾 12 亿港元（还未计地价），肯定要获国家计委批准，而北京市政府尚未提出立顶，已开始动工，更遑论提交可行性报告与申报建筑施工手续了。

消息传出，香港业界哗然。事后还传来小道消息，北京市政府有关官员，在旧城改造和城市建设中涉嫌贪污受贿，中央纪委正着手调查。

1995 年 2 月 15 日的《新报》，刊出整版专题报道，导语称："李嘉诚在港成功逾 30 年，富甲一方，乃香港首富，大众冠以'李超人'称号，喻其创造财富本领超群，能人所不能。

"李氏在港叱咤风云，几达呼风唤雨，点石成金之境界。

"但对比一个国家，尤其是像幅员辽阔、人口众多的内地，财阀无论财富有多大，亦不过有如大海中的一条船，哪管你是航空母舰，抑或是巨大油轮，始终，富不与官争。"

李嘉诚略施小技，便把快餐巨无霸麦当劳乖乖降服。他万万没料到，最后冒出的对手，是敢与美国抗衡的中国政府！

识时务者为俊杰，李嘉诚深谙"富不与官争"的道理。于是长实集团立即发布声明，表示完全服从中央的路线，声明指出：

"由于东方广场地段所在为北京旧城危房改造区，根据北京城市规划法例规定，有关地段必须统一规划发展，该地段之内土地使用者，必须服从有关城市规划。长实认为北京市有关之城市规划法例极为合理，同时，类似之城市规划法例亦在西方国家及香港被普遍采用。任何到内地投资之外商均须遵守内地之法律，希望通过国际舆论之压力，而使其身处中国内地法律之外的做法均是不当的。"

李嘉诚积极主动，显示出政治上的成熟。

在东方广场停工后不久，新华社主办的中央级刊物《瞭望》周刊1995年第3期，发表文章，对东方广场发展计划有所批评：

"方案中的东方广场大厦连同宽120米、高80余米的北京饭店东楼，将形成一个东西600余米、高七八十米的庞大的混凝土屏障，不但势压故宫，而且还会对仅1.2公里外的天安门广场的景观造成影响，从根本上损坏北京内城的古都风貌。据了解，人民大会堂的一般建筑高度为31米，最高处才40米，建筑面积17万平方米；天安门城楼的高度为35米，人民英雄纪念碑的高度为28.29米。而东方广场大厦，体量为人民大会堂的4倍多，必将对上述直接体现全国政治中心的历史性建筑造成压迫感，使其相对尺寸变小，导致城市重心偏移，打乱以天安门为中心的首都格局。"

东方广场规划的出台，还把原定在王府井改建扩建的青年艺术剧院、儿童电影城等文化中心主体建筑，挤出原址，另择址兴建。另外，该方案的停车位比规定减少一半多。

文章分别列举1994年8月23日、10月24日、10月26日，三批建筑学家、政协委员、文物专家联合上书的人员及意见。文章说：

"东方广场项目方案之所以遭到如此大的异议，除方案本身的问题之外，还在于各界人士都关注到一个必须正对的现实——近几年外商投资北京旧城改造和地产项目，为追求高额回报，不遵守城市规划规定，要求提高建筑高度与容积率，不但极大地威胁了古都风貌，而且使北京的城市规划法规面临被废弛的危险！

"外商投资若遵守北京城市规划就赚不了钱吗？答案正相反。有关专家结合目前北京市的地价、拆迁费等对此进行了测算，得出结论：外商如按照北京城市规划要求开发房地产，其回报率已超过100%，所获利润已属惊人。据了解，香港的房地产回报率为10%~12%，而其他国家和地区的房地产业大多还低于这一回报率，如悉尼为6%，新加坡为5%，日本则只有2%。

"遗憾的是，像东方广场项目这样突破城市规划的情况，北京市各区都不同程度地存在着。有的外商为了加高增'肥'其投资物业，无视北京市规划法规，甚至以早被视为风貌'败笔'的北京饭店东楼作为样板要价。"

专家认为："20世纪70年代建造的北京饭店东楼高80余米的巨大身躯，极大地影响了故宫的正面景观。在北京旧城中心地区建造如此高大的建筑，当时曾受到周恩来总理和城建专家的批评。"

"……在少数外商的种种不合理要求面前，北京的规划法规屡受冲击。高层建筑在旧城中心地区大有蔓延之势。针对这一状况，许多城市建设专家接受记者采访时强烈呼吁，必须严肃法纪。如东方广场项目按现方案建造，法制的严肃性何在？如果纷起效尤，北京的总体规划岂不成为一纸空文，还谈何古都风貌？"

"……在涉外房地产业务中，城市规模能否得到外商的尊重事关主权尊严，是丝毫不容含糊的。"

文章措辞严厉，从文章标题《城市建筑如何走上法制轨道——北京东方广场的工程引发的思考》来看，文章是就事论事，并非批评香港长实集团。可又是长实设计欠周全，招惹满城风雨。素来不愿招惹"非议"的李嘉诚，被卷入这个漩涡中。

笔者由此想起另一位香港顶尖级商界泰斗——已故船王包玉刚。包氏亦在家乡捐赠创办宁波大学，他与政府高层的交往较李嘉诚还频繁，并到邓小平私寓做客。包氏出任香港民用航空公司港龙之主席后，曾多次要求中央政府特许港龙开辟京港、沪港班机航线，遭中央政府拒绝。

李嘉诚亦明白，在大是大非上，中央政府是不会做出半点让步的。但在不违背原则的前提下，又不是不可变通的，港龙飞不成班机，改飞包机。长实与北京有关部门协商修改方案，使项目不至于胎死腹中。

香港有舆论称李嘉诚与北京市政府关系破裂，地盘被市府叫停。3月11日，李嘉诚强调长实与北京市政府的合作非常愉快，方案做修改，这在任何地方任何工程都是要商讨后再最后确定，东方广场目前遇到的问题并不出奇。

3月12日的《联合报》称："李嘉诚否认长实在东方广场的投资因工程延误的关系有所损失，他向记者透露，现时地价还没有确定。另外，他又表示希望东方广场第一期可于1997年落成。

"有报道指长实公司因工程延期及地积比率减小而损失，李嘉诚的回应是'鬼有损失咩'？他说，面积多少完全无关系，内地地价与香港地价天与地比。香港系地价贵，香港最高时地价与起楼价钱系1/10，内地则全倒过来。

"李嘉诚表示，新规划的东方广场与原来面积'欠少少'，'微不足道'。不过李指出东方广场楼层不会超过20层，至于会否与北京饭店（17层）一样高，他则不愿透露。他强调，东方广场是一个好投资、好计划，长实很满意。

"李嘉诚又说，他现时'无嘢烦恼'，球照打、会照开，开开心心。"

李嘉诚的开心，亦使得长实的股东放心。

1995年4月27日，新华社发布通稿，北京市常务副市长王宝森畏罪自杀；北京市市委书记陈希同受到处分；王宝森在分管城市建设中贪污受贿，且生活腐败……香港流言四起，其中有些流言，牵强附会把东方广场与王宝森牵扯在一起。

东方广场的现址已被夷为平地，这是不可变事实。合作方依然是长江实业，新方案的拟订申报与审批，都须慎之又慎，必要一段时间。所幸的是，长实的股价并未出现异常波动，股民仍看好超人的卓著信誉及回天之力。

东方广场一波三折，几起几伏。

有人说李嘉诚保守，1967 年，他为取得新加坡居留权而投资狮城，20 世纪八九十年代又将大笔资产以跨国投资之名转移到海外。现在，他在东方广场投资上受挫，又将会裹足不前。

李嘉诚回应道："本集团投资香港和内地的方针不会变，对内地的改革，香港的前途，本人充满信心。"

1995 年 8 月，中央电视台对李嘉诚做了专访，香港《文汇报》将问答全文刊登，标题名是《李嘉诚——一个真正的爱国者》。主持问："江总书记说过，李先生是一个真正的爱国者。那么您认为，一个真正的爱国者的含义是什么，或者说，您觉得怎么样做，才称得上是一个真正的爱国者？"

李嘉诚答道："我答复你，江总书记这句话，我认为是我毕生最大的荣誉。我自己认为，我现在走的路子是对的，一方面我非常辛勤地工作，我忠诚地待人……另一方面就我个人来讲，衣食住行都非常简朴、简单……这样，我可以有多余的钱，做我喜欢做的事，对自己同胞对自己国家有所贡献。"

至记者专访他止，李嘉诚对社会公益慈善事业的捐赠逾 10 亿港元；在内地的投资过 500 亿港元，远远超出该系在国外投资的总和，也超香港其他财团在内地的投资额。

这兴许是江泽民对其评价的最好注脚。

第三十三章

世纪之交　超人手笔惊全球

2000 年 3 月间，美国著名的《福布斯》杂志公布了最新的全球富豪排名榜，香港的李嘉诚家族以总资产接近 1000 亿港元而蝉联第 10 名。

与此同时，李嘉诚的小儿子、刚鲸吞香港电讯的盈动集团主席李泽楷，则被《福布斯》杂志评选为美国以外的全球十大科技富豪第 5 名。

李嘉诚和李泽楷父子俩双双荣登全球超级富豪龙虎榜，进入新世纪最显赫的风云人物之列。

《福布斯》发现，以传统工商业起家的国际富豪，目前地位不保，取而代之的是资讯科技企业家。在最新的全球十大富豪排名榜上，有 7 位来自美国，居首位的仍是美国微软集团的比尔·盖茨；美国电脑直销公司戴尔排名第 6 位。

李嘉诚家族的旗舰公司长实、和黄系是在香港上市的，生意则遍布全球，1999 年盈利 1173 亿港元，是全球最赚钱的上市公司。《福布斯》指出，李嘉诚这位商场上的"超人"，资产不断上升，个人财富已接近 1000 亿港元，在排名榜上已稳坐第十把交椅。也就是说，香港人尊奉李嘉诚的"香港超人"称号，涵盖面已超出了香港那个国际化的都市，不仅为全球华人所认同，更具有了世界性的含义。

"老超人"虽已高龄，但在商场上却雄风益盛。虎父无犬子，"小超人"李泽楷更是如日中天，一跃跨上美国以外的全球科技富豪第 5 位的宝座，仅次于亚洲的日本软库集团主席孙正义（排名首位）和印度的电脑商 Azim Hasham（名列第 2 位）。

2000 年 2 月 17 日，李嘉诚的旗舰长（实）和（黄）系宣布，以"将中国带到世界，将世界带到中国"为口号的互联网站 Tom.com 即将于 3 月 1 日在香港上市，引起华人社会乃至全球资讯界的广泛注目。

在香港创业板上市的 Tom.com，拟筹资 6.4 亿港元，用作技术开发、市场推广及发展集团之电子商贸，其余资金将用作策略性投资及一般营运资金。为了应付大量认购，Tom.com 已印备逾 3 万本招股书及超过 20 万张认购表格，倘若认购表格派罄还会再加印。

16 日，市场即有传闻称，Tom.com 在上市时股价会即时涨升 10 倍。然而，也有经纪人提出警告，如果美股尤其纳斯达克的高科技股出现大幅调整，则认购 Tom.com 股份的人士，特别是以融资为主的投资者将会损失。因 Tom.com 的估值本身已很高，加上融资成本，不一定是稳赚。

Tom.com 网站挟高科技热潮，以"香港超人"李嘉诚旗下的和记黄埔及长江实业集团为主力股东，其他股东还包括盈科数码动力（简称盈动），Schumann International Limited 及 Handel Internation al Limited，为海外全球提供"通晓中国事"的资讯，并为大中华地区及海外华语社区的全球华人提供"华人时尚生活"与电子商贸服务，内容包括旅游、文化、科学、学术、艺术、时装、游戏、新闻、体育、娱乐等项目。

Tom.com 在 17 日举行的记者会上，除介绍公司业务外，还为投资者描绘盈利前景。公司主席陆法兰说，未来两年公司的主要盈利来源为广告收入，他预期产品及服务交易与订购收入、佣金收入及内容供应收入将稳步增长。

此外，公司将透过 Tom.com 之名称经营三个主要入门网站，提供内容及服务。这些入门网站将会本地化，在全球各地之主要中国社群推出特色网站，其中包括台北、北京、上海、悉尼、旧金山及温哥华。

2 月 18 日，李嘉诚旗下的网络公司 Tom.com 开始派发新股认购申请表，大批香港市民连续两天排起长龙，100 万份申请表一抢而空。

有证券行形容，近期散户入市的情况已近乎疯狂，部分大型零售证券行甚至因无法应付骤增的新登记客户，已暂停登记新客。

证券界人士指出，Tom.com 的招股活动如此疯狂，除了它是科技股外，股东背景显赫，加上公开发售的股份有限，自然引起轰动。据估计，超额认购倍数达数千倍也不出奇。Tom.com 此次招股，共发售 4.28 亿新股，但只有 10% 供散户认购。

2 月 19 日，是派发申请表的第二天，包销商百富勤继 17 日派出 50 万份表后，18 日加印了 50 万份。负责派发申请表的汇丰银行各家分行门外，早早就排起了长长的人龙。20 日，在一家分行门外，凌晨 3 时就有人排队，在正式开门营业前，已有 400 多人。由于分行一度宣称不派新表，引起股民们不满，分行只好决定再派发表格，并请警员维持秩序。由于每人只限取一份表格，加上是休息日，有人动员全家前来索取表格。

而在香港及九龙汇丰总行门前，人龙蜿蜒，排出几条街外，20 多万份表格，不到 3 小时就已派完。在中环的汇丰总行，轮表人龙盛况空前，人龙在总行地下兜了几个"蛇饼"，转入皇后大道中，再经银行街转回德辅道中，人数一度多达 5000 人。轮表人龙中，既有长者，又有菲佣及抱着婴儿的妇女，另有不少是受公司指派专门前来取表的信差。

不少空手而回的市民纷纷询问，周一（3 月 21 日）是否还有申请表，银行职员连忙安抚，说是有关机构已在赶印之中。

至 24 日，再度掀起认购 Tom.com 股票的狂潮，约有 30 万香港市民冒雨拥往 10 家指定的汇丰银行分行，交付认购表格。由于现场人数太多，警方紧急出动维持秩序。这是香港股票史上从未有过的现象。

长（实）和（黄）系的网络股 Tom.com 于 3 月 1 日在香港创业板上市。2 月 29 日中午是招股申请的截止时间，因此掀起了交表狂潮。据悉，此次认购共收回表格 50 多万份，超额近 2000 倍，打破港股认购的历史纪录。

警方估计，仅 23 日一天，在 10 家指定收表银行门外轮候的市民，就起码有 28 万人，从而引起一场大混乱。

23 日清晨 5 时，已经有人在汇丰银行旺角分行门外排队。中午时分，人龙沿弥敦道排至亚皆老街，在转入上海街，伸延至窝打老道。由于人数太多，人龙不仅挤满人行道，甚至排到马路上。警方不得不封锁多条行车线，造成交通严重堵塞。排队情况也相当混乱，不断有人"打尖"、鼓噪、打架，有二女一男跌倒昏迷，送院治理。至中午 12 时，截止收表时间已到，但排队人龙仍重重包围着分行，银行职员无奈，只好继续收表。

Tom.com 此次派发认购表引起的狂潮，也引起香港证监会的关注。证监会的负责人士表示，将研究采用其他方法，让股票认购者能够不用再排队，免却浪费时间。

针对 Tom.com 认购时出现的混乱，证监会发表声明，对保荐人、收款银行和有关公司未做出适当安排表示失望，已要求保荐人提供报告，并就招股事宜发出指引。

证监会认为，BNP 百富勤和负责收款的汇丰银行，应该察觉到投资者对 Tom.com 招股的兴趣，但有关方面却未能及时印备足够的申请表格，并未能收回表格做出适当的安排。证监会对此表示失望。

证监会表示，将与联交所商讨改善新股招股的程序，已要求 BNP 百富勤尽快呈交报告。证监会表示，维持公平有序的申购过程，是保荐人、收款银行及有关公司的责任。他们不排除对有关责任人做出惩罚。

香港证券界人士则欣喜地认为，这次认购狂潮可带旺热情已冷却的创业板，并且可吸引其他香港财团分拆科技业务在创业板上市。

香港兴宝证券副总经理吕志华表示，Tom.com 不但将掀起一个创业板热潮，并且会带起整个港股入市热潮。他更相信，由于散户以至于一般市民都会因为"超人"李嘉诚的魅力，一窝蜂地争相认购，导致 Tom.com 在 4 月份的挂牌股价随时会超越股价的 10 倍，即是说股价会飙高至每股 17 港元或以上。

由于 2000 年首季在香港创业板上市的股票清一色都是互联网站，在这股互联网热潮的带动下，投资者的追捧程度将更为疯狂。

获得认购权的香港升斗小民，虽然费尽千辛万苦方能如愿以偿，但料定手中持有的 Tom.com 股票将大升特升，高歌猛进，自然是笑到见牙不见眼了。而此次派表狂潮中的最大赢家却是李嘉诚。由于此次认购行动将冻结资金达 1500 亿港元，因此，Tom.com 单利息收入，就已超过亿元。

Tom.com 的定位是大中华资讯超级入门网站，计划建立 6 个垂直网站。李嘉诚的长江实业与和黄拥有 Tom.com57% 的股权。Tom.com 共发售 4.28 亿股，占扩大股本的 15%，售价介于 1.48 ~ 1.78 港元。由于申请的小户多，而仅 10% 的发售量供公众认购，其余则配售给投资机构，预料小户成功申请到的机会不高。

由于超额认购高达近 2000 倍，散户成功中签的机会犹如买彩票！有行家算了一笔账：假设只认购 2000 股，则成功抽签中彩的机会只是百万分之二点三四至百万分之三。大略地说，也就是中签率为三十万分之一。

就在 2 月 23 日，报出的 Tom.com 招股价仅为 1.78 港元，而且还未正式挂牌上市，市场暗盘价已上升逾 5 倍，报 10 ~ 11 港元。若散户好彩抽中 2000 股，账面利润即刻已有 18 400 多港元。

Tom.com 招股，忙坏了香港大众，也忙坏了汇丰银行的职员，还忙坏了香港证券界的分析员们。他们纷纷发表意见，为是次投资者出谋献策。

证券经纪认为，在抽中者的投资策略方面，要分两种人士而定：

如果是大额认购者及获配售股份的人士，尤其是机构投资者，宜持有一段时间，因 Tom.com 日后有极大机会成为创业板的成分股，到时必会被再炒一轮；

如果只是小额认购者，建议其投资策略应视乎 Tom.com 上市时开价多少及其后走势而定，假若股价一直上升，则中签者可继续持有，直至发现在某一水位已不能站稳，并开始掉头回落，就要立即沽货套利。因为该公司仍属概念股，不知何时方有盈利，如美国及香港科技概念股当时走势不妙，持股人士更应"有甜头就好走人"，不要留恋。

证券分析员指出，以 Tom.com 暗盘叫价 10 港元计，其市价已升至 291 亿港元，但其客户人数只有 4 万多，应已没有多少上升空间，故建议中签者无论持有多少股份，如其股价升至 10 港元水平，已应将股份出售，转投其他即将招股的同类新股。

香港七大区人龙情况一览表

地点	全日总人数	应变措施	排队时间
中区海旁	28 000	仅总行大堂内以"打蛇饼"式前进	约 1 小时
北角	25 000	北景街 / 长康街 / 堡垒街 / 英皇道一段慢线封闭	1 小时
尖沙咀	25 000*	金马伦道 / 加连威老道 / 金巴利道会人道封闭	1 小时
半岛中心	10 000*	无	半小时
旺角	200 000*	弥敦道西行慢线 / 上海街 / 新填地街局部封闭	2 小时半
观塘	40 000	裕民坊介乎康宁道至仁信里封闭银行服务一度暂停	1 小时半
荃湾	120 000	德华街封闭	45 分钟

＊为破记录

Tom.com 创新股上市多项纪录

	Tom.com	盈富基金	北京控股
招股日期	2000/2/18	1999/10/25	1997/5/20
发行量	4.28 亿股香港公开发售 4280 万股	首批 333.3 亿股	1.5 亿股
招股价	1.78 港元	12.88 港元	12.48 港元
＊暗盘价	11 港元（升 518%）	14 港元（升 8.7%）	42 港元（升 236%）
所发申请表数量	100 万份	逾 100 万份	110 万份
＊接获表格数量	50 万份	18.5 万份	逾 32 万份
＊认购人龙	4 公里		
超额认购	约 2000 倍	3.8 倍	1276 倍
冻结资金	1523 亿港元	483 亿港元	2149 亿港元
挂牌首日收市价		14.05 港元	40.2 港元
升幅		9%	222%

＊为破纪录（统计至 2000 年 2 月 25 日截止）

Tom.com 上市后股权架构

总市值 342 亿港元（资料截止日期：2000 年 2 月 24 日）

和黄	32.29%
周凯旋	32.29%
长实	16.15%
盈科	4.25%
公众人士	15.20%

1999 年，香港刚刚冲过亚洲金融风暴。这一年，对于李嘉诚来说，是风调雨顺、商机勃发的一年。

该年 10 月间，海外媒体率先透露一个令全球轰动的消息：德国工业界巨头 Mannesmann（曼内斯曼）正在洽购和黄旗下电讯公司 Orange。

21 日，李嘉诚在香港举行新闻发布会，正式宣布：和黄同意 Mannesmann 有条件收购其所持有的 44.8% 的 Orange 股份，涉资 146 亿美元，即是 1130 亿港元，以现金、票据及 Mannesmann 的股票支付。

自此，李嘉诚旗下的和记黄埔成为欧洲最大的电讯经营商。

据了解，Mannesmann 高层于 1999 年 10 月 14 日赴港与李嘉诚商讨收购事宜，6 天之后，就达成了这项震动全球电讯市场的巨额交易。

这是一项被称为"有关各方皆蒙其利"的巨额交易。交易完成后，Mannesmann 不但成为欧洲最大的电讯公司，市值 7000 亿港元，更重要的是为该集团电讯业务提供更为远大的发展前景。对和黄股东而言，除了 28 亿美元现金及为期 3 年的 28 亿美元票据的进账之外，还获得 Mannesmann 扩大股本后 10%、5200 万股（相当于每股作价 1200 港元）的股权。简单地说，此次交易以股权互换、票据和现金三部分组成。交易完成后，李嘉诚的和黄集团成为该公司最大的单一股东，同时也成为欧洲最大的 GSM 电讯经营商。

在过往的三个星期内，李嘉诚个人的身家暴涨 150 亿港元，即每天增加 5.5 亿多港元。

其实，在这宗世纪交易尚在进行中时，全球最多客户的英国移动电话商 Vodafone AirTouch 已在摩拳擦掌，虎视眈眈，计划收购 Mannesmann。皆因这家德国手提电话商与 Orange 合并后，将会大大地威胁 Vodafone AirTouch 称霸欧洲移动电话市场的野心。但是，对于 Vodafone AirTouch 来说很不幸的是，Mannesmann 拒绝了 Vodafone AirTouch 的收购建议。有记者对此评价道："李嘉诚虽然对于 Mannesmann 拒绝 Vodafone AirTouch 的收购建议不予置评，内心却可能在暗笑自己的身家已经翻了一个漂亮的筋斗云。"

Mannesmann 是德国最大的移动电话商，拥有客户 1700 万，业务多元化，包括电讯、汽车、电子、钢管及机械等，是一家从制造钢管转营电讯的公司。在二次大战前，这家公司以制造钢管起家，20 世纪中后期才进入电讯市场，并快速增长，1998 年电讯营业额便增长了三成四。Mannesmann 收购 Orange 后，客户将增至 2000 万，移动电话业务在欧洲的势力，足以吸引多间电话公司收购。

Vodafone 更非等闲之辈，它是全球最大的移动通信服务商，坐拥 3 亿客户，分布于欧洲、美洲、亚洲以及非洲的 23 个国家，1999 年市值 11 000 亿港元，即每名客户值 36 000 港元。该公司于 1999 年 1 月由在英国仅有 14 年历史的 Vodafone Group，以 7400 万美元收购美国 AirTouchCommunications 合并而成立。1999 年，合并后的新公司更积极收购英国、美国、日本的电讯公司以壮大客户。Vodafone 与 Mannesmann 并非第一次在商场上相遇，它们原来已是合作伙伴，合作的公司有德国的移动通信服务供应商 Mannesmann Mobilfunk 及意大利的 Omnitel Pronto Italia 等。

Orange 是和黄最为成功的投资经典之一。10 年前，和黄注资 5 亿美元收购 Orange 发展电讯事业，如今，Orange 已位居英国第三大电讯公司，同时为以色列、中国香港及澳大利亚提供电讯服务。1999 年初，和黄通过出售部分 Orange 股权收回全部投资成本，故这次的千亿港元交易全部为投资净利润。这是香港历史上获利最大的单项交易。

Orange 译为"橙"，故有多家报刊称这次股权交易为"李嘉诚巧手摘甜'橙'"。

李嘉诚说，本次出售"橙"电讯，是和黄历史上最大的交易，对于取得 Mannesmann 10% 的权益，也感到振奋。他指出，该 10% 的股份将会作为长线投资，18 个月内都不会出售，至于是否会增加 Mannesmann 的持股量，他表示现阶段不会做任何决定。

李嘉诚表示，和黄将派董事总经理霍建宁加入 Mannesmann 董事局及顾问团。

李嘉诚介绍说，此项交易双方在正式接触不足一星期便达成了，这主要是和黄看好 Mannesmann 的增长前景，特别是其在欧洲电讯市场的优势，这是和黄进一步投资欧洲及全球电讯业务的好机会。

在许多人的心目中，李嘉诚是事业成功人士的象征，他闯荡商海许多年，见惯大风大浪，给人一种临变不惊的稳健感觉。不过，有"超人"之称的李嘉诚，也有忐忑之时。此次，在他变身为欧洲电讯大亨之前的 18 个小时里，"超人"的心情也是十分紧张。难怪事后他在记者会上不禁自豪地承认，多年来做生意以这次最为骄傲。

面对如此重大的交易，记者们当然会通宵达旦地等消息。而一向早睡早起的李嘉诚，在交易完成前的一个晚上，也破例在办公室里待至深夜 11 时才离去。

在回家途中，李嘉诚通过公关部人员通知各媒体，他有可能在第二天开市前举行记者会，公布交易详情。随后，一向注意照顾他人的李嘉诚又改变了主意，通知媒体，记者新闻发布会将改在下午召开，免得已忙碌至深夜的记者不但要熬夜，还要起个大早。

最能反映李嘉诚"忐忑不安"心情的，莫过于他即使是在睡觉时，还特意将手机放在枕边，并把铃声调到最大，恐怕在睡梦中错失交易落实的大喜讯。

经过一夜的煎熬，交易终于大功告成。当李嘉诚走进记者会会场，宣布好消息之际，他的兴奋之情可想而知。李嘉诚表示，本次交易足可以与多年前长实收购和黄相比。

记者会结束后，这位"超人"又折返会场，在会议的茶点桌上，拿起一块饼干，以充饥腹，可见他度过这一日是怎样艰难。这是一块奖励自己完成一宗过千亿交易的饼干，此时，这块饼干，可以说就如同那庆功的美酒，吃在口中甜在心里。

这项和黄历史上最重大的收购，仅用了短短一周的时间。李嘉诚虽然以往也处理过多起重大收购，但这次他仍难掩饰那得意的神情，他形容本次投资令人开心骄傲。

李嘉诚主持的这项巨额交易的完成，在时间上也显得十分有意义。此时，正当国家主席江泽民在英国进行访问，这项由华人通过英国上市公司进军欧洲大陆电讯业的成功计划，成为欧洲各主要报章的重大新闻。也是很有意思的，在此前一个月，即 1999 年 9 月，李嘉诚被英国《星期日泰晤士报》选为当今最有影响力的国际人物之一。

和黄是 20 世纪 90 年代初投资 Orange 的，当时的投资额为 7 亿英镑（约 84 亿港元），经过不到 10 年的营运，Orange 的客户基础不断扩大，成为英国第三大移动电话经营商。1996 年，Orange 在英国上市。

有关收购消息传出后，长实系股价闻风而动。当日（21 日），和黄收市报港币 76.5 元，升幅达 9%，连带其控股公司长江实业也获益匪浅，股价自 3 日前的 58 港元升至 21 日收市的 67.5 港元，飙升达一成以上。

Orange 是一只会下金蛋的鸡，为李嘉诚带来了巨大的收益。Orange 掀起的财富效应，对和记黄埔来说可谓细水长流。几个月后，即 2000 年 3 月 22 日，和黄再度出售持有的部分 Vodafone 股权，成功套现超过 32 亿英镑（约 394 亿港元），短短 5 个月内获利 16 亿英镑（200 港元）。这次配售，相信是历来最大宗，比 1999 年 3 月德国公司 Veba AG 配售 2.56 亿股大东电报股份涉及的 240 亿港元的交易还要大。

受消息刺激，和黄及长实的股价在伦敦大幅扬升，近收市时和黄报 144.5 港元，比香港收市升 6 港元；长实则升 5 港元，报 117 港元。恒生伦敦参考指数在长和系的带动下，亦较香港收市上升 216.4，报 17763.44。长和系成为当天大市的支持动力。

和黄是透过高盛和德意银行，将手上大约三成或 9.25 亿股的 Vodafone 股份，以每股 3.49 英镑出售予机构投资者，作价比 Vodafone 周二当日收市价折让 7.7%，涉及股份占该公司已发行股本 1.5%。和黄发言人拒绝评论有关消息。据悉，是次配售只历时 90 分钟便告完成。

和黄减持手中的股权后，Vodafone 股价下滑近 6%。和黄仍然持有大约 3.6% 的 Vodafone 权益，市值约为 76 亿英镑（927 亿港元）。

证券分析员指出，虽然和黄的投资遍及全球，行业分布触及电讯、港口及零售等多个层面，但长期持有 Vodafone 的股权却不配合和黄的发展策略，因此，出售有关股份十分合理。预期和黄会将套回的现金进行再投资，特别是留作日后中国开放电讯市场时使用。CS 第一波士顿的分析员指出，Vodafone 的业务与和黄的发展策略并不相符，亦无法控制董事局，故出售股份是明智做法，可将资金投放在其他投资上。

和黄本是一家老牌英资企业，20 世纪 80 年代初被李嘉诚的长江实业收购，组成长和集团。在素有"超人"之称的李嘉诚领导之下，和黄致力业务多元化及国际化，发展成为一个包括港口、电讯、地产、零售及制造、能源及基建等五大核心业务在内的综合型跨国企业。

亚洲金融危机之后，和黄奉行"继续扎根香港，但同时也不排除在海外寻求投资机会"的经营策略，加快了企业国际化的进程。

目前在海外的主要投资，包括加拿大赫斯基石油业、英国菲力斯杜集装箱港、巴拿马运河港口等。

李嘉诚的这项股权交易行动，发生在1999年的下半年。有趣的是，早在这之前的几个月，国际著名的传媒美国《时代》杂志就盯上了李嘉诚。该年4月间，《时代》杂志和美国安永会计师事务所组成的一个专家小组，已就谁是千禧年企业家做出裁决，他们将这项划时代跨世纪的桂冠，戴在了李嘉诚的头上。

由科西莫·德·梅迪奇到全球首富、美国微软集团主席比尔·盖茨，由美国福特汽车厂的老板亨利·福特乃至理查德·阿克赖特，总共有15名著名的已故或仍在世的企业家入围被评估。

夺魁的是李嘉诚——这位香港系列大企业和三个商业王国的创办人。

评选专家小组认为，李嘉诚控制着50亿英镑的财富；李嘉诚的巨额财富以白手起家为起点；在其多元化企业王国的任何领域他都是当之无愧的伟大企业家。根据上述三个条件，李嘉诚在15位全球大亨中脱颖而出，成为最杰出的世纪企业家。

也许，在当年10月间，评选小组的专家们获悉李嘉诚卖一只"橙子"净赚1180亿港元的消息时，他们会为自己的英明预见和准确判断而以手加额吧！

评选千禧年企业家活动尘埃落定之后传出的另一条消息，也为评选小组的裁决增添了一个有力的佐证。6月21日，美国著名财经杂志《福布斯》公布了1999年的世界富豪榜，香港三大房地产巨擘获选为亚洲富豪的三甲，为首的李嘉诚更跻身全球十大富豪之列（排第10）。身为香港长江实业集团主席的李嘉诚，据估计当时有家财127亿美元，约合为990亿港元。

是次，李嘉诚在《福布斯》全球富豪的排名跃升了九级。正当许多亚洲富豪身家缩减之时，他的财产则比上年增加210亿港元。

亚洲富豪的亚、季军分别是李兆基和郭炳湘、郭炳联、郭炳江兄弟。前者是香港恒基兆业主席，家财约有110亿美元（850亿港元）；后者是新鸿基发展集团的首脑，家财约97亿美元（750亿港元）。李兆基及郭氏昆仲在全球富豪榜上分列第13名和第14名。

亚洲十大富豪的其余六名依次为：第4位武井保雄（日本民间武富士金融公司），财产78亿美元；第5位佐治敬三（日本三得利酒商），67亿美元；第6位孙正义（日本电脑科技大亨Softbank总裁），64亿美元；第8、9、10位都是日本富商，分别是堤义明、伊藤雅俊和木下恭辅，估计三人的家财相若，都不足50亿美元。由于受到金融风暴的冲击，1999年亚洲富豪榜变化较大，日本和东南亚不少富豪的身家呈现收缩。如台湾的蔡万霖，1998年排名亚洲第2位，1999年跌了五级，家财减少达26亿美元，但日本仍占了"十大"

中的六席。

据《人民日报》华南新闻版报道，早在 1999 年 2 月 1 日，内地出版的权威杂志《中华英才》，首次以李嘉诚做封面人物。这本刊物素来是以国家高级领导人的形象做封面的。以一位香港名人做封面，是该刊物破天荒的。

该期《中华英才》还刊有题为《一气贯通——李嘉诚》的专访，文章长达两万多字。

李嘉诚在接受该刊记者采访谈到金融风暴对亚洲和中国的影响时说，他依然认为 21 世纪是亚洲人、是中国人的时代。

李嘉诚说，亚洲还是会恢复过来的，因为亚洲国家本身的货币以兑美金而言已大为贬值，生产成本下降，旅游业兴旺，竞争力有所加强，所以相信在一段时间后，经济仍将会逐渐复苏。

在文章中，李嘉诚还提到，有一个很重要的环节，就是要重视科技、培养人才，只有科技才能使我们拥有无限的发展空间。

看到李嘉诚关于"只有科技才能使我们拥有无限的发展空间"这番话，读者一定会联想到，李嘉诚在一年后的 2000 年 2 月推出 Tom.com，并非兴之所至，赶科技股大市的浪头，而是早有"伏笔"了。

1999 年 3 月，李嘉诚在接受《财富》杂志专访时表示，相信香港在经历经济调整后，将会保持竞争力，继续成为地区性的经济中心。

该期的《财富》杂志，以李嘉诚为封面人物故事。李嘉诚在访问中，提及他的商业王国在香港乃至全球的业务发展。他表示："我们将继续保持在香港的业务，同时，也会在世界其他地方做更多的事业。"他透露，整个营运资产中约有 30% 是在亚洲以外地区，而且都运作得不错。目前，他的焦点正集中于建设一个拥有坚实基础的全球性商业网络。对于香港昂贵的地产价格，李嘉诚指出："这是不正常的，必须有强劲的经济去支持地产的价格，但我们却没有这样的经济基础。"

在访问中，李嘉诚也探讨了香港现时的政治环境，在内地的业务，以及亚洲金融危机等问题。

1999 年 5 月 18 日上午，国家主席江泽民在钓鱼台国宾馆会见了香港知名人士、香港长江实业集团有限公司主席李嘉诚先生。

江泽民主席对李嘉诚先生多年来积极支持国家经济建设和热心捐助内地教育、慈善事业表示赞赏，并称赞他为香港的经济和社会发展做了许多有益的事情，希望他继续为香港的长期繁荣稳定多做贡献。

尽管李嘉诚多次在不同的场合、以不同的方式表示，他只是一个商人，但是，他的影响已远远超出了商界，他的一言一行，无不受到人们的密切关注，成为舆论追踪的焦点。

李嘉诚最忌"树大招风"。他向儿子传授经商的"秘诀"，曾反复强调"凡事要低调"。

1999 年，李嘉诚接受《福布斯》杂志记者采访时表示，他的心愿是，希望能在没有人认出他的情况下，到公园散步。

2000 年 3 月 2 日中新社香港消息：李嘉诚家族所控制的上市王国，市值不断壮大，其总市值已高达 2.7287 万亿港元，但若扣除长和系所控有的曼内斯曼及美国 VOICE STREAM 市值，李嘉诚直接控制的本地上市公司市值便达 7840 亿港元，加上李泽楷旗下盈动、电讯及盈科保险之市值 5358 亿港元，总市值达 1.3199 万亿港元，占香港股市总市值约两成八。

由李嘉诚直接控制的上市王国，市值达 8000 亿港元，而李泽楷的上市集团，连新加坡盈科拓展在内，市值 5800.7 亿港元，两系市值总和达 1.32 万亿港元。此外，李嘉诚个人的身家则达 812 亿港元，李泽楷的个人身家为 623 亿港元。盈动由李泽楷注入数码港发展权至今，大约只有一年历史，这个初见成长的婴孩，能够在短时间内快高长大，购入曾经是香港巨无霸企业的香港电讯，确实缔造了不少纪录。

借着今次收购，主席李泽楷旗下的盈科拓展（新加坡挂牌），及盈动与电讯合组成的新公司，市值将会达到 5800 亿港元，媲美父亲李嘉诚名下的长实及和黄。连同李氏家族名下主要上市企业，总市值已经晋身天文数字，足足是大笨象汇丰市值的 3.6 倍。盈动主席李泽楷虽是长和系主席"李超人"李嘉诚之子，可说是含着金钥匙出生的富家子弟，但令他致富，超越多位以高科技起家的超级富豪的，却是他自己及旗下一班管理人才的财技。

李嘉诚的巨大成功，长期以来都是香港市民街谈巷议的话题，更被那些相学家和风水师借题发挥。这里仅举 2000 年 3 月间，香港玄学家周汉明对《东方日报》记者关于"长江中心风水好能令丁财两旺"的一席之谈，权作一件趣闻吧。

周汉明解释道，位于中环花园道长江中心的风水属于上佳之局，因为长江中心背后靠两个高耸的扯旗山与太平山，呈"双金献天"之局，在风水学上更称之为"回龙顾祖"，象征在大厦内工作的人有一颗为祖先或祖国出力的心。他更表示，两座山峰犹如两颗金星，令长江中心获得背靠之力，显示大厦可获贵人相助。

此外，长江中心大门口的设计，呈现"双星到向"的格局，能令丁财两旺。从大厦整体的坐向来分析，长江中心坐西南，向东北，属于商业生意选择坐向的上上之选，对生肖属马、猴及龙年的男子尤其有利，而李嘉诚及长子泽钜属龙，次子泽楷则属马，故此位于这坐向的长江中心对三人的事业特别有利。

长江中心位于车水马龙的花园道底，此种络绎不绝的人车流动形成"腰抱水"之格，表征大富大贵。周汉明还称，长江中心面向维多利亚港，属全港聚财的龙头位，同样显示出这是风水上佳之地。

当然，读者们都明白，李嘉诚有今日的成就，绝非偶然。

在香港，李嘉诚也许是走路步伐最快的人，他当时虽然已70多岁的高龄，但仍然健步如飞，很多年轻人都赶不上他。他的手表，永远比别人调前15分钟。

1981年，李嘉诚当选"香港风云人物"时，电台记者曾问过他这样一个问题："李先生，你今天的成功，与运气有多大关系？"李嘉诚当时的回答是："我不能否认时势造英雄……"

运气在成功的因素中到底占有多大的比重呢？这是很多人都关心的问题。运气和机遇，看上去很像是一对孪生兄弟，往往使人分不清彼此，但是，两者是有着本质上的不同的。

李嘉诚对这个问题有着清醒的认识，他承认，所谓"时势造英雄"只是一种谦虚的说法。他真正的答案是："再坦白一点说，我在创业初期，几乎百分之百不靠运气，而是靠工作、靠辛苦、靠工作能力赚钱。你必须对你的工作、事业有兴趣，要全身心地投入工作。"

李嘉诚表示："不敢说一定没有命运，但假如一件事在天时、地利、人和等方面皆相背时，那肯定不会成功。若我们贸然去做，至失败时便埋怨命运，这是不对的。"

至今，李嘉诚已工作60年了。60年间，他从一无所有，发展到拥有三家上市公司，市值数千亿。他的顺与逆，折射着香港的商业史，是香港经济奇迹的见证。

自30岁起，李嘉诚就再也没有细数过自己的财富。

"1957年、1958年初次赚到很多钱，对是否快乐感到迷惘，觉得不一定。后来想明白了，事业上应该多赚钱，有机会便用钱，用到好处，这样赚钱一生才有意义。当初我打工的时候，有很大压力，尤其是最初几年，要求知，要交学费，自己节俭得不得了，还要供弟妹上中小学直至大学，颇为辛苦。做生意头几年，也只有极少的资金，的确要面对很多问题。但我想，只要勤奋，肯去求知，肯去创新，对自己节俭，对别人慷慨，对朋友讲义气，再加上自己的努力，迟早会有所成就，生活无忧。当生意更上一层楼的时候，绝不能贪心，更不能贪得无厌。"

李嘉诚说："年轻时我表面谦虚，其实内心很骄傲。为什么骄傲呢？因为同事们去玩的时候，我去求学问；他们每天保持原状，而自己的学问日渐提高。"

那时，同事们闲下来就聚在一起打麻将，李嘉诚却捧着一本《辞海》啃，日日如是，翻得厚厚的一本《辞海》都发黑了。李嘉诚形容自己"不是求学问，我是在抢学问"。

对于李嘉诚这样的成功者而言，勤奋无疑是必备的条件。然而，世上刻苦努力的人成千上万，取得巨大成功的却只是极少数。对此，李嘉诚道出了其中的真谛："除勤奋外，还要节俭（只是对自己，不是对别人吝啬）；要建立良好的信誉和人际关系；具有判断力也是成功的重要条件，凡事要充分了解，详细研究，掌握准确资料，自然能做出适当的判断。求知是最重要的环节，今天我仍然继续学习，尽量看新兴科技、财经、政治等有关报道，每天晚上还坚持看英文电视，温习英语。"

李嘉诚特别强调一个"信"字。"要令别人对你信任。不只是商人，一个国家亦是无信不立。"

李嘉诚坦言："以往百分之九十九是教孩子做人的道理，现在有时会谈论生意，约三分之一谈生意，三分之二教他们做人的道理。因为世情才是大学问。世界上每一个人都精明，要令人家信服并喜欢和你交往，那才最重要。"

李嘉诚经常教导孩子，做人最重要的是守信。"我现在就算再有多十倍的资金也不足以应付那么多的生意，而且很多是别人主动找自己的，这些都是为人守信的结果。对人要守信用，对朋友要有义气。今日而言，也许很多人未必相信，但我觉得，'义'字实在是终身用得着的。"

作为一位白手起家而获得巨大成功的商人，李嘉诚的传奇一生是一部耐人寻味值得反复探究的大书。解读李嘉诚，是一个重要的人生课题。更能让人感到魅力无穷的，不是李嘉诚的财富，而是他的成功经验，是他的经商智慧。

说不清有多少记者采访过李嘉诚，也无法尽叙李嘉诚是如何回答记者们提出的种种问题的。有一点可以肯定，尽管李嘉诚时时都要面对传媒的采访，他所回答的，只是他人生经历和内心世界的冰山一角。

但是，记者的采访，却是一种管道，使人们得以从中探视李嘉诚的博大和奥妙。

下面，我们来看看其中一次记者与李嘉诚的对话。

记者：长实能够取得今天的成绩，其根本原因是什么？

李嘉诚：令事业成功的因素很多，例如具有良好的管理经验、完善的组织和制度、出色可靠的管理阶层和长期忠诚服务的员工，于做重大决定前经深入全面了解及详细研究等。建立良好信誉亦是重要原因之一，与海内外的合作伙伴一向以来合作愉快。不断求创新，发展中不忘稳健，稳健中不忘发展。

记者：你的人才观是怎样的？如何挑选人才、留住人才、管理人才？

李嘉诚：知人善任是必须的，对公司有建树、有归属感、忠诚努力的员工，应赏罚分明，使其有良好前途，并成为公司的核心分子，不分种族籍贯。要令属下员工喜欢你，对你心悦诚服。有好人才仍须有良好组织和制度的制衡，以免不慎动摇公司基础。

记者：如果可以回过头来，给几十年前的自己一句人生忠告，您会对自己说什么？

李嘉诚：回头过来都是一句："不义而富且贵，于我如浮云。"

记者：有人说，为了成功可以不择手段，您是否认同？

李嘉诚：绝不同意为了成功而不择手段，即使侥幸略有所得，亦必不能长久，如俗语说"刻薄成家，理无久享"。

记者：您如何看待危机感？

李嘉诚：首先要尽量充实自己，要勤奋，肯求和，小心考察最新变化取得最准确信息，足够意志力和奋斗心，冷静定下应变计划。小心翼翼，如履薄冰。

记者：您是一个乐观主义者吗？

李嘉诚：我是乐观中保持谨慎，不会过分乐观。

记者：商人最重要的素质是什么？

李嘉诚：令别人对你信任。

记者：您一天中的工作安排？

李嘉诚：每日尽量安排一个半小时运动，其余时间全心全力投入工作。抽时间多做教育和医疗事业。

记者：有人说，您是世界上简朴的亿万富翁，您怎样来看财产？将会为子女留下多少财富？

李嘉诚：现仍继续用不少金钱和时间帮助有需要的人，如果懂得利用金钱多做有意义的事，则金钱可以发挥很大的作用，才会感受到金钱的价值，否则若只花费于锦衣美食，在物欲享受方面贪得无厌，最终只会沦为金钱奴隶。留给子女最重要是值得继续经营和发扬下去的事业，至今无刻意安排。生活简单，但很满足，乐见两子亦受熏陶，觉得这种生活快乐。

记者：如何看待名与利？

李嘉诚：关于名，最好多看老庄的学说。一向不尚虚名，实至名归的荣誉，才最值得珍惜。关于利，当今世上很多事情非财不行，用正当方法得到金钱，做有意义的事，便是正确的价值观。

记者：您一生历经风霜坎坷，面对坎坷、误解、阻力，您是如何调整自己、平衡心态的？面对不可逾越的障碍和麻烦，您一般持何种态度？

李嘉诚：坎坷经历是有的，辛酸处亦罄竹难书，一直以来靠意志克服逆境。一般名利不会形成对内心的冲击，自有一套人生哲学对待。但树大招风，是每日面对之困扰，亦够烦恼，但明白不能避免，唯有学处之泰然的方法。

记者：许多政治家、金融家，在晚年因思维僵化常犯这样那样的错误，对这个问题您是如何思考的？

李嘉诚：一个生命的过程难免会有老成凋谢、健康会有问题、思维会僵化，人要在精神好的时候多做事。年纪大时，要将重担逐步交给年青一代，这是自然的事。成功的现代企业，在做出重要决策前都会经过高管层详细研究、充分咨询了解、集思广益、掌握全面情况后才做出适当的决定，不会因个人意向而影响大局。

记者：拼搏这么多年，您感觉累不累？最欣慰的事情是什么？

李嘉诚：经年累月辛劳，一般人当然有累的感觉，但能够令我维持热诚、思维清楚的原因，是我对名利得失有个人的看法，不会刻意钻营。在事业上我当然要令公司有足够的资金去扩充，维持竞争力。成功之后，利用多余的资金做我内心所想做的事，心安理得，方寸间自有天地。

记者：这世界上有没有还会让您感到羡慕的人？比如说？

李嘉诚：我不羡慕人家的金钱，但我却羡慕世界上许多为国为民的领袖和一些教育、医学、科技、文学、艺术、音乐、文化等方面有才华的人。

记者：有人说"性格决定命运"，你是否同意这句话？您觉得自己性格的特点是什么？

李嘉诚：不同意"性格决定命运"。20世纪50年代走做生意的途径，与我性格是相违的，我原想于数年内赚到金钱后便专心求学问，不再从事商业，后来因经济环境而改变主意。虽与我性格相违背，但事业也发展得好。当你感到一定要从事那样事业时，你必须要令自己产生兴趣和专心投入，人要做自己喜欢的事，但更重要的是一定要做自己应做的事。

记者：中国传统观念讲求：修身、齐家、治国、平天下，如何处理好家庭和事业的关系？

李嘉诚：家庭、事业之间的冲突是有的，因时间不足，极难兼收并蓄，良好安排是重要艺术之一。现在家中只有两个儿子，也热衷事业，故没有矛盾。

记者：您有两个非常出色的儿子，父与子有无共同的爱好？

李嘉诚：不能说非常出色，但共同喜欢简朴的生活，不会为名、利钻营。我在30岁前，已有相当财产，不肯为金钱过分折腰，但如为公益事，则绝对肯求人，不会感到惭愧羞耻。因为那是为帮助他人而做的事，有时是难以避免的。

记者：您怎样看待欺骗？如果有人欺骗您，您怎样对待？

李嘉诚：一生碰到很多次，多事先发觉，在令对方不失尊严的情形下使其知难而退。但仍碰到不少忘恩负义事例，伤心痛心。

记者：您如何看待爱情、亲情、感情？

李嘉诚：互相爱恋、情投意合还不够，互相了解、互相体谅、和谐相处才是最重要。亲情是与生俱来的，感情是要培养的，但亦要讲缘分。

记者：如果上帝允许您许个心愿，您许什么愿？

李嘉诚：心愿是"无烦恼"，但要求似乎太高，亦太不实际。

在国际互联网上，有一个"如何成为少年李嘉诚"的网页。虽然这个网页不无网虫惯用的俏皮和油嘴滑舌，却也介绍了一种渐进式的积累财富的方法。

这个网页中说，如何成为第二个李超人？坦白讲，没有可能了，原因之一，是因为你不姓李，这是你妈妈的错，因为她没有下嫁姓李丈夫；原因之二，没有高地价政策，很难再造第二个李嘉诚了。

但请不要灰心，以下介绍的一个方法，肯定可以令你比少年李嘉诚更加富有，如何呢？赚取第一个100万美金。

每年投资如下：

年龄	每年投资额（年回报率6%）	每年投资额（年回报率12%）
22	5006 美元	1126 美元
25	6059 美元	1546 美元
30	8395 美元	2630 美元
35	11 792 美元	4506 美元
40	16 904 美元	7813 美元
45	25 005 美元	13 838 美元
50	38 952 美元	25 517 美元
55	66 793 美元	51 121 美元
60	143 363 美元	126 337 美元

由22岁开始，每年不停投资，在你退休之年，可以拥有接近800万港元。佩服吗？原来你也可以成为百万富翁。

假设你如实投资，我保证阁下会在65岁那年，赚取第一个100万美金。

如果你有运气选择了一个年回报率达36%的计划，真实例子告诉我们，你可以成为全球第二富有的人。那个罕见的例子是……就是全球第二巨富，那个"美国股神"。（他的名字？如果你想成为首富，他的名字你当然知道。若否，我告诉你全球第二首富的名字，你也不会成为巨富，请自己做一做功课吧。）

其实，少年李嘉诚并不富有，可以说他是半个穷光蛋！

其实，现在的李嘉诚，真的很富有，原因可以说他有的是眼光和他愿意计划未来。

好的计划令你富有。

◆第三十四章◆

勇夺 3G　众说纷纭论成败

2001 年 9 月间，香港特区政府拍卖 4 张 3G 移动通信运营执照。与欧洲等国的 3G 牌照拍卖有所不同，香港特区政府拍卖 3G 牌照将采取甄选及竞标相混合的形式。由于电讯市场前景大不如前，香港特区政府称，在发出牌照后，至 2005 年前不会再发 3G 牌照。

早在该年 7 月，香港特区政府就公布了 4 张 3G 牌照的竞投指南。首先是甄选，在有关的公司提交了正式的申请之后，如果甄选过程有超过 4 家以上的公司通过，政府将立即举行拍卖。竞标者需要交纳 2.5 亿港元的定金，如果只有 4 家公司通过资格审定，3G 执照将以底价出售给它们。底价出售后，第一阶段竞标价将是未来运营商网络营业额的 5%，前 5 年最低保证金为每年 5000 万港元，第 6 年起最低保证金将逐年递增，直到执照 15 年期限结束为止。按照这样的算法，每张牌照的净现值将高达 7.65 亿港元。

香港的数家移动运营商都表示，需要更多时间来评估这一价格。电讯盈科行政总裁伍清华认为，港府的 3G 牌照底价高于新加坡。他说："按底价计算，15 年的专营权费合计共逾 13 亿港元，而新加坡只是 1 亿新元，即使按人口计，新加坡人口少于中国香港一半，中国香港 3G 牌照底价仍高于新加坡。"

这里有一组数字，可以将香港与其他地区的 3G 运营牌照成本进行比较：

中国香港：7.65 亿港元，人均价值 56 美元；

新加坡：1 亿新元（4.25 亿港元），人均价值 43 美元；

韩国：1.3 万亿韩元（约 77.64 亿港元），人均价值 65 美元；

英国：44 亿英镑（约 479.6 亿港元），人均价值 600 美元。

无论如何，这次招标还是引发了移动电话运营商的觊觎之心。当时，香港有 6 家移动电话运营商，其中 5 家跃跃欲试，有心参与夺标。有关人士预测，香港三大移动电话运营商胜出机会很大，它们是和记黄埔旗下的和记电讯、香港移动通信 CSL 和数码通电讯。而其中李嘉诚的和黄更是豪气冲天，志在必得。

第三代移动电话（3G）牌照的出现，除了标志着电信业新一轮弱肉强食的竞争外，亦扭转了市场对电信业前景的看法。英国及德国以高价拍卖 3G 牌照，引来市场哗然。而在亚洲，由于各种原因，新加坡 3G 牌照的拍卖并没有取得应有的效果，因此，本次香港特区政府 3G 牌照的竞拍，就更吸引了业界人士的关注。

3G 是第三代移动通信的简称。3G 是包括标准的制定、系统网络、终端应用开发等在内的一个整体概念。在第二代移动通信系统（2G）中，没有统一的国际标准，各种通信系统之间彼此互不兼容。但在 3G 时代，融合将成为最重要的特征。当时，全球业界对 3G 的期待是有目共睹的，但是，3G 的前期投入也是巨大的，而由于人们对 3G 的强烈预期，使得有关 3G 的牌照也非常抢手。

在 3G 方面已投入庞大资金的和黄集团，其最大的对手沃达丰（Vodafone）行政总裁 Chris Gent 曾经表示，由于手机供应商未能如期推出 3G 手机，致使该公司的 3G 服务计划受到阻延，原定于 2002 年下半年推出的 3G 服务，可能延至 2003 年推出。他还指出，除非有足够的手机供应商，公司可能放缓兴建 3G 网络的速度。此言一出，沃达丰的股价当即下跌 4.7%。

和黄集团总经理霍建宁却表示，沃达丰等众多国际主要对手纷纷延迟推出 3G 服务，给和黄带来绝对优势。

"对手拿着刀来打仗，和黄则是拿着机关枪来打仗。"霍建宁打了这样一个比方，寓意是对手延期推出服务，将使和黄有足够时间拓展市场，从而占领绝对优势。

霍建宁说，和黄在 3G 手机供应上没有问题。事实上，和黄集团已与摩托罗拉签订了价值 7 亿美元的手机供应协议，摩托罗拉公司将于 2002 年第三季度起为和黄集团供应 3G 手机，分销至英国、意大利、瑞典及中国香港等地。另外，和黄还在积极与其他手机供应商洽谈，无须担心手机供应不足问题。

而且，和黄已签订多项基础建设协议。霍建宁表示，集团投放于 3G 的资金比预计要低，与合作伙伴共同开发基础建设项目，节省了投资成本，可望提升集团的竞争力。和黄已持有英国、中国澳门、瑞典三地的 3G 运营牌照，未来的业务规模庞大，规模经济也将使成本大幅降低，市场前景十分看好。因此，霍建宁指出，市场投资气氛已比年初景气，他预计和黄在 3G 市场上的占有率 10 年内可达 20%，部分地区如瑞典超过 25%。

因此，对香港特区政府即将举行的 3G 竞拍，和黄当仁不让，势在必得。李嘉诚从房地产行业全面进军电信行业，是看中了这个市场潜在的巨大发展势头，在 2G 时代即将过去的时刻，选择和投资 3G 并抢占有利的地势，是李嘉诚对未来电信的一个预期。

其实，在 2001 年 7 月，和记黄埔就宣布将于 2002 年中期在欧洲推出第三代移动电话网络服务。而沃达丰由于缺乏足够成熟的 3G 手机而推迟在欧洲提供 3G 服务的计划，给和黄一个更好的机会。和黄的高层表示，公司正全面铺开 3G 计划，并没有任何押后实施的打算，对 3G 服务的前景仍然感到非常乐观。虽然，市场曾普遍对提供高速接入和多媒体服务的 3G 网络表示忧虑，认为高昂的成本和未经广泛试验的技术将令这种服务担上很大的商业风险。但显然和黄集团对 3G 的未来是充满信心的，和黄在欧洲的 3G 计划覆盖范围包括英国、意大利、奥地利和瑞典，并且打算将网络范围进一步扩展至亚太地区的中国香港和澳大利亚。

2001 年以来，欧洲的 3G 牌照拍卖是热点，也同样是和黄的重头戏。英国和德国已经高价出让牌照，法国、波兰以及瑞典等国都在近期要拍卖 3G 牌照。和黄集团的欧洲化 3G 策略的重点是集中发展英国和意大利的 3G 市场。当时，和黄正洽商收购一家巴拉圭第二代移动电话公司。和黄集团积极在欧洲发展 3G 业务，曾联合日本 NTT DoCoMo 与荷兰 KPN 公司，成功取得英国的 3G 执照，但随后在德国却因为标价太高而放弃到手的执照，让予 KPN。也有不少人对和黄退出德国市场感到困惑。

李嘉诚说，和黄在世界各地一向有经营 2G 的移动电信业务，包括美国、澳大利亚、以色列、印度以及中国香港特区等地皆有公司。欧洲的电信业较世界各地发展得都快，移动电信服务已由语音传输迈入数据传输，多个欧洲先进国家的政府已开始着手竞标 3G 牌照，供经营者角逐。和黄要做，就必须在国际最领先的市场中取得最有利的位置，决定策略之后，就立即在欧洲电信市场中展开部署。经过细密的研究后，认为最有利的做法就是出售欧洲现有的 2G 业务，转投资 3G。和黄在英国原本就拥有经营多年电信公司 Orange，非常熟悉英国市场，对于德国，我们则是新加入者，因此，计划与 KPN 合组公司共同竞投频谱为 15 兆赫的德国 3G 市场。不过，由于竞投非常激烈，最后的竞标价格已远远超过两家公司心中原定的预算，且最后只取得 10 兆赫的频谱，又明显不足供两家公司所共同使用。再加上和黄与 KPN 公司的业务模式不同，所以，最后决定按成本让售给 KPN，退出合资公司。但是，李嘉诚也表示，如果和黄将来要发展在德国的电信业务的话，不排除会租用 E-plus 的频道。

同时，和黄集团仍然会坚持其在欧洲开展 3G 业务的战略。它与荷兰 KPN 和日本电信电话公司结成的联盟在德国、法国、比利时和英国都进行了 3G 的联合投资。在亚洲，和黄集团除了誓夺香港 3G 牌照，也有意在印度及一些东南亚国家参与 3G 牌照竞投和经营。随后在意大利取得 3G 的经营牌照更是显示了和黄的欧洲策略是多么坚定和扎实。欧洲作为全球通信业最发达的地区，当然是李嘉诚练摊 3G 的最好场所，李嘉诚还表示，即使对美国市场和黄也在密切关注，如果有合适的机会也不排除切入的可能。由此可见，和黄的全球 3G 策略是雄心勃勃的。

李嘉诚对 3G 的前景是非常看好的。他称："和黄在意大利与瑞典已申请到 3G 执照，至于德国，我们会另寻方法切入，因为拥有频谱不是唯一的竞争方法。做生意就是这样，这个方法行不通，也不会排除其他机会。但有了目标，也要经过仔细的精算，如果超出预算，就不能进行。我个人对全球电信业务很有兴趣，而且时刻都在寻找新的发展机遇。"

李嘉诚坚信，无线数据传输将成为推动未来经济发展的重要驱动力量之一，而这也是李氏集团对 3G 垂青的一个最好理由。

虽然李嘉诚对 3G 和未来电信的前景非常看好，但也不是一味地蛮干，而是有选择有目的地竞争。李嘉诚表示，绝不能为了获得每一个 3G 营业执照而无限制地竞标。比如在德国的执照由于成本过于高昂，超过了和黄集团的预算，李嘉诚就选择了退出。

李嘉诚一向知道何时应该退出，这可以说是他的生意长盛不衰的秘诀之一。他常常告诫人们说，在管理任何一项业务时都必须牢记这一点。因此，在对电信投资方面，李嘉诚的主张从来都是稳中求进，和黄集团事先都会制定出预算，然后在适当的时候以合适的价格投资。

对于电信投资，需要时间来创建网络和消费者群体，然后收获的季节才会来到。

有关研究报告预测，到 2010 年，全球的 3G 用户产生的收益将达到 3220 亿美元。然而，每位用户产生的平均效益（ARPU）将继续下降，预计将由当年的每月 30 美元下降到 2010 年的每月 20 美元。未来 9 年内将有 30% 的人使用移动业务，而这其中又将有 28% 的人使用 3G 业务。报告还指出，亚太地区是发展 3G 业务最有力的地区，3G 市场收益将达到每年 1200 亿美元，用户占到全球的 65%。这个市场究竟有多大，是不言而喻的。

当时，对未来电信的发展，和黄已经计划在将来 3 年里在英国的项目投入 60 亿美元，在意大利的项目上投入 51 亿美元。并计划在 2005 年，这些业务能够实现收支平衡。但交易依然是实现收入的手段，和黄已向 KPN 和 NTT DoCoMo 出让了其在英国业务的小部分股权。但全球电信的不景气使得寻找买家变得越来越难，而且大多数公司都面临现金匮乏的困境。但是，即使如此，李嘉诚对未来电信的发展以及以 3G 为核心的战略依然没有改变。或许，以超人般的商业阅历和敏锐的眼光看好未来的市场，正是让这位奇才胸有成竹的原因吧。

市场真的那么需要 3G 吗？3G 可以做什么？谁更需要 3G 手机？
2004 年 5 月的《经济观察报》登载一篇综述报道说：

3G 不能吃不能穿，它不能让你看起来更性感，也不能让你一夜暴富，它只是能够实现移动通信高速带宽的一类技术。

3G 能够做什么？发挥你的想象力，想一想高速带宽能够做什么吧！你的手机实时收看电视节目不再费劲了，你甚至可以用手机开视频会议，可以下载很多程序来用，可以联网玩在线游戏，以及……

但你很少有机会在机场等飞机的那半个小时里死活要看贝克汉姆或者姚明，你也基本犯不着在打电话告诉妻子今天不回家吃饭时非得露个脸出来，你每天最企盼的时刻是关掉电脑、不用理会什么应用程序，你对游戏的喜好同样只停留在办公时间里……

3G 已经被炒作得太久了，它已经被成功地描绘成了我们的未来生活，而且这种未来生活似乎已迫在眼前，你不想要都不行。

事实是，谁都不傻。就算你不说，也会有别人说。就算大家都不说，但是大家都不买账。究竟谁更需要 3G？

设备制造商需要 3G。

电信设备制造商的客户就是电信运营商，设备商要想开创滚滚财源，如果不能让运营商永远为同一种产品掏钱，那就只能让运营商永远为自己的新产品掏钱。

因此，当看到数字蜂窝技术将移动通信推上了下一个商业高潮时，设备商自然怦然心动，这个高潮就是 3G。"3G 的概念就是设备制造商提出来的。"电信咨询公司 BDA 的总裁邓肯·克拉克对记者说。

事实上，1G、2G 的概念，也都是设备商们抛出来的。将移动通信技术的发展按 G（代）来划分，使得技术生长之树被粗暴地切割成段，技术演进的连贯性和随机性被忽略。

那么，设备商的热情谁来买单？当然是运营商。

那么，运营商的热情又由谁来买单？

答案当然是消费者。可是，消费者并不给运营商面子。因为消费者看不到自己对此有多么必须的需求。

论道理，运营商并不爱赶时髦，所有的运营商都希望自己一次投入就可以赚一辈子钱。如果放到现在，消费者不给运营商掏钱，运营商也就不会给设备商掏钱。

但是在 20 世纪 90 年代，资本无比激动，它们嗅探着任何一个可以投资的机会。有了大量投资的撑腰，运营商们在 21 世纪初电信泡沫破灭前，纷纷贷巨资购买 3G 设备、铺设 3G 网络。

各国政府也看到了这个发财机会。商用移动通信占了无线频段，无线频段向来是各国政府所有。政府们也觉得这是一个可以大捞一笔的机会，于是便向运营商们索要天价牌照费，谁出得起钱，谁就能获得使用某一频段的牌照。共有约 27 个国家的 120 个运营商为此所付费用的总额超过了 1100 亿美元，而仅英国沃达丰一家就向英国政府掏了 94

亿美元。

政府借此获取收入，为国民造福本无可诉病，但是此举大幅增加了运营商的3G建设成本，导致了运营商骑虎难下的局面：花高价购了设备、买了牌照，只好考虑怎样才能从消费者那里弄来钱。

于是，运营商不得已便成为了3G的二线鼓吹者，和设备商一起，想尽办法来让消费者掏钱。

但是，设备商和运营商们的种种努力至今未能奏效。事实上，且不论还没影的3G，就连用于过渡的2.5G（如中国移动的GPRS和中国联通的CDMA1X）技术，运营商都没能找到让消费者心动的理由。

与传统的话音业务相比，GPRS和CDMA1X技术已经能够提供额外的数据服务了，前者的网络接入速度相当于普通电话拨号上网，后者则三倍于此。尽管如此，全球当时仍然只有很少的消费者选择或者使用这种服务。

同样提供电信业分析的计世资讯对全中国手机用户的2.5G和3G业务的认知和使用情况进行了调查，令人惊奇的结果是，68%的被访者表示从未听说过2.5G业务或技术。而且在使用过2.5G业务的用户中，有1/3仅仅出于新潮而偶尔尝试，并没有坚持长期使用。同样令人惊讶的另一个结果是，没有任何一种2.5G业务的使用率超过13%。

电信分析公司Frost & Sullivan中国区总裁王煜全在接受记者采访时认为，到目前为止，仍没有一家运营商认真分析过消费者的需求到底在哪里。

"运营商根本没有做好自己的工作。"王煜全说，"它们甚至都不考虑如何为消费者提供服务，仅仅是把技术抛给了消费者。"

王煜全将运营商比作汽车制造商："你不能把汽车部件扔给消费者，让消费者自己组装。"在王煜全看来，彩信业务就是运营商让消费者自己组装的一个例子，"消费者不会用，运营商就应该提供现成的服务"。

彩信，又称多媒体信息（MMS），它可以让消费者将图片和声音与文字一起像传统手机短信一样发送出去。但计世资讯的调查显示，这项被中国移动寄予了极高希望的服务，经过了一年多的市场推广后，使用率竟然只有2.3%。

彩信业务市场黯淡不仅令中国移动失望，它在全球市场上都没有推广起来。

所有的观察者都同意，短信是当时唯一已知的"杀手级应用"。邓肯·克拉克指出，短信功能的推广，原非设备制造商和手机制造商的本意，这个功能不过是用来发送测试设备时所用的代码。但是运营商突然发现了消费者对此功能的兴趣后，便围绕此服务大做文章，从而实现了短信服务在全球范围内的火爆局面。

"不要对用户谈技术。"几位分析师都如此对记者说道。邓肯·克拉克强调："不要告诉他们使用的是几G，他们不关心这个。"邓肯·克拉克的观点与运营商们一致。

2004 年 2 月下旬在法国戛纳举行的 2004 年度 3GSM 世界大会上，运营商们的一致意见是：停止谈"G"，着眼用户。

用什么推广 3G ？

运营商认为缺乏 3G 手机终端和 3G 应用，因此迟迟不提供完善的 3G 服务；

手机厂商认为运营商服务网络不健全、缺乏应用，因此迟迟不大规模推出 3G 手机；

应用服务提供商认为缺乏足够多的人使用 3G 服务网络和手机终端，因此迟迟不加大对应用的开发。

这便形成了一个恶性循环，一个解不开的死扣。

王煜全认为，在这个问题上，最重要的还是先解决缺乏应用的问题。有了应用才会有用户，用户形成规模了，才又能反过来刺激手机厂商、运营商和应用服务提供商的积极性。

因此，每个人都在等待应用的到来。

已经成熟地运营了 3G 移动网络的有亚洲的日韩两国、欧洲城国摩纳哥，以及李嘉诚旗下在中国香港和英国提供服务的和记黄埔。

但是，这几家都无法向别人提供运营 3G 的经验。摩纳哥小得可怜，可忽略不计，日韩却也不能被树为 3G 榜样。王煜全向记者指出，日韩的 3G 移动服务不过是传统模式的顺延，这两国 3G 推广得力，只是经验使然，事实上已与 3G 技术的高速数据传输特性关系不大。

邓肯·克拉克也表示，日本推广 3G 成功的最重要因素，是其设计精美、功能丰富、品种繁多（数十款）、价格低廉（80 美元一部）的 3G 手机。相比之下，和黄的 3G 手机机型只有区区数款，不仅臃肿难看，还极为耗电。

尽管有不少弱点，但和黄的 3G 手机卖得并不算糟。然而，王煜全和邓肯·克拉克都指出，这并不是因为消费者接受了和黄的 3G 服务，而是因为和黄提供了特别低廉的话费套餐。

这一点，摩托罗拉的鲍勃·舒凯也很清楚。当被问及现在的"杀手级应用"是什么时，舒凯拿起一部摩托罗拉的 3G 手机，用手遮住了硕大的屏幕，只露出键盘和听筒、话筒，低声对记者道："语音。"

和黄的 3G 故事并非寓言，否则，我们怎么解释网络服务差但价格极便宜的小灵通在中国内地的盛行？

但同时邓肯·克拉克也提醒记者注意，目前视频会议在日本 3G 用户中的使用率在不断上升，有可能成为一个非常有前景的服务。

视频服务对和黄来说似乎也是一条靠谱的道路。和黄的 3G 手机主要由摩托罗拉提供。在 2004 年 2 月戛纳的 3GSM 大会上，摩托罗拉个人通讯部 3G 部门的负责人鲍勃·舒凯（Bob

Shukai）在接受记者采访时，便大谈手机收看电视节目的服务。对于这个足球王国的球迷来说，能不能在线看电影并不吸引多少人，但能不能收看到实时转播的足球比赛，却是一件要命的大事。

事实上，要实现视频功能，用不着非得等到3G。中国移动和中国联通很早就开始各自推广其"可以看电视"的手机和服务了。

"如果把功能强大的3G手机当成一台小电脑的话，凭什么就相信这台'小电脑'就能避免大电脑宽带上网同样应用不足的问题？"王煜全问道。

王煜全认为，真正的解决思路应该是：对手机用户进行细分，然后对每个细分的用户群体提供特殊的服务套餐。谈到这儿，王煜全引用了阿尔卡特一位高层的话，运营商需要考虑的不应该是"杀手级应用"，而是"杀手级鸡尾酒"（killer cocktail），意即专门针对不同的用户群、经过运营商妙手混合的几种服务的集成。

也是在2004年5月间，高盛香港发布了一份针对和黄3G欧洲业务的调查报告，称：

从最近我们对英国和意大利做的现场调查来看，我们相信，和记黄埔将会宣布其3G用户迅猛增长，而3G业务的ARPU值（平均每月每用户收入）却有下滑的消息。

我们的现场调查还发现，在英国，沃达丰公司（Vodafone）和橙（Orange）公司在2004年夏季非常有可能推出3G服务；而在意大利，沃达丰与意大利移动电信公司也可能在今年第四季度展开类似的行动。

总体说来，我们相信，来自现有运营商在3G上的竞争性威胁足以抵销和记黄埔在3G领域用户数量增长的好消息。所以，我们对和记黄埔的股票评级仍然保留谨慎的立场。对于我们给予和记黄埔66港元的目标价格（基于12个月的净资产价值），最大的风险是3G的增值。

与米兰和伦敦的管理人员会晤后，我们估计，和记黄埔在意大利和英国的3G公司平均每天都可以新增5000以上的新订户。由此我们估计，和记黄埔届时将公布的英国3G用户数量为68万户，而意大利为70万户。至于其他3G市场（如澳大利亚、中国香港、奥地利、瑞典和丹麦），截至5月20日可能共有40万的3G订户。

我们相信，如果和黄解决了其3G手机的供应短缺问题，每天5000的新增用户数是可信的，这也大大地超出了我们原先估计的3500户的增长速度。所以，我们将和记黄埔英国3G的2004年度订户预测从130万提高到180万（增长了38%），将意大利3G订户从160万提高到180万（提升12%）。

依据和黄在2003年度报告中披露的情况，我们估计英国3G的每个用户的补贴成本（SAC）为400英镑，将英国3G的EBIT（税前收益）亏损预测增加了9%至9.64亿英镑，主要是因为当地持续上涨的用户补贴成本（SAC）。

对于意大利 3G，我们对其亏损的预测保持不变，仍维持在 8.08 亿欧元左右，因为意大利的用户补贴成本比英国要低一些。

和黄 3G 在英国与意大利电信市场的份额大概略高于 1%。到 2004 年末，还不足以对各国现有的 3G 运营商构成主要威胁。如果在意大利和英国每天增加 5000 用户，到 2004 年底，和黄 3G 在各自国家的市场份额可能会增长到 3%。或许，运营商们现在开始可以看到和黄已经在影响他们的客户。

在与英国和意大利 3 位管理人员的会谈中，我们认为，和黄在 5 月 20 日可能宣布其英国 3G 的 ARPU 值为 44 英镑，意大利为 40 欧元。这个数字恰好低于和黄在 2003 年度报告中公布的预期数字——英国 45 英镑和意大利 41 欧元。

ARPU 的略微下滑对和黄来说是可以预见的，因为无论是英国 3G 还是意大利 3G，都开始降到一个低收益的预付费业务区了。

在欧洲之行中，我们一共进行了 16 次渠道调查：伦敦牛津街和米兰的 3 个旗舰店，还调查了沃达丰和橙在伦敦牛津街的商店，实地考察后得出以下一些关键结论：

首先，3G 手机的短缺对和黄来说已经不是问题了。我们参观的所有销售点都有大量的 NEC 和摩托罗拉的手机供应，从 5 月 3 日开始 LG 的手机也有了。5 月 5 日，和黄宣布已向 LG 订购了 300 万部 3G 手机。根据《金融时报》报道，合同总额为 10 亿美元，平均每部手机的成本在 330 美元，这个成本比较合理，基本上和我们此前预测的 NEC 手机的 300 ~ 350 美元价格差不多。

其次，我们不希望看到和黄在 NEC 手机上有什么存货，尽管它刚刚下了大量的 LG 订单。基于此，我们相信，和黄可能开始在英国、意大利和澳大利亚等高风险市场主销 LG，而在较低风险的香港等市场上主打 NEC。另外，我们希望和黄对 NEC 手机的定价能更具竞争力一些，这部手机主要面向预付费市场。在对英国零售代理商的访问后，我们发现 LG 手机仅针对那些有意愿签署 12 个月合同的客户销售。

再次，来自英国和意大利现有运营商的竞争威胁，是我们对和黄股票持谨慎立场的主要原因。通过对管理者和实地访查，我们预计英国沃达丰和英国橙公司可能会在 2004 年夏季成为首批提供 3G 服务的运营商，T-MOILE、沃达丰意大利公司和意大利移动通信公司可能会紧随其后，于 2004 年第四季度开始推出。他们可能主要提供三星和索尼 – 爱立信的设备。

另外，很明显，英国全国级的分销商正在大张旗鼓地促销 3G 产品。

最后，我们发现，和黄英国 3G 的价格策略主要靠打包语音和短信服务来进行，这和我们去年第四季度在欧洲所见的不同。去年那时候，英国 3G 正猛推免费的视频内容，特别是足球视频片段来进行促销。也许英国 3G 认为，经过那个促销阶段，和黄有能力提供视频服务已经深入人心，现在他们宁愿专注语音和短信服务，用现有的 2G 和 2.5G 应用来抓住用户，占领更多的市场份额。

意大利3G的65%客户来自预付费市场，35%属于后付费市场。在整个意大利电信市场，预付费市场和后付费市场的平均比例是9∶10。和黄意大利3G希望能向这个标准靠拢。

意大利最受欢迎的服务是墙纸、铃声、视频讯息、花花公子、现场秀节目的视频反馈等服务。近几个月以来每天吸引8000～10000次的下载。专家们预计非语音业务将占到ARPU值的15%左右。

管理层承认，意大利3G的用户补贴成本高于业内的平均水平。意大利3G现在不卖诺基亚7600，因为这款手机不支持视频呼叫，而意大利3G一直处心积虑地树立视频通信公司的形象。管理层预计，到2004年底意大利3G的网络覆盖率将从现在的61%提高到70%。他们估计，公司52亿欧元债务将可以削减35亿欧元，除此之外，并不需要额外的资金投入。

意大利竞争激烈，沃达丰是最积极做3G业务的，预计最迟2004年9月它就可以开展3G业务了。而意大利移动通信公司短期内主要关注于EDGE技术而且在今年下半年就可以推出EDGE业务了。到2004年6月底，该公司可以在20多个城市以上获得经营3G业务的许可，2004年第二季度可以推出3G服务。

而第三大企业——WIND已经延期推出3G业务，该公司可以在2004年6月前勉强拿到3G许可证。和黄意大利3G没有兴趣收购WIND，因为WIND既有固定电话又有互联网业务，而且员工人数多达9000。

也许，3G的确是一个大蛋糕，但是，无论挥舞起资金的利刀切下多么大的一块，都不是马上就能吃下肚的，这个蛋糕还需要经过一段时期的发酵才会成熟。这是一段考验人的信心和耐心的时期，而耐心更需要实力的支撑。

2004年3月，李嘉诚公开表示，和黄3G业务的亏损数字将会扩大，主要是因为3G手机销售上升而导致补贴增加，早前定下的2003年底取得100万名3G客户的目标也未能如期达到。

2004年5月，和记黄埔宣布，其3G手机用户在近两月增长迅速，公司在全球3G用户总数已达173万。

有关分析人士指出，尽管和黄3G用户的增长要好于预期，但由于竞争对手沃达丰与Orange也即将推出3G服务，因此，公司仍须竭尽全力吸引用户。根据和记黄埔的统计，其用户总数从3月中旬的104万上升到了5月的173万，主要分布于意大利与英国，中国香港也有84 000用户。平均每名用户创造的收益在英国为78美元，意大利为52美元。在过去9周内，平均每周有77 000新用户加入和黄，而在2004年头三个月，这一数字仅为37 800。据业内人士预测，按照这样的速度发展下去，2004年底和黄将拥有400万3G

用户。

不过，专家指出，用户数量不是实现盈利的唯一要素。在和黄的第二大市场——英国，每争取一名用户，和黄公司就要花费 220 英镑。因此，下一步公司应该深入挖掘数据服务，以获取利润。

2003 年，和记黄埔的 3G 业务开局不顺，由于手机缺乏，未能实现预定的用户数量，业务亏损高达 183 亿港元（23 亿美元），预计 2004 年的亏损还将创新高。随着荷兰电信运营商 KPN 的退出，日本 NTT DoCoMo 也放言要出售和黄英国公司的 20% 股份。对此，和记黄埔的高层人士称，DoCoMo 与和黄的关系依然非常稳固，不过他也承认，NTT DoCoMo 处于战略考虑，拟退出欧洲市场。而李嘉诚则宣称，手中握有 180 亿港元的现金，即便回购 DoCoMo 的股份，对集团财务也不会有太大的影响。

截至 2004 年 5 月，和黄的全球 3G 客户每日上客量已超过 1 万名。分析人士指出，要注意的是，李嘉诚所说的每天上客 1 万人指的是全球市场，这也意味着和黄的全球 3G 业务，即使用 3 年时间也可能达不到 1000 万用户的水平，这与 2G 的全球用户总量根本不能相提并论。

在业务拓展并不乐观的同时，3G 正在成为和黄的财务窟窿。就在这一年，和黄把所持有的内地合资零售企业"宝洁—和记"的全部 20% 股权，提前出售给合营伙伴美国宝洁（P＆G），套现 156 亿港元，并获得 137 亿港元的利润。分析人士相信，这笔盈利将用来抵销和黄 3G 业务今年的亏损，确保和黄 2004 年的盈利不会显著下挫。

安邦集团研究总部高级分析师贺军在《财经时报》撰文认为，和黄强调说"宝洁—和记"是公司的非核心业务，这只是一种解释。事实上，为了不让 3G 业务亏损拖累 2004 年的盈利大幅倒退，和黄自年初起，已不断地筹划各种操作，包括分拆上市、出售资产等，借此获得数以十亿元计的特殊盈利。市场预期，由于 3G 亏损将继续影响和黄 2005 年和 2006 年的业绩，相信和黄将暂时保留旗下赫斯基能源等其他资产，延至另一个财政年度才考虑变现。如果和黄要靠"卖家当"来填补 3G 的窟窿，这是一种危险的信号。如果 3G 市场需要 5 年才成熟，和黄能继续在 3G 上支撑 5 年吗？

贺军的文章说，李嘉诚是个投资策略大师，他当然不能无视这种情况的继续出现。我们认为，李嘉诚很可能通过资本市场来进行操作，将 3G 业务的影响孤立化，尽量淡化掉，最终解决 3G 的困扰。野村证券的分析师不久前也大胆预测，和黄到 2006 年时将会放弃 3G 业务。理由很简单："我们看不到和黄的 3G 有达到收支平衡的可能。"目前野村对 3G 的估值为负 630 亿元。据估计，和黄现在每天用于 3G 上的投资额高达 1 亿元。在这种局面下，和黄完全可能放弃 3G 业务。这是一次壮士断腕，只不过，这个腕太大了一些。

一时间，3G 对于和黄来说成了一个负面的话题。有媒体甚至说，3G 似乎已经成为和记黄埔香港公司头顶的一片阴云，这片阴云甚至遮住了一桩漂亮交易带来的光芒——如果不是因为3G，"和黄卖宝洁"净赚50倍的故事会被认为是李嘉诚财技又一次魔术般的精彩演绎，而不是屈就为和黄3G的丰厚"陪嫁"。

2004年5月12日，和记黄埔香港公司宣布，作价150亿港元将手中持有的20%广州宝洁股权全部出售。和黄在公告中透露，该20%股权作价超过现金20亿美元（约合156亿港元）。这笔交易，一票赚走137亿港元，接近和黄2003年143亿港元的盈利。

宝洁中国公共事务部张经理向记者介绍了这笔交易的背景：早在1988年，和黄与宝洁就在内地成立了宝洁—和记有限公司，和黄持有该公司31%股权，宝洁持有另外的69%。1997年，和黄与宝洁对原协议进行了修改，和黄出售宝洁—和记10%权益给宝洁，双方股权比例变为宝洁持有宝洁—和记80%股权，而和黄持股下降为20%。

在1997年的协议中，宝洁与和黄约定，给予宝洁认购权，可以在2007年至2017年期间，收购和黄所持的剩下20%股权。

对于宝洁提前3年就行使了认购权，宝洁张经理表示，宝洁非常看好其在中国的发展，宝洁近年来在内地有非常好的发展速度，每年增长速度都在20%以上。因此，宝洁总部认为，与其几年后以更高价格收购这部分股权，不如提前收购以节约成本；另外，公司独资后将更有利于宝洁加强对中国区的经营管理、战略决策上的投入。

而和黄新闻发言人张景如女士则表示，之所以交易提前，是因为和黄和宝洁协商后发现，现在进行交易符合双方的利益，同时，宝洁方面提供的收购价格比较有吸引力，在双方意愿一致的情况下才达成了此次交易。

知情人士说，当初宝洁选择和黄作为进军内地的合作伙伴，主要是看中了其在内地政界和商界广泛的人脉。而16年的运营结果显示，宝洁—和记在中国内地取得了非常大的发展，到目前为止，宝洁在广州、北京、上海、成都、天津等地设有十几家合资、独资企业，宝洁的飘柔、海飞丝、潘婷等已经成为中国家喻户晓的品牌。同时，宝洁连续多年成为全国轻工行业向国家上缴税额最多的企业。

而和黄得到的回报也是惊人的。1988年，和黄帮助宝洁公司进入中国市场时，即为今后的退出达成"分阶段行使多项认股权和认购权"的协议。1997年，和黄行使第一批认股权，其在1997年、1998年分别获得特殊溢利1.86亿和4.34亿美元；而在2004年6月，其行使最后一笔股权后，仅仅就转让此合资项目收益而言就超过200亿港币。

和黄董事总经理霍建宁形容这笔买卖是一个"让人牙根发软的肥鸡腿交易"，他否认出售宝洁是为了填补和黄3G业务的亏损，而主要是为股东创造价值。霍建宁笑呵呵地对记者说："我们要的就是'哗'的一声的感觉。"

"哗"的一声之后，资本市场的热情似乎不高。和黄股票在逆市小涨两天之后，5月14日开盘价又跌回50港元以下至49.8港元。香港东泰证券研究部联席董事邓声兴表示，和黄接近 200 亿港元的 3G 业务亏损已经严重拉低了和黄的股价，如果不计 3G 业务，和黄传统的港口零售业务足够支撑至少 58 元的股价。

对于和黄出售内地宝洁股份，香港业界普遍认为与弥补 3G 亏损及现金流有关。在 2003 年，和黄 3G 电讯业务计入折旧及摊销后的税前亏损高达 183 亿港元，而据预计，2004 年该公司在这一业务上的亏损将会超过去年。

在和黄公布交易第二日，德意志银行发表研究报告，将和黄评级由"持有"调高至"买入"。德意志银行指出，和黄高价出售内地宝洁股权获利 137 亿港元，完全抵销 3G 业务对和黄今年盈利的影响。

而大和证券认为，宝洁—和记是和黄的非核心资产，将其出售不会对和黄未来的零售业务有重要影响，抵销 3G 开业成本可能是促使和黄出售宝洁—和记的原因，交易应可以促进和黄零售业务的增长。

国际评级机构——穆迪投资则宣布确认和黄债务的 A3 评级，前景维持负面。穆迪认为，和黄于交易完成时，将收取 20 亿美元，可温和加强该公司的财务弹性，但对和黄经常性现金流影响甚微。穆迪重申，和黄 3G 业务需要庞大资金，因此评级展望维持负面。

和黄是 1999 年进入全球 3G 市场的，5 年时间对 3G 的投资达到 220 亿美元。但截至 2003 年底，反映在财务记录上的数字是 3G 业务亏损 183 亿港元，相当于每天烧掉 5000 万港元。虽然和黄已拥有中国香港、英国、澳洲、奥地利、丹麦、爱尔兰等十几张牌照，覆盖欧洲大多数国家，但 3G 似乎还没找到自己的盈利模式。在英国、中国香港运行阶段，因为手机品种不足、体积庞大、耗电量高、下载速度慢等缺陷，和黄的 3G 服务并没有获得消费者认同。而更重要的是，3G 设想中的高利润来自消费者对高级别语音、图像等多媒体内容的处理、传输的需求，但目前看来，这部分内容似乎并没有足够的诱惑力。在这种现状下，原本的高端路线最后却不得不选择大规模降价以赢得市场。

在市场价格一降再降的同时，和黄却必须承受当年高价收购牌照带来的巨额资产摊销。2002 年，和黄 3G 业务亏损 20.7 亿港元；2003 年，3G 亏损 183 亿港元，亏损急速上升 7.8 倍；2004 年，和黄表示其 3G 亏损将是历年最高。

基于这种背景，香港业界认为，自 2004 年以来，和黄采取的和记环电套现、宝洁—和记出售以及未来几月将 2G 电信业务分拆上市，就是为了弥补其在 3G 领域的亏损。

对于外界的评论，和黄发言人对记者强调，其出售内地宝洁股权与 3G 无关，其交易主要是因为价格理想，也是为了对股东有交代。该发言人还说，和黄在去年就融资 100 亿美元用于 3G 的投资储备，并无资金压力，对于 3G 业务，公司继续看好并准备加大投入。

和黄人士发言人说："和黄对 3G 的投资前景毋庸怀疑，当年和黄投资 Orange 时，该公司因业绩亏损一样不被外界看好，但和黄却在其后通过出售 Orange 获得 100 多亿美元的利润。本次和黄对 3G 的投资一样有信心。"

但市场耐心似乎一点点在消逝。大多数的证券分析师都认为，受 3G 的拖累，和黄 2004 年的盈利会下降 60% 以上。ING 估计，计算分拆和记环球上市的收益，和黄的盈利将会跌至 55 亿美元，德意志证券的预测则是 48 亿港元。

事实上，在 2004 年和黄的资产销售特殊收益单里，第一个项目正是 1 月和记环球借壳上市，和黄配股套现 13 亿港元；第二个则是于 2004 年 3 月提交分拆和记环球 2G 业务二次上市申请，估计年中集资 78 亿港元，摩根大通估计和黄可以获利 50 亿港元；而 5 月，和黄也向美国证监会登记，以方便出售其美国 PRICELINE.COM 股权。

也就是说，宝洁中国股权一开始并不是和黄套现填补 3G 亏损，维持财务健康的第一选择。

据悉，和黄可卖的资产至少有 1888 亿港元之巨，但为什么会是宝洁？

与美国宝洁 15 年的合作，这已经是和黄第二次出售宝洁股权。1997 年，和黄曾经将 13% 股权出售给美国宝洁，套现 50.7 亿港元，获得特殊收益 47.62 亿港元，当年合资公司的估值为 390 亿港元。7 年后，合资公司的估值达到 780 亿港元，上升一倍。

但是，正如里昂证券高级分析师 Danie Schutte 的疑问，虽然这是一笔很不错的交易，但投资者会更想要知道为什么选择这个时候出售，特别是中国消费品市场形势大好的时候。

而 ING 金融香港分析员徐启棠认为，这桩提早实现的交易背后暗藏玄机。他认为，和黄出售宝洁股权应该是有三个原因：

第一，和黄从合资公司赚得的利润由 2002 年 1.2 亿港元大幅上升到 2003 年的 4.46 亿港元，中国消费品市场爆炸性的增长，使得外资更加看好在中国的资产，和黄基于对外资的独资心态的把握，才敢于开出升 50 倍的高价。

第二，最让市场感到意外的是，原本可能承担 2004 年 3G 亏损的应该是分拆旗下 2G 业务上市计划，而非宝洁股权，这显示出投资者对于分拆上市并不是很有兴趣，同时说明分拆上市眼下并非最佳时机。

第三，和黄 137 亿港元特殊收入加上传统业务增长带来的盈利，在 2004 年和黄盈利将高达 190 亿港元，与 2003 年的 143 亿港元盈利相比，增长 34%，这是自 1999 年和黄“卖橙”以来最高增长的一年，问题是，和黄需不需要这么大的盈利增长呢？如果需要的话，只有一个可能，那就是 2004 年和黄在 3G 的实际亏损要大过预期。

徐启棠作为香港最资深的 IT 分析师之一，跟踪和黄 3G 项目长达 3 年，但徐启棠对记者坦言，和黄的 3G 数据最难获得，资料太少，相关的营运数据少得可怜。

和黄 3G 亏损到底有多少？和黄对此类数据一直是讳莫如深。除了 160 亿美元的牌照费可以查证以外，和黄在 3G 的投资尤其是营运成本只能依靠推算和估计。

徐启棠推算，2003 年和黄 3G 亏损应该为 97 亿港元，2004 年则应该在 125 亿港元左右。东泰证券联席董事邓声兴则估计亏损总共约为 200 亿港元，一年的营运成本大约应该是在

5000万港元。徐启棠和邓声兴依据的都是和黄公布的各地上客人数以及收费模式、补贴等。

在这之前不久，徐启棠的一份感性体验报告吸引了很多的眼球。这份名为《我的3G体验》的分析报告结论直截了当："3"尚未为大众市场做好准备。

徐启棠接受记者的电话采访时，用的就是3G电话。声音非常清晰，梁启棠对此很肯定，比如"3"的视频通话服务表现最佳。但是，徐启棠坦言，有些后悔自掏腰包3980港元去使用一项自己认为仍未成熟的服务。

作为一个3G的初用者，徐启棠急不可待地第一时间试尽3G的各项功能。而在"断断续续"地使用约8小时内，3G给他印象最深刻的是，使用3G手机至少需要准备好三块电池。在一天之内共换了三次电池之后，徐启棠幽默地说："或许，和黄3G的深层含义就是时刻准备好3块备用电池和3个充电器。"

市场人士普遍不看好和黄的3G前景。投资银行Nomura更预测，和记黄埔可能在2006年底退出亏损的3G移动电话业务。

Nomura分析师Mark James认为，和记黄埔2004年的3G业务亏损将从2003年的23亿美元增加到27亿美元，和记黄埔的股东可能会要求更早一点退出3G业务。

James称，很难看到H3G公司如何得到资本的经济回报。我们的评估是该公司将亏损630亿港元。我们的和记黄埔预测包括一个推测，即该公司将在2006年底退出3G合资公司。

Nomura投资银行的预测是在评级公司标准普尔发表同样的预测之后做出的。标准普尔的一位分析师称，他甚至不相信和黄的意大利分公司3Italia能够生存下去。这个公司是到目前为止吸引用户最成功的。和记黄埔战胜了欧洲的移动电话公司，于2003年首家在欧洲大陆的英国和意大利商业性销售移动视频手机。最初是由于技术故障、手机价格高和客户服务质量不好以及手机供应不足等问题，和记黄埔没有实现在2003年底在英国和意大利拥有100万用户的目标。

分析师称，和记黄埔对新兴的3G技术下了220亿美元的赌注。该公司的3G服务每天要烧掉1亿港元（1280万美元）。市场对于该公司3G业务的担心已经拖累了和记黄埔的股票价格。

几乎是在同一时间，和黄财务董事陆法兰会见机构投资者时透露，集团未来对欧洲3G业务仍然需要投入约66亿欧元，相当于620亿港元，其中和黄需要由内部资源出资25亿欧元，另外38亿欧元已安排好，属未动用的银行信贷，至于余下的3亿欧元，则用作瑞典3G业务的少数股东资金。

陆法兰说，3G业务将进一步投入的约66亿欧元，当中已包括瑞典3G网络的兴建费用；瑞典监管部门此前要求包括和黄旗下HI3G在内的3G网络商，在2004年12月1日前把3G网络覆盖范围拓展至全国886万人口。

和记黄埔旗下和记电讯 3G 业务——"3 香港"服务是在 2004 年 1 月正式推出的，其香港中环旗舰店的开业仪式热闹非凡，舞狮表演以及喧天的锣鼓，吸引了不少媒体和市民前来"凑热闹"。

为了更好地推销 3G 手机，"3 香港"推出的服务收费和手机价格，都比市场事先预期的要便宜。3G 服务月费，最低月费为 263 港元，其中已包括 1300 分钟、600 分钟的基本以及网内通话时间；其次，还有月费 383 港元以及 533 港元多种选择。

推出伊始，"3 香港"又提出，客户若在 2 月 28 日前办理"上台"选用 3G 服务者，即可享有多项优惠。其中，选用 533 港元月费计划的客户，在头两个月可无限次免费享用各项文字和多媒体内容下载或串流播放服务（但股票和指数资讯除外）；而选用 263 港元和 383 港元月费计划的客户，在头两个月也可享用其月费计划内包括的文字和多媒体内容的双倍用量。

"3 香港"还通过一系列电视广告、100 部印有"3 香港"广告的出租汽车，以及开放销售点让客户试用 3G 服务等，加深香港市民对 3G 的认识。

3G 手机的优越性，加上"3 香港"优惠的营销策略，连日来吸引了不少香港市民到网络商的门市了解 3G 所提供的服务，有市民在了解有关服务后便一掷数千元购买手机"上台"，有人甚至购买数部手机，有的门市更一度出现排队轮候购买手机和"上台"的人龙。

用户方先生在"开台"首日已购买了两部手机并选用 263 港元的月服务计划，但他事后发现，高用量服务计划不单语音和视像通话不设时限，而且可以无限次浏览网络商提供的各式信息，加上网络商也向高用量用户送上两块电池和充电器，所以他又到门市加钱更改了服务计划。

方先生说，3G 是一种新科技，它提供的信息是 2.5G 不能提供的，加上可以通过手机进行视像会议，而且服务收费也算适中，所以便立即决定"上台"。

另一位选择高用量服务计划的张先生表示，3G 提供的新闻、音乐和足球信息十分吸引人，加上手机播放的影像十分流畅，所以他便花费近 8000 港元购买了两部手机给自己和女友。他认为，由于优惠期内高用量服务计划可无限量使用视讯服务，加上有赠品，所以他选用了比较值的高用量计划。

和友人一起"上台"的李先生说，3G 最吸引人的是可以与亲友进行即时的视频对话，所以买了两部，一部自己用，另一部给太太。如果好用的话，会叫朋友们一同使用。

有分析家预测，虽然 3G 只是一种刚投入市场的电讯服务，但由于有关网络商已能提供足球、新闻、投资理财、电影、音乐、娱乐、时尚、游戏、体育、天气和交通实况等信息，用户还可以利用 3G 手机进行视频通信，连接家中的电脑做家居遥视，因此前景非常乐观。

与此形成对照的是，香港的其他 3 家 3G 持牌商却在静观李嘉诚探路，他们对这块诱人的蛋糕采取了小心翼翼的态度，心甘情愿地让"李首富"成为第一个吃螃蟹的人。虽然和黄的锣鼓难免敲得他们心头痒痒，但他们都以和黄这个 3G 的"哥伦布"马首是瞻，吸取教训，借鉴经验，考虑各自的 3G 发展战略。

有 3G 持牌商指出，由于市场目前对视频通信需求不大，加上 3G 手机选择式样少，因此，并不担心"3 香港"的行动会对现有移动电话商构成威胁。

业内人士指出，和黄过去曾多次延迟在香港推出 3G 的时间表，个中原因是手机电池耗电量大和网络经常断线，这反映 3G 服务在现阶段仍然未完全成熟，所以，香港其余 3 家 3G 持牌商目前并不急于推出 3G 服务。相信这 3 家持牌商将等待手机厂商推出更多不同型号的 3G 手机供市民选择时，才会逐步推出 3G 服务。

"数码通"发言人表示，香港目前已有固网电话商推出视像电话服务，但市场反应并不热烈，这反映市场现时对视像通话的需求并不迫切。但他指出，"数码通"并非看淡香港 3G 前景，只是觉得目前并非推出 3G 服务的好时机，将等 3G 手机式样选择多一点、网络技术更为稳定，以及发掘一些适合客户需要的服务时，才会推出 3G 服务。发言人重申，"数码通"在今年底推出 3G 服务的时间维持不变。

SUNDAY 的发言人则表示，该公司在年底推出 3G 服务的承诺一直没有改变，鉴于市场普遍预期对 3G 的接受程度要到年底才成熟，所以，SUNDAY 在年底推出服务是合理的。发言人说，由于和黄早于 1 年之前已表示会率先推出 3G 服务，加上公司目前的移动电话月费和数据传输服务收费的竞争力已相当强，因此，现时并没有计划调整收费，或推出一些策略回应"3 香港"推出 3G。

另一家 3G 持牌商 CSL 表示，"3 香港"的推广活动对 CSL 的客户人数并没有太大影响。CSL 将根据市场对数据传输的需求以及手机供应量，再决定推出 3G 的具体时间。

也有顾客表示，目前只是由单一网络商提供 3G 服务，而且有关的网络又不是覆盖全港，因此，会密切关注 3G 的发展，并观察视像电话效果和质量，然后再考虑是否使用 3G 服务。

专家认为，3G 能否成功取决于其网络覆盖程度和服务质量的稳定性。目前，"3 香港"在全港设有 1200 个发射站，尚未能全面覆盖地铁沿线和行车隧道。加上 3G 手机待机时间短的技术弱点，而且网络商目前只能提供一款手机供客户选购，因此 3G 尚须一段时间才能普及。

Frost & Sullivan 中国区总经理王煜全对和黄 3G 运营的企业家精神持肯定态度，他指出，能看到新业务对未来市场的重要意义，并主动给自己施加压力，是难能可贵的。

2004 年 3 月 18 日，中移动香港公司召开了新闻发布会，公布 2003 财年的经营情况。

年报显示，截至 2003 年 12 月底，中移动全年纯利 355.6 亿元（人民币，下同），较上年度上升 9%；营业额 1586 亿元，较上年度增长 23.4%；2003 财政年度的利息、税项、折旧及摊销前盈利（EBITDA）从 2002 财政年度的 773.1 亿元增至 922.78 亿元，升

19.4%；总资本债务比例由 26% 降至 18.3%。截至 2003 年底，中移动手头净现金达 117.6 亿元，公司现金及银行存款为 563.56 亿元，较 2002 年底增加 127.12 亿元。应该说，由于 3G 牌照未能下发，停止了大规模网络建设的中移动业绩全面提高。

与此形成鲜明对比的是：一贯高擎 3G 大旗的李嘉诚似乎遇到了困难。

和黄年报显示，2003 年 3G 业务税前亏损 119.39 亿港元。2003 年 3G 部门总营业额为 20.23 亿港元，扣除税项后净亏损为 96.68 亿港元。3G 业务 2003 年折旧及摊销金额为 63.71 亿港元，相对 2002 年则为 2.31 亿港元；在计及有关开支后，3G 业务亏损为 183 亿港元。

王煜全说，表面上看起来，似乎是保守派获了利，而先行军吃了亏。但是当我们进一步深入分析，就会发现问题并非那么简单。

首先，中移动的业务存在着一定的隐忧。

2003 年一至四季度，中移动每月每用户平均收入（ARPU）呈逐级下跌态势，从第一季度的人民币 105 元跌至第四季度的 100 元，全年平均 ARPU 为 102 元，而 2002 年 ARPU 为 115 元，降幅为 11%。

虽然用户通话分钟全年稳步增长，从第 1 季度的平均每月 209 分钟逐步增加至第 4 季度的平均每月 270 分钟，但众所周知的是，作为基础业务，话音的用量是不可能无限上涨的。而且随着小灵通的大规模推广，中移动的话音业务将会受到更大的挤压。

再来看看作为中移动业务增长点的新业务收入情况。

中移动去年新业务收入为 162.05 亿元，上升 85.5%。但业务收入仍然主要来源于短信。短信服务收入从 2002 年的 42.4 亿元飙升至为 99.09 亿元，升 134%，原因是 2003 年发送的短信数量从 2002 年的 404.1 亿条激增至 935.1 亿条，增幅超过一倍。非短信数据业务收入虽然较 2002 年增长一倍有余，但由于基数太小，只是从 13.4 亿元上升至 28.5 亿元，并没有出现大家期待的爆炸性增长。

同时，和黄的境遇也不像想象中那么糟糕。

和黄目前已在英国、意大利、中国香港、澳大利亚、奥地利、丹麦和瑞典推出了 3G 业务，在全球共有超过 1000 万 2G 客户和超过 103.8 万 3G 客户，其中英国约 36.1 万名、意大利约 45.5 万名及中国香港约 3.65 万名。目前每日 3G 用户增长量超过 1 万。和黄在英国及意大利 3G 业务的 ARPU 分别为 45 英镑及 42 欧元，其中前者数据收入约占 14%～15%，约为 6 英镑。这些都牢牢确立了和黄全球 3G 领导者的地位。

虽然在国内，上不上 3G 仍然是争论的焦点，但是在全球范围，3G 实施已经逐步成为一个不争的事实。2004 年已被定为 3G 年，欧美各大运营商也纷纷推出 3G。可以预期的是，一旦 3G 在全球呈现燎原之势，和黄势将成为最大赢家之一。

而且，眼前的困难也难不倒和黄，别忘了李嘉诚是资本运作的高手。2003 年和黄资本回拨拨备 78.1 亿港元，主要来自于和黄 2000 年将所持英国 3G 业务 35% 的股份出售给日本 NTT DoCoMo 和荷兰 Royal KPN NV 的所得，这也是 2003 年收益持稳的主要因素。其他的一次性所得也缓解了 2003 年 3G 业务亏损的压力：和黄称，已经出售了所持沃达丰公司和德国电信的全部股份，共计入所得 26.3 亿港元。

由于电信业先期投资巨大的特点，在未来电信市场的争夺中，是否有足够的耐心不追求眼前利润、精心培育市场，将会成为成功的关键之一。

欧美政府出于对 3G 市场的盲目预期，采取了杀鸡取卵式的牌照拍卖方法；由于同样盲目地对暴利的追逐，欧美很多运营商大规模投入 3G，造成了过去几年全球电信业务市场的低迷。虽然 3G 牌照也给李嘉诚带来了一定程度的困难，但他无疑是高瞻远瞩的，他懂得以自己在资本层的实力精心培育 3G 这棵幼苗，以期获得更大的回报。

企业是以风险换效率（Efficiency）。关键是如何把风险控制在可以承受的范围之内，以谋取企业利润的最大化。而市场的监管者是以时间换有效性（Effectiveness），以保证市场秩序的实现。

对企业而言，风险是永远都要面对的。我们可以清晰地看到，特别是在市场未来难以预期的电信市场，企业家精神将会决定企业未来的命运。

◆第三十五章◆

四面出击　打造传媒业巨舰

2002 年 7 月 9 日，在香港上市的 Tom.com 宣布停牌，并于当晚宣布与丽新发展有限公司签订谅解备忘录，收购香港亚洲电视近三成三股权。

7 月 10 日，李嘉诚首度向记者表示，支持旗下的 Tom.com 入股亚洲电视的决定。李嘉诚称，对于这次收购是否违反港府有关跨媒体的限制，Tom.com 管理层自己会考虑，并依照法律办事。这次收购，他不觉得有社会压力。

当天复牌的 Tom.com 股价应声弹起，一度急升 7%。

香港亚洲电视台成立于 1958 年，是亚洲地区有一定影响力的电视台，其自制的节目包括电视剧、资讯综艺节目、新闻时事报道及妇女儿童节目等，每年出品超过 3000 小时的节目，发行到欧亚美澳四大洲超过 30 多个国家和地区。在香港，亚视以两个频道播出，广东语频道为"本港台"，英语频道为"国际台"。亚洲电视是香港无线电视之后的香港第二大电视台。

1998 年，封小平和刘长乐等新股东向原大股东林百欣买入 51% 的股权，由封小平担任总裁。但是，在 2002 年 5 月，封小平突然宣布退出亚洲电视。6 月 12 日，香港亚洲电视有限公司董事局对外公布，公司股权发生变动，VMH 公司收购亚视行政总裁封小平及相关人士手中亚视股权，收购后 VMH 持有亚洲电视 46% 的股权，成为亚视第一大股东。

VMH 公司的主要股东是由刘长乐和陈永棋控制的今日亚洲有限公司，由此，刘长乐和陈永棋成为亚洲电视的实际控制者。股权变动后，陈永棋随即接任亚视总裁，凤凰卫视副总裁余统浩出任亚视营运总裁。

较早前，有香港媒体爆出消息，亚洲电视有限公司的最大股东刘长乐将其所持该公司 46% 的股权抵押给了中国工商银行（亚洲）有限公司，如果刘长乐遇到严重的财务困难，李嘉诚控制的Tom.com很有可能从工银亚洲手中收购这部分股份。在债权银行施压下，刘长乐的私人公司、债权银行及Tom.com已达成股权转让共识，在刘长乐未能取得新贷款赎回亚视股权的情况下，已初步同意将所持的亚视股权出售，以维持对于凤凰卫视的控制权。

消息还说，有接近亚视高层的消息人士透露，其实早在6月亚视股权变动之前，作为股东之一的刘长乐就曾主动与Tom.com方面接触，洽谈售出部分亚视股权事宜，但后来却无疾而终，主要原因是刘长乐开出的价钱高达30亿港元（当时约合31.83亿人民币），Tom.com嫌太高。

此路不通，胃口已经被吊起的Tom.com抛开刘长乐，把目光转向了亚视第二大股东林百欣家族，遂于7月9日与林百欣名下的丽新发展有限公司签订谅解备忘录，宣布通过其全资子公司Tom.com HK收购亚洲电视有限公司32.75%股权。同时，还通过子公司Tom.com BVI收购丰德丽有限公司持有的Hkatv.com 50%的股权。收购采用换股的方式：Tom.com向丽新发行8720万股新股，每股作价3.33港元，总金额2.9亿港元；向丰德丽发行1280万股新股，每股作价5.51港元，总金额约7000万港元。Tom.com将付出总共3.6亿港元的代价而成为亚视的第二大股东。

据报道，李嘉诚曾公开表示，可能会寻求成为该公司的最大单独股东。一些分析家认为，Tom.com收购亚视是看中亚视在广东省的观众市场，从而有意拓展内地媒体市场。在中国加入WTO后，各类传媒公司开始准备大举进军传媒业。Tom.com为了争夺媒体市场的领地，必然会有大动作。

谅解备忘录签署之后，香港舆论一片哗然，"Tom.com捡了个大便宜"之类的说法甚嚣尘上，一时成为业界焦点。

香港媒体报道称，已有香港立法会议员致函行政长官董建华，呼吁政府否决Tom.com入股亚洲电视的申请，并促请当局积极考虑制定《反垄断法》，确保香港有公平的竞争环境。一些香港的分析家认为，由于Tom.com的母公司和黄持有香港新陈广播电台，Tom.com收购亚视可能触及《广播条例》中"跨媒体持有"条款。同时，由于Tom.com计划收购的股份超过15%，Tom.com与丽新集团的协议还须提交香港广播事务局和香港行政长官董建华的批准。

但也有分析认为，刘长乐本人现为中美洲伯利兹国国民，香港广播事务管理局还是批准了其增持香港亚洲卫星电视股份的申请，使刘长乐此举符合法律规定。对于李嘉诚购买亚视股份的合约，预计也会得到香港特区政府的批准。

亚视行政总裁陈永棋7月11日出席香港贸发局中国投资政策午餐会时，表示欢迎长和系旗下的Tom.com入股亚视。他又重申，他和亚视另外两大股东刘长乐和黄保欣俱不考虑减持手上的亚视股权。谈及林百欣卖股，陈永棋一再赞叹其成交价钱："好纯，好正宗，这个价钱任何人买都值！"他又惋惜自己不知道此事，否则连自己亦想买。

也正是由于此交易充斥大量不确定因素，Tom.com 的股价也随之出现了波动。7月11日，Tom.com 股价跌1.5%，至3.4港元；7月12日，涨0.7%，至3.43港元；7月17日，随大市下跌，跌幅3%，至3.250港元；7月18日又有小幅下跌，跌幅1.54%。市场人士分析，大股东的态度及此项收购是否会通过香港政府和广播事务管理局放宽豁免条款意向并审查通过，是股价波动的主要因素。

7月26日，丽新发展及亚视荣誉主席林百欣出席一项公开活动后，被问及是否满意 Tom.com 收购亚视股权时，首次开口说："买家会考虑是否值得买，沽家也会考虑是否值得卖……我认为这个价（Tom.com 的出价）是太低。"问他这算否贱价出售时，他说："照我计算是过平了，因为那时我也投资了十几亿。"香港媒体还指出，对于有杂志指林百欣急要钱，遂亏本转让亚视，他婉转地否认，并称 Tom.com 不是以现金购买亚视股份，而且该公司与亚视的交易协议，也要在11月15日才有最后决定，暗示自己不是因为"手紧"而要出售亚视股份。

针对香港媒体越来越多的对 Tom.com 不利的言论，Tom.com 首席执行官王兟终于在8月8日出面辟谣，他表示："有些报纸说我们迫人卖亚洲电视凤凰卫视给我们，我们要强调香港是自由的市场，有法律的社会，任何人买卖，有自己决定公平的交易，没有人能强迫另外一个人卖什么。"

事情在8月19日波澜又起，下午3点半，亚视召开记者会，宣布获得当时国家广播电影电视总局的批准，通过广东有线电视网络，在珠三角地区落地。

不难想象，突如其来的巨大利好，令本来待价而沽的亚洲电视手里的筹码一下子大大加重。

紧接着，仅过了6个小时，当天晚上，Tom.com 就发表了声明，宣布终止收购亚洲电视股权的计划。声明指出，由于不能对亚视进行重要的尽职审查，该集团已与香港丽新发展和丰德丽达成共同协议，终止在7月9日签订收购亚洲电视股权的谅解备忘录。

王兟向媒体表示，终止向丽新发展及丰德丽收购亚洲电视股权，是基于审慎的投资态度，这次纯属商业决定，除了因为价钱不合之外，也因为 Tom.com 未能全面审查亚视的财务状况，至于详情，他拒绝进一步透露。

Tom.com 宣布放弃的消息一出，业界一片哗然。这也让到处忙着筹资应对收购的亚视第一大股东刘长乐松了一口气。Tom.com 首席执行官王兟在随后召开的新闻发布会上委婉表示此事和李嘉诚无关。他认为现在很多关于李嘉诚和 Tom.com 的传言，并非事实，其实 Tom.com 的日常运作，并非事事都向李嘉诚请示。王兟最后表示停止从亚视现股东丽新发展和丰德丽收购亚视股份纯属商业决定，是一种审慎的投资态度。因为除了价格因素外，Tom.com 对亚视财务状况也不是十分了解。对于更进一步的情况，王兟表示不便透露。

对于 Tom.com 停止收购亚视股权，当事的另一方、亚视行政总裁也向陈永棋表示遗憾，同时对 Tom.com 的有关决定表示理解。并希望以后还能有机会"和李先生合作"。陈永棋入主亚视之前的身份是香港"长江制衣"董事、总经理。陈永棋承认，目前他和刘长乐根本不可能出售手中的亚视股权。再加上亚视成功落地广东使其价值大增，Tom.com 也失去了低价收购的最佳时机。

有知情人士透露，一向行事低调的李嘉诚之所以放弃对亚视控股权的争夺，主要是媒体过早介入使得原本许多可以解决的问题突然变得复杂起来，如果李嘉诚此时再行收购，明显和其一贯秉持的"善意收购"作风不相符，在此情况之下，十分注重商誉的李超人遂做出停止收购的决定。

王㷼在接受香港报章访问时也表示，无意向亚视进行敌意收购。

王㷼表示："放弃入主亚视，除考虑投资价值及额外投资外，也因为无法掌握内部运作。"他还说，其实已经有一段时间对有关收购的计划感到犹豫，主要考虑的是如何取得更好的回报。他强调，Tom.com 一向是以审慎的态度投资，公司一般全面考虑合作计划，计算收购后额外的投资以及如何提升竞争力等诸多问题。

王㷼指出，收购亚视已告一段落，暂时还没有收购电视媒体的打算。他表示，电视只是媒体行业发展的其中一个方向，而亚视只是电视媒体其中的一个供应商，发展地域也不一定限于香港。

Tom.com 管理层在回答《中国经营报》记者提问时表示，对于放弃收购亚视，公司强调两点：第一，Tom.com 进行所有的收购和投资，都会贯彻谨慎严谨的原则，会考虑投资回报率；第二，这些原则在现时波动的市场环境中，尤为重要。此外，公司非常重视与合作伙伴的经营理念是否一致。

亚视总裁陈永棋在取得广东落地权后说，快速增长的广东市场将会增加公司的收入，从而提高公司的价值，使得收购亚视并非易事。

分析人士认为，亚视股东方面一定是依仗广东落地权向 Tom.com 提出了更高的要价。而这显然不符合李嘉诚一贯的"低价吸纳"原则。后来 Tom.com 也表明了有这方面的考虑。可见，落地的变故使得 Tom.com 收购亚视股权已经在价格方面失算。

也有人一针见血地说，上述因素可能还不是 Tom.com 退出这场收购游戏的最大原因，这场收购关系到 Tom.com 的跨媒体战略问题，只要价格不是离谱，Tom.com 不会轻易放弃。而且，价格的变化正是深层次矛盾的表现。可能正如 Tom.com 最初所说，"双方在商业原则方面存在分歧"，Tom.com 除了价格还另有失算之处。

王㷼曾在一个电台节目里说，一个简单的商业决定却引来多方的揣测和谣言，令一个本来很简单的商业决定变得非常复杂。显然，王㷼的话指的是，此前曾有媒体意指李嘉诚方面通过发布刘长乐的股权被抵押传闻，使之陷入困境，从而达到收购目的。王㷼说，李嘉诚先生被牵涉其中, 对他很不公平, 这是一件令人很遗憾的事。

王祝还说, 他们曾经与刘长乐、陈永棋等就收购事宜接触过不止一次, 对方亦表示愿意出售有关股权, 亦向我们提出过收购建议价钱。但后来看到有报道指出对方无意出售, 觉得十分惊讶。

分析人士说, 这就让人觉得, 亚视方面对于 Tom.com 的收购从来就没有诚意: 亚视开始表示不会出让股权, 后来又软化表示, "大家可以坐低慢慢倾（谈）"。而到最后还是说无意出售股份。此外, Tom.com 方面一再表示放弃原因是 "无法对亚视进行有意义的尽职调查", 可能暗示亚视方面在这方面没有给予应当的配合。这位分析人士认为, 如此的话, Tom.com 难免会有一种被戏弄的感觉, 甚而怀疑自己成了亚视内部纷争的一粒棋子。这就或许正是 Tom.com 婉言的 "商业原则分歧", 可谓另一种失算。

一位长期关注香港媒体板块的证券分析师认为, 刘长乐如非财务困扰, 不会轻易放弃亚视的控股权。从刘长乐的媒体战略来看, 亚视对他非常重要: 凤凰卫视作为普通话节目, 目标观众群主要针对内地市场; 而亚视作为粤语节目, 可以很好地服务珠三角市场, 两个台之间能够形成一种完美的整合。此前, 亚视已经在珠三角 "非正式" 落地多年, 有非常高的收视率, 其被当地电视 "非法插播" 的广告就已经达到每年 6 亿元人民币, 日后如果正式经营的话, 可能还会大过这个数。

这位人士还大胆猜测, 由于刘长乐的凤凰卫视里有默多克的部分股份, 如果亚视有被李嘉诚的 Tom.com 收购的 "危险", 那么, 默多克不会视而不见。因为, 此前无论是李嘉诚收购台湾杂志时, 还是争夺默多克持有的 37.6% 凤凰卫视股权时, 这两位都是一对形影不离的对手。此外, 默多克早先收购香港电讯败于李嘉诚儿子李泽楷手下, 双方关系可想而知。

香港媒体报道, 在 Tom.com 放弃收购亚视股权后, 丽新发展及林百欣所持的 30% 多亚视股权又有新动向, 最终可能落入霍英东手中。据悉, 至少有三四个财团正透过一间商人银行向丽展探盘, 当中包括霍英东。媒体称, 亚视行政总裁陈永棋与林百欣及霍英东曾有一次晚宴, 互相 "摸底", 一心促成该交易。

但霍英东的儿子霍震霆及亚视主席黄保欣接受查询时皆表示对此事未有所闻, 而陈永棋则对霍英东入股之说称 "不予置评"。

消息说, 丽展正积极减债, 早前曾透过瑞士信贷第一波士顿银行, 就所持的近 33% 亚视股权向外放盘, 当时, 除了李嘉诚旗下的 Tom.com 外, 亦接触过霍英东等, 后因 Tom.com 表示有兴趣, 故随后便集中与 Tom.com 商谈。现时 Tom.com 已取消收购, 丽展的售股目标便又再转向霍英东, 有关成交价正在倾谈中, 出售价将以 Tom.com 的 3.6 亿港元做指标。

香港媒体进一步报道说, 丽新发展已接获三名新买家洽购。亦有媒体指出, 有兴趣的买家包括亚洲电视行政总裁陈永棋和 SCMP 集团大股东郭鹤年。丽展一定会出售亚视股权，亚视取得华南落地权一事会有利其估值。有报道引述消息人士称，曾为"香港无线"第二大股东的郭鹤年家族对广播事业情有独钟，虽然过往收购无线控制权一役无功而回，但据闻在是次亚视售股交易上已展开初步接触。

亚洲电视行政总裁陈永棋接受媒体查询时表示，"我有兴趣购入丽展所持的亚视股份"。他不愿透露收购的作价，但表示交易的作价会以现金方式支付。另有业界人士估计，不排除亚视股东刘长乐等可能向丽展购回余下的亚视股权。如果真是这样，那么，可否认为是印证了有关方面的猜测：亚视内部纷争开始表面化？

被媒体热炒的 Tom.com 收购亚视事件终于落下帷幕，从表面看，Tom.com 此次收购计划并没有完成，但不难预料，对胃口正好的 Tom.com 来说，本次遇阻仅仅是 Tom.com 建立其传媒王国途中的一个小插曲，更好的"戏"还在后头。

Tom.com 集团是李嘉诚旗下的网络公司，至 2004 年 5 月时，已经发展成为大中华区最大的媒体公司，身价超过 300 亿美元，已初步形成了互联网、户外传媒、出版业、体育广告、电视及娱乐 5 大体系的中文传媒平台。Tom.com 集团的股份包括：和记黄埔 24.6%（李嘉诚）、长江实业 12.3%（李嘉诚）、周凯旋小姐 24.6%（李嘉诚先生的长期生意伙伴）和公众投资者（股票）38.5%，已在香港发行 39 亿股。

Tom.com 在 21 世纪初问世时，只是一家互联网站公司，仅仅几年工夫，就迅速发展成为一艘跨媒体的传媒业巨舰，靠的还是李嘉诚得心应手的扩张术——收购。

紧随着中国加入 WTO 的脚步，Tom.com 在内地传媒业的"大采购"可谓争分夺秒地进行，截至 2002 年 1 月，Tom.com 拥有了 40 个平面媒体。Tom.com 成为李嘉诚与老对手默克多在传媒产业竞争的旗舰。内地业界人士感觉到，Tom.com 对内地媒体的一系列收购活动只是个序幕，是李嘉诚为将来进入内地主流传媒而"押宝"。权威人士评论说，Tom.com 对自己的期望和定位已经不再是一家网站，而更像是一家跨平台、跨内地与香港的媒体控股公司。

Tom.com 行政总裁兼执行董事王兟称："中国内地是华语领域最重要的市场，也是竞争最激烈的市场，必须在这个市场有所建树，才有资格涉足更为广阔的市场。"确实，从 2000 年初起，Tom.com 在开始打造跨媒体平台的历程中，就开始了对内地传媒渠道的迅速扩张，几乎每个月都有新的战绩见诸报端。

与国内传统媒体在建立跨媒体平台时捉襟见肘的窘境相比，背靠和黄、长实，拥有雄厚资本后台的 Tom.com 显然无此顾虑，因此，它是先画出媒体价值链，再依此挥动支票大行收购，使它的媒体版图不断扩大。

建立一个全国性的户外媒体网络，是 Tom.com 跨媒体策略中重要的一环。

2002 年 3 月 27 日，在香港创业板上市的 Tom.com 宣布，收购中国内地 4 家主要户外媒体公司的控制性权益，令该公司成为内地最大的户外媒体经营者。该公司同时成立 TOM 户外传媒集团，负责统筹旗下各间户外媒体公司的广告业务。

Tom.com 此次收购的 4 家公司包括沈阳沙诺金厢广告有限公司、四川西南国际广告公司、厦门博美广告有限公司、福建新奥户外广告有限公司，总收购价为 1.5335 亿港元。连同此次收购的 4 家公司，Tom.com 在内地的户外媒体网络将包括 12 家户外媒体公司，拥有户外广告总面积超过 17 万平方米，业务覆盖 22 个内地主要经济城市。

Tom.com 首席执行官兼执行董事王兟表示，不少国际公司都会趁中国入世的机遇到内地发展业务，对于户外广告的需求将维持两位数字的增长，今次收购将令该公司的广告业务取得发展优势及可观回报。

王兟说，4 间新收购公司都是各自地区的业务领导者，户外媒体资产高达 70% ~ 80% 的占用率及不少于 20% 的纯利润率。它们有丰富的管理经验及与政府部门关系良好，有助 Tom.com 扩展覆盖范围。

我们来看看 Tom.com 在内地瞄准户外广告业的一系列收购行动——

2002 年 1 月，Tom.com 收购内地一家户外广告公司春雨中国 50% 股份，总值 5140 万元人民币。该交易以现金加发行新股方式进行。其中 1457 万元以现金支付，剩余 3683 万元按每股 5.51 港元价格、发行 630.6 万股新股。

Tom.com 完成收购后，青岛春雨广告装饰有限公司持有春雨中国其余 50% 股份。春雨为青岛市最大的户外媒体公司，1999 年及 2000 年净盈利分别为 380 万及 670 万元。

2002 年 2 月，Tom.com 以现金加股票方式，总作价 7844 万余元人民币，收购内地户外媒体广告公司齐鲁中国公司 60% 股权，比市场预先估计逾亿港元的收购价下降近 30%。

根据收购协议，交易以 28% 的现金及发行 960 多万股新股支付，其中现金总额为 2223 万余元人民币；另新股则以每股作价 5.51 港元发行，而该股在前一个交易日的收市价为 3.775 港元，溢价 1.735 港元，发行总值相当于 5600 多万元。

按照协议，齐鲁中国公司总经理孟宪伟将于协议签订日期起计 30 日内，在内地成立齐鲁中国公司，从事设计、制作及分销国内及国外广告（包括但不限于户外广告）业务。

另外，孟氏子公司同时成立齐鲁 BVI 公司，继该公司后再成立全资齐鲁香港公司。当齐鲁 BVI 公司成立后，孟氏将转让齐鲁中国公司 49% 股权予齐鲁香港公司，其后，齐鲁中国公司须转为合资经营企业。

此外，Tom.com 代理人将向孟宪伟或其代理人收购齐鲁中国公司之 11% 股权，另齐鲁中国公司将由济南齐鲁拥有 40% 权益，及由齐鲁香港公司拥有 49% 权益。同时，Tom. com Outdoor Media 或其代理人于完成有关程序时，将向孟宪伟收购齐鲁 BVI 公司之全部已发行股本，使齐鲁中国成为 Tom.com 占 60% 股权的附属公司。

2002 年 3 月，6773 万元人民币（816 万美元）购入大连市最大的户外广告公司 New Star Prosperity Advertising Co Ltd 60% 的股权，收购行动支付 1920 万元现金，另外的 4853 万元以每股 5.51 港元发行 831 万股 Tom.com 新股来支付。这次收购为 Tom.com 在东北地区进行业务扩张建立了重要据点。

2002 年 3 月，Tom.com 以 5644 万元人民币收购内地户外广告公司天明中国 50% 股权。其中 1600 万元以现金支付；其余 4044 万元则以 692.4 万股集团股份支付。每股作价 5.51 港元。代价股份占集团扩大后股本的 0.21%。发行价较上一个交易日收市价每股 4.15 港元有 32.8% 的溢价。

……

随着一系列收购行动的展开和完成，Tom.com 的户外广告业务遍布北京、上海、广东、河南、云南、四川、辽宁、山东、福建等地区，全部收购对象均为该地区最大的户外媒体公司，同时取得该批公司至少五成的控制性股权。

Tom.com 在中国东西南北中主要中心城市设下户外媒体网络基础布局，雄霸内地户外广告业，只用了一年时间。这些收购行动只须支付小部分现金，大部分是通过发行新股、以股权对换的方式解决。因此，有业内人士认为，这样的收购成本低廉，Tom.com 的买卖很合算。

但是，被收购方却有不同的看法。青岛春雨广告公司董事长欧阳刚说，开发户外广告的风险很大，Tom.com 支付的现金相当于把几年的利润提前预支了，股价也是以其 8 倍市盈率兑付。

齐鲁广告总经理孟宪伟则认为，不能单纯地从数字方面衡量其价值，它是一种股权对换的关系，对于广告公司来说，可以从传统的内地企业变换为香港的上市公司；从发展的角度来看，广告公司可以从一个简单的作坊，从自己摸爬滚打中上升到集团作战的台阶。孟宪伟另一个比较现实的理由是，广告行业在国内目前的融资环境、渠道中很难得到现金的支持，因为它的资产很难评估。他说，在国内做得比较好的广告公司都要靠有力的外资支持。

Tom.com 收购的广告公司都是现金流很好的公司，这对巩固 Tom.com 的股票市场很有利，相较其他业务，户外广告的利润丰厚，可以弥补其他投入大产出少、短期没有太大利润的业务。

从 2001 年的业绩来看，收购户外广告，Tom.com 开始扭转亏损局面。2001 年上半年，Tom.com 中期经营净亏损缩减，收益大幅上升，截至 2001 年 6 月 30 日，Tom.com 半年净亏损为 1.48 亿港元，上年度同期则亏损 1.94 亿港元。尤其在第三季度，Tom.com 的投资成效非常明显，经营收入从前一年同期的 130 万港元猛增到 1.59 亿港元。它所创建的户外广告网络可单独创造 3.5 亿港元的收入。

Tom.com 内部和业界都认为，在 Tom.com 的收入中，最大的部分还是来自线下的广告收入。据说，王兟正是清楚地看到了这一点，才加大了对相对较少会踩到政策红线的户外广告媒体的收购力度，并期望这一行动能带来股东所预期的业绩的攀升。

在 20 世纪 90 年代的 10 年间，作为广告行业生力军的户外广告，以平均每年 30% 的速度快速增长。到 21 世纪初，根据北京中天捷信经济咨询公司对中国户外广告 23 个主要市场进行的实地调研，2000 年 23 个主要市场的户外广告投放额为 80 亿元，估计全国的户外广告投放额度应在 110 亿元，占全国媒介市场营业额的 22%，而 1999 年户外广告只占到媒介市场营业额的 15% 左右，1998 年则只占 12% ~ 13%，可见，户外广告在整个媒介发布中的份额在不断增加。

中天捷信对中国主要城市的户外广告研究完全来自自己采集的实地数据，范围包括城市的主要城市区域街道、交通出发站、城市间主要高等级公路城市段的所有大型广告牌和网络广告牌、地铁、人行道灯箱、候车亭广告和城市主要的车身广告。研究资料统计显示，23 个市场户外广告的投放量极不平衡。总体来说，户外广告的投放量与城市的消费能力成正比，沿江、沿海区域要高于内陆城市。

北京、上海、广州作为最主要的消费市场，户外广告的投放量最多，这三个市场之和已达 36 亿元，占全部 23 个市场的 44%；令人惊奇的是，沈阳排名第 4，原因是其城市面积较大，且较低迷的消费市场也使客户将更多的广告预算投放到相对便宜的户外广告，而其他东北城市的户外广告投放量排名都较靠后，城市面积较大的哈尔滨排名 19，而长春更排名第 22，在研究涉及的市场中仅高于城市面积很小的苏州。

西南地区中，昆明的户外投放量较大，这与昆明配合世博会进行的城市宣传有一定关系；重庆虽然是山城，道路状况比较复杂，但户外广告的投放量仍然大于成都，这说明重庆占直辖市之利，已成为辐射西南最重要的市场。

西北区域中只对西安进行了研究，西安作为西北首镇，城市面积也较大，但其户外广告的投放量在 23 个城市中只占第 16 位，说明西北的户外广告发展仍然不足。

按照实际市场状况，在调查中把公益广告和空广告牌都作为空置广告研究，2000 年 7 月 10 城市的空置率为 20%；2000 年底 10 城市的空置率基本相同，为 21%；2000 年底 23 城市的空置率为 27%。

在实际市场现状中，一部分广告到期后并不及时撤下，这种状况在网络媒体中尤为多见，因此，2000 年户外广告的实际空置率应该比统计数据要高，估计平均为 30% 左右。但北京、上海、广州的相对空置率要低一些，在 18% ~ 23% 之间。

在投放户外广告的主要产品类别中，发展最快、利润率较高的邮电通信类产品（包括互联网及相关产品）雄居榜首，房地产业由于天然的户外属性而紧随其后，金融行业主要是各银行的形象广告居多，服务业及家电产品是使用户外媒体的主要客户，交通类别中由于包括了汽车及相关产品，因而排在第6位。

数据显示，耐用消费品、日用消费品、服务娱乐等仍然是户外广告的主要使用者。由于其主要目标消费群体外出时间增多，平均户外停留时间延长，使得户外广告成为这一部分广告主经常使用的常规媒体。

排名前20名的品牌中，电信、银行、保险品牌的户外投放量有目共睹，中国移动通信独立后户外广告的投放量有明显增长。

数据显示，摩托罗拉在2000年非常重视户外广告的投放，与1999年的数据相比，其户外广告发布额排名上升至移动电话类的首位；爱立信在2000年下半年加大了对户外广告的投放，其他品牌的移动电话投放则明显减少。

另外，联想、TCL、海尔由于涉及家电和PC行业，因而一直重视对户外广告的投放，而创维在2000年下半年伴随年底的销售旺季而对户外媒体的使用明显增加。

2000年是网络火热的一年，但由于许多网站使用的常常是候车亭、车身、人行道灯箱等相对便宜的户外媒体，因而投放额度相对较低，只有搜狐网处在户外广告前20名的排名中。

可口可乐和百事可乐同为饮料行业的巨头，但可口可乐对户外媒体的使用还是偏重于旺季的产品促销；而百事可乐则伴随着它强大的广告攻势，一直把户外广告作为一种宣传企业形象的固有手段。

在2000年的主要品牌研究中发现，化妆用品也开始大量使用户外媒体。由于化妆品行业一直非常重视产品形象的清洁与精致感，所以，以前较少使用户外媒体。而户外广告的制作与服务水平不断提高，造成化妆品户外广告的增加。

通过对2000年户外广告的研究表明，各大知名品牌都开始重视户外广告的投放，对于服务业、耐用消费品、金融保险和工业企业而言，户外广告成为传播企业形象、扩大社会知名度的常规广告媒体；对于食品饮料、家化用品等日用消费品而言，户外广告已经不仅仅是传统的产品促销广告，开始成为其品牌战略的重要组成部分，他们利用广告效果更为持久、价格更为便宜的户外广告作为加大市场份额的重要武器。

由于电脑喷绘技术的普及和制作成本的下降，电脑喷绘画面加专用广告射灯照明的射灯广告牌成为目前户外广告媒体中最常见的一种，射灯广告和射灯广告与其他广告的组合形式已经占到全部户外广告面积的43%，成为主流的户外媒体形式。

从3个市场的数据来看，霓虹灯广告的数量较少，只占总广告数量的1%和总面积的6.8%。包括北京、上海的霓虹灯广告数量也很少，是与其国际化都市的定位不甚相称的。

为了增强户外广告的表现力，户外广告媒介经营商不仅充分利用各种可利用的建筑物，也将着眼点放在了人们出行的必经之路上——立交桥的支柱，地铁的扶梯旁，公共汽车站……户外广告的设计或精致或简洁或故意有些出格怪异，都在用无声的语言传达自己的声音。

同时，为了加强户外媒体的冲击力，部分媒体经营者开始尝试媒体的组合方式，结合各种户外媒体的优势，加强画面的视觉冲击力。霓虹灯＋射灯、三面翻＋单立柱、灯箱＋射灯等形式在部分城市出现，业界人士通过各种尝试，试图让平面的户外广告动起来。

许多户外广告也突破了传统的正方形的限制，在边缘上根据广告内容专门做了一些变形。由于表现力的不断增强，导致像立邦漆这样令人印象深刻的户外广告的出现。

研究表明，车身广告是发展最快的、网络性质的移动媒体，由于车身广告的特殊性，中天捷信只对每个市场抽取了 30 条全车身广告线路进行研究。这个数量，在一般市场还能够覆盖全部全车身广告媒体，但在北京、上海这样车身广告发展较快的市场，还不到整个车身广告数量的 30%。即便如此，车身广告的投放量已稳居第三位，中天捷信已经开始进行更为全面的车身广告的资讯收集，相信在今后的研究中，车身广告将成为仅次于射灯广告的第二大类广告媒体。

网络媒体作为小型户外广告，由于与受众的距离近，比较有亲切感，一般是产品广告经常选择的户外广告方式。网络媒体在 2000 年并没有明显的发展，在部分市场（如广州）由于当地政府的整顿工作，网络媒体在绝对数量上还有减少，因而在 2000 年的发展是一个去粗求精的过程。

网络媒体的设置越来越注重公益化，无论是遮风挡雨的候车亭，还是每日更换报纸的阅报栏，或者美化护栏的护栏广告，网络广告正在尽力摆脱"苍蝇拍"的传统形象，日益靠近城市居民的生活，尽力起到美化城市的作用。

由于网络媒体对清洁、维护的要求更加高，工作量也比较大，网络媒体和移动媒体逐渐形成了相对集中的经营态势。同时，外资的介入不仅带来了雄厚的发展资金，也带来了相对先进的服务理念，成规模经营的网络媒体通过整合各市场资源优势和较为先进的销售方式、服务措施，使 2000 年成为网络媒体提高服务的一年。

研究发现，2000 年是户外广告有序发展的一年，在广告面积没有巨大增长的情况下，户外广告的投放额度有了较大的提高，总体市场的广告空置率稳定在一个合理的比例内。随着制作水平和服务水平的提高，客户对户外广告的接受度不断提高，越来越多的国际知名品牌开始投放户外广告，户外广告成为新产品开拓市场时的常规媒体。

2000 年，中国户外广告市场的竞争不断加剧。随着中国经济的日益国际化，一些外资户外媒体经营商在中国市场也快速发展起来，他们相对而言缺乏天然的户外广告资源优势，因而多以服务取胜。而跨地域媒体经营集团和集约型经营的增多更促进了户外媒体经营商对服务的投入。中国户外广告正在告别初期简单的数量增长，进入了以讲求服务、提高广告实际发布效果的技术性增长时代。

据估计，中国户外媒体的广告市场将由 2001 年的 6.65 亿美元，增加至 2004 年的 10 亿美元。

虽然中国有近 38 000 个户外广告经营者，但大部分只占少于 1% 的市场份额。中国户外媒体市场处于高度分散局面，有超过 80% 的户外媒体由各中小型广告公司持有。由于经营规模小，它们在面对主要广告客户时往往缺乏议价能力，削弱了公司盈利的能力。在并购这些公司之后，Tom.com 将可达至较佳的经济效益，从而取得更理想的边际利润。

然而，虽然 Tom.com 挟资金优势，可以在很短的时间内介入某个行业，但是，随着白马、媒体世纪和媒体伯乐三家公司先后在香港主板和创业板上市，户外广告的市场格局正在明朗化。业内人士分析，户外广告的某些业务方面将会有激烈的争夺。譬如候车亭，它是 Tom.com 在广州收购的腾龙广告的主营业务之一，这也正是白马户外媒体的强项。

白马是 2001 年 12 月在香港主板挂牌上市的，有媒体称之为"与 Tom.com 短兵相接争霸户外广告，白马媒体火线上市"。

中国公共汽车候车亭广告商"白马户外媒体"（0100）在香港主板挂牌上市的公开招股为 5.89 港元，集资额约 8.6 亿港元，共发行 1.47 亿股，其中 9 成做国际配售；白马户外媒体的两大股东是 Clear Channel 和白马广告，双方各占 40% 和 20% 的股份。保荐人高盛亚洲。核心资产便是所谓的"风神榜–Adshel 媒体网络"，即遍布国内 29 个重点城市的 4800 多个公共汽车候车亭、拥有 12 000 个公共汽车候车亭广告灯箱，号称当时中国最大的候车亭广告网络。

庞大的载体网络，占国内广告 16% 份额、增长率高达 24% 的户外广告市场，以及加入 WTO 之后的中国媒体市场——这些一时令人炫目的"卖点"，为"白马媒体"公开招股赢来了超过 15 倍的认购。

1986 年，6 个大学美术系毕业生创立了广东白马广告有限公司，自认为是中国 4A 广告公司的先锋，操作了浪奇、浪潮电脑、太阳神、重庆奥妮、维维豆奶、深圳华侨城、中国联通、红塔集团等多家知名企业和品牌的推广。

1995 年，韩氏三兄弟认定户外广告大有市场，介入了白马公司。大哥韩子劲，华南师范大学毕业，做过大学校长、政府官员，出任董事长；老二韩子伟，华南理工大学计算机系毕业，从事 IT 方面的工作，在国外"泡"过几年，任户外广告国际总裁；老三韩子定，广告界人称"胡子"，广州美术学院毕业，也是白马广告创始人之一，出任白马广告公司总经理。

他们陆续投资巴士候车亭灯箱、高速公路两侧"擎天柱"广告牌和互联网等，建立起"风神榜""擎天榜""风盛榜"等一系列品牌，在短短的两年内建立起一个覆盖全国 18 个城市的户外广告媒体网络。并在此基础上，组建了白马集团，旗下白马信息产业公司、白马广告公司和白马 Adshel 户外广告。韩子劲任集团董事长，韩子伟任白马信息产业公司董事长，韩子定任白马广告公司总经理。

1998 年，全球最大的户外广告公司、市值达 500 亿美元的 Clear Channel 青眼有加，投资白马广告，策划推出了中国候车亭广告网的第一个全国品牌——风神榜（Adshel Network）。从此，白马公司开始有点登堂入室的感觉了。

借助强大的外援，白马得以将"风神榜"一推到底，建成中国当时最大的户外广告网络。据其称，已累计发布了食品、饮料、日用化妆品、电信／通信、电器、互联网、服装等诸多行业中 400 多个品牌的广告，营业额每年以 50% 的速度增长，2001 年"风神榜"收入大约有 3 亿元。

白马急于上市筹资，很重要的原因是由于竞争对手 Tom.com 的步步紧逼。此前，Tom.com 在广州一口气收购了许多候车亭，白马曾与之展开短兵相接的争夺战，但由于白马还未上市，资金没有 Tom.com 多，最后只能拱手相让。

面对 Tom.com 气势汹汹的并购，白马也加紧了自己的步伐。1998 年以来，白马已收购包括北京的亮京（原北京最大的候车亭广告公司之一）为主的数家公司。内地户外广告业极为分散，据介绍，Tom.com 占有约 12% 的市场，白马 5%，Media Partners 5%，Media Nations 5%。白马仍有大量的发展空间，但前提是需要资金的支持。事实上，白马公司透过此次上市所筹集的资金，有一大部分将用于收购较小规模的户外媒体公司。白马希望靠雄厚的财政背景，买入目前还较廉价的资产，刺激其未来盈利。饱受资本桎梏之苦的白马，在摇身一变成为拥有 30 亿元市值的上市公司后，将可迈开收购的大步，与咄咄逼人的 Tom.com 在户外媒体市场一决雌雄。

面对媒体穷追不舍的追问与 Tom.com 之间的竞争问题，韩子定避而不谈："两者不是直接的竞争对手，因为经营的产品不一样。"韩子定表示，未来 3 年，白马户外媒体仍将主力拓展候车亭，每年将增建 2000 个候车亭，使北京、上海、广州等市场的份额达到最大化，另外，则会把握收购机会，每年增加收购 1000 ～ 2000 个候车亭。韩子定透露，目前已锁定目标，很快就会有具体动作。韩子定还提到，其他户外媒体除商场灯箱广告外均暂无意发展，以保持业务稳定增长。

这显然与 Tom.com 的发展目标背道而驰，因为，TOM 要占领的不仅仅是候车亭市场，而是整个户外媒体市场。

虽然两者在发展战略上有分歧，但在具体业务上的竞争却是不可避免的，尽管韩子定否认两者是直接的竞争对手。

业内推测，两者的正面交锋将会发生在"收购"和"候车亭业务"之上。

Tom.com 不会放慢收购的步伐，而白马也表示上市后收购将是第一重任，对收购资源的争夺战将在全国各主要城市上演。

候车亭业务方面，值得注意的是 Tom.com 在广州收购的腾龙广告，据介绍，该公司的主营业务之一正是白马户外媒体的强项——候车亭，而且，腾龙不只在广州，而且在北京和成都都拥有强大的网络，Tom.com 已有意将其培养成南方户外媒体的旗舰。双方在广州市场想必会有一番激战。

其实，双方的争斗不过是内地户外广告市场老大之争罢了，"蛋糕"做大，双方都将是受益者。业内人士认为，这块巨大的蛋糕将被 Tom.com 和白马这样的巨型公司切掉绝大部分。

以 Tom.com 的实力，白马的压力之大不言而喻。

2001 年，Tom.com 一口气收购了台湾四大印刷出版集团，包括 PChome 出版集团、城邦文化事业股份有限公司等，Tom.com 由此成为台湾最大的杂志和丛书出版集团。

2002 年 3 月初，被香港媒体称为"收买佬"的王兟在接受记者采访时说，Tom.com 在香港和台湾开始运作后，"现在努力的，当然就是内地这个最重要的市场了"。

王兟称，公司在内地市场的努力，从未间断过，预料年内便能在内地平面媒体市场有所作为，以完成最大中文媒体平台计划的"铺路"工作。

对于可能的并购计划，王兟说，Tom.com 只会并购杂志刊物，暂时不准备涉足报业。而据可靠消息透露，台湾某大报业集团老板两年前曾主动邀请 Tom.com 大股东李嘉诚入股，但遭婉拒。

对此，王兟解释道："从经济层面和政策法规做出分析，国内各地的报业中，香港市场竞争非常激烈，要打进香港报界，并不容易；至于台湾，竞争程度应该比香港较好，但过去两年当地报业的经营状况似乎进入了调整环境，我们现阶段也不会有任何的打算；在内地，Tom.com 还是打算按部就班、依循政策一点点去走。"

2002 年 8 月，王兟第一次公开承认正在促成与中国内地的行业翘楚三联书店的合作，他表示："三联这么一个老品牌，在中国社会文化生活中有重要的地位，肯定是我们愿意或者希望与之合作的对象。但是如何合作，国家有关部门批不批、怎么批，这肯定要有一个过程。"

仅仅在半个月之后，9 月 10 日，Tom.com 便正式公布了与三联出版社组建合资公司的消息。对于 Tom.com，这个消息正是一场及时雨。当日，已低迷半个多月的 Tom.com 股价迅速反弹，从前一天的每股 2.25 港元升至 2.375 港元，升幅 5.56%。而此前 Tom.com 宣布弃购亚视之后，Tom.com 股价便从 2.88 港元一路下滑。股价的一落一起，真实地测试出投资者对于 Tom.com 收购行动的敏感度。

三联书店是中国出版集团直属的综合性出版集团，拥有 70 年出版发行经验和完善的分销网络，在社会上有相当大的影响。Tom.com 和三联书店成立合资公司，是中国加入世界贸易组织后，香港企业首次与内地大型出版社合作，也是境外资金首次获准在中国内地经营广告和发行及其他相关的出版业务，具有十分重要的意义。

根据已签订的合作意向，合资公司注册资本4000万元，投资总额为5000万元，Tom.com 将以2450万元现金投入，占股49%；三联则以1550万元现金，再加上旗下四本刊物《读书》《三联生活周刊》《爱乐》《竞争力》的资产作价1000万元投入，占51%的股份。除此之外，新公司还包括原来三联书店的编译中心、图书进出口业务等，不过，三联书店的图书零售业务没有被纳入合资公司。

王烁在接受《财经》杂志采访时将这次合资称为一次"全面意义上的政策突破"。事实上，内地的期刊出版发行公司正式对外开放，自1986年中国颁布《出版管理条例》以来尚属首次。而且，此次合资的三联书店不仅有一个享有盛誉的文化品牌，也是直属国家新闻出版署的综合型出版社，无论是从其在海内外的影响力及在国内出版业的地位来讲都堪称重量级。此前虽有1979年IDG（国际数据集团）与信息产业部下属《计算机世界》合资的先例，但当时中国尚未颁布《出版管理条例》，对于外资进入和传媒业的主办单位限制没有明文规定。业内人士普遍认为，在中国入世协议并未对传媒放开做出任何承诺的情况下，Tom.com 获准首先进入内地出版系统，这是一起值得关注的事件。

2002年2月，国家重新公布了《指导外商投资方向规定》；4月1日，《外商投资产业指导目录》也已正式执行。在"限制外商投资产业目录"中的"批发和零售贸易业"下，列入了"图书、报纸、期刊的批发、零售业务""音像制品（除电影外）的分销"，以及"代理公司"内的"广告"，在"制造业"下，更有了"出版物印刷（中方控股、包装装潢印刷除外）"的非限制性。

除规定的有所变化外，相适应的行业管理法规也在2001年底有了修改。在《出版管理条例》中，出现了"国家允许设立从事图书、报纸、期刊分销业务的中外合资经营企业、中外合作经营企业、外资企业"的字样。

早在2001年5月收购台湾电脑家庭与城邦出版集团时，Tom.com 就曾经透露过有意进军内地出版业的打算。一位不愿透露姓名的三联书店重量级人士告诉记者，Tom.com 与三联书店的谈判从那时即已开始，中间虽曾讨论过多种方案，但Tom.com 坚持把获得政府部门的正式批准作为首要条件。经过一年多的努力，才终于修成正果。合资最终得到了包括中宣部、新闻出版署与中国出版集团在内的主管部门的批准或同意。

据王烁说，在合资公司内部，Tom.com 仅负责广告与发行，不干预内容的终审及主编的人事任免。但三联书店旗下四本刊物的运作将全部放入合资公司。他解释说，"运作"当然囊括杂志的内容、广告和发行。至于人事任免，王烁说："主编的人事安排，我们只可以发表意见，但是决策会由（三联书店）上级主管部门也就是中国出版集团做出，而对其他人事安排，Tom.com 则有权过问。"

三联书店一位接近管理层的内部人士告诉记者，与 Tom.com 的合资公司将主要是一个经营平台，而编辑部的管理则不会放进去。据称，坚持编辑独立，一向是三联书店的核心理念，也是三联书店在谈判中坚守的底线。即使政策允许，也不会同意放手。"我们要办三联自己的杂志，我们是借资金来办杂志，是希望杂志办得更好，如果把杂志办丢了，还要资金做什么呢？"这位人士说。

中国人民大学新闻学副教授宋建武告诉记者，新闻出版署从 2001 年就开始探讨允许业外资金在一定的限制条件下进入传媒的可能性。当时确定的三个条件是：采编权不能丢，资产控制权不能丢，人事权不能丢。在"三不"前提下，允许业外资金进入经营领域，比如合作搞发行、印刷厂、广告，但不允许涉及编务。新闻出版署编发的《内部通信》2001 年第 5 期上刊登过一则题为《准确把握新闻出版广播影视业改革特点》的评论，亦讲述了类似的意见。

对于一直在寻找机会切入内地传媒主战场的 Tom.com 来说，与三联书店的合资依然是一个标志性事件，王㷉称之为"在大中华区做大媒体的一块基石"。抛却合资包含的制度突破不谈，即使纯从商业上看，王㷉也认为，合资公司拿到的是相当不错的资产。因为四本期刊中，《读书》已盈利多年，《三联生活周刊》也刚刚开始盈利，《爱乐》也没有什么问题，只有新创刊的《竞争力》仍处于亏损状态，但是创刊不久，所以并没有太大的负现金流。

"三联不会是唯一的一家，我们还在寻求与别的出版商合作。"王㷉强调，以后的合作也一定会先拿到合法批准才进来。

具体到下一步的方向，王㷉明确表示，Tom.com 会利用户外媒体的网络和广告客户方面的资源在广告发行及专业的财务管理方面为新公司提供帮助，但是并不会将已经收购的台湾印刷出版业、亚洲周刊与三联书店合资公司直接整合，Tom.com 有中文出版方面具有国际经验的人才，会以咨询的方式来共享国际经验，"总体来讲，我们尊重国情，也尊重媒体的地域性"。

2002 年 9 月，香港媒体传出消息，称 Tom.com 将收购内地 IT 报刊《电脑报》。报道援引市场人士的话称，Tom.com 已在我国台湾购入当地受欢迎的电脑杂志 PC HOME，收购内地《电脑报》后，可令其在 IT 刊物市场处于领导地位。而且两者均是针对普通大众的电脑刊物，相信可产生协同效应。

据消息人士透露，Tom.com 与《电脑报》的第一次亲密接触的时间是 2001 年 4 月，当时，王㷉通过《电脑报》一位中层人士在重庆约见《电脑报》社长陈宗周，双方在首次会晤中，就提及"在未来的合作中可能一起整合包括 PC Home 的资源，以图在华人区电脑媒体上占据绝对优势地位"。

2001 年下半年，双方曾有多次接触，"有时候一不小心，就会在电脑报大楼内碰见王炘"。

新浪科技频道的反应很快，当即请一批 IT 界资深人士发表对这个事情的看法。

IT168 总裁宫玉国表示，Tom.com 与《电脑报》的合资对国内传媒业来说是一件"好事"。中国在加入 WTO 后，将履行 WTO 的有关条款，新闻出版业将在某些领域逐渐向外资开放。而 Tom.com 一直表现很活跃，一直在尝试跨媒体的运作，选择与《电脑报》合资办企业，正是其"活跃"的表现。他认为，Tom.com 与《电脑报》合作对国内新闻出版业的影响是巨大的，并将使中国的新闻出版业走向一个新的阶段。而新闻出版行业的竞争日渐激烈将是不争的事实。

前《计算机与生活》月刊发行人兼主编、资深媒体研究人士潘燕辉称之为"双亏"。为什么是这样？潘燕辉解释说，《电脑报》目前不缺资金，又在筹划中科普上市，所以融资需求不强烈。《电脑报》的产品与人才结构相对单一，大部分都集中在低端，所以在行业内没有形成特别的垄断地位，甚至在发行渠道上面也没有特别的优势。不过如果有 PC Home 介入，那么情况将有变化，可能会很可怕。没有 PC Home 介入，则很可能是双亏。

知名 IT 记者、《每周电脑报》前执行总编李学凌表示，《电脑报》在低端市场已经有相当牢固的地位，是一个生命力极强、很有价值的合作对象。《电脑报》强有力的发行渠道值得利用，在资金充足的情形下，《电脑报》出版发行一些新的杂志、报纸，成功的可能性增大了，尤其是 IT 之外的媒体，比如说财经类或泛财经类的刊物。

知名 IT 评论家、互联网实验室首席分析家方兴东发表意见认为，这次合作应该对双方都比较有价值，Tom.com 终于如愿以偿，强力介入内地 IT 媒体市场，与其台湾和香港的资源形成互动，大中华地区媒体帝国的梦想更加趋于完整。而《电脑报》也可以借此走出重庆区域市场，走出低端市场，对目前国内两大 IT 媒体集团《计算机世界》集团和赛迪传媒集团，正式构成强有力的竞争态势。但是，总的来说，这个事件对 IT 业和互联网发展产生的影响相对有限。因为这次合作，双方首要的出发点是资本运作的需要，其次才是发展战略的需要；首先是传统媒体方面的合作，其次才是互联网业务；双方的合作更多的是"面向现在"，而不是"面向未来"。因此，产生更多影响的是传统媒体领域，互联网业务目前都是双方的副业，短期内不会有太大变化。

《互联网周刊》执行总编胡延平表示，比较看好 Tom.com 与《电脑报》的合资企业前景。《电脑报》目前运营状况良好，注入合资公司的《电脑报》《电脑报合订本》均是优势资产，《电脑报》借助于 Tom.com 的资本力量，合资公司的业务拓展将能再上一层楼。但从另外角度看，Tom.com 的发展思路其实比较混乱，甚至是不真正懂得运作媒体，但资本的力量不容忽视。"运营＋资本"的模式 Tom.com 屡试不爽。其实，《电脑报》与 Tom.com 的合作已经谈了两年，而且《电脑报》下属的一些媒体与 Tom.com 也有一些资本层面的合作。他还认为，媒体的产业化、市场化是必然的过程，但它依赖于核心杠杆——资本杠杆来调节。媒体运作壮大一般有三种方式：一种是自我滚动式，靠自身的力量发展；一种是通过内地的资本帮助发展壮大；另外一种就是通过境外资本成长。而《电脑报》选择了更为"理性的资本"。

2004 年 5 月，《重庆晚报》登载了一则标题为"电脑报联姻 Tom.com 打造全球中文专业 IT 传媒巨人"的消息：经过 3 年"恋爱"，重庆中科普传媒发展股份有限公司（即电脑报集团，简称"电脑报"）和 Tom.com 终于要"完婚"了。记者在 Tom.com 集团总部采访 Tom.com 总裁王敩时，王敩透露，合资公司将在 2004 年内挂牌。这样，《电脑报》成为 Tom.com 集团在内地的第二个合作伙伴。

国家新闻出版总署是在 2004 年 1 月正式批准 Tom.com 和《电脑报》"联姻"的。Tom.com 集团用"现金＋股票"的方式，耗资 2 亿多元买下电脑报集团旗舰媒体，包括《电脑报》《电脑报合订本》《电脑报配套光盘》和电脑参考图书 49% 的经营权。电脑报集团控股，占 51% 股份。

新合资公司采取编辑和经营分离的方式。王敩称，编辑将由《电脑报》方面主要负责；经营由 Tom.com 操作。同时，Tom.com 还会将《电脑报》资源和台湾电脑媒体交流整合。业内人士预测，以电脑报集团在业界的强势地位和 Tom.com 集团丰富的市场运作经验，《电脑报》无疑将成为海峡两岸乃至全球的中文专业 IT 传媒"巨人"。

这项合作还为 Tom.com 大举进入重庆探路，王敩称，可以在出版、户外传媒、互联网等方面和重庆进行合作，相信不久的将来会有很好的结果。

王敩说，Tom.com 参股《电脑报》后，将为《电脑报》引入现代传媒的先进理念，除继续巩固其在国内市场的优势地位外，还要向海外拓展，把《电脑报》办成一份有世界影响力的科技媒体。

王敩说，借助《电脑报》这一平台，Tom.com 在内地的户外广告传媒、体育产业经营及体育广告、电视和娱乐业及其广告都将全面开花。他介绍，Tom.com 已在内地约 30 个城市圈下了 7000 多块户外广告牌，面积约 22 万平方米。

Tom.com 沿袭了惯用的"现金＋股权"的收购方式，现金支付《电脑报》1.2 亿元人民币，其余则以每股 5.51 港元发行新股给《电脑报》，新股数目约为 3300 万股，约占 Tom.com 原有股本不足 1%。

有人认为，过去 10 年，虽然《电脑报》的产值增长了近千倍，但随着基数日渐膨胀，要想保持飞速的成长已经很难。

《电脑报》方面的一位负责人说："能不能与 Tom.com 更深的合作还在过程之间。"他表示，"《电脑报》从零创业到现在一年几千万人民币利润，一直都有深重的危机感。所以一切有利的资源我们都尽量利用。几年以来，我们一直想介入海外市场，但我们对此了解不多，我们寻找海外合作伙伴不仅 Tom.com。"

熟悉《电脑报》的一位人士称，以《电脑报》现有的资金积累和盈利能力足够满足现在的发展，《电脑报》的融资需求不强烈。与 Tom.com 合资，《电脑报》是想利用国际传媒的经营理念、资本运作思路，通过他们这个平台，向海外市场进军。未来 3 年，《电脑报》的海外业务将达到 10%。

《电脑报》的危机也许在于，偏居重庆，向外拓展少了些许地缘优势。而且《电脑报》普及电脑知识的内容定位，决定了《电脑报》走的是读者路线，不同于《计算机世界》和《中国计算机报》两大 IT 传媒的企业定位。这样，在 IT 广告市场分成上，"计世"与"中计"占据了 30% 和 20% 的市场份额，而《电脑报》只有 10%。《电脑报》不但被人指摘读者定位低端，而且随着计算机知识普及渠道的越来越广泛，《电脑报》的优势受到了挑战。

2001 年，《电脑报》的增长率为 20% 出头。业内认为，《电脑报》进入了一个发展平台期。

《电脑报》向来否认已进入发展瓶颈。

《电脑报》常务副总编刘信中说："《电脑报》并未进入发展平台期，发行量和广告量还有很大的增长空间。但我们有计划控制发行量，以节省成本，不使经营压力太大。"

刚开始创办时，《电脑报》是四开四版的小报，第一年报纸亏损了 20 多万元，还要靠副业——办电脑培训班来维持生计。几年后《电脑报》已发展为近 100 个版，发行量 67 万，《电脑报》最自豪的就是"中国发行量第一的计算机报"。《电脑报》社长陈宗周说过："《电脑报》比 10 年前创办时足足增加了 1000 倍。"

《电脑报》3 年没有提价，但是版面在增长，发行基数越大，报社压力越大。与同类报纸相比，《电脑报》的发行量是其几倍或 10 倍，但《电脑报》的广告量不可能是其 10 倍，广告与发行不同步，也不可能同步。

刘信中说："以前业界认为，《电脑报》拥有的是低端读者，但实际上从戴尔电脑的模式看，终端用户是最有效的。目前《电脑报》要做的是拓展业务发展空间，寻找新的经济增长点。"

《电脑报》发展起来后，整合了多家报刊成为电脑报报业集团（中科普集团），看准出版、教育等市场，意图打造一个集报纸、互联网、影视等互动媒体为一体的平台。

刘信中认为，《电脑报》目前的盈利能力在媒体和产业两方面。《电脑报》合订本发行一套达到 5000 万码洋；电子出版物和图书销售码洋是 1 个亿左右；出版将是《电脑报》将来的一个重要盈利点；在产业方面，《电脑报》与清华合作成立的软件机构，致力自主研发成果等。

Tom.com 和《电脑报》是否能与《计算机世界》和《中国计算机报》集团三分天下，还未可知。

对于 Tom.com 来说，一切经营状况良好、传媒领域的排头兵都可能成为其收购对象。Tom.com 在 2000 年上市后的短短 1 年之内实施了 17 项并购，在内地收购或参股的领域遍布出版、户外广告、互动电视与音像乃至电信增值服务。但 Tom.com 的扩张太过迅速，无暇把这些性质不同的媒体有效整合。

有业内人士认为，Tom.com 此前收购了 PC Home 和香港的《亚洲周刊》，Tom.com "海峡两岸互动合作"的模式，对《电脑报》的发展有所助益。作为同类媒体，可以资源互补、共享。

除了借助外力，《电脑报》的上市想法更切实际。"以《电脑报》为核心，与之相关的 21 家报刊和《电脑报》所属的 20 家中小型公司组成的中科普集团运作上市"是老总陈宗周的想法。

但《电脑报》的高层一再强调："《电脑报》要上市，首先要符合国家法律、政策要求。经营方面按现代企业制度推进。把出版、编辑和经营剥离开。"事实上，政策原因以及《电脑报》内部利益的整合还要拖延上市的时间。

《电脑报》有关人士透露："上市并非最终的目的，上市拿到资金后会走并购道路，买一些优良资产，把企业做大。但以《电脑报》目前的资金积累要想迅速做大尚有一定难度。我们的目标是做中国的科普传媒集团。"

Tom.com 对内地传媒市场的渴求，经历了一个显著的策略之变。从最初 2000 年的鲨威体坛、163 电子邮局等网上项目，到后来的上海美亚文化等户外广告公司，再到平面媒体，Tom.com 跨媒体战略的价值链各环节正在一一打造当中。

依靠传统媒体，Tom.com 才能使得跨媒体战略落地。

此前，Tom.com 在台湾完成了对《亚洲周刊》及 PC Home 等的收购。业内人士分析："Tom.com 的收购思路很明显，买中国台湾的经验，买中国内地的渠道（广告），然后重新打造。"这个"互补理论"的判断有一个事实基础：在内容策划的经验上，台湾媒体比中国内地有着相对的优势，在广告市场方面，中国内地的潜力是中国台湾所不能比拟的。

来自投资界的消息是，李氏财团将在中国内地媒体对外开放的最初这几年内，用 9 亿港元的力量收购内地媒体。王㐵说："我们拥有 30 亿港币现金，其中 16 亿港币是净现金。我们拥有支撑大规模收购的强大财力。"Tom.com 的有关运作者曾经期望内地有关部门"不要把他们当成外资"，其理由之一是李氏财团的性质与国外媒体集团有着"本质区别"。

项庄舞剑，意在沛公。Tom.com 大举收购内地媒体尤其是平面媒体的真实目的并不是想控制它们，而是将其当作有想象空间的资本运作项目在操作。Tom.com 的长项是在资本运作上。

一个非常重要的事实是，Tom.com 与平面媒体合资拉开序幕之后，其未来在内地的扩张之路将变得"有例可循"。

◆第三十六章◆

南北联姻　精心布局圆旧梦

2004 年 7 月间，正值广州申亚成功之时，广州市政府发布了一个消息，在谈到广州亚运村建设规划时，表示有意与房地产商合作开发这个项目。无疑，这是一块有巨大投资价值的风水宝地，谁能"染指"，谁就抓住了不可估量的商机。

广州市为筹办 2010 年亚运会，预计将兴建 12 个大型建筑项目，总投资将达到近 5 亿美元，其中将投资 2 亿美元兴建亚运村。

亚运村的设计和建筑将采用保护环境的材料，充分利用自然通风、自然采光，并尽量采用可再生能源，包括太阳能、风能，饮用水将达到国际标准，100% 的污水通过生化技术处理。亚运村规划建设的全过程将由国际认可的环保机构参与设计、指导施工。同时，亚运村将建设成为先进的智能化社区，构成基于宽带网络的信息化服务系统，数字化网络技术将各种设置实时联网。另外，亚运村与外界的交通也十分方便。

亚运村所在位置将毗邻亚运会主会场区。据估算，从亚运村到广州绝大多数的体育场馆都将不超过 25 分钟车程。规划中的亚运村将是一个安全宁静的"小而全"的社区，内设公寓、餐饮、娱乐、医疗、金融、通信信息、体育训练等设施。

据说，广州亚运村的开发建设权将有可能花落李嘉诚旗下的和记黄埔集团，可能成为"李嘉诚制造"。

广州亚运村总规划占地 280 万平方米，包括广州广氮集团原厂区用地（俗称广氮地块），以及其东边的建材市场和泡沫厂（现培英中专）、北面的马鞍山、海军农场和南边的车陂村、沐陂村、棠东村等地块。其中，广氮地块是亚运村规划中最核心的用地区，总占地约 125 万平方米，南北向约 1.3 ~ 1.5 公里，东西向约 0.8 ~ 1 公里，地块规整，总体较为方正，是目前市中心区难得的大块用地。如果总体开发建设，将会是市中心区内最大的地产项目。

广氮地块是广州 2010 年亚运会的初选地块，也是亚运会规划用地的中心地块，可谓地王中的地王。"老地主"广州广氮集团只有 30 多人留守厂区，留守人员中职务最高的负责人是广氮集团办公室主任蔡先生。消息从这儿传出来，显然来源是可靠的。

蔡先生告诉记者："与和黄的合作就差定价格啦。我们这块地占地 125 万平方米，李嘉诚想给 12 ～ 13 个亿，广州市政府却至少要 14 ～ 15 个亿，（待价格谈妥后）估计很快也就成事了吧？"

守门的广氮老员工也告诉记者："今年以来，'李嘉诚的人'都来了十几批啦！几乎每个月都有人来看上几趟，跟看自家的地似的，来熟了，也不和我们打招呼，自己带人来带人去的，出入自由呢。还有 ×× 银行带来的人，一批又一批的，也分不清楚谁跟谁了。"对此，守门的保安们已见怪不怪了。

蔡主任还告诉记者，因为该厂目前还欠着某银行 4 个多亿的贷款，因此，自 2000 年 4 月正式宣布停产倒闭以来，该银行也经常带人来看地。

当然，最近几个月来得最多的还是和记黄埔的人。

业内人士指出，按广州市政府目标价 15 亿元算，125 万平方米平均下来每平方米也就 1200 元。与广氮地块步行不过 5 分钟的中海康城，楼价已涨到均价每平方米 4800 元，车陂路另一头的富力天朗明居二手价亦要 5000 元 / 平方米，骏景花园房价更是早就超过了 6000 元 / 平方米。按广氮地块目前传出的价位，再计算上亚运村的无形价值，广氮地块的开发潜力十分可观！

业内人士指出，早在年初广州市政府正式宣布申办 2010 年亚运会时，就已盛传未来亚运村选址将定在广氮。7 月 1 日广州申亚成功，亚运村选址广氮的风声再次传出，更有与地产商合作开发建设亚运村的规划。李嘉诚旗下的和记黄埔和长江实业均是著名地产大鳄，实力雄厚，进驻广州多年。亚运村作为面向国际化的开发项目，广州市政府选择与和黄国际化背景如此强大的地产商合作，可能性应该较大。

广州市建委副主任王东介绍，亚运村的投资预计会引进社会资金，以便亚运会后将亚运村进行商业开发。他透露，亚运村将来会是一块理想的住宅小区，必将带动周边环境的改善及产业发展。

据了解，在亚申委向亚奥理事会递交的报告中，亚运村是重要的一个内容。广州亚运村按照北京奥运会的基本功能要求设计，并有可能超过北京奥运会标准。亚运会后，亚运村将是中上收入家庭的商品房，因此，在设计中会充分考虑家居生活的舒适和配套。

有地产界人士分析，兴建亚运村，必将带动周边社区现有形态和发展出现质的飞跃。近的如天河体育中心现在的位置，原来是广州的郊区，现在已经发展为广州商贸最集中、地产最发达的地区之一；远的如北京亚运村，原位于北京北部郊野，经过十几年的发展，围绕亚运村已经形成了"亚运地产板块"，该板块以亚运村为中心，周边的高档房产物业、会展旅游、高新技术产业、商业贸易等都非常发达。

就广州市政府可能与和记黄埔合作建设亚运村一事，记者专门电话采访了和记黄埔地产（广州）总经理徐靖生。徐靖生对看地和合作一事并未否认，他对记者说："和记黄埔一直都在广州找机会，近期确实在到处积极看地，广氮当然不会放过。"

徐靖生承认，他们的代表确实到广氮看过几次地，对记者所提到的采访对象广氮集团办公室主任等人也并不陌生。据徐靖生说，广州市政府确实找过和黄谈亚运村的合作开发事宜，有这么好的机会，和黄当然不会放过。

对于李嘉诚来说，广州是"近水楼台先得月"之地，与他的老巢香港仅咫尺之遥，卧榻之旁，岂能置之不理？房地产是他的老本行，驾轻就熟，做起来得心应手，而广州的房地产市场已发展得十分成熟，正可以让他大展拳脚。

2003年中，一直备受市场关注的和记黄埔广州市区南边的大石临江豪宅项目，被正式命名为"珊瑚湾畔"。

和记黄埔"珊瑚湾畔"位于番禺大石镇沙滘岛（又称海怡半岛），南面为珠江花园，东侧为海怡花园，整个项目总占地约49.1万平方米，规划总建筑面积超过80万平方米。据和记黄埔地产中国市务总经理谭健旭介绍，该项目将以别墅作为主打，另外再配合少部分低层洋房，整个小区容积率将会低于1，整个项目预计在5年内完成。在户型设计上，由于项目已决定将目标客户定位于广州的高收入阶层，因此将会推出多种面积的户型选择，希望能通过户型设置，将目标客户群一网打尽。

"珊瑚湾畔"位于华南板块。华南板块在广州楼市占有不可动摇的核心地位，这儿有"八大金刚"，实力雄厚，已经形成有力的品牌效应，配套设施也逐步成形，人气之旺，势不可当。"全国楼市看华南"，已成为业界的一句名言。

华南板块区域本身不断出现的市政利好，使广大买家的关注聚焦在此。

按照规划，广州地铁三号线从市区中心直贯此区域。地铁三号线已进入热火朝天的施工，工程动工规模不断扩大，华南板块从前的美好规划逐渐变成现实，在很大程度上为买家注入了华南板块发展前景大好的强心剂，将会起到很好的销售拉动作用。

广州市规划局又正式公布了广州至番禺的全新快速路规划——新光快速路，并在2003年下半年开始动工。此消息一出，又使华南板块受益不小。在汽车开始大规模进入普通家庭的前提下，新光快速路的出现，无疑扫清了诸多有意在华南板块买楼，却又担心未来道路交通跟不上汽车增长的买家的顾虑，再次提升了华南板块楼盘的市场竞争力与关注度。

除此之外，万众瞩目的大学城和南沙开发区，也带动了相邻的华南板块的关注度。

业内人士认为，在市政工程改造、兴建方面，随着105国道的改扩，华南快速干线的开通以及五六年后地铁三号线对番禺各大楼盘的沿线贯通，将使番禺洛溪、华南板块成为一个中心生活区的地位更加稳固。并且，在105国道和番禺迎宾路之间将兴建一条番禺大道，与地铁三号线同步，这种复合式的交通体系，使番禺区与广州市中心区的动态距离（时间距离）将大大缩短，这些利好因素大大提升了华南板块楼盘的信心指数和竞争能力，其发展前景也将变得更加美好。

从城市结构的发展态势来看，广州城市中心向东南方向稳步推移，番禺所处的特殊地理位置，使其楼市的发展占尽天时、地利之先机。和记黄埔地产（广州）总经理欧伟明指出，番禺区发展定位一向明确，它始终把住宅产业作为其地方经济发展的龙头，在资金和政策上都给予开发商极大的扶持，既鼓励本地开发商，又积极吸引外来投资者，依傍广州、辐射南海、顺德等珠三角地区，具有人和的优势。而中国加入了WTO以后，有更多的外籍和港澳台杰出成功人士、商界领军人物前来广州置业，这些人的首选目标就是番禺。

李嘉诚进入华南板块不算早，时机却刚刚好。赶得早不如赶得巧。发力发得巧，四两拨千斤。而李嘉诚不发力则已，一发千钧，抛出的是一枚重磅炸弹。凭和记黄埔的超强实力，一旦该新盘推出市场，竞争早已白热化的华南板块楼市格局有可能出现全新的改变。

无论如何，在大盘名盘汇集的华南板块，李嘉诚的加入将使该区域的房地产市场更是如虎添翼，风生水起。

据和记黄埔地产（广州）总经理欧伟明介绍，和黄大石临江豪宅项目总体规划以澳洲黄金海岸式"滨水生活"为主题，从规划、建筑风格以至于园林，均体现澳洲崇尚自然、傍水而居的风格，因而命名为"珊瑚湾畔"。

欧伟明透露，"珊瑚湾畔"采用豪华低密度设计，以澳洲豪宅户型为蓝本，设有大型豪华住客会所。首期将设有江景和水景独立式豪华别墅及叠加式别墅。其中独立别墅共有五种户型设计供选择，兼容高智能化配套设施。叠加式别墅楼高十层，附有观光电梯，部分单位包括地面花园及空中花园。初步预计将在冬季推出市场。

为了推出"珊瑚湾畔"，抢夺广州豪宅市场，和黄做足了准备功夫。

2003年10月间，和黄地产集团邀请广州各界媒体30多位楼市记者光临东莞厚街风景宜人的环岗湖畔，鉴赏其悉心打造的北美式豪华高尔夫湖畔别墅"倚湖名居"，参观独具欧美风情的豪华示范别墅，领略国际锦标级的高尔夫球场气魄。

"倚湖名居"的售价每平方米已超过1万元。在东莞，这样的房价令人咋舌。但是，和黄一直致力发展大型的高素质的地产项目，在内地的房地产项目已达20多个。"倚湖名居"只是和黄在内地房地产业布下的一枚棋子而已。

项庄舞剑，意在沛公。和黄之意不在"倚湖名居"，而在"珊瑚湾畔"。

和黄方面向楼记们介绍说，20世纪90年代初开始在东莞建造并引起轰动的海逸豪庭为其第一代别墅，融会北美最新豪宅建设理念的"倚湖名居"是第二代别墅，而在广州兴建的豪宅旗舰项目"珊瑚湾畔"是第三代别墅，将建设成为广州乃至中国新一代豪华住宅的典范，全面提升了"倚湖名居"的开发理念和建筑产品。

作为新一代豪宅，"珊瑚湾畔"号称有五大突破——

突破一：澳洲黄金海岸滨水生活。"珊瑚湾畔"规划以澳洲风格为蓝本，小区园林以水景为主，小区内设有人工河道将各组团加以分割，在塑造景观的同时增加豪宅的私密性。

突破二：九大主题的双会所。总面积达14 000平方米，有海逸高尔夫球会会籍、室外人造冲浪沙滩、草地滚球、园林式香熏水疗套间、室内全天候泳池、攀岩馆等设施。

突破三：先进的智能家居科技集成。别墅配备中央空调、中央静音吸尘系统、观光电梯、燃器泄露探测器、破玻璃感应器以及红外线防盗系统、闭路电视监控等，先进的智能化设施处处体现出居住的舒适与安全。

突破四：人性化的建筑创新。和黄方面负责人最为津津乐道的是建筑上的创新和建筑施工精益求精。独立别墅和叠加式别墅与各具特色的澳洲园林融为一体，崭新的观光式电梯连接每户私家电梯大堂。首创平顶式屋顶设计和立体式三空间花园，并采用大面积的玻璃材料和原生石材。

突破五：港式物业的管理模式。由香港和记黄埔地产集团公司下属之专业物业管理公司管理，拥有规范的运作机制和完善的管理制度，并已在当地取得相当成功的经验。

"珊瑚湾畔"于2004年春节前后推出市场的别墅，包括60多栋面积在280～600平方米之间的独立别墅，及200多套面积在230～280平方米之间的叠加式别墅。

据报道，尚未开盘，"珊瑚湾畔"已获得了众多行家与目标买家的认可。据了解，不少买家都或致电询问"珊瑚湾畔"售价，或到其现场察看。当买家们获悉，"珊瑚湾畔"带豪宅装修的叠加式别墅每平方米售价在8000～9500元之间，独立别墅每平方米在11000～13000元之间时，纷纷盛赞其性价比高。

2004年5月的五一黄金周，"珊瑚湾畔"闪亮登场。此期间，该楼盘参加了在广州体育馆举行的"第二届广州汽车嘉年华"，现场除设展位详细介绍楼盘项目外，还设专车接载客人，当仁不让地在别人的地头上拉客参观其全新示范别墅。"珊瑚湾畔"楼盘现场则举办"写意生活嘉年华"活动，包括爵士乐队倾情演唱、逗趣小丑扭扭乐、充满澳洲风情的即影即有宝丽来相、高尔夫推杆、美味食品摊位、幸运同乐摊位游戏等。

人气旺盛之下，"珊瑚湾畔"使出了临江别墅封盘提价的招数。

据广州和黄的消息，"珊瑚湾畔"于五一黄金周开始举行内部认购，其创新临江豪宅的设计吸引了超过 1000 多人次的参观，被认购及预留的别墅已超过 60 套。其中定价每平方米 1.8 万元的临江别墅引起抢购潮。因此，发展商暂时将部分临江别墅封盘，以留作公开发售，并新定出售价，以将楼价上调。

"珊瑚湾畔"的销售负责人透露，最受客户欢迎的部分临江豪华尊贵别墅由于货量稀缺，认购反应热烈，在很大程度上推动"珊瑚湾畔"的价格不断走高。从销售现场的客户反应显示，"珊瑚湾畔"之所以受到众多豪宅客户的青睐，除了发展商的实力与品牌效应外，"珊瑚湾畔"独特的江景地理优势与创新设计，使其成为新一轮豪宅客户换楼的首选。

李嘉诚大手笔出击广州楼市，气势非凡，大大地露了一脸。

在广州，李嘉诚还把触手伸向了玩具业，出资 9 亿元打造黄埔玩具城。

位于广州东部黄埔南岗的广州国际玩具城，2004 年初才奠基，7 月，李嘉诚就拍板入股，由其旗下的香港长江实业、和记黄埔联合广州国际玩具中心有限公司，合资成立了广州国际玩具城有限公司，总投资 15 亿元人民币，长江实业、和记黄埔各注资 4.5 亿元，各占有 30% 的股份，合共占六成股份，以控股形式共同投资运营建设。

占地 32 万平方米的广州国际礼品玩具城首期于 2004 年 7 月竣工，一楼铺位售价约在 100 万～200 万元一间左右，租金均价在每平方米 100 元／月左右。首期认购面积超过 18 万平方米，认购率达 180%，认购客户达 1500 多家。

玩具城全面交付使用后，将成为世界最大的玩具礼品商流中心。对于投资者来说，该玩具城提供了一个新兴的投资机遇，业内人士估计，此项目对上下游与周边地区的经济辐射与拉动效应有可能达到 500 个亿。

长江实业中国物业发展部经理陈伯荣先生谈到此次加盟的原因称，首先，广州一直是中国玩具礼品的流通中心，有千年商都的优势。随着 CEPA（Closer Economic Partnership Arrangement，即"关于建立更紧密经贸关系的安排"）的逐步实施，广州在大珠三角的中心地位将更加凸显，商业的辐射能力将进一步增强，会成为中国商品走向世界营销的大平台；其次，政府非常支持该项目，我们看好该项目的总体定位与构思；第三，和黄拥有欧洲第二大零售网络，双方优势可以互补。作为合资公司总经理，他表示有信心把该项目建成国际物流园区的支柱企业。

中国是玩具礼品的生产与出口基地，2003 年，中国玩具出口额已突破 100 亿美元，产品主要出口美国、欧洲和日本等发达国家和地区。广东省一直是全国的玩具生产大省，广州、深圳、东莞、中山、佛山、澄海都是重要的玩具生产基地，世界玩具礼品约一半出自广东。在中国玩具业中，广东的玩具生产占全国的 70% 以上，全国 8000 多家玩具生产企业中，广东超过 4500 多家。2003 年广东玩具产值达到 800 亿元人民币，出口达到

84亿美元。 但是，内地厂家为外国商人制造一件玩具，在美国卖20美元，厂家只可从中得到1美元。中国并非玩具礼品强国，在研发、营销、树立品牌方面明显滞后，整个行业面临着产业升级、树立品牌、提高产品附加值、应对国际竞争的挑战，急需一个国际性的营销大平台。因而，这个玩具城最初的理念是，强调在批销市场中附设的科研中心，以提升内地玩具业的层次。李氏财团的加盟，将可高标准地填补这一空白。

陈伯荣在长和系工作多年，借调到广州国际玩具城任总经理，他透露了李嘉诚看好广州玩具业的个中秘密："李嘉诚先生没有直接参与项目洽谈，但他听到这一理念时很是认同，并亲自为这仅9亿元的投资拍板。李先生曾做过塑胶玩具业，对这行业有感情，因此也希望为中国的玩具行业做点事。"

陈伯荣还说："李嘉诚先生对这项目很重视，每周的项目会议均会询问进度，并指示穗玩具城要尽力提高档次。"

广州国际礼品玩具城选址在广州黄埔国际物流园区，建筑面积达35万平方米。整个项目的兴建分三期进行，首期建筑面积近10万平方米，商铺近800个。整体规划包括可容纳3000多个商家的现代化商铺区，还有展览、写字楼与商务酒店等综合功能片区。同时，该地还将建设一个世界最大的玩具主题公园。建成后进场商家将超过3000家，年营业额超过200亿元，将从研发、营销方式、交易模式、树立品牌等方面引发广州玩具业的升级换代；对于黄埔地区乃至广州东部地区有着巨大辐射作用。

这个项目引起业内人士高度关注。据了解，已有来自浙江、江苏、北京、山东、上海、福建等省市的行业协会负责人谋求项目招商合作。他们表示，广交会摊位太紧张，而国际玩具（礼品）城的建设，恰可为广大业内厂商提供一个常设的展销平台，成为"永不落幕的交易会"。

有人拿这个玩具城与浙江义乌和广州一德路的玩具批发市场相比，对此，玩具城的负责人显得不太乐意，他说："我们的客户对象不一样。"此前华南最大的玩具批发集散地——广州一德路玩具专业市场还保持着小档口式的经营模式，而义乌的玩具批发市场不仅在经营方式上与一德路如出一辙，而且还挂着"中国小商品城"的名号，玩具只是它28个大类商品中的一小部分。这些老牌玩具集散地的优势在于长年的苦心经营笼络了一大批世界各地的采购商，但弱点是会使广州玩具竞争优势只停留在数量及价格上。

而广州国际玩具礼品城的定位摆明要与旧式玩具城错开，不仅要做最大的玩具和礼品专业市场，还要在世界玩具业中创造出"中国品牌"。除了举办广州国际玩具节，带领厂家出国参展、组织国外采购团前来考察外，其科技研发中心及玩具主题公园的建设也令人耳目一新。对入场商家也有贸易额、品牌、资金实力等的要求，对登记者的水平进行评审，只有业务具特色、产品具水准、实力雄厚的商户才会获租售单位，以保持玩具礼品城的档次，以贯彻其做"中国品牌"的宗旨。陈伯荣强调，"企业起码要有每年两三千万元的营业额，才可登记租购单位"。

2004 年 8 月，"中国（上海）第八届国际玩具展暨上海第三十九届玩具博览会"在上海国际展览中心开幕。广州国际玩具礼品城包了 3 个展位，首次向上海观众亮相。这不是一次简单的亮相，而是要请更多的上海玩具制造商和批发商早日进驻广州玩具礼品城。

"从目前已经预订的情况看，上海附近的购买者占到了 25% 左右。"在展览会上，长江实业（集团）有限公司高级营业经理袁添鸿举出这个数字，向记者表示上海对于这个项目招商的重要性。袁添鸿认为，上海、广东两地都是中国玩具礼品品牌建设和玩具礼品产品的重要生产基地。

而在此之前的 6 月，长实与和黄也曾携此项目在义乌进行了为期 3 天的推介活动，来自周边省份的 300 多家厂商签订了认购意向书，总计签订面积达 3 万多平方米，签订金额高达 3 亿多元。

据袁添鸿介绍，单单这个总体投资达到 15 亿元的项目，在其完全出售之后将会达到 30 个亿的销售额，预计能够赢得 15 个亿的利润。

更重要的是，长和系入股广州国际玩具城后，谋划借着场内每年百亿元的玩具礼品批销额，拉动长和系在广州的物流及商业项目发展，这背后是一幅中国"玩具业龙头"的宏图。

与此同时，左手牵着同仁堂，左脚迈进"大宅门"。李嘉诚有声有色地演出了一场北上联姻中国药业巨头的好戏。

早在 2000 年，同仁堂科技在香港上市以后，李嘉诚就以战略投资者身份成为其第二大股东，之后还与同仁堂集团"亲密合作"，签署战略合作构想。李嘉诚与同仁堂合作是早有"预谋"。

2003 年 11 月 25 日，同仁堂集团旗下子公司"同仁堂国际"及其合资公司北京同仁堂泉昌有限公司正式在香港成立。当天，同仁堂集团副总丁永玲表示："同仁堂将继续积极寻求实力雄厚的战略伙伴，采取更灵活的合资方式和经营模式，实施多元化的经营战略，使同仁堂的业务更加国际化。"丁永玲这番话并非空穴来风，时隔不久，业内就传出"百年老店同仁堂将与香港首富李嘉诚旗下的和记黄埔成立合资公司"的消息。

同仁堂集团宣传部部长金永年说："一旦签约成功，就意味着同仁堂迈出了海外发展战略的步伐。"

据报道，百年老店同仁堂将与香港首富李嘉诚旗下的和记黄埔成立合资公司，合资双方各占 50% 股权。出资方案有两种：其一是同仁堂集团以手中的 A 股上市公司同仁堂（北京同仁堂股份有限公司，600085.SH）69.98% 股权、共计 2.32 亿股投入，李嘉诚按照 1∶1.5 的比例现金出资；其二是同仁堂集团以集团内非上市资产中的盈利资产投入，可能是所有的药厂，也可能是所有的药店，这部分资产与第一种方案中的资产价值大致相同，不够部分可能会以进出口贸易权等填补，而李嘉诚的出资比例不变。

截至 2003 年第三季度，同仁堂 A 的每股净资产为 4.84 元。照此估算，李嘉诚入股的价格约为每股 7.26 元，即总共将拿出约 16.84 亿元的现金入股。当时，同仁堂 A 的股价在 20 元上下徘徊。

知情人士透露，合资公司在安排管理层方面，或者实行 MBO，或者按照对同仁堂的贡献大小折算成股份，估计实行后一种方式的可能性比较大。

上述知情人士进一步透露，2000 年从同仁堂 A 股分拆而来的同仁堂科技在港上市，李嘉诚以战略投资者身份成为其第二大股东，只是双方合作的第一步；之后，同仁堂集团与李嘉诚签署了战略合作构想，目前进行的合资计划是双方合作的第二步；双方将达到的最终目标是同仁堂集团整体与李嘉诚成立合资公司。

报道称，李嘉诚与同仁堂的合作由来已久。2000 年 10 月 7 日，同仁堂科技与和记黄埔全资附属的和记中药以及京泰实业在香港成立了同仁堂和记（香港）药业发展有限公司，该公司总投资 2 亿港元，和黄、同仁堂和京泰的持股比例是 5：4：1。

据悉，同仁堂科技原拟 2000 年 6 月在创业板上市，因市况差而押后。其后，证监会明文规定，不允许 A 股公司分拆上创业板。当时业内人士认为，同仁堂和记的成立，很可能是担心上市受阻，双方另谋的出路。同仁堂科技因获准在证监会下文之前，于当年 10 月 31 日顺利登陆香港创业板，成为首家由 A 股分拆而来的创业板公司。

2002 年 10 月 30 日，同仁堂科技再次与和黄属下的和黄中国签订意向，成立北京同仁堂和黄中药公司，主要从事中药的种植加工以及销售，投资金额约 1800 万美元。

同仁堂集团的产权结构为国有独资。50 岁出头的殷顺海身兼同仁堂集团、同仁堂 A 和同仁堂科技三家公司的董事长。他在 2003 年初接受记者采访时曾经宣称，2003 年将是"以集团化为目标，现代化为标志，产权多元化为保证"的重要一年。

当时，殷顺海表示，目前同仁堂等老字号企业的股权还没有实现真正的多元化，"一股独大"在一定程度上制约了企业活力，这种状况亟须改变。

何谓股权"多元化"？集团宣传部长金永年解释，今后同仁堂集团将会在股权民营化方面有所突破。

"同仁堂将把集团内资本运作方面的事务全部整合进来，形成一个大的投资平台。"这是同仁堂有关负责人的说法。

2003 年 2 月 15 日，同仁堂 A 和同仁堂科技突然进行了一次高层人事变动，同仁堂 A 总经理毕界平与在香港担任同仁堂科技总经理 3 年之久的匡桂申互换，此次人事变动比原定的换届选举提前了半年。

虽然关于此次高层人事调动的原因，外界有着种种猜测，但据接近消息源的人士透露，此事实际上与同仁堂跟和黄的合资计划不无关系。个人风格、工作特点和良好的沟通都是决定一个公司高层人选所需要考虑的因素。

同仁堂A的历次公告显示，从2002年6月开始，同仁堂科技的高管人员就开始"有计划地"流动到了同仁堂A，而同仁堂集团和李嘉诚对合资公司的具体筹划也正是从去年就开始了。

2002年，国务院发展研究中心为同仁堂制定了10年发展战略，计划利用3～5年时间建立并完善国内、国际比较稳固的销售网络，国内建500家连锁药店，海外建100家连锁药店，实现销售50亿元，初步形成跨国公司的框架；利用5～10年时间实现企业的快速发展，实现销售总额200亿元，使同仁堂中医药集团成为国际传统医药的知名企业。

按照同仁堂国际董事总经理丁永玲的说法，同仁堂的目标就是："凡是有华人的地方，都会有同仁堂。"

"国际天然药物市场的第一品牌"，是殷顺海为同仁堂的发展提出的终极目标。

当时，同仁堂已经在马来西亚、印尼、澳大利亚、英国、泰国、中国澳门、加拿大、美国等地开办了合资公司和连锁药店。在向海外市场迈进过程中，同仁堂利用"金字招牌"的优势，以品牌作为无形资产入股，在同仁堂与英国和中国香港的合作中，同仁堂仅以品牌参股，占了25%的股份。而在国内国际开办的这些药店挂在集团名下。

同仁堂科技分拆上市之初，按照同仁堂集团的布局，同仁堂A的产品主要面对国内市场；同仁堂科技的产品主要面向国际市场；同仁堂科技品种储备里二次开发以后的产品拆给同仁堂和记（香港）药业发展有限公司开发、销售，而生产则由同仁堂科技负责。

不过，虽然定位国际市场，同仁堂科技的产品主要还是销往内地，外销能力一般。2003年前三个季度，同仁堂科技的药品在中国区域内销售了6.76亿港元，在海外仅仅销售了2900万港元。

业内人士透露，李嘉诚对同仁堂的浓厚兴趣以及合资计划，是他与香港新世界发展有限公司主席郑裕彤联手投资50亿美元打造香港"中药港"这一庞大工程中的一部分。

在成功抵御亚洲金融风暴的冲击之后，1998年，香港特区政府宣布将重点推动高科技和高增值产业的发展，以带领香港走出经济困局。把香港建设成为"国际中医药中心"（即"中药港"）就是其中的一个重要目标。

据业内人士估计，当时全球每年中草药产品及健康食品的销售额超过200亿美元，且正以年均高达两位数的速度迅猛增长。

为成为"国际中医药中心"，香港特区政府已制订出一项庞大的10年发展计划。

1999年7月，香港特区政府制定的《中医药条例》获得香港立法会通过。从此，香港所有中医师必须注册，而批发及零售中药材也需领有牌照。随后，香港政府根据《中医药条例》成立了中医药管理委员会，制定附属条例，使中医注册工作可以顺利展开。

2001 年 5 月，香港中药研究院成立。研究院计划分阶段支持中药的标准化和认证、产品研发、安全评估和药品成效临床科学研究，确保产品品质和成效，提高中药在国际上的认可性。

虽然与内地和台湾相比，香港在中医药方面的基础薄弱，起步也比较晚。而且，李嘉诚打造"中药港"，在制造业方面香港并无现有资源可用，亟须在内地寻找可合作的中药企业，使之与香港作为国际大都市和国际金融中心，以及丰富的国际市场销售经验的优势相结合。

内地的中医药发展虽然十分成熟，却主要局限于国内市场，没有走向海外，发扬光大。而香港背靠内地，可以借助内地丰富的人才、科研、经验、原材料、产品等资源，成为引领内地中医药走向世界舞台的跳板。

此前，新世界发展也在国内进行了多项与中药有关的巨额投资。李嘉诚与同仁堂的合作，正是这种发展思路的典范之作，被看重"国际中医药中心"的人士寄予了很高期望。

作为有 300 年历史的同仁堂集团，如今拥有总资产 28.8 亿元，每年生产中成药 1 万多吨。到目前为止，同仁堂已取得生产批准文号的中成药品种近千个，长年生产的品种 400 多个，并能生产 24 个剂型产品。同时经营各种中药材、中药饮片 3000 余种，还拥有药用动物养殖厂，每年向生产企业提供纯种乌鸡和优质鹿茸。在同仁堂的产品中，安宫牛黄丸、牛黄清心丸、乌鸡白凤丸、大活络丹、国公酒占据着同类市场的大半个江山，每年在国内市场的销售额高达上亿元。

也有业内人士认为，对于李嘉诚与同仁堂的合资，相信没有"国际中医药中心"这个背景，单是"同仁堂"这个金字招牌，以及净资产溢价 1.5 倍的价格，已经对李嘉诚产生足够的吸引力。

有人说，不知《大宅门》里将百草厅老匾带进棺材的白景琦，知道了此情此景后将会做何感想。

无论如何，双方都是重量级的人马，这是一次"门当户对"的婚姻。

新公司成立后，将全面介入同仁堂的所有实体项目，从药品制造、药材生产直到在国内外开设零售药店，只要项目有良好前景，投资公司都将给予积极的支持。

据统计，近年来中国医药市场保持高速增长，医药工业产值年均增长 16% 以上，比世界药品市场年均增长高出 12 个百分点，也高于世界发达国家主要制药国近 30 年来年均增长 13.8% 的水平，成为全球发展最快的医药市场之一。

据参加第四届亚太地区医药产业圆桌会议的亚太地区医药企业负责人和医药专家们预计，到 2005 年，中国的医药市场年收入达 140 亿美元，到 2010 年将达到 240 亿美元，成为继美国、日本、德国和法国之后的世界第五大医药市场。

有分析说，中国正步入老年社会，有望平均寿命升至 70 岁；同时，随着人民生活水平的不断提高，社会购买力也将越来越大；这些因素将使中国医药市场年收入保持较高增长度。据统计，中国目前已是世界第七大医药市场，2000 年的药品收入为 68 亿美元。近 20 年来，世界处方药收入以约 10% 的年均速度增长，2000 年达到 3300 亿美元。亚洲医药市场的增速在此之上，而中国在其中更占有突出的位置。

中国医药市场的发展对外资企业来说，无疑是个利好消息。

但是，由于中医药的作用机理无法用现代医学理论来解释，因此，这一直是阻碍我国中医药走向世界的一道难题。多年以来，国内的中药出口基本以中药材为主，中成药仅占我国出口额的 20% ~ 30%。而日本、韩国则凭借发达的中药产业及其技术开发优势，通过对由中国进口的中药材原料进行深加工后，垄断了 90% 的国际植物药市场份额。

而中国的中药出口额仅占世界草药市场（不含中国内地中药市场）的 3%。国内的中药多是以健康食品的方式进入国际市场，既拿不到 OTC 的牌，也无法获得处方药的证书。像三九胃泰等国内知名中药产品，都是贴着"健康食品"的标签远销十几个国家和地区的。

中国医药行业也带着严重的"内伤"。到目前为止，我国医药独立核算工业企业约 4000 家，其中大型企业仅占一成二，一般销售额都只在 10 亿 ~ 20 亿元，全国医药前 10 强只占国内市场 25% 的份额，还没有一家医药企业的年销售额达到 100 亿元。全行业利润总和还不及国外一家大型制药集团的利润额。由此可见，多年来形成的医药行业"散小乱"的局面没有得到根本改善，企业规模效益差，这已成为制约我国医药发展的一个"瓶颈"。

因此，加快兼并重组步伐，扩大医药行业的资产规模，提高国内市场的集中度，成为中国医药行业发展迫在眉睫的问题。

有专家预言，2003 年至 2005 年这三年将是我国并购发生最为频繁的三年。今年由于 GMP、GSP 的认证期限迫近，医药行业的并购重组显得更为突出。并购与重组已成为今年国内整个医药行业发展的主流趋势。

而李嘉诚迈入"大宅门"同仁堂，就成为一个极其自然的选择。一个是创建于清朝康熙年间的闻名遐迩的中药老字号，一个是财大气粗的香港首富，这桩"门当户对"的医药"联姻"自然成为 2004 年中国医药行业整个重组并购事件中的一大亮点，让业内人士尤其是中医药界人士无不为此感到精神大振。

同仁堂的一位负责人表示，这是同仁堂近几年"收到"的最大一笔投资。这笔资金的到来无疑将给同仁堂注入新鲜的血液，成为同仁堂事业发展强劲的助推器。

同仁堂这家百年老店经过三个多世纪的发展，已成为拥有两家上市公司、海内外 300 余家分店和店中店的大型企业集团。这家多年蝉联国内中药行业 50 强榜首的老企业，其总资产已达 28.8 亿元。牛黄清心丸、乌鸡白凤丸、大活络丹等同仁堂产品已瓜分了国内同类市场的大半江山。与此同时，同仁堂正凭借着它的金字招牌，积极向海外扩张。

同仁堂的目标是在 6 年内，把目前在国内的 300 多家零售药店扩展至 900 家，5 年内，把目前的 10 多家海外零售药店增加到 100 家，使同仁堂成为国际知名中医药企业，并把国内发展成熟的中医药推向国际医药市场。

这与李嘉诚打造香港"国际中医药中心"的初衷不谋而合。

时任国家食品药品监督管理局副局长任德权说："中西方文化在这里（香港）和谐交融，为中医药的发展提供了得天独厚的条件。香港的特殊地位决定了香港在中医药现代化、国际化的进程中必然具有特殊的地位，必将发挥重要作用。"

因此，同仁堂与李嘉诚的和记黄埔的结合，无疑实现了内地与香港中医药的优势互补。同仁堂也将凭借自身在产品、技术及人才等方面的资源，背靠李嘉诚这棵有着丰富的国际市场销售经验及雄厚实力的大树，加快向海外扩张的步伐，以香港为跳板，引领中国的中医药走向国际舞台。

中国的医药市场正处于一个风云变幻的转型时期。康斯泰克咨询公司总裁王煜全把转型时期的医药市场分为三个阶段——短期、中期、长期，并且对这三个阶段的市场格局做了预测：

一方面，市场的持续高速增长将为企业带来前所未有的空间；另一方面，企业间的竞争会使市场的集中度大大增加。从趋势来看，全球的重组与并购不断发生，产业集中度不断提升，而中国也不例外。这个调整时期也许是十几年，也许是几十年，但是可以分为三个有特点的阶段（短期、中期、长期），来对特定阶段的市场格局做一个预测，为医药企业制定企业战略提供一定的参考依据。

最近 3 年至 5 年，也就是短期内，国内将是并购发生最频繁的几年，这几年间，各级政府对大型医药企业仍是持鼓励态度。中国医药市场的格局将仍是以国内医药企业为主，同时，随着小型企业的倒闭或被兼并，市场集中度将大大提高。国外医药公司的市场份额处于缓慢下滑的状态，而领先市场的企业主要有两类：一类是中国市场开放以来建立起来的民营企业和民营性质的其他所有制的企业，这些企业由于长期形成的品牌影响，同时敢于对市场大胆投入，因此仍能处于领先地位；另一类是拥有强大品牌资源的超大型企业投资建立的规范化的医药企业，这类企业管理正规，资本运作手段成熟，通过并购增加了自己的市场份额。

在这个时期，企业存在的普遍弊端是，进行资本运作和产业运作的人往往是分开脱节的。企业应培养既懂资本运作也可以进行产业运作的复合型人才，或者是建立一个两种人才可以互相取长补短的团队。应该使资本运作与产业运作结合，以产业思路指导资本运作，保证快速增长时期的稳定性，建立区域市场的局部竞争优势。

在这个时期，国内、国外企业占领的市场不一样，国内企业占领的是中、低端市场，国外企业占领的是高端市场，所以国内外企业的竞争没有国内企业之间竞争得激烈。

而接下来的 3 年至 5 年，即中期，国内企业的市场实力增强了，引起了国外企业的重视，而且外企银行经营商业信贷业务的展开，成为外企进行并购的重要条件之一。另外，随着外企经营分销渠道、医药市场的完全放开，外企在中国的发展也不再束手束脚，而是进行了反扑。

这个时期虽然说也是中国医药企业的黄金时间，但随着市场形势的不断变化，一些对中国医药企业不利的因素也日渐明显。由于前个阶段，只重销售、不重营销的高速扩张，逐渐出现销售人员短缺，销售人员素质下降的局面。医生待遇的改善使更多的医生以行医为自己的终生选择，不再参与医药销售，使得这一局面雪上加霜。外企加大对华投资，采取灵活的、本土化的策略，更是吸引了有丰富经验的本土营销人才加盟，以及原来从外企投奔到内企的营销人才的回流，这使得内外企业竞争更加白炽化。

王煜全认为，针对这个时期市场竞争的特点，销售与营销问题浮出水面，医药企业应该采取"小销售，大营销"的策略。在经营中，应坚持"营销指导销售"，不受短期利益诱惑，坚持管理的正规化。

经过了中期激烈的"内""外"较量，后期，也就是再接下来的几年里，医药市场格局产生了两种可能性：

第一种可能性（类似某些家电和 IT 市场的发展趋势）：外企重新获得竞争优势，以更新的新药和完善的整合营销手段与销售队伍管理重新成为市场的主导。内企退回到 20 世纪 90 年代的水平，主要占据农村和中小城市市场，同时为跨国企业进行加工生产。内企建立起来的庞大的销售队伍逐渐被外企消化，或者为外企协议销售。医疗制度和保险制度逐步与欧美体系接轨，进一步促成跨国医药企业在华经营的多样化，扩大了外企的竞争优势。

第二种可能性（类似电信市场的发展趋势）：内企完成转型，建立了完善的营销和销售体系，并在外企的竞争压力下逐渐国际化，将自己的产品打入欧美、东南亚等国际市场，同时向欧美发达国家的医药研发企业投资，形成长期稳定的关系，保障了自己的产品线。外企虽然对中国加大投入，但没能根本解决总部和地方的权力分配关系，总部未能充分放权，造成其经营手段僵化，市场份额再一次缓慢下滑。

王煜全认为，这个时期无论竞争结果是哪一种可能性，企业都应该加强构筑面向未来的包含医药、医疗、健康与疾病管理、保险、金融等完整的产业链，从更高的角度赢得竞争。

根据历史数据，并结合与我国医药市场最为密切的 GDP、人口、医疗费用支出、药品进口金额、药品出口金额等因素分析，SFDA 医药经济研究所"全国医药经济运行分析系统"运用时间数列指数平滑法设计数学预测模型。经过定量、定性分析认为，2004 年中国医药经济运行总体向好，增长幅度仍然较高，医药工业总产值增长 25.54% 左右，约 5113.11 亿元；化学药品销售额增长 16.54% 左右，约 1748.16 亿元。2004 年医药经济运行呈现五大趋势：一是持续稳定增长，增幅高于 2003 年；二是出口碰上一定困难，进口继续高幅增长；三是产业结构、产品结构调整加快，生产经营集中度进一步提高；四是工业经济效益继续回升，商业效益下滑，两极分化加剧；五是资产重组推动业态转型，民营经济发挥更重要的作用。

据国务院发展研究中心的预测，2004 年是中国新一轮经济周期的快速上升、稳定增长期，GDP 可望增长 8.5%。国家信息中心则认为，2004 年中国 GDP 可望增长 10%。2004 年，投资、出口、居民消费"三驾马车"增长速度不减。国内经济的快速增长必将带动医药需求的增长，从而促进医药经济的快速增长。

近几年，医药业作为朝阳产业已成为投资的热点，大量业外资金的投入也随着宏观经济的增长而不断增加，而这些资金并非短期资金，其后续投入将源源不断，这对医药经济的持续增长将起到有力的推动作用。

李嘉诚总是能在该出击的时候出击。谋利而动，是商人的本能，这并不奇怪。人们好奇的是，一向以港口、电讯业务等闯荡天下的李嘉诚，为何突然对中药如此垂青？

熟悉和黄投资脉络的人士指出，李嘉诚有很深的"中药国际化情结"，他早就想为自己、也为全体中国人，圆一个"中药国际梦"。

与上海市药材公司的合作，是李氏布局内地中药业的另一不凡手笔。2001 年 8 月，和黄出资 50% 与上海市药材公司旗下上海中药一厂合资成立上海和黄药业。据了解，上海和黄的总投资意向为 2.2 亿元人民币。像同仁堂一样，上海中药一厂同样大有来头。其所辖"上药"牌不仅拥有麝香保新丸、胆宁片、生脉注射液等一批老牌中药产品，还归属于国内最大医药上市公司上药集团麾下，在华东医药界颇有实力，这无疑为和黄在华东地区拓展市场奠定了良好基础。

至此，李嘉诚基本完成了在内地最发达地区的布局：华北由"同仁堂和记"把守，华东有"上海和黄"冲锋，那么，华南呢？

北有同仁堂，南有白云山。华南的药业巨头是广州白云山股份有限公司。于情于理于利，李嘉诚都应该做出右手拉着白云山、右脚走上白云山的举动。北上联姻，南下结缘，李嘉诚唯有南北结合才能圆梦。

2004 年 3 月 23 日（星期二），某媒体刊载一篇题为《医药并购，李嘉诚瞄上白云山》的报道。报道称：

广州白云山中药厂一高层向记者透露，李嘉诚正准备向该厂注资，"合作开发中药产品"。双方已初步达成合作意向，正在商讨具体的合作细节。

据悉，谈判双方目前达成的口头协议是，和黄直接向白云山中药厂注入资金，达到各占 50% 股份的标准，"具体细节还在洽谈之中"。

据白云山的这位高层介绍，和记黄埔在欧洲拥有上千家的药店，一旦合作成功，白云山的药品就可以比较轻松地销售到欧洲市场。

当日，在深交所上市的白云山 A（000522）突然放出自 2003 年 4 月以来的最大交易量，从 6.3 元冲至 6.58 元，24 日（星期三）则停牌一天。

白云山公司于 25 日（星期四）发布澄清公告，郑重声明：到目前为止，公司没有与报道中所称的"和记黄埔"公司就合作事项进行商讨，同时，经向广州白云山中药厂求证，亦不存在中药厂某高层向记者透露的情况。

但是，一些长期研究我国医药发展的专业人士认为，传言并非空穴来风，李嘉诚携手白云山，完全在情理之中。其时，股市大盘已快跌到 1500 点了，白云山仍然还是于周一（3 月 29 日）跳空 1% 高开，放量上行，收盘大涨 6%；周二（3 月 30 日）再接再厉，收盘小涨 1.17%。

白云山中药厂是白云山下属 9 家企业之一，年销售额近 5 亿元，是仅次于白云山制药总厂的第二大业绩贡献企业；2003 年利润 4000 余万元，利润贡献同样名列前茅，在整个上市公司中可谓有着举足轻重的地位。业内人士认为，李嘉诚如果能与白云山中药厂成功合作，不排除下一步与白云山的控股公司广药集团下属另一家企业——广州药业的合作。广州药业 2003 年销售额近 80 亿元，是中国最大中成药生产基地，这也许是李嘉诚觊觎的真正原因。

特别是经过 2003 年非典一役，以板蓝根为主导产品之一的白云山中药厂一战成名。在此之前，在国内中药界已有"北有同仁堂，南有白云山"美誉，比如仅板蓝根白云山就占全国六成以上市场，2003 年的实际收入接近两亿元，2004 年头两个月销量已达几千万元。

与同仁堂的老字号形象不同，白云山一直以"中药先锋"面目示人，比如最出名的板蓝根，第一家采用中药指纹图谱现代化质控；第一家通过中药 GAP 基地验收，2004 年上半年宣布将其安徽的 3 万亩药材基地扩充到 10 万亩，成为安徽全省的重点项目。据了解，全国 40 多个药材种植基地中，通过 GAP 认证的不到 10 个，其中白云山就占了两个，一个是位于安徽亳州的板蓝根药材基地，一个是建在广州郊区的穿心莲药材基地。另外，白云山中药在西药最为棘手的心脑血管疾病治疗方面，其复方丹参系列产品占全国市场一半以上，2003 年的销售额也超过 1 亿元。

据了解，白云山中药厂正在启动其以穿心莲、消炎利胆片为主的"中药抗生素"项目，抢占 2004 年 7 月 1 日后 100 亿元的巨大市场空当——国家药监局规定西药抗生素在药店零售必须凭处方购买，由此可能导致其退出药品零售市场。而"中药抗生素"的后期开发需要巨大资金支持，和记的加入显然能使这一资金瓶颈迎刃而解，"白云山中药"

也有望借此引跑中国"绿色抗生素"产业。

仅仅过了两个月，谜团就解开了。2004 年 5 月 27 日，《人民日报·华南新闻》刊登了一则报道称：广州白云山制药股份有限公司与李嘉诚旗下的和记黄埔（中国）有限公司，日前达成初步意向书，决定在广州成立合资企业，从事中药的生产、加工、科研开发、销售及出口等。业内人士认为，白云山制药股份公司与和记黄埔结盟，对广东正在推进的中药现代化具有重大意义。

在双方签订的意向书中，白云山制药股份公司以属下白云山中药厂的资产投入合资公司，和记黄埔则以现金投入，双方各占合资公司 50% 股权。按照约定，合资公司无偿使用各自拥有的"白云山""和记"注册商标及标志，在国内市场，合资公司使用"白云山""和记"双商标，在海外市场则使用"和记""白云山"双商标。

知情人士向媒体记者透露，整个签约仪式在广药集团进行，但非常隐秘。据称，和记中国公司董事、总经理杜志强、白云山股份公司总经理齐兆基、广药集团董事长蔡志祥和总经理李益民、广州市经委主任以及白云山中药厂厂长李楚源全部到场，足见双方对此次合作的重视。

据说，合资公司董事会由 6 名董事组成，双方各派 3 名董事，"董事长很有可能由和黄派人出任"。

虽然该意向书有效期只有一年，公司还特别提醒最终能否合资成功还无法预测。但这位知情人士称，合资"几乎是板上钉钉的事情"，据透露，合资期限将会长达 50 年，合资公司的名字为"白云山和记中药有限公司"。

为了让读者有更清楚的了解，可以进行一下事件回放：

2004 年 3 月 23 日，白云山 A（000522）放巨量大涨 3.50%，成交金额达到 6035 万元，是上一个交易日成交金额的 2.5 倍；媒体爆出李嘉诚旗下的和记黄埔公司正准备向广州白云山制药股份公司属下分厂广州白云山中药厂注资合作开发中药产品，双方已初步达成合作意向。

3 月 24 日，白云山 A（000522）以重大信息未披露为由，向深圳证券交易所申请临时停牌一天。记者向该公司相关人士求证合作事宜，该人士称："根本没有此事，我们将发一个澄清公告。"但是，公司股票连日上涨，业内人士对该股的后市评论是，主力正在耐心搜集、稳步推高，已形成向上突破加速上攻态势，密切关注。沾上李超人的概念，想不涨都难。

3 月 25 日，广州白云山制药股份有限公司发布公告声明否认此事。

5 月 24 日，双方正式签署合作条约。5 月 24 日和 25 日，广州白云山制药股份公司股票在大盘跌势明显的情况下，连续两天小幅上涨。

对于李嘉诚的投资手法，深有研究的分析师认为其特点在于前瞻性、战略性的投资方式，因为李嘉诚从事的产业无论是房地产业还是运输业，都因其快人一步抢到头啖汤而获得长远发展。在中国内地医药产业蓬勃发展的今天，和记黄埔对市场的周密布局可见一斑。另外，除了直接投资中药产业，李氏集团还把目光放到保健品、药店、研发中心等一系列相配套内容中。

"很少有如此迅速的合作谈判。"一位消息灵通人士如此评价和黄与白云山的"恋爱经历"。2003年12月，李嘉诚写信给广州市主要领导，希望与国有控股企业白云山中药厂合作。这一要求得到市领导的重视，当即批转给该市国资部门，双方立即进入"热恋期"。在此期间，双方也有细节上的摩擦：比如在股权上，两者都曾表示要控股，在财务总监的设置上要派出"自己的人"……但鉴于双方强烈的合作意向，最终在不到5个月的谈判时间内，完成了这项涉及10亿元、被外界称为"闪电战"的合作意向。

2004年6月，《环球时报》刊载署名赵山河的文章《李嘉诚要圆中药国际化之梦》，是这样分析的——

李嘉诚的中药业情结要追溯到几年前的亚洲金融风暴。1998年，在成功抵御亚洲金融风暴的冲击之后，香港特区政府宣布将重点推动高科技和高增值产业的发展，以带领香港走出经济困局。而把香港建设成国际中医药中心（即"中药港"）就是其中一个重要目标。李嘉诚就是在此时与香港新世界集团公司主席郑裕彤联手，投资50亿美元打造香港"中药港"。

然而，几年来"中药港"一直没有出现轰轰烈烈的场面，究其原因，业内人士认为，根子正在于香港缺乏有分量的中药主体企业支持。中药产业需要深厚的积累，并非靠资本运作就可以简单解决；与此同时，可以作为支撑的内地中药企业的发展，与香港市场的契合又不可能在一朝一夕间完成。唯一的出路是，推动者直接控制中药业发展的脉搏。于是，这便有了近几年和黄亲自出马投资中药事业的一幕。

但明眼人一看便知，李嘉诚的志向显然不限于香港。建设"中药港"，只不过是李氏将香港作为中药国际化的冲锋基地。说白了，香港是中药国际化的桥梁。

桥梁的彼岸是欧美市场。在中药走向国际的道路上，欧美是最主要的目标市场，也是最难攻坚的市场。而在这两个市场中，欧洲又是中药进入美国的桥梁。就在一个多月前，也就是（2004年）4月30日，欧盟在官方网站公布了《欧洲传统植物药注册程序指令》，并宣布自公布之日起生效。据业内人士分析，该《指令》与两年前的《指令（草案）》的内容相比，大大降低了植物药的市场准入条件。白云山中药厂厂长李楚源说："这对于中药挺进国际市场极为有利。"

李嘉诚显然也看到了这样的有利条件。但真正让他将欧洲作为国际化首站的原因，还是香港与欧洲历史上的联系。

香港曾是英国的殖民地，不少英国人都去过香港，曾接触过中药，对中药文化有一定的认知。这一点从英国的中药消费人群中也可看出。据刚从英国考察归来的李楚源介绍，在英国的中药店，常光顾的除当地华人华侨外，还有很多当地人。从这个角度来看，英国便是中药登陆欧洲的天然港口。

实际上，李氏在英国的中药销售终端布点已经初见规模。早在2001年下半年，和黄就开始在欧洲建立零售药店"和黄药业大药房"，凭借其雄厚的资本和在零售行业多年的经验及管理能力，在短短两年半时间里，"和黄药业大药房"就收购和开设了1000多家连锁店，其中在英国就有700家，兼营中西药。

与此同时，和黄又于去年（2003年）在伦敦单独推出中药店，单看其名就颇有绿色意义——"森（SEN）"。据有关人士介绍，药店中的中药主要是国内生产的中成药，比如同仁堂的六味地黄丸，白云山的板蓝根、穿心莲，等等。有趣的是，当地有人将板蓝根冲剂比作"中国咖啡"，一遇上感冒发烧就冲上一杯。

完善的分销渠道是中药走向世界的必要条件，除此之外，中药在国际化的过程中，除了提升科技含量外，还要改变其在海外作坊式生产的"老印象"。而国内中药企业与李嘉诚联手刚好可以弥补这一点。原因很简单：没有人相信和黄会是作坊式生产。

除此之外，还有资金实力。数年前，中国某种中成药差一点就通过美国FDA（美国食品与药品管理局）认证，名正言顺地进入国际市场，但最后却因资金不足，退出了临床试验。中药界事后反省，要让一种中成药通过美国FDA认证，至少需要10亿元人民币，而中国中药企业似乎没有一家能具备这种实力。

有业界人士在听说李嘉诚携手白云山中药厂时，曾感叹地说，"中药国际化梦"将因和黄的实力，而变得"一切皆有可能"。

第三十七章

沸沸扬扬　撤资传闻甚嚣尘上

2013 年 11 月 22 日，有一个人，接受了一个报业集团的采访。

如果只是某个平凡的人，接受了某个媒体的采访，在这喧嚣扰攘、各种奇奇怪怪的新闻层出不穷的世界上根本不是什么事儿。顶多，像一个小孩子，往一条滔滔东流的大河里扔了块小石子，打了个水漂儿，漾出一些细碎的波纹儿，不一会儿就水过无痕了。

关键是，接受采访的这个人，不是普通的"凡人"，而是"超人"——在香港商界叱咤风云数十年、有"香港超人"之称的李嘉诚；而获准采访他的媒体，是影响力巨大、连美国总统奥巴马访华，也要指定接受其独家专访的广东南方报业传媒集团。

李超人一向低调、行事谨慎，是什么令他一反以往的作风，高调接受南方报业传媒集团的专访？他身居香港这个传媒业异常发达的现代化大都市，为何不接受香港众多传媒的访问，而专门找了中国南方名列第一政经主流传媒地位的南方报业传媒集团？

要知道，在中国传媒业中，南方报业传媒集团非等闲之辈。它由《南方日报》及其创办的系列报刊发展而来。《南方日报》1949 年 10 月 23 日创刊于广州。在半个多世纪的发展历程中，《南方日报》以其不可替代的权威性、公信力和高品质的主流新闻和深度报道，确立华南地区主流政经媒体地位，是广东唯一主打高端读者群的权威政经大报。南方报业传媒集团的前身为南方日报报业集团，于 1998 年 5 月 18 日正式挂牌运作。2005 年 7 月 18 日，南方日报报业集团更名为南方报业传媒集团。经过近 10 年的快速发展，现拥有"十一报"（《南方日报》《南方周末》《南方都市报》《21 世纪经济报道》《南方农村报》《南都周刊》《风尚周报》《理财周报》和与光明日报报业集团合办的《新京报》、与西江日报社合办的《西江日报》、与云南出版集团合办的《云南信息报》），"八刊"（《南方月刊》《城市画报》《名牌》《南方人物周刊》《21 世纪商业评论》《商旅周刊》《南方第一消费》《鞋包世界》），五个网站（南方网、南方报业网、奥一网、凯迪网、番茄网），一个出版社（南方日报出版社）。

从 2001 年起，北京大学企业管理案例研究中心"中国最受尊敬企业"评选中，南方报业连续六年入选 50 强，其中 2001 年和 2006 年荣获"中国最受尊敬企业"称号。世界品牌实验室和世界经济论坛联合发布的 2004 年度"中国 500 最具价值品牌"排行榜中，南方报业有三家报纸闪亮上榜；2005 及 2006 年度有四家上榜；在 2007 年度"中国 500 最具价值品牌"排行榜上，在未计南方报业传媒集团品牌价值的情况下，旗下的《南方日报》《南方都市报》《南方周末》《21 世纪经济报道》四家报纸品牌价值达 96.99 亿元。2014 年 7 月 17 日，"2014 年中国大学生最喜爱的媒体品牌榜单"报纸品牌前十名中，南方报业传媒集团占三席，《南方周末》《南方日报》《南方都市报》分别居第二、八、十位。其中，《南方日报》是上榜的唯一一家省委机关报。此外，南方报业旗下的《南方都市报》位列都市报品牌第一，《21 世纪经济报道》位居财经类媒体第六，《南方人物周刊》位列杂志前十品牌第七。笔者在此不厌其烦如数家珍地介绍以上信息，是为了说明南方报业传媒集团旗下报刊的读者众多，拥有以公务员、商人、大学生和专业人士等高端人群为主体的读者群，故对广东乃至中国的社会经济、文化走势具有高度的影响力。这就是李嘉诚选择这家传媒集团接受专访的重要原因——李超人是个商人，他"从不做亏本生意"，这个，你懂的。

而作为李嘉诚本人，他终于肯接受南方系媒体采访自有其深层的原因。

这还需要从李嘉诚旗下企业近几年频繁的商业活动说起。

早在 2010 年，在全球经济是否面临二次探底的不明朗形势下，时年 82 岁的李嘉诚旗下的长江基建牵头的一个财团掷出 91 亿美元（约合 700 亿港元）收购法国电力公司（EDF）拥有的英国电网资产。这也是长江实业集团史上最大金额的收购项目。

此战，李嘉诚击退了由阿布达比投资局、加拿大退休金计划投资局及澳大利亚麦格理集团组成的财团。李嘉诚因此成为英国基础设施资产的最大所有人之一，目前他控制着英国大约 1/4 的电力分销市场、大约 10% 的天然气供应市场、不到 5% 的供水市场。

2011 年，长江基建斥资 24.1 亿英镑收购英国 Northumbrian Water Group。2012 年 7 月，长江基建报告中期净利润增长 18%，主要得益于其英国资产组合（包括 Northumbrian）。

2012 年 7 月，李嘉诚又斥资 6.45 亿英镑收购英国天然气公司（WWU）。WWU 公司的输配网络为 740 万客户服务，覆盖英国近 1/6 的国土。

这笔交易是李嘉诚收购英国、加拿大和澳大利亚公用事业企业（因为此类企业具有稳定的监管环境、普通法司法管辖以及可以预计的回报）的长期战略的新动作之一。

进入 2013 年，李嘉诚投资海外的脚步迈得更大，海外投资版图迅速拉开——2013 年上半年李嘉诚共 4 次出手购买海外资产。

2013 年 1 月，长江基建以 32 亿港元代价收购新西兰 Enviro Waste 废物管理公司，开拓废物管理基建业务。

2013 年 3 月，和记港口信托以 39 亿港元从 DP World 收购亚洲货柜码头全部股份，提升葵青港区整体操作的灵活性及效率，加强国际中转业务。

2013 年 6 月，李嘉诚旗下长江基建集团、长江实业、电能实业按 35∶35∶20∶10 的股权比例成立一家合营企业收购荷兰一家废物转化能源公司，作价 9.4 亿欧元（约 97.7 亿港元）。该公司废物转化能源厂房的处理量为欧洲第一。

2013 年 6 月，和记黄埔旗下企业以 7.8 亿欧元（约 80 亿港元）收购爱尔兰电信公司 O2 业务。

英国媒体更戏言称，李嘉诚的海外并购几乎买下了"整个英国"。据统计，2013 年，李嘉诚旗下欧洲业务的运营利润首次超过了和记黄埔在香港和内地业务利润的总和。

说实在的，李嘉诚哪儿来的这么多钱？即使他的长江实业、和记黄埔利润丰厚、实力超强，也架不住他四面出击，将欧洲、澳大利亚等地诸多的公用事业收入囊中啊！

原来，这几年，李嘉诚一直频繁套现其在内地和香港的资产，将这些资金转而投资海外。

远的不说，就从中国承办奥运会的 2008 年说起。那是中国房地产业风生水起、如火如荼的一年。李嘉诚旗下的和记港陆抓住有利时机，与投资基金"亚太置地"旗下公司签订协议，以 44.38 亿元出售位于上海市中心长乐路 989 号的世纪商贸广场。

2009 年，李嘉诚抛售了位于浦东花木板块的御翠园商业别墅。所谓"商业别墅"，就是该别墅项目内独立成楼的商铺部分。在抛售了御翠园商业别墅后，李嘉诚旗下的和记黄埔又加推了面积 8000 平方米的会所，正式报价 1.6 亿元。

同年，李嘉诚旗下的和记黄埔以起拍价高达 1.5 亿元的价格出售御翠豪庭售楼处。该楼盘处于上海长宁区古北板块，这一带是境外人士聚居区域。

2013 年 10 月，李嘉诚整栋抛售了位于上海陆家嘴写字楼项目的东方汇经中心。这是他 2013 年在内地卖掉的最贵的楼，71.6 亿元的售价是当初拿地价格的 8 倍多。

据某媒体记者的不完全统计，从 2013 年起，通过出售广州西城都荟广场等物业以及分拆港灯上市，这一年以来长和系套现金额达到 431 亿元。

然而，在抛售的同时，李嘉诚并没有在内地新增任何土地储备。在海外那一连串令人眼花缭乱的收购频频得手，难免惹来"撤资"非议。更重要的是，作为亚洲首富，他的一举一动自然都被公众时刻关注着，他这些重大的举措，是否意味着内地和香港的楼市已经开始面临着走下坡路？要知道，李超人一向以善于"高卖低买"著称。难道，他对香港、对内地未来的房地产失去了信心，以致将投资的重心转移到欧洲？难道，他一直声称自己"爱港如家"都是假的，如今，他要"弃家离去"？

　　于是，有关李嘉诚要撤资的报道铺天盖地、持续发酵，其严重程度，已对李超人的形象产生了非常不良的影响。这就像一个激流中的漩涡，当你不小心陷进去了，很可能，"灭顶"的命运就等着你！

　　这让一个人深感不安。

　　这个人是谁？她是"李嘉诚基金会"董事、李超人的助手、红颜知己周凯旋。

　　出生于1960年的周凯旋，与李嘉诚相识于1993年北京东方广场项目的投资之时。周凯旋是这个项目的经手人。据说当年周凯旋只用了5分钟，就与李嘉诚谈妥投资东方广场这个项目，总投资额达20亿美元。北京东方广场能够顺利立项、完成拆迁并顺利完工，稳稳地矗立于寸金寸土的王府井边缘，简直就是一个异数、一个奇迹！光说只用了半年时间，就迁走了长安街上20余个国家部级单位、40余个市级单位、100余个区级单位、1800余户居民，这就已经很不简单了，更别提该项目突破了北京市的建筑高度限制、搬迁麦当劳、开发中遇到古迹、历经陈希同和王宝森腐败案等风风雨雨而不倒……这难道还不能让人对周凯旋刮目相看？

　　从那时起，周凯旋就慢慢成为李超人身边的得力助手，进而成为他的红颜知己。

　　周凯旋目睹谴责李嘉诚撤资的报道铺天盖地，舆论一边倒的情况严重，她觉得有必要提醒李嘉诚为自己做些有利的辩解。按李嘉诚一向低调的性格，遵循"多做、少说"，或"只做、不说"的原则，从不愿意为自己多做辩白。但这次考虑到"三人成虎""人言可畏"，防众人之口甚于防川，还是找个适当的方式接受媒体的采访为好。

　　只要接受采访，难免就会提及他对政治的看法，若通过西方传媒发表，恐怕会得罪中央。而且他近年来并不信任香港本地的传媒，因此内地传媒就成为唯一的选择。南方报业传媒集团旗下有极具影响力又敢言的《南方日报》《南方周末》《南方都市报》等，对李嘉诚来说就恰到好处，既避免了政治风险，亦能在最大限度上反映自己的所思所想。经过深思熟虑，李嘉诚决定接受南方报业传媒集团的专访，以达到采访效果的最佳化和最大化。

　　周凯旋本就是个能干的女子，人际关系很广。她恰巧有朋友认识南方报业传媒集团的高层，经其牵线，双方一拍即合，迅速达成采访意向。从2013年10月起，双方就采访的问题、细节、时间等诸多问题来来往往地磋商了好一段时间，终于，确定了采访的时间和地点。

第三十八章

天方夜谭　"撤资"是个大笑话

2013 年 11 月 22 日午后，在位于香港中环的长江集团中心极为宽敞明亮、可以俯瞰维多利亚港全景的会议室里，亚洲首富李嘉诚打破五年的沉默，接受了南方报业传媒集团的专访。

李嘉诚身穿一套蓝黑色西装，雪白的衬衣上打着一条白底浅蓝色斜条纹的领带，不多的头发梳理得服帖明亮，脸色红润，那招牌式的黑框眼镜下满是超人代表性的笑容，显得神采奕奕。他走进来时，步履矫健、步速也很快，一点也不像 85 岁的老人。在周凯旋的陪同下，他与等候在此的南方系记者们一一握手问好，并微微弯腰递上名片，微笑着，认真地看着每一个人，近乎多余地用带潮州音的普通话自我介绍："李嘉诚。"

在两个半小时的采访中，他多次强调说："你们可以提出任何问题。"李嘉诚的平静让人印象深刻。除了开场和另一个瞬间，其余时间里他都语速平缓，声调平和，即使被直接问到对于死亡的看法。曾经因战乱举家逃难香港，遭遇年少丧父、中途辍学，做过推销员、塑胶厂老板的他，因为之后数十年间的个人奋斗和巨大成功，被捧为"香港梦"的最佳代表。但在刚过去不久的香港货柜码头的工潮中，他被码头工人刻画成"奸商"和"魔鬼"，这是不是他一生中遇到过的最艰难的时刻？

现将《南方周末》与李嘉诚的对话收录如下：

现在中国共产党十八届三中全会决定经济更开放

南方周末：李先生，今年您的集团出售了上海、广州超过百亿元的商业物业，以及香港部分资产，还曾经洽谈过转让百佳超市项目。由此，关于长和系要从内地及香港撤资的传言沸沸扬扬。

李嘉诚： 说长和系"撤资"是一个大笑话。

我告诉大家，以 2013 年为例，长和系总毛收入约为 4300 亿港元，投资海外（新西兰和荷兰）基建项目则是 130 亿港元（17 亿美元），实际动用的资金只有 80 亿港元（10 亿美元），仅占长和系总毛收入的不足 2%；同时，我们 2013 年在香港的货柜码头项目也投资了 40 亿港元，这样怎能说是"撤资"？真是天方夜谭的笑话。

"撤资"这个问题，无论从哪个角度看，都是不成立的。

我们在世界 52 个国家和地区都有投资和营运，包括地产在内，集团曾经在不同国家出售业务，有的赚了超过 1000 亿港元，赚数百亿元的也有不少，别人一句批评都没有。

以在新加坡投资为例：这二三十年来，我们与当地政府关系非常融洽，而出售物业总值以百亿元计。过去两年多因地价上涨，在当地买不到合适的土地，现时只余不足 1% 的住宅单位尚未出售，也没持有任何收租物业，却从未被新加坡方面批评我们"撤资"。

有时在某国家出售业务后，有新机会时又再重新加大投资，当地亦视为平常事，绝无引起任何传言。企业按照法律经营，赚得盈利后再投资其他任何地区。或因经营不善亏损、业务回报低或前景欠佳而退出，均属纯商业决定。

在香港，如价钱合理，会继续买。也可能会卖掉外国一些资产，或将资产上市，并不稀奇。高卖低买本来就是正常的商业行为。但我经营国际性业务超过 30 年，这次是第一次听到来自香港所谓的"撤资"评论，在全球其他地方前所未有，然后又传到内地去了。

在经济全球化的大环境中，"撤资"这两个字是用来打击商界、扣人帽子的一种说法，不合时宜，对政府和经商者都是不健康的。

南方周末： 但是最近您的确在连续出售内地和香港的一些物业和资产，这是做何考虑？

李嘉诚： 用出售物业和资产作为"撤资"的例子，是可笑的。

地产是我们的核心业务之一，但集团收租物业所占比例不高，在香港的最佳地段如中区，用作长期收租的写字楼物业总面积约有 380 万平方英尺（约为 40 万平方米——编者注），总市值不少于 1300 亿港元，包括自用或曾用作总部的华人行、长江集团中心、和记大厦、中环中心和其他重要地段的商场等；内地方面，位于最佳地段的收租物业包括上海、北京如东方广场等亦约有 500 万平方英尺（约 55 万平方米——编者注），总市值至少 400 亿港元，内地香港两地收租物业市值共 1700 亿港元，此外集团和我私人持有的全部海外收租物业市值只是内地香港两地的千分之五。

然而，与其他大型地产发展商相比，我们无论在国内或国外，所持的收租物业规模都属较小，其他全属于大型住宅发展项目，建成后 90% 以上会出售，余下商业部分如商场即使留作收租用途，也会在将来时机成熟时出售。酒店及服务式住宅则属长期经营项目，但中间亦会出售。一切地产买卖都是正常商业行为。

没有"撤资"的事，日后出售业务也都跟"撤资"没有关系。如果我真要"撤资"，那么最容易的就是迁册（香港人将公司迁移注册地称为"迁册"——编者注）。我一定不会迁册，长和系永远不会离开香港。不过规模的大小是另一回事，主要看情况而定，我有百分之百的责任保护股东的利益。

作为一家国际性综合企业和负责任的上市公司，对经济发展循环及业务回报条件常常要带高度警觉思维，灵活调整是很正常和重要的运作。否则，如果你是投资者，也不会投资一家对股东不负责的公司吧。

南方周末： 如果股东利益和国家的情况出现分歧呢？

李嘉诚： 不会有什么分歧。现在中国共产党十八届三中全会决定经济更开放，我这么爱自己的国家，一定会留意经济怎样改革，农民生活因土地变成资产而改善，还有国企盈利上缴 30% 以改善人民生活，这些绝对是好事。国家鼓励企业到外地投资，我在外国投资方面算是走前一点，可以说成功吧！

我一生的原则是不会去赚最后一个铜板

南方周末： 您目前出售的资产多为地产，您怎么看香港和内地楼市？

李嘉诚： 内地房地产过去持续上涨，往往以高于市值的价格也无法投得土地。内地政府部门都说要对房地产进行打击，价格太高。不听他们的话，还可以听谁的话？现在价格的确涨得太高，一般老百姓买不到，投资地产的公司也有危险。

过去两三年我们买入的项目较少。香港地价高，已看到不健康的趋势……内地的地价也飞涨，我们也无法成功投得土地。若地产业务继续艰难地经营，高价投地而亏本，就是对不起股东。

我们是一家小心经营的公司，长实今天的负债比例是 4%，和黄是 21%，还有在加拿大的赫斯基，负债比例只有 12%，以这么大规模的公司而言，属于低的比例。这是我做生意的原则，对于债务和贷款问题，非常小心处理，如履薄冰。我从 1950 年开始做生意，到今天已经 60 多年，经历过不少风风雨雨，也一路走过来。

我一生的原则是不会去赚最后一个铜板，就是最后的那分钱，要很小心。

南方周末： 关于包括李家在内的几大富豪家族，香港有个流行的说法叫"地产霸权"，您认为是吗？

李嘉诚： "地产霸权"实在是一个笑话。

我们是国际综合企业，地产只是其中一类业务，别人借地产攻击我们，但我们买（土地）少了，大家高兴才对！

大家都知道香港地产市场一直由政府政策主导，不论从土地供应到投地条件的设计、房地产税务政策等，并非地产商决定，因此"地产霸权"并非属于地产商。

希望跟别人一样，生活在一个公平公正的环境

南方周末：以前您在香港一直备受尊敬，被誉为"超人"，但现在被抨击为魔鬼、万恶的资本家，说您垄断了香港经济。在您看来，香港人对您为什么会有这样的变化？

李嘉诚：树大招风是盛名的代价。

贫富悬殊是世界大趋势，普罗大众面对的环境越来越艰难。以现今很多发达国家或发展中国家城市同样面对的贫富悬殊情况来看，在一个地方投资所占比重越大，被抨击的机会便越高。

我们因为在香港投资较大，容易引来抨击。

二三十年前我已预见香港这个情况，不是我聪明，而是香港只有700万人口，我做这么多生意……有一次开记者招待会，有记者问我会否"撤资"，问我为什么不多在香港投资经营零售事业。我说，以零售业来说，集团在香港零售店铺有682家，全球共有12000家，就算在香港只增加10%店铺，香港可以容纳吗？

香港市场已无法容纳更多，因此，集团多年来已尽量控制。30年前，集团的香港员工有3万多，外国的则只有一半；现在全球26万多名员工，香港仍维持3万多，相差7倍。

1979年我收购和记黄埔之前，它在香港以外的地方是零投资。因为知道香港市场有限，我不断地到外国投资，今天证明我的做法是对的，如果集中在香港投资，根本是蠢事！

和黄的香港业务占全球投资比例约15%，长实在香港的投资占全球的约1/3，如果地产做得少一点，比例会更小。

其实集团在外国赚取的盈利亦会惠及香港股东，在时机适合之下将某些资产上市或出售，所得利润将令股东受惠。

南方周末：您说普罗大众的日子越来越难，以前您也曾经说过企业家最大的挑战是帮助建立社会。企业家要如何帮助社会？

李嘉诚：全世界都有这个现象（贫富分化），并非香港独有，内地也有。与10年前相比，欧美大众今日的收入和购买能力，原则上也没有太大的改善。

企业家的挑战是帮助建立社会，这需要国家和人民一起尽心尽力地去做。

我认为提供免费午餐难以解决贫富悬殊问题，唯有为年青一代提供良好的教育，提高普罗大众的就业条件和增加就业机会，脱离跨代贫穷。多年来我不止一次表示不介意政府合理地增加商业税，以支持长远的发展。

南方周末：我们在此前的采访报道中曾说到，香港社会近年发生了很大的变化，比

如仇富情绪增加，等等。您怎么看待香港的未来？香港要如何面对这些变化？

李嘉诚：香港有其弱势：缺乏天然资源，90% 以上的工业北移内地，贫富悬殊情况更难改变。

如果政府没有前瞻政策，以为解决现在就是解决未来，这是非常狭隘的想法。

政府需要考虑如何投资未来，如果不为年轻人提供更好的就业机会，贫富悬殊与社会情绪恶化只会持续下去。

福利化社会是否适用香港？关键是我们要有选择，要大家扶贫，也要自愿，只能引导。我相信，香港人一向热心于慈善，乐于助人，对我来说，帮助低收入人士是义不容辞的事，但如果政府政策错误，不能解决社会缺乏上进机会的问题，只向有能力的人开刀，这是错误的。香港人都想创富，政府的角色应该要令人人有创富的机会，而不是等待"搭救"。

这就要维持良好的法治制度，政府不能选择性地行使权力。

香港拥有不少有竞争力的核心价值：自由开放的市场，重视法治和原则。这些"社会操作系统"来之不易，需要时间孕育，但如果管治失当，也可以一夜之间荡然无存。

南方周末：你是否会离开香港？

李嘉诚：我深爱自己的国家和民族，家在香港。对我来说，长和系的基地在香港，我绝不会迁册。

作为负责任的国际企业主持人，经营业务不能铤而走险，一切必须以股东利益为大前提。我每天都会检讨集团的投资和营运策略，生意规模大小会随着业务所在地区或国家的政治和经济状况而做出决定。

香港很难再扩展，原本曾想出售百佳，后来因价格不理想及发现有更好的构思，所以叫停。

在香港坚持不迁册，但希望跟别人一样，生活在一个公平公正的环境。

有时候我庆幸自己并未当官

南方周末：坊间有传言，您与现届政府关系不佳，这对您做出商业决策是否有影响？

李嘉诚：健康社会中政府与企业的关系息息相关。关键是政府的权力要在法治的基础上公平公正地落实执行，永远不能选择性行使权力，勿令人对政府的公平性失去信心。

我与香港或各国政府的关系都是建基于此的，不会因个别领导人或官员的变动而受影响，最重要是政策要令商界有信心。

不过，我观察到一个不健康现况在扩散中："为官难，为民亦不易"，这对政府和社会来说都是双损局面。有时候我庆幸自己并未当官，因为为官者要面对如何平衡和解决不同权益的问题，解决问题的方法往往演变成更大的问题。

南方周末：在过往 60 多年经营中，您如何处理与政治的关系？与政治打交道时您的原则是什么？

李嘉诚：我不是聪明的人。

如果政治问题真的冲着自己而来，担忧也没用。

我没有参与政治，但我关心政治，政治跟经济根本是手和脚的关系，假如两者背道而驰，是难以处理的。

我希望政治和经济好，让人民富国家强。我曾经说过，做人要讲真话，做实事，有贡献。我的基金会不停地做公益事业。

我并非万能，无法预测政治变化，也绝对没法影响政治，我只能以我的智慧做出对股东有利的事。

南方周末：您近年的投资，为什么多选择在欧美那些成熟的市场经济国家？

李嘉诚：一定选择有公平法律的国家，我们在一些国家经营 30 多年，（当地）政府并没有因为我是外国投资者而出现不公平的对待。

世界上的投资机会和选择，实在令我们应接不暇；集团可以挑选有法治、政策公平的环境投资。

南方周末：您曾经说过，财富增加到了一个程度，便不会带来更多安全感。但如果财富继续增加，是否带来不安全感？

李嘉诚：不会。

南方周末：这是您最艰难的时候吗？

李嘉诚：不是。

我的最艰难时候是十三四岁。12 岁时，日本侵华，我和家人从潮州来到香港，后来日本入侵香港，母亲带着弟弟妹妹回到潮州，我与父亲留在香港。日本占据香港期间，没有什么好日子可以过，我 13 岁时父亲因肺病住进医院，不够一年，他去世。照顾父亲这段时间我喜欢看书，发现自己也有肺病，病情接近危险阶段，但我告诉自己不能死。身为大儿子，为了母亲和弟弟妹妹，为了前途，一定要做好自己的工作，同时也不停地抢学问，到旧书摊买旧书看，其中包括老师使用的教科书，跟谋生有关的书。三年零八个月的岁月，知识比得上一个中学毕业生，这段日子也没有因为自己的病看过一次医生。

即使是最艰难的日子，我也是充满信心。

我在外国赚到钱，拿回中国，有什么不好

南方周末：财富对您意味着什么？您曾经表达过对内心的高贵的向往。

李嘉诚：多年前的一个晚上，我辗转反侧，难以入睡，内心萦绕着很多问题。思潮起伏，

结果直至凌晨，直到一个答案涌上心头，令我豁然开朗，我顿悟了把基金会视作我第三个儿子的道理，这样我会全心全意爱护他，给他分配财产，使他获得所需资源落实一切公益项目，把我的心愿永远延续下去。

在财富要代代相传的传统观念中，将基金会视为自己的孩子，可以鼓励传承，我期望这种想法能在中国人的社会里扩大和延续。

基金会并不向外募捐，捐款人只有我一人，资金的大部分是基金会现有已投资项目的固定收入，另有一部分是来自我个人从香港和外国投资所获收入、缴完税后再注入的。我订明基金会所有收益，绝不惠及本人、家族或董事等，也就是说他们都不能从中获得收入。

基金会已拥有我 1/3 的资产，至今我已捐出 145 亿港元，如有良好的项目，将不断地继续支持，希望能对我们民族有贡献。2013 年，基金会在内地及香港已捐付及承诺之数目达 40 亿港元，是历来最高的一年。

虽然我在全球不少国家经营业务，大部分收入都从外国赚取而来，每一分毫都是税后才注入（基金会）的。但我规定基金会 80% 以上的捐款用于大中华地区，不超过 20% 的用在海外。我在外国赚到钱，拿回中国，有什么不好？

南方周末：对于基金会，您不仅出钱，还出力，这是为什么？

李嘉诚：我对赚钱的重视程度不及捐钱。

身为中国人，回想起我生长于抗日战争期间，国家被侵略，面对贫病、失学，于是发誓要终我一生，让基金会拥有旺盛的生命，有能力继续为国家、民族做出贡献，这就是对我最大的回报。

我视教育、医疗和公益慈善是终生不渝的事业。基金会主要做两大范畴：教育、医疗。在内地，我们有很多个项目在不同地方做了 10 多年，现在仍继续做，我们守信重诺，承诺的捐款均百分之百如期或提前捐付。

除了捐钱，也亲力亲为，投入不少时间心血，使得来之不易的金钱用得其所，令项目受助人受惠最大，能如此，是我最大的快乐。

我喜欢简单生活，我追求的是付出个人力量，协助社会进步。有能力从事公益事业，是一种福分，从中能够得到真正的快乐；有能力的人，要为人类谋幸福，这是"任务"。

如果是为对国家民族和人类有益的事，即使卑躬屈膝我也在所不辞，但若是为个人名利或公司利益，我绝对不会这样做。也以捐建汕头大学为例，成立至今 30 多年来，我坦然面对任何困难甚至是忍受屈辱，对汕大也不离不弃。

南方周末：您是重视声誉的人，做慈善是否求名声？

李嘉诚：我不理别人怎么说，我的决心就是继续做下去。

投入公益慈善事业是我终生之志，绝不求名利。在汕大，即使基建、设备 90% 的款项由我支付，任何一个角落也找不到"李嘉诚"三个字，我捐建汕大只想做出成绩。

很久以前捐款支持潮州两所大型医院，市政府领导曾游说写上我的名字，我不肯。他们于是建议写上我父亲名字，我也不肯，我回答说："先人如果有知，父亲一定认同我的做法；如果不知道，那么写也没有意义。而且我说说句玩笑话，如果真的写上父亲的名字，将来拆掉更不好。"

85 岁，就不能爱科技吗

南方周末：您投资了包括 Facebook 在内的许多高科技企业。您已经 85 岁了，怎么投资高科技？

李嘉诚：85 岁，就不能爱科技吗？我对新科技深感兴趣，令我的心境年轻化。

18 世纪工业革命由英国开始；21 世纪则是科技革命，不少行业包括国防工业、农业、水利、能源、医疗、生命科技、电信、互联网等均有突破性的发展，投资机会数之不尽，应接不暇。

我喜欢新科技，私人参与投资的科技公司有 60 家，也越来越相信"知识改变命运"。有一项关于农业的项目，一样的土壤、一样的水源，不改农作物的基因，可以增加 1/3 的产量，若这不是新科技，那是什么？现在已证明这项新科技是成功的，并在内地进行试验。

我非常喜欢看书，追求最新的科技知识。我非常留意与自己从事行业有关的新信息和发展转变，无论做什么生意，你一定要喜欢它和爱它，这样才有进步。

南方周末：但是高科技有时也会对现实经济世界中的人带来伤害。在您心里，如何平衡新科技带来的伤害？

李嘉诚：对，新科技机器或仪器可替代工人，速度快，生产力增加。和黄在鹿特丹港的自动化率是 90%，在西班牙是 60%，在中国香港是 20%。

如果通过教育提升工人的知识，他便能操控这些仪器，科技加速，就是另一革命的开始。

早前我应广东省粤东侨博会的邀请，以潮州话录制了一段真挚、充满感情的话，其中提到：科技主导未来，大家都知道，智能机械化的速度将超乎我们的想象，滥竽充数不再，"老牛挤奶"的时代不再，捍卫未来的最好方法，就是投资教育和推动教育改革，让我们的下一代永远永远告别落后、参与未来，是有能力者共同的任务。

如果可以重新开始，我可能考虑参政

南方周末：您这一生经历很多，到现在还在勤奋工作，是什么支撑您的一生？

李嘉诚：我 12 岁因战乱来到香港，一直好好地做自己应做的事。假如我没有正确的人生观，便无法活到现在。

南方周末：什么是正确的人生观？

李嘉诚：走正路，有理想，站得牢，挺得腰。作为中国人，对自己民族做出贡献。有理想地做生意，有理想地做自己。

南方周末：您内心最重要的是什么？

李嘉诚：建立自我，追求无我。

有人问我这么忙碌，为什么仍然那么精神？除了运动，我内心安稳，精神没有困扰，自己没有特别的要求，做对人类和民族好的事，便感到开心。

南方周末：有没有退休计划？

李嘉诚：没有。

世界政治经济波动很大……但我已做好退休准备，大儿子 Victor（李泽钜）随时可以接棒，很多同事跟随我工作很多年，我不用担心什么。

南方周末：您如何评判自己对香港的贡献？

李嘉诚：不要问这些问题，我仍然很活跃，对未来充满期盼。

南方周末：85 岁回首过去，您觉得自己做得好与不好的地方有哪些？如果从头开始，会有哪些变化？

李嘉诚：我一生勤奋，不停地抢学问，面对不开心的事仍然保持愉快心境，因而此生无憾，生活简单而有规律，拥有的资产一分一毫均从正途而来；即使有容易赚钱的机会，但对有些行业也坚决不参与。遗憾的事是不早点成立基金会。

我自问无论如何努力，仍发现没有一个人能解决所有问题；如果可以重新开始，我可能会考虑选择参政（笑）。

我只是尽量用知识和感觉做自己应该做的事

南方周末：您在内地开展对癌症病人提供临终关怀项目，您怎么看待生命的终结？

李嘉诚：内地喜欢做这类服务的人并不多（因为病人会去世），反而其他如儿童项目较多人喜欢做，因为回报高。

一个非常冷的冬天，一个朋友患肿瘤，进了私家医院，我探望他，他看见我非常高兴，双手拉着我的双手，要我坐在床边；朋友后来睡着，拉着我的双手也没有放开。我心里想，这个朋友很富有，得到很好的医疗照顾，但因肿瘤而痛楚不已。内地贫穷的癌症病人没钱接受治疗，生活怎样过？于是立即想到开展宁养服务，我不喜欢"临终关怀"这种说法，所以改为"宁养服务"。

汕头大学医学院设立了第一家宁养院。我告诉所有宁养院的负责人，现在使用的药可帮助病人减少80%的痛楚，假如新药可帮助病人减少90%的痛楚，即使价格贵一倍，他们也不用问我，立即转用新药。能够帮助贫困病人减轻痛楚，实在是有意义的事。宁养计划已做了10多年，在内地及香港至今已有42所宁养院。日后若国家愿意做这类的事，我可以停下来；否则，虽然没有回报，我还是会继续支持这类服务。

我常常鼓励宁养服务的医护人员，我说不知道这个世界是否有地狱，如果有，癌症病人的痛楚程度是最高的，有人甚至撞木头来转移痛苦，很凄凉。汕大医学院作为第一家宁养院，全国宁养服务的全部费用由我支持，每年的资助金额会增加，两三年内，每年捐款要增至1亿元。

南方周末： 您害怕死亡吗?

李嘉诚： 我不惧怕死亡。假如我是一盏灯，能够照亮一条路，那么我的生命将可以随着这盏灯一直延续下去。还有留下有生命的基金会，只有政治可以破坏它，因为不是我所能控制，不然没有人可以破坏这个基金会，我的儿孙及董事不能从基金会得到任何利益。

南方周末： 我们注意到，您今天一直都非常平静，据说平常您也是这样。您会因为什么而激动、伤心、生气、兴奋吗?

李嘉诚： 我一直都很冷静。如果认识儒、释、道的精粹，便会明白人生很短，不应浪费时间去理会这些事情，应从正途去做对的事，例如基金会的工作每天都在进步中，每天都有成果，像在荒芜之地，种下大树，让后人有收获，这是很高兴的事。

我一生希望成为一个有价值的国民，拥有有价值的人生。

南方周末： 百年之后，您希望后人如何评价?

李嘉诚： 不会想这些事情，更加不会自我评价。

从过去到现在，我都是问心无愧。世界上没有完人，我只是尽量用知识和感觉做自己应该做的事。

如果真的要写墓志铭，我会选择一直支持我每天充满斗志的两句话：建立自我，追求无我。

……

在南方报业记者的印象中，这位85岁高龄的"李超人"，思维清晰，口才相当敏捷。在长达两个半小时的采访中侃侃而谈，丝毫不显疲惫。

在后来拍照时，他任由摄影记者指挥，或站在以维多利亚港为背景的落地大玻璃前，或倚坐在宽大的办公桌旁，始终没有不耐烦的表现，笑容祥和，真是一个和蔼而幽默的老先生。

与会议室一墙之隔就是李嘉诚的办公室，横跨 52 个国家和地区的李氏商业帝国的指挥中心，俯瞰着整个维多利亚港。已经 85 岁的李嘉诚只要在香港，每周一至周五均在此办公，周六也上半天班。比起内地许多领导干部和企业老板，他的办公室非常简洁。能够显示他非比寻常的身份的，是窗外壮丽的维多利亚港风景，以及一幅张大千先生赠送的画。窗前，悬挂着一副对联："发上等愿结中等缘享下等福；择高处立寻平处住向宽处行。"这是来自江苏无锡梅园的对联。无锡梅园是荣毅仁先生的旧居，这副对联也是荣氏家族的祖训。这 24 个字，凝聚着深刻的人生哲理，李嘉诚将其视为自己的人生信条，故悬挂在办公室里。阔大的办公桌上，干净得没有一张纸，他说这是因为多年来习惯了"今日事今日毕"。桌头的水晶相框中，有两段他自己手写的话。一是："求百事之荣，不如免一事之辱；邀千人之欢，不如释一人之怨。"而另一段则是："春有百花秋有月，夏有凉风冬有雪；若无闲事挂心头，便是人间好时节。"窗下的台子上，一溜儿摆放着 6 部电话，据说 1 号机是专门用于与他家人通话的。另外，还有一台布隆伯格终端机，能够实时显示自己公司的股票价格。

李超人鼻梁上的黑框眼镜，打从 1972 年长江实业上市记者会开始，就再也没有变过，已经成为他标志性的装饰。手上的手表，也总是同一块，直到最近在一次旅行中看到一款新出的太阳能手表，他非常喜欢，才很大方地跟售货员说："你不用给我打折啦。"在与记者闲聊时，他扬起胳膊说："我喜欢新科技的东西，选手表也看有什么新的功能。"周凯旋在一旁笑着说："那只是价值 3000 港元的表。"他却继续认真地说："但是这真是好。太阳能的动力设计，吸收 15 分钟自然光就可以运行 62 小时……"

细心的记者发现，这里还放着一幅股票影印件，上面有中文写着：

"以此为鉴，可惕未来。这曾经是全世界最大的保险公司 AIG。在 2007 年 5 月 11 日每股 72.97 美元，总市值 1895.76 亿美元；2008 年 9 月 16 日两者分别为 1.23 美元和 167.78 亿美元，市值跌幅逾 91%。"看到记者注意到这份复印件，周凯旋解释说，他是想以此来告诫后辈，"花无百日红"，不管曾经是多么宏大规模、市值多么高的企业，如果不用心去经营，或许就会因某些不该有的疏忽而使整个企业毁于一旦。

李嘉诚打破很多年来低调的风格，接受南方报业传媒集团的采访，这本身就是一个新闻事件；采访一周后的 11 月 28 日，南方报业传媒集团旗下的《南方日报》《南方周末》《南方都市报》《21 世纪经济报道》等报刊同时刊发了对他的采访文章，立即引起了轰动，一时洛阳纸贵，不仅中国内地和港、澳、台各地的报纸争相转载，外国各大著名报刊也以醒目的位置刊出相关的内容，中外网络上更是铺天盖地的转载和评论……人们争相抢看"李超人"是如何应对这段时间以来舆论对他有关"撤资"的各种猜测和指责的？他对最近的政治经济形势是如何判断的？他最近的个人生活和家庭生活情况如何？说到底，"香港超人"李嘉诚数十年来一直具有极大的号召力，他的一举一动，无不牵扯着人们的关注。如今，他以真实、过硬的数据，通俗易懂的语言，对外界说他"撤资"的舆论进行了冷静的反驳，还明确长和的注册地是香港，他绝不会"迁册"；同时，还论及世界政治经济的大致形势以及在世界各地进行投资的必要性。尤其是通过对人生的回顾，深入地阐述了他作为一个成功的商人，如何用自己的财富回馈社会，做一个对中国社会有用的人的家国情怀。而且这种情怀，不因日益增长的财富、不断鹊起的盛名而减弱，反而日渐增加，以至于为此长夜难寐、披肝沥胆。

此次采访，让公众看到了一个充满正能量的全球华人首富。几乎所有人都认为，之前甚嚣尘上的"撤资"舆论至此可以说是尘埃落定了。

第三十九章

世事如棋　李超人我行我素

让大众始料不及的是，刚澄清"撤资"疑云的"超人"李嘉诚并未停止他在海外扩张的脚步。

2013 年 12 月，新加坡 ARA 资产管理公司宣布进军韩国地产业，收购澳大利亚麦格理集团在韩国的房产业务。由于长江实业是 ARA 的第三大股东，ARA 此举也被市场解读为李嘉诚曲线进军韩国楼市的一个开始。

李嘉诚在 2014 年早些时候表示，将考虑进行更多海外收购。

2014 年 3 月，《福布斯》公布本年度华人富豪榜，李嘉诚以 310 亿美元资产，连续第 15 年成为全球华人首富。正在这个新闻不断发酵的时候，作为亚洲首屈一指的投资家，李嘉诚又已经将目光瞄准了澳大利亚。5 月 8 日，长江实业集团提出以总额 23.7 亿澳元的现金收购澳大利亚天然气供给公司 Envestra 的未持有股权的方案。

Envestra 是在澳大利亚南部独家向居民提供天然气的企业，拥有 114 万用户。其最大股东、澳大利亚天然气管线企业 APA 集团以控制下游领域为目的，于 2013 年 12 月提出以总额 21 亿澳元收购 Envestra 的方案。而 Envestra 本计划于 5 月 13 日举行股东大会，以批准该收购方案。

不过，在长江实业以高于 APA 的金额提出收购之后，Envestra 立即推迟了股东大会，并在 5 月底的董事会上全体一致决定支持长江实业。APA 于 8 月 7 日退出了争夺战，决定将所持股权全部出售给长江实业。

长实的这个收购建议的提出，距离 Envestra 的股权花落别家的日期，仅仅剩下 5 天！而李嘉诚凭他的智慧和实力，在这场发生于澳大利亚的股权收购战中成了赢家。

与此同时，李嘉诚和记黄埔公司旗下的长江实业及长江基建同意以 3.975 亿加元的资金收购加拿大机场外泊车业务 Park'N Fly。Park'N Fly 运营着多伦多、蒙特利尔、渥太华和温哥华等城市的机场外停车场。

......

与在海外大手笔投资相对应的是，进入 2014 年，李嘉诚更加快了在亚洲套现的步伐：

1 月 22 日，电能实业分拆港灯电力投资（港灯）上市进程冲刺。电能实业宣布以下限定价，港灯每个股份合订单位为港币 5.45 港元，集资约 241 亿港元，整个项目为电能实业带来 527 亿港元收益。接手方是两大投资集团——国家电网及阿曼主权基金，国家电网斥资将近 100 亿港元认购港灯，约占合订单位总数 18%，阿曼则斥 3.875 亿港元认购 0.7% 至 0.8%。港灯分拆上市后，电能仍是港灯大股东，持股约 18% 的国家电网是第二大股东。此次国家电网"出手"堪称大手笔。作为中国电力市场最大的公司，国家电网每年的投资计划都备受市场瞩目，而其 2014 年的发展规划中处处流露出"土豪范"——国家电网计划 2014 年固定资产投资高达 4035 亿元（人民币）。国家电网在 2014 年的发展计划中明确提出"加快国际化发展"。

紧接着，长江实业旗下的新加坡 ARA 资产管理公司（以下简称 ARA），以近 30 亿元的价格出售其在南京拥有的唯一物业——南京新街口最繁华地段的国际金融中心大厦，接盘者为江苏本地企业宏图三胞集团。南京国际金融中心大厦位于有"中华第一商圈"美称的南京新街口西南角，总建筑面积为 10.9 万平方米，于 2009 年 5 月启用，220 米的高度也成为新街口的第一高楼。而卖家 ARA 为李嘉诚旗下长江实业的附属公司，是一家设立在新加坡的亚洲房地产基金管理公司。

2 月 13 日长园集团公告显示，其第一大股东长和投资于 2014 年 2 月 11 日通过上海证券交易所大宗交易的方式减持 9403900 股，套现逾 1 亿元。长和系今年以来 7 次抛售长园集团，共密集套现 7 亿元（折合约 8.75 亿港元）。

3 月 14 日和黄在新加坡上市的和记港口信托，减持亚洲货柜码头 60% 的股权，套现最多 24.72 亿港元。

3 月 21 日和记黄埔宣布，向淡马锡出售零售旗舰屈臣氏 24.95% 的股权，涉及资金440 亿港元。

4 月，李嘉诚的小儿子，号称"小超人"的李泽楷，以 72 亿港元的价格出售了北京盈科中心。北京盈科中心占据了极佳的位置——地处东三环内长虹桥旁，在国贸和燕莎商圈两大商业圈之间，不远处就是三里屯和使馆区。作为继国际大厦、京城大厦之后的第三个北京市地标建筑，盈科中心多年来都是诸多世界著名公司在北京驻地的首选，包括 IBM、诺基亚、波音、西安杨森等。接盘方是房地产私募基金公司基汇资本。据称，经此交易后，盈大在内地已无重要资产。

8 月，李嘉诚持股 7.84% 的亚腾资产管理以 15.4 亿元，将位于上海虹口区北外滩四川北路商圈的甲级写字楼盛邦国际大厦，出售给新加坡的基金公司。

……

这一年间，这位华人首富通过抛售手中资产，累计套现金额已超过 800 亿元。不管每次出售或套现旗下资产时引发多少的议论，李超人给出的解释能否自圆其说，客观上还是引起公众的多种猜测：中国内地楼市将要见顶了吗？不然李超人为何匆匆抛售内地的资产？"本是房产巨人，套现何太急？"

针对网友关于"李嘉诚抛售内地资产是否存在撤资套现"的提问，华远地产董事长任志强称："只要李嘉诚没有把东方广场卖了他就没有撤资，他有那么多东西没有卖，卖的才多少？"

而万科的董事长王石却没有任志强先生这么乐观。他只是在 2014 年开始不久后简短地做了一个评论："精明的李嘉诚先生在卖北京、上海的物业，这是一个信号，小心了！"

现在看来，王石先生的评论是不幸而言中：中国内地 2014 年下半年的房地产价格持续走低，很多新开张的楼盘都主动打折出售，甚至北京的楼盘也出现降价现象，二手房成交量日渐萎缩。这是不是李超人大量出售内地资产的一个很好的注脚？人们不禁惊叹：超人果然是神啊！竟然能够赶在房地产低潮来临之前，主动规避风险！

著名经济学家、CCTV 证券资讯频道首席策略评论员许一力先生在一篇题为《李嘉诚"撤资"另有隐情？》的文章中分析说：

……显然，一个拥有如此庞大资产的商人，能够在如此长的时间里保证其商业帝国的稳固发展，仅仅依靠超群的商业才能是不够的，非凡的人际关系处理能力和敏感的政治嗅觉是保证李嘉诚不断辗转腾挪于香港、内地而不败的真正秘诀！

首先，在香港，李嘉诚凭着自己与香港汇丰银行董事长沈弼的良好关系，通过一系列资本运作，成功收购英资背景的和记黄埔、成为汇丰银行董事局的董事，更为他日后不断壮大他在香港的商业帝国奠定了坚实的基础，因为在港英政府时代，汇丰银行董事长作为香港的实际统治者，控制着整个香港的经济！

随后，在汇丰银行的"庇护"下，李嘉诚全面掌控了香港的房地产开发以及电力、交通、电信、零售等大部分公共事业，他在香港的资本运作行为能够获得各种特权，比如 1986 年汇丰银行董事长沈弼退休之前，将和记黄埔地产集团的控股权以净资产 50% 的低价直接卖给了李嘉诚，和记黄埔接管港电集团时也被免于公开要约。而到了 1987 年，李嘉诚将长实集团的个人股份增加到 35% 以上以及将长江实业对和黄的股份增到 35% 以上等资本操作均被免于公开要约。

1989 年，李嘉诚开始大举进军内地市场，全力发展与内地高层的关系，其中最让人津津乐道的便是坐落于东长安街 1 号、拥有了亚洲最大商业建筑群的"东方广场"

项目，因为如此规模的大项目，没有高层的支持与授意是很难做成的。李嘉诚随后开始加紧组建在内地的投资项目，并大举介入房地产开发、能源建设等领域。

内地的政治环境决定了其特有的经济发展模式，经济发展在很大程度上取决于各届政府的政治导向，经济发展与政治有着千丝万缕的联系。李嘉诚当然也深知此理，他多次公开表示"多做事、不问政治"，但不问政治并不代表不理政治：你可能惊人地发现，李嘉诚的长子李泽钜已连续16年进入全国政协，李泽钜曾担任第九届全国委员会委员，第十届、第十一届、第十二届全国政协常委。

也就是说，从李泽钜担任第九届全国委员会委员的1998年开始算起，这16年来李嘉诚始终与内地高层政治保持着密切的往来，而这也恰恰是其缔造十六载商业神话的16年！可见，李嘉诚不仅仅是一个商业奇才，更有着非凡的政治智慧，他过人的人际关系处理能力才是他最厉害的地方。

由此我们发现，不论是内地还是香港，李嘉诚的投资似乎都是建立在一个非常有利的政治、经济大环境下的，李嘉诚一直强调的所谓"安全"，其实就是一种"垄断"，因为在市场中，只有"垄断"才能在最大限度上保证其投资的最大安全，而垄断又在很大程度上要依赖于与高层的关系，而发展与高层的关系则需要准确把握高层的政治经济发展导向。

……

从许一力先生的以上分析不难看出，李嘉诚十分善于与各地高层保持良好的关系。那他与新一届的香港特首梁振英关系如何？为什么从2013年起，他加快了投资欧洲的脚步呢？

这里又涉及另一个故事了，一个关于李首富与梁特首的故事。

第四十章

恩怨莫测　转移投资策安全

　　2012 年，新一届的香港特首将于 3 月 25 日投票选出。当时，合格的候选人有两名，一是香港前政务司司长、本人也是富豪的唐英年；另一名，是平民出身的梁振英。前者，家族身家达 10 亿美元，其与香港商界各大佬都有交情。后者，从一个名不见经传的草根，通过个人奋斗，终于当上了戴德梁行亚太区的主席，身家实力与唐家自是不可同日而语。

　　无论是从经济还是政治的角度来看，港督的人选永远是港商们关注的一个重点。自 1997 年回归后，香港特别行政区行政长官的选举，历来是意义重大但毫无悬念的政治事件。在过往的近 15 年里，香港曾四度选举特首，不是因为合资格的参选人只有一名而自动当选——如董建华，就是因为来自所谓"泛民主派"的竞争对手实在不堪一击而以压倒性优势当选——如曾荫权。

　　在酝酿投票时，李嘉诚提名并公开宣称支持唐英年，因为他两人本是至交，也是同一个阶层里混了几十年的人，可以说是"同声同气"，一旦唐英年当选，起码能够代表有钱阶层的人说话。而梁振英出身于一个普通的警察家庭，小时候生活艰辛，常常要与家人一起去塑胶花厂拿胶花回来加工补贴家用。长大后得以去英国留学，回港后通过努力拼搏终于成为英国上市公司戴德梁行的亚太区主席，可谓个人奋斗的成功典型。他的成长之路，是很多香港人希望走的路。而且，在参选香港特首时，他的竞选口号是"由心出发，稳中求变"，致力于解决香港多年来的贫富差距加大、老年化、住房等问题，致力于"打压高房价，增加福利"，这让他赢得了香港市民的支持。反过来，香港的政商界就认为梁振英是为穷人说话的，认为他一旦当选，香港的经济政策难免向平民倾斜，地产商界大亨们的日子就不那么好过了。

　　此时，有媒体报道说，李嘉诚曾对赌王何鸿燊说，"如果梁振英当选特首，我将会撤资"。尽管此报道立即遭到李嘉诚的澄清，并且说："我爱香港，不论是谁当选，我都不会撤资。"他还赞扬唐英年"爱香港、爱年轻人"，但当记者询问他会否支持梁振英时，他没有做出回应。

尽管唐英年提出了"全民就业"的竞选口号，当时香港的失业率低而房地产价格高居不下，所以唐英年虽然获得了李嘉诚等一众商界人物的支持，但梁振英还是以高票当选特首。

这就是当时李嘉诚与梁振英在竞选前的"矛盾"。

梁振英当选后，第一个面临的问题，就是如何弥合竞选时期香港社会各阶层与团体之间产生的"裂缝"。他深知，若失去香港工商界大佬们的支持的话，自己的特首之路将会变得十分难走。于是从3月25日当选到7月1日宣誓就任的数个月期间，他不断走访香港各区选民，会晤各界各派代表，建立自己的亲民形象。其中，最引人注目的是他与全球华人首富李嘉诚的会晤。

由于有了竞选前的这段故事，梁振英当选后两人间的关系自然成为众人关注的焦点。2012年5月下旬的一天，长实股东大会结束后，李嘉诚被记者问及是否信任梁振英？李嘉诚微笑着说，梁振英还未上任，目前评论他不恰当，要给他时间，观察他。李嘉诚指出，特区政府在梁振英的领导下，只要能够为市民创造良好生活环境、维护香港核心价值，港人便会拥护及支持他，自己同为港人，故也不会例外。

李嘉诚看到追问的记者心有不甘的样子，便推了推黑框眼镜，加重了语气说："我与梁振英由始至终无恩无怨，不存在什么'大和解'。"

此话说得好像云淡风轻，其实内里包含着诸多信号。李嘉诚曾在对媒体澄清自己不会撤资时说过："原则上，我们（商界人士）一般来说都会跟政府合作，我们绝对是采取合作。过去如是，今日如是，将来都如是。"李嘉诚希望能与未来的特首梁振英保持良好的关系，聪明如梁振英，不会接收不到李嘉诚发出的友善信息。

2012年5月30日，这天距梁振英上任正好还有一个月的时间。在这个时间点上，梁振英亲赴长实集团中心总部，与李嘉诚会晤。正值下午1时，李嘉诚与李泽钜父子等人亲自到大堂迎接到访的梁振英。握手言欢后，一同来到长实中心内部的二楼餐厅共进午餐。约下午2时许，梁振英才离开长实中心，李嘉诚父子亦有送行。

梁振英在第二天的新闻发布会上，被问及昨天的会晤具体内容时，透露了他们谈论的话题是关于全球经济走势，尤其是近期欧洲的金融问题会否对香港经济造成冲击，等等。

据观察家们认为，李嘉诚与梁振英的这次见面甚具象征意义，是次"破冰之会"，对梁振英日后施政将会有很大的帮助。截至目前，不少香港商界代表，如恒基地产集团主席李兆基、九龙仓集团主席吴光正、新世界集团主席郑家纯等商界精英已经公开表态，将支持新任特首的工作。

一切都好像皆大欢喜，政商携手，共创香港的美好未来。然而，事情恐怕没有那么简单。

青少年时期生活的艰辛，令梁振英对香港社会下层有了更多认识，也成为他日后关注香港下层市民的历史情结。因此，他在竞选中提出的政纲散发出迎合大多数底层民众的气息，其中最令人印象深刻的是他承诺重启公共保障性住房建设。他还强调未来将应对不断加剧的收入不平等局面，并扶持中小型企业同香港的大企业集团展开竞争。

因此，他上任后香港特区政府的新政，是要打破行业的垄断格局（此前香港的地产巨头们一直被市民诟病为"地产霸权"），全面激活中小企业发展活力，这一点自然引起香港商界富豪们极大的担忧和反感，由此对梁振英的疑虑产生了，并且挥之不去。

恰在这时，发生了一件事，而这件事，足以使梁振英与香港商界领军人物李嘉诚的"蜜月期"提前结束——如果有过"蜜月期"的话。

为了抑制香港地产价格过高的涨幅，梁振英上任后即在住宅地产方面实施了征收买家印花税及额外印花税等政策，这对港人过热的购房热情是一种有效的限制。没想到，2013年2月，李嘉诚旗下的长江实业突然宣布拆售葵涌雍澄轩酒店，并且直接打出了"非住宅地产不受相关税收限制"的旗号，几乎可以被认为是香港地产业对这个政策的反击。

香港特区政府当然也毫不退让，2月19日中午，香港特区政府罕见地发出特别新闻稿，特别提醒市民购雍澄轩酒店时可能违反的规定，并且详细列出违反的罚则，以示后果严重。一般来说，香港不允许擅改土地用途，雍澄轩的地契表示业权人至少要提供2.1万平方米的酒店，如有任何改变，均可能违反地契。最坏的情况是，一旦政府认为酒店违反地契，甚至有权收回酒店。长江实业在做出相关举动前，显然也是做了功课的，然而政府方面丝毫不让步并且难以调和的强势态度，最终使得长江实业被迫取消拆售，也就此可以说李嘉诚与梁振英真正结下"梁子"了。

这件事，有人认为是促使李嘉诚向外"转移资产"的一个"导火索"。其实深一层的原因，是新一届特区政府的新政与李嘉诚家族的经济发展模式不太契合，因为这样的经济环境无法为李嘉诚提供他所谓的"安全"投资环境。再者，香港高昂的地价和不菲的人工成本，也不适合再进行投资了。对李嘉诚等商人来说，投资的回报率永远是第一要务，香港盈利增长缓慢受制于过度竞争、人工和租金成本飙升等多重因素，这些问题，哪一个政府都不可能在短期内解决的。而且李嘉诚近年在香港的经营也碰到很多困扰，比如国际货柜码头发生大罢工，导致一部分人把矛头直接指向了李嘉诚，令他从"李超人"变成了"万恶的资本家"。另外，香港现时也有一些不稳定因素，比如"占领中环""普选"等问题，李嘉诚应该是考虑到这些不利因素而做出自己的选择吧。

与此形成反差的是，欧洲经济低迷，资产价格处于历史低位，反而更加具有投资价值。高卖低买，这正是一个很好的介入时机。而他早年在欧洲布局的投资项目盈利一年比一年可观。据统计，2010年李嘉诚欧洲方面的业务息税前利润占集团EBIT总额仅17%，香港占比 30%，内地以 28% 位居次席。而截至 2013 年 6 月 30 日，欧洲占比升至 31%，香港和内地分别降至 17% 和 18%。若扣除资产折旧，欧洲上半年净利润是香港的 2.4 倍。当然不可否认这当中本身有业务重心西迁带来的影响，然而也说明其中欧洲本身的投资价值也开始逐渐显现。在商言商，李嘉诚根据经济规律来进行投资，只能说是经营策略的调整，将资产进行优化配置，实在也无可厚非吧。

◆第四十一章◆
惊天大案　李嘉诚 vs 张子强

李嘉诚在商场上纵横捭阖数十年，什么样的风浪没有经历过？什么样的人没有见过？但是，在见到张子强——这个绰号为"大富豪"的头号绑匪之前，他可能从来没有想过，他要与一个冷酷地绑架了自己的长子李泽钜的人面对面地"谈生意"。

1998 年 7 月 22 日，当新华社公布了内地破获了"中国头号悍匪"张子强犯罪团伙案之后，引起省港两地的轰动。近半年来，这个案件一直是香港及内地居民关注的焦点事件。据警方评论，"大富豪"张子强团伙犯罪案，是世界上排位第六、亚洲排位第一的大案。警方负责此案的首脑人物之一、时任广东省公安厅副厅长的朱明健说，他从警 36 年以来，还从未经手过这么大的重案，张子强及其团伙罪行之严重，涉案人员之多，简直闻所未闻；而警方投入人力之众，办案时间之长，也是前所未有。香港署理警务处长、与朱明健一样从警 36 年的黄灿光也表示，此案也是他从警以来所见的最大的案件。香港警方就有人把张子强称为"世纪贼王"。

那么，张子强他们究竟干过哪些惊天大罪呢？

从现有的记录看，张子强一伙人，从 1991 年就开始了他们的犯罪活动了。所以有媒体说他们是"横行 7 年"。

张子强，男，祖籍广西玉林，1955 年 5 月 7 日出生，4 岁那年随家人来到香港。长大后，给当裁缝的父亲打下手。他从来就没有受过好的教育，不愿意读书，也没有从事过任何正当的行业，游手好闲。14 岁他就开始加入了黑社会组织，在黑社会里面，他非常卖力，什么都肯干，所以他经常得到黑社会老大们的赞赏："这个小孩有用，将来能干'大事'。"很多人很早就对他做出了这样的评价。后来，他遇见容貌姣好的罗艳芳，二人结为夫妻，育有两个儿子。

当年两手空空、一贫如洗的张子强，对香港有钱人的生活羡慕不已，他很想尽快过上另一种生活。但又不想通过辛勤的劳动来创造和积累财富，他被捕后对广东警方预审官说，他希望能够一夜暴富。这个疯狂的念头使他走上了罪孽深重的不归路，为了迅速发财，张子强甚至自己开金铺自己来抢劫，以骗取保险赔偿。后来再也没有保险公司敢给他的金铺保险。

1991 年 6 月及 1992 年 3 月，在张子强策划下，以叶继欢为首的一伙匪徒连续抢劫了香港观塘协和街及深水埗大埔道的 7 家金铺，劫得金饰价值达 700 多万港元。

1991 年 7 月 12 日，张子强策划抢劫启德机场装甲运钞车，劫得 1.6 亿港元。张子强后来被捕，被判了 18 年刑期。他的妻子罗艳芳悬赏 200 万港元请了很得力的著名律师为他上诉、辩护。经过四年不断上诉，香港法庭终于以证据不足为由，将他无罪开释。当张子强从法庭中走出来时，他对着电视镜头，同时也是对着香港的司法制度摆了一个带有嘲弄性的手势——伸出了两手，做了一个 V 字形，他告诉所有人，他胜利了。并且他立即请律师反告港英当局，最后港英当局不得不赔偿了 800 万港元给他。经此一役，港英当局顿成笑柄，而张子强是越发嚣张狂妄了。

一天，张子强闲来无事翻阅手边的报纸，忽然，一条新闻大标题闯入了他的眼帘：《香港十大富豪排名榜出炉》，还列有一个表格，上面是富豪名单与他们的身家财产数目。他心头一喜，忽发奇想：我何不绑架这十大富豪？他们有的是钱。绑完一个再一个，他们就是我的印钞机！

富豪榜排名第一位的，就是李嘉诚。张子强想，绑了李嘉诚，他儿子和他的手下，能有办法筹到钱赎人吗？还是绑他的大儿子稳妥，身家数百亿的富豪，不会不肯拿钱出来赎回孩子。于是，他和手下经过多次侦察、踩点，确定了下手的地方。

1996 年 5 月 23 日下午，李泽钜从中环出来，由司机开车送回家。当座驾行驶到寿臣山道，忽然被一辆电单车和一辆汽车伏击截停，车上跳下手持 AK47 和手枪的绑匪。这正是张子强和他的手下。两人在 AK47 和手枪指吓下呆若木鸡，不敢开车门。张子强急躁之下命令手下向房车的风挡玻璃抡起一锤，"哐当"一声击碎了玻璃！司机恐怕李泽钜受伤，被迫打开了车门。

李泽钜与司机被绑匪带上一部车，蒙上眼绑上手，开到一个荒废的养鸡场被关到一间小屋子里。安排妥后，张子强亲自给李嘉诚打电话。这边，李嘉诚早已收到李泽钜出事的消息，连忙不顾一切赶回家中。果不其然，绑匪打来电话了——

张子强："找李嘉诚说话。"

李嘉诚："我就是李嘉诚。"

张子强："很好，我叫张子强。"

李嘉诚："张子强？"

张子强："李先生，我想您一定听过我的名字。"

所有其他劫匪都害怕自己被人认出来，但张子强不同，张子强这个名字在香港是家喻户晓，他从不担心自己被人认出，反而担心自己的知名度还不够大。李嘉诚没有一丁点儿惊慌，说："那么张先生，你有什么要求请说。"

张子强："为了表示我的诚意，我亲自到府上来谈，欢迎吗？"

这句话让李嘉诚吃了一惊，他也没想到会有如此厉害的绑匪。稍微停顿了一下，他说："非常欢迎。请问什么时间到？我们随时恭候。"

张子强："我已经在去贵府的路上，我想不用我再重复了，你应该懂得规矩。"

李嘉诚："请放心，只要保证犬子的安全，我保证不报警。"

李嘉诚住在半山的一套大宅子里，由于张子强多次踩道，他早已经轻车熟路。很快，他就来到李宅门前，按响了门铃。

此时李嘉诚已经在客厅门口等着了，张子强大大方方进了门，第一句话就是："李先生，请把你家里的警察叫出来吧。"张子强现在还不能确定李嘉诚有没有报警，所以就拿这句话来诓对方一下。

李嘉诚听完，一点没激动，反而笑着说："我做了一辈子的生意，没有什么特别成功的经验，但有很深的体会，就是做人做事要言而有信。张先生如果不相信这一点，我领你看看。"

李嘉诚真的带着张子强参观了这套豪宅，每一扇关闭的门都打开给张子强看。张子强很满意，因为这表明李嘉诚确实没有报警。两人回到客厅开始谈条件。

就在此时，李家的门铃忽然响了。张子强条件反射般跳了起来，站到李嘉诚身后，这个意思很明显，如果来的人是警察，他就准备把李嘉诚抓起来做人质。

李嘉诚也不知道这个时候会有谁来找自己，于是让仆人去看看。门口来的这个人确实是因为李公子的事而来的，但关键原因还是张子强的手下办事不牢靠。他们把李泽钜绑上自己的面包车就走了，但是李泽钜的座驾怎么处理呢？张子强吩咐一个手下，把车开到偏僻的地方丢掉。这个人把车开到海边一个停车场就走了，可是这地方并不偏僻，很快这辆车引起了巡逻警察的注意。首先，这是一辆非常高档的总统牌轿车，而且前风挡玻璃全碎了，要命的是车内钥匙和随身小包都没拿走。警察很快就查明，这辆车是李泽钜的座驾。就算是一个傻瓜警察，也应该知道李泽钜十有八九是出事了。但警察的调查方向错了，他们认为要找到李泽钜，首先应该找到他的司机，于是把全部精力都放在找司机身上了。可是那位司机此时和李泽钜一起被关在养鸡场呢，你怎么能找到他呢？

警察中有人认识媒体记者，于是就把这个消息透露出去了。这位记者听说李泽钜出事了，于是第一反应就是跑去李家求证这个消息。他的反应是正确的，可惜他不会知道，此时绑匪就在李家大宅的客厅里和李嘉诚谈判呢。

李家的仆人当然不会让此人进门，三言两语就把他打发走了。能够做李家的仆人，一定是非常机灵的人，他给记者编的谎是这样的：李公子的车出了点小车祸，司机受伤了，但李公子本人不在车上。记者一想，如果是司机出车祸，那根本算不上是新闻，于是就悻悻而归。

仆人回来如实禀报。李嘉诚和张子强都长出一口气，继续谈判。下面是两人的经典对话，对话气氛友好坦诚。

张子强："李老先生身为华人界的超人，我一直很敬佩。我在十几年前做手表生意的时候，就曾经很荣幸地卖过手表给李老夫人，今天又非常荣幸地和您面谈。"

李嘉诚："其实，商海沉浮，每个人都会有机会的。"

张子强："机会对于每一个人都是不一样的。我也想做一个成功的商人，可是我先天不足，读书太少。"

李嘉诚："我也没有读过多少书。"

张子强："但是李老先生有耐性和韧性，还找了一个富人的女儿做妻子（李妻庄月明的家庭背景远比李嘉诚优越）。我没有一步一步走过去的耐性，找了一个老婆，家里也没有多少钱。唉，其实啊，人生很短，还不如一棵树。一棵树还可以活上百年，甚至千年，一个人却只能活上那么几十年。30岁前，脑子还没有长全，40岁后脑子就退化了。所以，我没有耐性一步一步地走，那样一辈子也只是混个温饱（此时张子强是41岁）。"

李嘉诚："张先生想过上什么样的生活呢？"

张子强："我不想过穷日子。其实，我们这些人干这个也只是想要一个安家费。今天，我受香港一个组织的委托，就李公子的事和您协商，这个组织的一帮兄弟都要吃饭，还想尽量吃得好一点。这样吧，李先生富可敌国，而且还是'敌'一个大国，我们也不狮子开大口，受弟兄们委托跟李先生借个20亿吧！全部现金，不要新钞。"

李嘉诚沉吟了一下，说："我就是给你这么多，恐怕也提不了现。我不知道香港的银行能不能提出这么多的现金。你看这样好不好，我打个电话问一下？"

张子强："好，那你快一点，早一点解决，李公子就能早一点回家。"

张子强没有说自己就是绑匪头子，而是虚构了一个"组织"，然后假装自己是这个组织找来的中间人。李嘉诚倒是没说假话，他确实不知道能不能提出这么多现金，于是打电话给银行的负责人商量。商量结果是，最多只能提现10亿，再多就没有了。但是为了表示自己的诚意，李嘉诚愿意把家里放着备用的4000万现金全部交给张子强。张子强表示接受。就这么几分钟时间里，两人把价格谈妥了。

张子强在装现金进自己车的时候，对李嘉诚说："4000万，有个'四'字，实在是有点不吉利，要不这样吧，我退还给你200万，我只拿3800万，拿钱回去之后，绝对不会亏待李公子。"李嘉诚对此表示认可。于是最终的赎人金额是10.38亿港元。

自始至终，李嘉诚都十分镇静，连张子强都很感意外，问他："你为何这么冷静？"李嘉诚回答道："因为这次是我错了，我们在香港知名度这么高，但是一点防备都没有，比如我去打球，早上5点多自己开车去新界，在路上，几部车就可以把我围下来，而我竟然一点防备都没有，我要仔细检讨一下。"

张子强回去之后，告诉其他同伙，李嘉诚已经答应给10亿港币，所以大家不要怠慢了李公子，明天就去取钱。所有劫匪都高兴得睡不着觉。

第二天，张子强打电话过去问可以来取钱了吗？对方回答："已经准备好了5亿，来拿吧。"之前张子强装了3800万回去，因为钱少，所以他自己的车就能装，但这回5亿港元实在是太多了，于是李家还很周到地给他预备了一辆大面包车。张子强开着李家的大车，装着5亿港元现金走了。双方约定，下午4点，再来拿剩下的5亿港元。这10亿港元现金全部都是从汇丰银行取出来的。

第二次取钱的时候，张子强还带了一个同伙，叫陈智浩。因为他发现自己一个人运5亿港元现金实在是有点累。所有钱全部装完，据传李张两人又有一番经典的对话。

张子强离开之前，走上来和李嘉诚握手道别，他说："我这样搞，你们李家会不会恨我？"

李嘉诚："你放心，我经常教育孩子，要有狮子的力量，菩萨的心肠。用狮子的力量去奋斗，用菩萨的心肠善待人。"

张子强："李先生，我记住了李家的言而有信，你也记住我言而有信，我保证，我及这个组织从此不会再骚扰李家人。"

此时李嘉诚还不忘给张子强一些投资建议，他叫住了要走的张子强，问他："张先生，请留步。有句话我不知当说不当说？"

张子强："请说。"

李嘉诚："我不知道你们将怎样去用这笔钱，我建议你，用这笔钱去买我们公司的股票，我保证你们家三代人也吃不完。或者，趁现在远走高飞，将这笔钱拿到第三国去投资，要不就存在银行里，它都能保证你这辈子的生活无忧。洗心革面，做个好人，如果再弄错的时候，就没有人能够帮到你了。"（此为坊间传闻，后来李嘉诚接受媒体访问，否认自己曾劝张子强购买自己公司股票。）

李嘉诚判断，这些人是因为太穷，所以才走上了邪路，现在第一桶金就有了10亿港元，往后做点正经的生意多好，再也不用打家劫舍了。否则坐吃山空，到时候还要出来干坏事。这是一番金玉良言，如果张子强听进去的话，往后也不会丧命了。可惜，一个是商人思维，一个是强盗思维，两者完全冰炭不同炉。

张子强对于李嘉诚的话，只回应了两个字："呵呵。"随即发动了汽车，开走了，忽然他打开车窗探出脑袋，喊道："今晚李公子回家。"

回到养鸡场，张子强对李泽钜说："你老爸讲信用，钱我们已经拿到了。所以我们也讲信用，今天晚上我们就放你走。"绑匪们让李公子和司机穿好衣服，两人还是被蒙着眼睛，用汽车载到铜锣湾怡东酒店门口，把两人放了。

张子强最后分到了3.6亿现金，因为他是老大，拿到的份额最多。

他没有听从李嘉诚的投资建议，本身又是个极其好赌之人，分到的赎金除了买名车别墅、花天酒地地挥霍，还跑到澳门去豪赌，有一次竟然输掉了1个亿。

李嘉诚在2013年11月22日接受南方报业传媒集团采访时，首次透露了李泽钜被张子强绑架一事。据李嘉诚说，后来张子强又打来电话找他，李嘉诚说："你搞什么鬼，怎么还有电话？"张子强在电话中说："李先生，我自己好赌，钱输光了，你教教我，还有什么是可以保险投资的？"李嘉诚答道："我只能教你做好人，但你要我做什么，我不会了。你只有一条大路，远走高飞，不然，你的下场将是很可悲的。"李嘉诚回忆当时的情形时，语气平静，就像是在讲述一段别人的故事。

张子强把钱花光后，又盯上了富豪榜上的第二号人物郭炳湘。这是在1997年9月29日，香港回归祖国后还不到三个月，他就策划了第二桩绑架案。这次他虽颇经周折，但还是弄到了6亿港元赎金。短短的时间，就总共进账16.38亿港元，有什么生意能够比这"营生"来钱更快的呢？加上两位受害者及家属由于害怕报复，都对警方闭口不言，令张子强更加狂妄起来。他打算按富豪榜名单继续绑下去，要将香港所有富豪都绑个遍。

他将目标锁定了澳门的首富何鸿燊。但自从这两桩绑架案发生后，早已传遍港九，港澳两地的富豪们人心惶惶，纷纷加强防备，如购置防弹汽车、请退役警察和军人担任保镖，全天候贴身保护。何鸿燊也是这样，处处小心，加强戒备。香港警方虽然没有得到受害者的证言，但也已经了解了绑架案的具体经过，自然在各方面加强了警戒。尽管张子强策划好了作案路线，想往何家的豪宅院子内扔燃烧弹，实施时却因遇上警察盘查，不得不放弃了作案。

"上天想让谁灭亡，必先让其疯狂。"真正让张子强走上灭亡之路的，不仅仅是他绑架了两大富豪，而且他还冲击监狱，恐吓及意图绑架政府高官。

1996年4月，张子强命令他的手下先后两次冲击香港惩教处监狱，而且是驾驶着偷来的泥头车撞击赤柱监狱和小榄监狱外的警亭，投掷汽油弹，并挂出标语抗议监狱内给犯人注射"懵仔针"（一种催眠药针），公然挑战港府惩教处。

更为离谱的是，张子强竟在1997年1月策划一项疯狂的行动，意图绑架当时的布政司（后为政务司）司长陈方安生，目的是以陈方安生为人质，要挟港府释放他那被捕的死党叶继欢和毒贩刘国桢、刘国雄兄弟等人。港府察觉后，加强了对陈方安生的安全保卫。张子强并不罢休，多次写恐吓信给当时的保安局局长黎庆宁，扬言要用炸弹对付他，还要求港府善待狱中的重犯叶继欢。

1998 年 1 月，张子强一伙自内地购买了 800 公斤炸药、2000 枚雷管及 500 米导火线，密谋准备炸掉赤柱监狱，营救同伙叶继欢。并策划在香港掀起一连串的炸弹浪潮，制造恐怖事件。据专家过后估计，张子强一伙拥有的这批炸药，集中起来，足以将一座十几层高的大楼夷为平地。

香港警方收到消息后，十分重视，立即展开对张子强一伙的严密监视。当知道他经常往返内地，且在内地与分散于各地的同伙聚会密谋犯罪活动，立即知会了内地警方。自此两地警方通力合作，终于在 1998 年 1 月 26 日在江门市抓获张子强及他的一个同伙。以此为突破口，经过半年的侦查，共抓获 32 名涉案人员，缴获人民币、港币 4000 万元，查扣他们用赃款购买的汽车共 11 辆，房产 50 多处，缴获猎枪一支，五四军用手枪一把。

香港警方根据粤警方提供的情报，在香港薄扶林山缴获该团伙埋藏的自动步枪 2 支、手枪 4 支、手雷 8 枚以及炸弹、子弹等。之后广东省公安机关对张子强团伙 18 名犯罪嫌疑人侦查完毕后，移送给广州市人民检察院审查起诉。1998 年 12 月 6 日，罪大恶极的张子强、叶继欢等 5 名主犯被执行死刑。

张子强及其犯罪团伙的覆灭，是当时那一两年里一件极为轰动的新闻。港人个个谈论、眉飞色舞，富豪们更是额手称庆——从此不必再受绰号为"大富豪"的张子强的威胁，可以放心地行走在香港的每一条街道上了！

作为此案的受害者李嘉诚及其家人，一直保持低调的风格，在媒体对此案进行狂轰滥炸、连篇累牍的报道时，从不接受采访，只说不方便提这件事，直到 2013 年 11 月 22 日接受南方报业传媒集团采访时才主动透露了此事的细节。

坊间有传闻，说张子强犯罪团伙覆灭一案，是李嘉诚通过中央高层的关系加压、督办而促成的。这或许真，或许假，言人人殊。其实，笔者分析，按李嘉诚数十年来行走社会、商场的阅人经验，当张子强第一次亲自上门与他"讲数"时，就已经看出，此人若继续如此疯狂下去，那就离末日不远了！所以才有他好心相劝其"金盆洗手，远走高飞"的话。救人一命胜造七级浮屠，这难道不是菩萨般的心肠？

可惜张子强利欲熏心，听不进去，才一步步犯下此弥天大罪。他在犯罪道路上走的每一步，都是在为自己的坟墓掘下深深的一铲。

此一役，张子强输了。虽然李嘉诚并不以他为敌，但在人生这条路上，张子强输得很彻底。他输掉的是命。

◆第四十二章◆

举世瞩目　超人如何分家产

大家应还记得前面说过的 2012 年 5 月下旬长实集团那次股东大会吧？在那次会议后，李嘉诚曾就会否信任梁振英的问题答记者问。而那一次股东大会只是例行的会议，议题是什么并不重要。重要的是李嘉诚在那次股东大会上透露了自己如何分配家产的打算。

在 2012 年 3 月初发布的福布斯全球富豪榜上，李嘉诚首次跻身前十，以 255 亿美元（约 2000 亿港元）的资产位列第九。试想一下，一个当时市值约 1 万亿港元、分支机构遍布 52 个国家和地区、关联公司超过 90 家、拥有逾 23 万雇员的巨型商业王国，正在进行关键财产的分配，这是一件多么重大的事件，立即吸引了世人的关注。

从 60 岁首次登上富豪榜起，"谁来接班"就是外界颇感好奇的话题，这部冗长的豪门悬疑剧，在李嘉诚即将度过本命年生日的现在揭开面纱。"迟早不是秘密，不如今日讲多一些。" 2012 年 5 月 25 日，84 岁的亚洲首富李嘉诚，首度将隐秘的分家方案公之于众：庞大家族企业的权杖将移交给已经 48 岁、在长江集团干了 27 年的长子李泽钜；留给次子李泽楷的则是"超过其现在身家数倍的资金支持"；而他的"第三个儿子"——李嘉诚基金会，则交由两个儿子共同打理。

李嘉诚详细解释说，长子李泽钜将获得长和系超过 40% 的股权以及加拿大上市公司赫斯基能源 35% 的股权，接管家族企业。次子李泽楷将不占有任何长和系股权，但可得到巨额资金支持，"相当于他现在资产的好几倍，让他收购喜欢的项目，且不会和家族业务产生冲突"。

李嘉诚还特别提到对李嘉诚基金会的安排。这家成立于 1980 年的公益基金，目前管理的资产达 83 亿美元（约 525 亿元人民币），被李嘉诚称为他的"第三个儿子"，该基金会迄今为止累计捐赠了 16 亿美元，其中大部分投向教育事业；基金会亦进行财务投资，最近一次的动作是，2012 年 6 月 5 日宣布与和记黄埔通过旗下子公司掷 1.25 亿美元（约 8 亿元人民币）收购以色列一家主要电信服务商 75% 的股权。

李嘉诚称，其最近增持的长和股权会注入基金会，加上 Facebook 3% 的股权等，基金会的规模将会是其个人财富的 1/3。他强调基金会将由两个儿子共同打理，李泽钜任主席。

传媒对李嘉诚为何在此时宣布分家方案，多有猜疑。一种普遍的观点是，近年接连爆出的华人富豪家族子女争产案，特别是其好友郭得胜三个儿子的争产风波闹得沸沸扬扬，让李嘉诚下定决心提早解决分家问题。

自古以来，对有着深重的家族观念的中国人来说，分家是一件重要且令人痛苦的事。尤其是那些富豪家族，以"亿"做计量单位的家产该如何分割？谈钱如何才不伤感情？纵观港澳台，富豪之家生前分财产或逝世后家产继承，少有在家庭成员间不闹得鸡飞狗跳、反目成仇的。看看香港霍英东家族、台湾王永庆家族、澳门何鸿燊家族、龚如心家族等，就是如此。而最为"热闹"的，要数新鸿基集团的郭得胜家族。

新鸿基地产创始人郭得胜，于 1990 年因心脏病发去世，留下 3000 亿港元市值的香港最大地产公司。为使公司基业常青，其生前曾设立家族信托基金，受益人是夫人邝肖卿及三个儿子。信托的具体内容不曾对外公布，但郭得胜好友、和李嘉诚同年的恒基集团掌门人李兆基曾对传媒透露："老搭档搞个基金出来，三个人要齐上齐落，不能够卖股份。"

香港华商在 20 世纪 90 年代中期，开始普遍接受信托基金这一普通法系的法律工具来处理庞大的家族产业传承，这种方式被认为有紧锁股权的效果从而能防止家族企业被后代瓜分。

但维护这个信托基金的前提是家族中人员关系的和谐，而中国人的文化里有"分"的基因，因此，设立一个永远不能解散的信托基金，难免出现郭得胜家般的困境，三兄弟在僵局中只好闹上法庭，扰攘多时，新鸿基股价因此大幅下挫，直至郭老太邝肖卿出面压场，才告一段落。

李嘉诚不将财产分配留待自己身后以遗嘱的方式处置，而是很明智地在自己还能完全把控全局时，就按照自己两个儿子不同的性格和需要，将庞大的家产做出合理的分配，这是非常有智慧的做法。

大公子李泽钜以低调沉稳著称，遵照父亲意愿选择美国斯坦福大学土木工程专业，后又攻读硕士学位。20 世纪 70 年代末正值香港地产业发展高潮，李泽钜毕业后又顺从父意加入长江实业及加拿大国籍，并娶了贤淑美妻王富信。

不足 30 岁，李泽钜已管理市值 541 亿美元的商业帝国，两年后，他以 25 倍认购额的骄人成绩完成长江基建的分拆上市，让李嘉诚高呼满分。同时，他还控制着欧洲第三代移动电话网和世界最大的港口运营业。2009 年，李泽钜又下注加拿大航空公司，成为最大单一股东，并拿下素有"暴利奶牛"之称的石油巨头赫斯基。

现年 48 岁的李泽钜"继位掌权"似乎毫无争议。如果完美也能遗传，李泽钜显然继承了父亲的基因。被张子强绑架的经历也成为他人生中一种磨炼。李泽钜将父业送上市并开拓全新的加拿大及欧洲财富版图，他谦和、周全、稳健，是百分之百的二代"太平绅士"。

虽然香港舆论认为李泽钜保守有余，李嘉诚却在公开场合对长子赞赏有加，2007 年他在接受英国传媒采访时称，李泽钜由底层做起直至一家庞大企业的高管，"如果懦弱无能，没有主见，绝对不能担此重任"。

而对于 47 岁的次子李泽楷，李嘉诚则许以重金，全力支持其收购心仪的公司，这个安排显然很符合李泽楷"不愿拼爹"的风格。他的教育经历基本与哥哥相同。25 岁，李泽楷已能强势对战 62 岁的传媒大亨默多克，以 7 倍溢价出售 Star TV。5 年后，他自立门户——创立盈科拓展集团，拿下香港硅谷"数码港"的合作开发权、鲸吞巨无霸香港电讯，在 1999 年迎来发展高潮，公司上市仅 10 个月市值就接近 600 亿港币，并空手套得亿万地产，赢得"小超人"美誉。

桀骜不驯的李泽楷向来不走寻常路。他不顾父亲劝阻，强力与"发明大王"黄金富对抗，甚至涉嫌误导证监会，引发"种票疑云"，遭警方搜查。

这位性情中人的情史也段段高调精彩，前女友包括大法官之女、日籍主播、社交名媛、混血律师等。2008 年，李泽楷豪掷 1 亿港元为混血影后梁洛施赎身解约并未婚生子。四年后，他又不惜付 5 亿港元分手费换回自由身。

相比哥哥的低调沉稳，李泽楷展示了更多我行我素的野心。"两个儿子完全相反的性格，让人很难相信出自一家。"曾协助澳门前特首何厚铧撰写施政报告的港澳问题专家、民间智库成员冷夏先生在接受南方周末记者采访时说。

李泽楷很快又体会了坠跌的失重感。巨额负债压力使其旗下的电讯盈科从 2000 年开始就巨额亏损，目前其股价不到 5 港元（4.89 港元，2014 年 11 月 5 日）。2006 年李嘉诚意图通过收购电讯盈科来加以援救，但被李泽楷拒绝。现在，他正在全球展开收购狂潮。

面对性格迥异的两个儿子，李嘉诚聪明地拿出投其所好的财产分配方案，让二人都表态："OK！"

不过仍有一些细节不够清晰。目前李家已开枝散叶至第三代。李泽钜与妻子王富信于 1993 年结婚，婚后育有两女一子。李泽楷则与多名女性有过恋情，并与影星梁洛施未婚育有三子，二人目前已经分手，李泽楷至今未婚。但李嘉诚宣布的分产方案，并未提及孙辈。

事实上他早已在多个家族信托基金中做出安排。最近一些年，李嘉诚逐步转移自己在长实的股份，相应地增加家族信托基金在长实的股份。2010 年 5 月 12 日，李嘉诚将个人持有的近 8000 万股长江实业股权，赠送给了家族信托基金。据长江实业 2011 年报，其多个投资性信托的受益人中，有李泽钜及其家人，李泽楷方面则只有他一人；李泽楷旗下电讯盈科的年报亦称，他在多个信托中享有收益权。这些信托权益将来是否会修改？李嘉诚并未公布。

某些富豪因为家产分割纠纷，让企业不安、员工不安甚至还让股民不安。而李嘉诚分财产却呈现出不一样的结果，用长子李泽钜的话来说就是："爸爸的安排我们永远都 OK。"当时长实和和黄的股价平稳，员工正常工作，按部就班，没有引起任何波动。在接受记者采访时，李嘉诚承认思考安排已久。当有记者问到，是不是因为考虑退休才做出如此安排时，83 岁的李嘉诚巧妙地回答自己尚身体很好，没有退休的打算，而且明言自己随时可以离开公司去休假，公司也不会因此受到影响。这种回答透露出了一种自信：即使自己在任何时候离开公司，公司也会按照已经做出的安排正常运转。

◆第四十三章◆
携手红颜　一同玩转高科技

据说，曾有内地互联网的某位新贵，在香港说过一句话："这是互联网的时代，不属于李嘉诚。"言下之意，李嘉诚是旧时代的老派人物，早已是"明日黄花"。殊不知，此言实在是差矣。诚然，李嘉诚是老牌地产商，但他一直热衷于投入新兴科技尤其是TMT领域，而且眼光不错，回报动辄高达十几倍。

从2013年起，漫画类APP突然大受欢迎，不少人的朋友圈、Facebook都被卡通版的朋友头像"刷屏"。其中一个名为Bitstrips的卡通人物形象制作APP就占据了美国App Store和Google Play应用店的榜首，累计下载超过1100万次，服务器都一度瘫痪。这个爆红的APP就是李嘉诚投资孵出的又一只"金蛋"。

这笔投资并非出自长和系上市公司，而是来自李嘉诚个人的TMT创投基金——维港投资（HorizonsVentures），负责人是被外界视为李嘉诚"红颜知己"的周凯旋。

1961年出生的周凯旋今年53岁，比李嘉诚年轻33岁。她并非生于豪门大家，父亲只是普通的商人。中学就读于拔萃女书院，该校是香港顶尖的学校之一。中学毕业后，周凯旋前往澳大利亚留学。回港后，在20世纪80年代末，周凯旋认识了著名导演徐克的太太、在政商两界都有丰富人脉的施南生，又通过施南生结识董建华的干表妹张培薇。两人见面后迅速成为闺密，张培薇不仅搬进周凯旋的家做室友，更与周合组了两家公司，"维港"是其中一家。

张培薇不仅是董建华的干表妹，还是董建华家族旗下东方海外发展的董事，同时还担任北京东城区的政协委员，她是周凯旋结识董家以及在国内建立关系网的关键人物。而她与李嘉诚的相识，也与和张培薇合作的维港公司不无关系。

1992年，董建华旗下的东方海外准备投资北京的地块，地块位于王府井边缘、北京饭店后面。当时周凯旋与张培薇前往北京进行实地考察，在得知整个东长安街及王府井地区都属于统一规划、如要进行开发须将周边 1 万平方米面积的地块整片开发后，周凯旋与张培薇毫不犹豫地决定整块地全部一起开发。

之后周凯旋又提出一个更为大胆的计划，同时将周围的几块地一并拿下，将项目的面积从 1 万平方米扩展到 10 万平方米，并以东方海外的名义将项目取名为"东方广场"。北京的东方广场项目在香港引起轰动，董建华亲自出面，邀请了多家地产商合作，作为香港地产界头号人物的李嘉诚自然也在其中。周凯旋与张培薇的维港公司则成为东方广场的项目顾问。

1993 年秋，周凯旋在北京的王府饭店第一次与李嘉诚见面。当时还毫无地产经验的她准备了厚厚的资料，准备搬出各种理由来说服超人，并提出多种方案，保证能搞定拆迁和土地平整问题。但两人之间的谈话仅仅进行了短短 5 分钟，李嘉诚就一口答应周凯旋提出的 2.5% 的佣金比例，并由她负责全部拆迁工作。

1996 年 1 月，周凯旋将手续齐备的 10 万平方米"熟地"交到李嘉诚手上，而她自己则按东方广场 20 亿美元总投资的 2.5%，获得了 4 亿港元的佣金。前面提过，东方广场能够顺利立项、完成拆迁并顺利完工，稳稳地矗立于寸金寸土的王府井边缘，简直就是一个异数、一个奇迹！光说只用了半年时间，就迁走了长安街上 20 余个国家部级单位、40 余个市级单位、100 余个区级单位、1800 余户居民，这就已经很不简单了，更别提该项目突破了北京市的建筑高度限制、搬迁麦当劳、开发中遇到古迹、历经陈希同和王宝森腐败案等风风雨雨而不倒……东方广场项目不仅为周凯旋赚到了人生的第一桶金，也是她逐渐走近李嘉诚的垫脚石。

李嘉诚从 20 世纪 90 年代末开始越来越大胆的互联网投资，从最初就与周凯旋密不可分。据说以实业起家的他，原本和多数地产商一样对网络产业并不感冒，周凯旋为了说动他投资，动员了雅虎创始人杨致远做"说客"。1999 年李嘉诚创办 Tom.com 公司，周凯旋为第二大股东和实际管理者，半年后企业就在香港创业板上市，由于"李嘉诚开新公司"引发港人疯狂认购，股价从招股时的 1.78 港元最高暴涨至 14 港元。据报道，两人合作创立 Tom.com 时，周凯旋以 400 万美元入股，持股 24.6%。但公司上市三年后其身价飞升至最高 97 亿港元，这意味着周凯旋坐拥 25 亿港元的身家。通过 Tom.com，她得以真正接近李嘉诚的财富体系，从而改变了自己的人生。此外，她还效仿李嘉诚，成立"周凯旋基金会"，从事慈善事业。

2007 年，李嘉诚在周凯旋的建议下，斥资 1200 万美元买入 Facebook 0.8% 的股权，当时 Facebook 的市值为 150 亿美元。Facebook 原本只是李嘉诚的私人投资，因为买入之后感觉很好，就把它放入了私人基金——李嘉诚基金会。

李嘉诚目前已经累计向 Facebook 投资 4.5 亿美元。以 Facebook 上市后约 1000 亿美元的市值估算，李嘉诚持有的 3% 的股权价值有 30 亿美元，投资回报率高达 560%。

李嘉诚认为，Facebook 的投资是很成功的。除了 Facebook，李嘉诚已经先后以个人和基金会的名义，投资了很多科技股，其中也有不少没有成名的科技公司、设计技术、网站和手机应用，包括语音软件 Siri、音乐软件 Spotify 等，甚至包括比特币支付商美国 Bitcoin 支付公司。

Siri 是进入了 iPhone 的人工智能软件，当时李嘉诚的投资额仅 1550 万美元，苹果后来的收购价则据传是 2 亿美元。

维港投资同样广为人知、最赚钱的一项投资则要数在 2009 年以 5000 万美元注资云端音乐播放软件 Spotify，当时估值仅 2.5 亿美元，不久后飙升到近 40 亿美元，回报超过 15 倍。维港投资目前披露的投资超过 40 个，"孵化"速度惊人，仅在 2013 年，其投资对象中就有移动新闻摘要应用 Summly 被雅虎收购，移动地图服务商 Waze 则被谷歌收购。

同是 2009 年，李嘉诚投资了加拿大电子书 Kobo，它是亚马逊在电子书市场上最大的对手，拥有上百万的用户。2012 年，他又与 KPCB 共同出资 1200 万美元投资情绪识别公司 Affectiva。这是一个基于云端的面部情绪识别解析服务公司，通过网络摄像头捕捉识别人们的面部动作，比如皱眉、挑眉、傻笑、微笑，来判断人们的情绪。Affectiva 还有一个硬件产品——腕带式的 Q-Sensor 传感器，通过监测皮电活动来分析佩戴者的感觉。

此外，据香港《大公报》报道，维港还投资了用于网络支付的比特币支付公司 BitPay，但没有透露具体细节。据悉，BitPay 于 2011 年 5 月创立，与全球 200 个国家和地区的 1.4 万家公司拥有交易往来，当中一半来自美国企业、25% 来自欧洲、25% 来自余下世界各地。但自 2013 年下半年起，中国、美国、欧盟、韩国、挪威等各国相继发出警告，明确表示比特币不具有合法货币身份，提醒投资者防范风险，拖累比特币从 1000 多美元的高点持续下跌。故此，这项投资的收益暂时不容乐观。

除了互联网科技，李嘉诚还对食品领域颇感兴趣，近年来通过维港对多家食品初创企业进行了投资。

2014 年 2 月，李嘉诚投资 1.8 亿港元的"人造蛋黄酱"在香港发售，8 盎司装售价为 19.5 港元。该产品由 Hampton Creek Foods 开发，使用豌豆、高粱、葵花子等混合调配。据了解，人造蛋产品成本比真正的鸡蛋更低，且不含胆固醇。此外，Hampton 公司还获得了微软创始人盖茨的投资。有食用过的网友评价，"人造蛋"的味道非常像豆腐。按计划，"人造蛋"不久或将进入内地市场。

除了人造蛋产品，维港投资还向 Modern Meadow 完成了 1000 万美元的 A 轮融资，用于研发培植细胞、制造皮革等技术。这家位于纽约布鲁克林的初创公司已宣布能在实验室的容器里通过生物制造工程和 3D 打印技术来培育牛肉和牛皮。公司发言人表示，现阶段重点在人造皮革上，以满足全球不断增长的皮革需求；未来将会推出"人造肉"，预计在原型阶段能够打印出 2cm×1cm×0.5mm 的肉片。

据香港《明报》报道，Modern Meadow 于 2001 年由 Forgacs 父子及一批科学家成立。根据该公司网站资料，其主要利用新技术发展生物材料，以减少畜牧业对全球环境的影响。Modern Meadow 首席执行官 Andras Forgacs 曾公开表示过，公司储存并用于"酿造"皮革和畜肉的细胞是通过小型活组织切片获得的，这样的话不会弄疼、伤害或杀死动物。另外，未来生物打印肉类不仅能够满足人类对于动物蛋白质的需求，对保护环境也是有利的。

此轮融资，维港投资作为牵头者，Modern Meadow 股东包括红杉资本、美国贝宝（PayPal）公司创始人皮特·泰尔等。Modern Meadow 发言人透露，现阶段主要集中制造高级牛皮，但已开始培育其他动物皮革，如羊皮和鳄鱼皮，下一步拟推更多中低端产品，让人造皮革产品进入香港和亚洲市场。

以上这些听起来颇为"奇葩"的项目，逐渐打破了公众眼中对李嘉诚作为"房地产大亨"的印象。不少媒体评论说，放眼中国，在老一辈的实业家中，能够对科技创新企业有如此大的关注并积极进行投资的，找不到第二人。

2014 年 10 月 9 日，维港投资在上海兰心大剧院举行了一次"科技夹子创新日暨创新项目推荐会"。尽管李嘉诚没有出席，但所有到会的人都知道，这一切的背后，是李嘉诚基金会在主导。维港在整个李嘉诚的事业版图中是独立的。维港的投资并不做整体规划，而是以一个一个项目为基础，再邀请李嘉诚加入。在项目的筛选上，往往是过周凯旋这一关后，再推荐给李嘉诚，凭周凯旋在互联网领域的经验，李嘉诚完全可以放心。李嘉诚会与某些公司的创始人见面聊天，但不干涉维港的日常事务，在维港的投资是李嘉诚私人投资，李嘉诚个人先承担投资风险，在度过风险期后，盈利收益会捐给李嘉诚基金会。

决策层已经多次提到了中国要在"创新"上下功夫，中国的发展，要由人口红利的发展转向技术创新，由地产拉动的经济转向创新驱动的经济发展转型。维港负责人强调，李嘉诚目前的投资举措，正符合中国当下的需求。

在来上海之前，李嘉诚基金会已经带着有些项目在内地走了一圈。5 月在北京开启了"科技夹子创新日暨创新项目推荐会"的首发仪式后，有些项目已经在西安、苏州、广州、郑州、济南五个城市进行了巡展。每到一处，均会邀请当地政府部门、科研院所等领域的人士出席。

值得注意的是，在这一系列的巡展中，李嘉诚基金会并不是"一个人在战斗"。国务院发展研究中心直属的国研信息科技有限公司以及下属的经济年鉴社是李嘉诚基金会此次在内地进行推广的重要合作伙伴。

李嘉诚有关这些科技公司未来在中国内地发展商业模式的思考，也已融合在一系列的推荐会中，李嘉诚不仅仅要投资这些企业，还要推动这些企业在内地各地区落地，并形成创新型实业的链条：资金＋高科技＋地方政府政策＋企业制造。随着后期这些项目的落地，李嘉诚在内地的投资借此由地产转向高科技实业。

故此，一直纷纷扰扰的"撤资"传闻已经不重要了，趋势已经很明朗——他将会带着这些创新型高科技实业重新进入内地的市场，从而推动中国经济模式的转型及持续的发展。或许不远的将来，科技创新的孵化器将孵化出一批批强大的科技产业，从而改变人类的思想以及生活。

有一句广告语，最适合用来形容李嘉诚：一直被模仿，从未被超越！《第一财经日报》评论说：在互联网科技主导的时代，李嘉诚或许不再是那个以房地产著称的大亨，但他依然与"超人"的称号十分匹配，因为，他一直走在时代的前列。

超人，一直在飞。他以想象力作为翅膀，以智慧和财富作为能量，一直在梦想的路上不断前行——他将让世界变得更美好。